Schmalzl/Schröder
Managementkonzepte im Wettstreit

Managementkonzepte im Wettstreit

Total Quality Management vs.
Business Process Reengineering

von
Bernhard Schmalzl
und
Jakob Schröder

Verlag C.H. Beck München

Die Deutsche Bibliothek – CIP-Einheitsaufnahme

Schmalzl, Bernhard:
Managementkonzept im Wettstreit : Total-quality-Management vs. business process reengineering / von Bernhard Schmalzl und Jakob Schröder. – München : Beck, 1998

ISBN 3 406 43256 5

© 1998 C.H.Beck'sche Verlagsbuchhandlung (Oscar Beck), München
Satz: Vorlagen der Autoren
Druck: Kösel GmbH & Co, Kempten
Gedruckt auf säurefreiem, alterungsbeständigem Papier
(hergestellt aus chlorfrei gebleichtem Zellstoff)

Vorwort

Mit dem vorliegenden Buch soll ein breiter Leserkreis über „Total Quality Management" („TQM") und „Business Process Reengineering" („BPR") sowie über die Substituierbarkeit der beiden prozeßorientierten Managementkonzepte grundlegend und umfassend informiert werden.

Um dem in der Praxis geltenden Bedarf an konkreten „Tools" gerecht zu werden, wurden einerseits eine detaillierte Darlegung und ein Vergleich einzelner Methoden und Techniken des TQM und andererseits eine Darstellung marktgängiger Informations und Kommunikations-Systeme (beide Abhandlungen wurden von Herrn Schmalzl verfaßt) in das vorliegende Buch integriert.

Die Autoren bedanken sich bei Herrn Dieter Riedel für Anregungen und die Durchsicht des Manuskriptes sowie bei Frau Karin Schmalzl für die Korrekturen des Textes. Weiterhin gilt den Familien der Autoren großer Dank, die viel Verständnis für die Arbeit an diesem Buch aufgebracht haben. Herrn Bernhard Maier und der C.H. Beck´schen Verlagsbuchhandlung sei für die angenehme Zusammenarbeit gedankt.

München, August 1997 *Dr. Bernhard Schmalzl*
Jakob Schröder

Inhaltsverzeichnis

Abbildungsverzeichnis XI

Tabellenverzeichnis XIII

Einleitung 1

Teil A: Total Quality Management (TQM) 7

1 Historische Entwicklung des Qualitätswesens 7
   1.1 Inspektionsorientierte Qualitätssicherung 7
   1.2 Statistische Qualitätssicherung 8
   1.3 Mitarbeiterorientierte Qualitätsförderung 11
   1.4 Umfassende Qualitätskonzepte – Total Quality Konzepte 13

2 Der moderne Qualitätsbegriff im Sinne von TQM 16
   2.1 Definitionsansätze von Qualität 17
   2.2 Operationalisierbare Bestandteile von Qualität 22
      2.2.1 Merkmale der Produktqualität 22
      2.2.2 Weitere Dimensionen von Qualität 34

3 TQM – Abgrenzung und Notwendigkeit 41
   3.1 Definition des TQM-Begriffs 41
   3.2 Notwendigkeit eines umfassenden Qualitätsmanagements 44
      3.2.1 Veränderte Rahmenbedingungen 45
      3.2.2 Strategische Auswirkungen umfassender
            Qualitätsverbesserungen 48

4 Prominente Qualitätsmanagementkonzepte 55
   4.1 Visionäre Ansätze bedeutender Qualitätsexperten 56
      4.1.1 Deming, W.E. 56
      4.1.2 Juran, J.M. 59

Inhaltsverzeichnis

    4.1.4 Crosby, P.B. 65
  4.2 Modelle bedeutender Qualitätsauszeichnungen (Quality Awards) 68
    4.2.1 Der Deming Prize 69
    4.2.2 Der Malcolm Baldrige National Quality Award (MBNQA) 71
    4.2.3 Der European Quality Award (EQA) 73
  4.3 Qualitätsmanagementsysteme gemäß DIN EN ISO 9000ff. 76
    4.3.1 Aufbau und Auswahl der Normen 77
    4.3.2 Aspekte der Akkreditierung und Zertifizierung 85
    4.3.3 Elemente des Qualitätsmanagementsystems nach DIN EN ISO 9004 89

5 Systematisierung der Bausteine des TQM-Komplexes 95

  5.1 Elemente der Qualitätsphilosophie – Total Quality Culture 96
  5.2 Inhalte der Qualitätsstrategien 102
    5.2.1 Organisatorische Gestaltungsansätze 102
        5.2.1.1 Bestandteile von TQM mit überwiegend ablauforganisatorischer Relevanz 102
        5.2.1.2 Bestandteile von TQM mit überwiegend aufbauorganisatorischer Relevanz 109
    5.2.2 Personelle Gestaltungsansätze 117
    5.2.3 Technische Rahmenbedingungen 122
  5.3 Methoden und Techniken 123
    5.3.1 Methoden und Techniken mit Schwerpunkt in der Entwicklung und Planung von Produkten und Prozessen 124
        5.3.1.1 Marktforschung und Kunden-Feedback-Systeme 126
        5.3.1.2 Benchmarking 130
        5.3.1.3 Quality Function Deployment (QFD) 135
        5.3.1.4 Design Review 142
        5.3.1.5 Fehler-Möglichkeits- und Einflußanalyse (FMEA) 147
        5.3.1.6 Robust Design durch statistische Versuchsmethodik – Design of Experiments (DoE) 154
        5.3.1.7 Multiple Environment Overstress Testing (MEOST) 161
    5.3.2 Methoden und Techniken mit Schwerpunkt im Bereich Beschaffung und Produktion 161
        5.3.2.1 Lieferantenbeziehungen 162
        5.3.2.2 Just-in-Time (JIT)–Produktion („Absatzgesteuerte Produktion") 168
        5.3.2.3 Statistische Prozeßregelung (SPR / SPC) 173

5.3.2.4 Poka Yoke–Methoden 178
5.3.2.5 Total Productive Maintenance (TPM) 182
5.3.3 Methoden und Techniken des Qualitätscontrollings 186
5.3.3.1 Prozeßkostenrechnung 188
5.3.3.2 Wertanalyse (Value Engineering) 195
5.3.3.3 Zero-Base-Budgeting 198
5.3.4 Bereichsunabhängige Methoden und Techniken 202
5.3.4.1 Qualitätsaudits 203
5.3.4.2 Kontinuierlicher Verbesserungsprozeß (KVP / CIP / KVP^2) 207
5.3.4.3 Problemlösungstechniken: Die sieben Managementwerkzeuge der Qualitätssicherung (M7) 211
5.3.4.4 Problemlösungstechniken: Die sieben elementaren Werkzeuge der Qualitätssicherung (Q7) 215
5.3.4.5 Randgebiete des TQM 218
5.3.5 Vergleich der Methoden und Techniken 219
5.3.5.1 Kriterien für einen Vergleich der Methoden und Techniken 219
5.3.5.2 Vergleich der Methoden und Techniken 221

Teil B: Business Process Reengineering (BPR) 233

1 Grundlagen des BPR 233

2 Indikationen und Zielsetzung 236

3 Kernelemente klassischer BPR-Konzepte 240

3.1 Konzeptionelle Bestandteile 241
3.2 Methodische Bestandteile 242
3.3 Flankierende Maßnahmen 244
3.4 Exkurs: Marktgängige Informations- und Kommunikations-Systeme 246
3.4.1 IuK-Systeme im Überblick 250
3.4.2 Projektmanagementsoftware 255
3.4.3 Groupware 260
3.4.4 Workflow 261
3.4.5 Engineering Data Management Systeme (EDMS) 263
3.4.6 Executive Information System (EIS) / Management Infomation System (MIS) / Führungsinformationssysteme (FIS) 265
3.4.7 BPR-Tools 266

Inhaltsverzeichnis

4 Realisierung von BPR-Programmen **269**
    4.1 Exemplarische Vorgehensmethodik zum BPR..269
    4.2 Erfolgskritische Einflußfaktoren..273

Teil C: Gegenüberstellung von TQM und BPR **277**

1 Konsequenzen verschiedenartiger Begriffsverständnisse................**277**

2 BPR im Lichte von TQM **280**

3 Reichweite und Anwendungspotentiale von BPR und TQM **284**

4 Kritische Würdigung prozeßorientierter Konzepte........................**290**

Teil D: Zusammenfassung..**295**

Kommentiertes Literaturverzeichnis **300**

Stichwortverzeichnis **325**

Abbildungsverzeichnis

Abb. 1: Vereinfachte Ausgangssituation zur Strukturierung des TQM-Komplexes 3

Abb. 2: Historische Entwicklung des Qualitätswesens 15

Abb. 3: Fundamentale Bestandteile der Produktqualität im engeren und weiteren Sinne 23

Abb. 4: Die Erlebniswelt des Kunden 31

Abb. 5: Zusammenhang zw. Prozessen und internen Kunden-Lieferanten-Beziehungen 36

Abb. 6: Zusammenfassung der operationalisierbaren Qualitätsdimensionen 39

Abb. 7: Gegenüberstellung ausgewählter Elemente von TQM mit denen der traditionellen Qualitätssicherung 43

Abb. 8: Anspruchsgrundlagen bei fehlerhaften Produkten 46

Abb. 9: Disaggregation der sogenannten Qualitätskosten 49

Abb. 10: Reduzierung von Qualitätskosten durch präventive Maßnahmen im Sinne von TQM 50

Abb. 11: Ausgewählte Ergebnisse einer M.I.T.-Studie zur Wettbewerbsfähigkeit von Automobilherstellern 51

Abb. 12: Demingsche Reaktionskette 52

Abb. 13: Wirkungsmechanismen umfassender Qualitätsverbesserungen 53

Abb. 14: Juran-Trilogie 60

Abb. 15: Das Modell des European Quality Award 73

Abb. 16: Vergleich zwischen EQA und MBNQA 75

Abb. 17: Überblick über die Normdokumente der ISO 9000 ff 78

Abb. 18: Inhaltliche Unterschiede zwischen dem EQA und der DIN ISO 9000 Familie 94

Abb. 19: Prinzip der Dekomposition eines Geschäftsprozesses auf Basis einer systemtheoretischen Betrachtung 103

Abbildungsverzeichnis

Abb. 20: Prozeßorientierte versus funktionale Arbeitsteilung in einem Arbeitssystem mit n Prozessen und m Bearbeitungsstufen 105

Abb. 21: Zusammenwirken aufbauorganisatorischer Institutionen eines Qualitätsmanagements im Sinne von TQM 110

Abb. 22: Beispielhafter Zeitumfang von zielgruppenspezifischen Basisschulungen 119

Abb. 23: Gegenüberstellung der Bedürfnishierarchie nach Maslow mit den Formen der Qualitätsmotivation nach Juran 120

Abb. 24: Die vier Phasen des QFD 136

Abb. 25: „HOUSE OF QUALITY" 137

Abb. 26: House of Quality 140

Abb. 27: Checkliste eines Design Reviews 145

Abb. 28: Die Phasen der FMEA anhand des Formblatts 149

Abb. 29: Schematische Darstellung des Kanban-Prinzips 169

Abb. 30: Prozeßkosten(stellen)rechnung 192

Abb. 31: Der Plan-Do-Check-Act-Zyklus nach Deming 208

Abb. 32: Die Sieben Managementwerkzeuge im Überblick 212

Abb. 33: Allgemeiner Ablauf einer Problemlösung 216

Abb. 34: Zusammenfassung charakteristischer Kernelemente des BPR 240

Abb. 35: Entwicklungstendenzen im rechnergestützten Projektmanagement 249

Abb. 36: Darstellungstechniken 250

Abb. 37: Zusammenfassung eines Vorgehensschemas zum BPR 270

Abb. 38: Formen der Spezialisierung von Organisationseinheiten in dem Spannungsfeld zwischen Funktion und Prozeß 290

Abb. 39: Schematisch-vereinfachter Zusammenhang der Inhalte von TQM und BPR 298

Tabellenverzeichnis

Tab. 2-1: Bewertung gängiger Prüfsiegel..29

Tab. 5-1: Funktionale Einsatzbereiche der TQM-Instrumente..........................222

Tab. 5-2: Einsatzfelder der TQM-Instrumente hinsichtlich des
Qualitätsmanagements..223

Tab. 5-3: Einsatzbereich der TQM-Instrumente in bezug auf den
Produktlebenszyklus...224

Tab. 5-4: Materieller, zeitlicher und personeller Aufwand der TQM-
Instrumente...227

Tab. 5-5: Personeller Aufwand der TQM-Instrumente in den verschiedenen
Unternehmensebenen..229

Einleitung

Eine Analyse der jüngsten Entwicklung der Managementliteratur zeigt eine Fokussierung auf Controlling-Konzepte. Ganzheitliche Kennzahlensysteme, wie etwa in Gestalt der Balanced Scorecard,[1] sowie auf die finanzwirtschaftliche Perspektive verdichtete Kennzahlen, wie beispielsweise der Unternehmenswert und dessen Steigerung (Shareholder-Value-Ansatz) ermöglichen eine „Performancemessung" und somit eine zielgerichtete Planung, Steuerung und Kontrolle im Unternehmen. Hiermit wird jedoch die Notwendigkeit zur „Performancesteigerung" nur noch offensichtlicher, so daß diesbezügliche Managementkonzepte keinesfalls an Aktualität verloren haben, sondern eher noch an Bedeutung gewinnen.

Entsprechend wächst auch die Notwendigkeit, das richtige Performancesteigerungskonzept anzuwenden, das dann durch ein geeignetes Controlling-Konzept ergänzt wird.[2]

Vor diesem Hintergrund werden in dem vorliegenden Buch zwei der prominentesten[3] prozeßorientierten Managementkonzepte, die umfassende Verbesserungen der Wettbewerbsfähigkeit versprechen, analysiert und verglichen.

In einer Gegenüberstellung von Total Quality Management (TQM) und Business Process Reengineering (BPR) sollen Gemeinsamkeiten und signifikante Unterschiede herausgearbeitet und aus den jeweiligen Charakteristika Einsatzpotentiale abgeleitet werden. Dabei ist auch die Frage zu berücksichtigen, inwieweit die Entscheidung zwischen TQM und BPR tatsächlich im Sinne einer Entweder-Oder-Entscheidung zu interpretieren ist.

---

[1] Vgl. dazu Kaplan, R.S.; Norton, D.P. (1992), S.37 ff.
[2] Das Qualitätscontrolling (vgl. Teil A, 5.3.3), das als integraler Bestandteil von Total Quality Management interpretiert wird, bildet bei Verwendung dieses Managementkonzeps eine sinnvolle Schnittstelle zu dem Controlling-System des Unternehmens oder des Geschäftsbereichs.
[3] So ergab eine 1995 am IAO durchgeführte Studie, daß jeweils mehr als 30% der untersuchten deutschen Unternehmen Qualitätsmanagement bzw. Reengineering einsetzen.

Einleitung

Um den geeigneten Bezugsrahmen für den Konzeptvergleich zu schaffen, gilt es, beide Ansätze zunächst einzeln zu analysieren und zu strukturieren:

Die Untersuchung des TQM-Komplexes zeigt, daß dieses Erfolgsrezept japanischer Unternehmen, das auch die Grundlage für zahlreiche weitere prozeßorientierte Konzepte – und Plagiate – darstellt, keineswegs ein modifiziertes Qualitätssicherungsprogramm ist, sondern vielmehr der Einstieg in einen umfassenden Prozeß der Organisationsentwicklung zur Sicherung der internationalen Wettbewerbsfähigkeit. Die Realisierung eines TQM ist somit ein langfristiges Vorhaben, das mehrere Jahre beanspruchen kann und genaugenommen nie beendet ist. Entsprechend lassen sich damit auch keine kurzfristigen Kostensenkungen, aber mittel- und langfristig bedeutende Verbesserungen in den entscheidenden Wettbewerbsfaktoren erzielen.[1]

Eine Schwierigkeit im Umgang mit TQM verursacht jedoch die Situation, daß es nicht *das TQM* gibt.

TQM stellt ein extrem heterogenes Gebilde dar, das eine Vielzahl verschiedener Ansätze und Elemente integriert und nicht eindeutig eingegrenzt werden kann. Während sich die TQM-Literatur üblicherweise jeweils auf einzelne Ansätze und Elemente beschränkt, ohne dem Umfang und der Vielschichtigkeit von TQM – als umfassendes Konzept verstanden – Rechnung zu tragen, soll in diesem Buch der TQM-Komplex ganzheitlich interpretiert und in seiner ganzen Reichweite strukturiert und aufbereitet werden. Damit steht dann eine Grundlage für die Erstellung von individuellen, TQM-orientierten Konzepten zur Verfügung – schließlich lassen sich in der betrieblichen Praxis nur individuelle und angepaßte TQM-Konzepte implementieren.

Dieses Vorhaben erfordert jedoch ein mehrstufiges Vorgehen, bei folgender konkreter Ausgangssituation und Kernproblematik:

Eine Aggregation von umfassenden Informationen zum Thema Qualitätsmanagement führt zu einer Fülle von Ansätzen und Elementen. In diesem Zusammenhang sind Schlagworte wie TQC, Deming, DIN EN ISO 9000, KVP, KAIZEN, EQA, Juran-Trilogie, SPC etc. zu nennen. Insbesondere in den letzten Jahren sind zahlreiche einschlägige Methoden und Techniken entwickelt oder – als bereits existierendes Instrument – dem TQM-Komplex subsumiert worden. Diese Ausgangssituation ist in Abb. 1 – stark vereinfacht – graphisch angedeutet.

Dabei ist es nicht nur die quantitative Vielzahl von Elementen, die bzgl. dieser Integration problematisch erscheint, sondern vielmehr deren ausge-

---

[1] Vgl. Zink, K.J. (1994b), S.29; Kamiske, G.F. (Hrsg.) (1994), S.VII; Waldner, G. (1994), S.275 f.

Einleitung

prägte Divergenz hinsichtlich Inhalt, Umfang und Zielsetzung. So wird bei einer näheren Untersuchung von Bestandteilen des Themenkomplexes TQM deutlich, daß diese sich teilweise überschneiden, teilweise jedoch auch widersprechen und ausschließen.

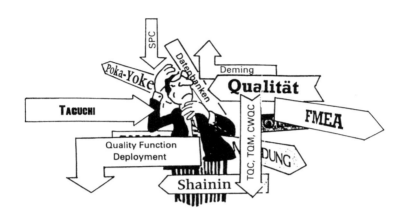

Abb. 1: *Vereinfachte Ausgangssituation zur Strukturierung des TQM-Komplexes*[1]

Weiterhin ist an dieser Stelle das vielfach widersprüchliche Verständnis von Begrifflichkeiten zu nennen. Die Problematik der divergierenden Begriffsverständnisse ist nicht nur für einzelne Elemente und Ansätze, sondern auch in besonderem Ausmaß für den Qualitätsbegriff festzustellen.

Insofern gilt es, als nächsten Schritt eine Systematik und Struktur zu entwerfen, unter der sich die vielfältigen Elemente, Verfahren und zugehörigen Begriffe subsumieren lassen. Entsprechend dieser Strukturierung müssen dann die verschiedenen Komponenten eingeordnet und vor allem aufeinander abgestimmt und in Beziehung zueinander gesetzt werden. Dabei müssen auch Lücken zwischen den einzelnen Inhalten geschlossen werden. So ist neben der Strukturierung ganz besonders die größtmögliche Homogenisierung der extrem heterogenen Bestandteile eine zentrale Aufgabe.

In Ergänzung zu dieser Kernaufgabe und zur Generierung einer Basis für die zu erstellende Struktur sollen ferner hinsichtlich des TQM-Komplexes Entwicklungslinien, Überlegungen zur Notwendigkeit und Definitionsaspekte herausgearbeitet werden.

---

[1] Sondermann, J. (1991), S.478.

Einleitung

Die Analyse von BPR-Ansätzen zeigt, daß auch hier ein Konzeptpluralismus anzutreffen ist. Allerdings sind die Ansätze und Elemente, die typischerweise mit BPR in Verbindung gebracht werden, keineswegs so divergierend und vielfältig wie beim TQM. Das mag auch daran liegen, daß BPR-Konzepte fast ausnahmslos von Unternehmensberatern angepriesen werden. Bezeichnenderweise wird auch methodischen Aspekten und Realisierungsgesichtspunkten besonderes Gewicht beigemessen.

Da die zusammenzufassenden Bausteine beim BPR auch wesentlich weniger sind als vergleichsweise beim TQM, eröffnet sich bei der Einzeldarstellung von BPR in diesem Buch Raum für Aspekte der Realisierung und für einen Exkurs. Entsprechende Betrachtungen beim TQM hätten jedoch den Rahmen dieses Werks gesprengt.

Inhaltlich besticht BPR bereits auf den ersten Blick durch seine Einfachheit und Verkürzung auf eingängige Erfolgsformeln. Weiterhin verspricht BPR nicht schrittweise, sondern sprunghafte Verbesserungen in den entscheidenden Wettbewerbsfaktoren.[1]

Insofern scheint es besonders interessant zu prüfen, ob etwa ein effizienter und damit einfacherer Weg zur verbesserten Wettbewerbsfähigkeit offen steht als der des komplexen und recht unübersichtlich gewordenen TQM, inwieweit BPR also eine Alternative zu TQM darstellt.

Vor diesem Hintergrund soll nun der konkrete Aufbau dieses Buches vorgestellt werden. Das **Kapitel A** dient der Darstellung von TQM. Dabei ist das **Kapitel 1** der historischen Entwicklung des Qualitätswesens gewidmet. Anhand der Entwicklungslinien wird bereits der Weg von der traditionellen Qualitätssicherung zum TQM angedeutet, während gleichzeitig wichtige Begrifflichkeiten geklärt werden.

Als zentraler Gegenstand und Grundlage von TQM soll dann der extrem vielschichtige und verschiedene Blickwinkel erfordernde Qualitätsbegriff genauer untersucht werden (**Kapitel 2**). Da im Lichte von TQM Qualität außergewöhnlich umfassend und weitreichend interpretiert wird, bedarf es einer fundierten Analyse des zugrundeliegenden, spezifischen Qualitätsverständnisses. Dabei werden auch die zu verbessernden Merkmale bzw. Objekte und somit die Qualitätspotentiale klassifiziert. Ferner werden in diesem Kapitel weitere begriffliche Grundlagen geschaffen.

Anhand des zugrundeliegenden Qualitätsbegriffs wird in **Kapitel 3** der Versuch unternommen, TQM abzugrenzen und zu definieren. Als weitere wichtige Voraussetzung für eine Auseinandersetzung mit TQM schließt sich daran die Überprüfung der Frage an, inwieweit eine Notwendigkeit zur Realisierung dieses umfassenden Konzeptes besteht.

---

[1] Vgl. Nippa, M. (1995b), S.66; Hall, G.; Rosenthal, J.; Wade, J. (1994), S.82.

Einleitung

Die folgenden beiden Kapitel dienen schließlich der inhaltlichen Konkretisierung und Strukturierung von TQM. In **Kapitel 4** werden die maßgebenden Ansätze im Rahmen des TQM-Komplexes erläutert, die gleichzeitig in sich abgeschlossene Konzepte darstellen.

Im Rahmen von **Kapitel 5** wird dann der TQM-Komplex abstrahiert und als Gesamtheit untersucht. In diesem Kapitel wird die Fülle von Elementen – unabhängig von ihrer Herkunft – nach ihrer inhaltlichen Bedeutung neu gegliedert, aneinander angepaßt und erklärt. Hierfür wird eine Strukturierung in die drei Ebenen Philosophie, Strategie und Methoden/Techniken vorgenommen. Dabei wird auch auf die Systematisierung und Darstellung der Methoden/Techniken – im Sinne eines praxisrelevanten Überblicks – großes Gewicht gelegt. TQM wird also von verschiedenen Perspektiven beleuchtet.

Bevor nun ein Vergleich des TQM mit dem BPR durchgeführt werden kann, wird im Rahmen des **Kapitel B** das BPR dargestellt. Nach der Aufarbeitung der Grundlagen im **Kapitel 1** werden im **Kapitel 2** die Indikationen und Zielsetzungen diskutiert. **Kapitel 3** dient der Darstellung der Inhalte von BPR. Dazu werden die Kernelemente klassischer BPR-Konzepte präsentiert, indem sie in konzeptionelle und methodische Bestandteile und flankierende Maßnahmen unterteilt werden. Dem zur letzten Kategorie gehörenden Einsatz von Rechnerwerkzeugen wird dabei ein eigener, umfangreicher Exkurs zugestanden. Abschließend wird im **Kapitel 4** der Gesichtspunkt der Realisierung von BPR-Programmen diskutiert. Die knappere Darstellung des BPR im Gegensatz zum TQM trägt zum einen dem unterschiedlichen Umfang der beiden Konzepte Rechnung und ist des weiteren darin begründet, daß das BPR auf einige Gestaltmerkmale des TQM zurückgreift und an entsprechenden Stellen auf die Darstellungen des Kapitel A verwiesen wird.

Nachdem mit den Kapiteln A und B die Grundlagen von TQM und von BPR dargelegt wurden, können diese beiden Konzepte im **Kapitel C** einer Gegenüberstellung unterzogen werden. Das **Kapitel 1** zeigt dabei zuerst, daß man bei diesen Themenkomplexen sehr genau zwischen begrifflichen Etiketten und Inhalten unterscheiden muß. Hier werden also unterschiedliche Begriffsverständnisse dargelegt. Nach einer vergleichenden Diskussion von TQM und BPR im **Kapitel 2** werden für beide Konzepte im **Kapitel 3** Reichweite und Anwendungspotentiale aufgezeigt. Da beide Konzepte relativ einseitig eine prozeßorientierte Organisation betonen, wird zur Relativierung im **Kapitel 4** die Prozeßorganisation noch einer kurzen kritischen Würdigung unterzogen.

Teil A: Total Quality Management (TQM)

1 Historische Entwicklung des Qualitätswesens

Für die Auseinandersetzung mit umfassenden Qualitätsmanagement-Konzepten – mit welchem Schlagwort man sie auch immer belegen mag – ist zunächst die Kenntnis von deren Entwicklungsgeschichte und der damit verbundenen Erfolgsdokumentation sinnvoll. Anhand der historischen Entwicklung läßt sich der Stand des Qualitätswesens im jeweils betrachteten Unternehmen einordnen. Notwendigkeit, Art und Umfang einer möglichen Transformation des traditionellen Ansatzes werden hierbei bereits deutlich.

Analysiert man die Geschichte des Qualitätswesens, so lassen sich – trotz eines kontinuierlichen Wandels – vier chronologisch nicht scharf abgrenzbare Entwicklungsstufen feststellen, denen jeweils eine Schwerpunktsetzung des Handelns zugeordnet werden kann:[1]

- die inspektionsorientierte Qualitätssicherung,
- die statistische Qualitätssicherung,
- die mitarbeiterorientierte Qualitätsförderung und
- die umfassenden Qualitätskonzepte (Total Quality Konzepte).

1.1 Inspektionsorientierte Qualitätssicherung

Im Rahmen der Industrialisierung kam es in der zweiten Hälfte des 19. Jahrhunderts – bedingt durch den gesellschaftlichen und technologischen Umbruch – zu einer Neugestaltung der Arbeitsorganisation.

Entsprechend dem tayloristischen Konzept der Arbeitsteilung wurde auf der operativen Ebene zunehmend systematisch zwischen planender und

---

[1] Vgl. dazu auch Zink, K.J.; Schildknecht, R. (1994), S.75 ff.

Total Quality Management

ausführender Arbeit getrennt. Daraus resultierte eine Verlagerung von disponierenden und kontrollierenden Tätigkeiten auf Vorgesetzte und später auf Fachabteilungen, wodurch zusätzliche Hierarchieebenen geschaffen wurden. Diese Entwicklung wurde durch den mit zunehmender Massenproduktion notwendigen Einsatz ungelernter Arbeitskräfte noch verstärkt.[1]

Die Qualitätsverantwortung wurde auf Spezialisten übertragen, deren Aufgabe in Inspektion und Ergebnisprüfung bestand, entsprechend dem derzeitigen ausschließlich produkt- und ergebnisorientierten[2] Qualitätsverständnis. So wurde bei dem inspektionsorientierten Ansatz Qualitätssicherung als rein technische Funktion verstanden.[3]

Die Inspektion war die adäquate Methode der Qualitätssicherung, um sowohl Produktfehler als auch große Abweichungen von der Spezifikation zu erkennen. Durch Kontrollen und daraus resultierender Nacharbeit ließ sich die Produktqualität (im Sinne von Fehlerreduzierung) erhöhen, jedoch in Verbindung mit steigenden Kosten und sinkender Produktivität.[4]

So sind die Wurzeln der verbreiteten Maxime, daß nur entweder Kosten oder Qualität optimiert werden könne, in der rein inspektionsorientierten Qualitätssicherung zu sehen.[5]

Dieser Ansatz kann durch den Versuch gekennzeichnet werden, Qualität durch Inspektion in das Endprodukt hineinzukontrollieren[6] anstatt hineinzuproduzieren.

1.2 Statistische Qualitätssicherung

In zunehmenden Maße gewann die Erkenntnis, daß Qualitätssicherung bzw. Qualitätsverbesserung allein durch Inspektion (in Verbindung mit Vollkontrollen) eine unlösbare Aufgabe ist, an Popularität.[7]

So gelang statistischen Methoden zur Qualitätssicherung bereits Mitte der 20er Jahre in den USA der Durchbruch. Hierbei gilt es, insbesondere die Kontroll- und Qualitätsregelkarten von W. A. Shewhart zu nennen, denen

---

[1] Vgl. Zink, K.J.; Schildknecht, R. (1994), S.75.
[2] Vgl. Wonigeit, J. (1994), S.35.
[3] Vgl. Zink, K.J.; Schildknecht, R. (1994), S.75.
[4] Vgl. Wonigeit, J. (1994), S.34.
[5] Das Potential eines umfassenden Qualitätsmanagements, diese negative Austauschbeziehung aufzulösen, wird in den folgenden Ausführungen verdeutlicht.
[6] Vgl. Wonigeit, J. (1994), S.34; Zink, K.J.; Schildknecht, R. (1994), S.75.
[7] Vgl. Wonigeit, J. (1994), S.36.

1 Historische Entwicklung des Qualitätswesens

weitere Methoden und Techniken folgten.[1] Laufende Stichprobenprüfungen unter Verwendung von Qualitätsregelkarten ermöglichten eine erhebliche Reduzierung des Prüfaufwandes und damit auch des Prüfpersonals.[2] Zum damaligen Zeitpunkt wurde auch bereits der später erneut aufgegriffene Slogan „Do it right the first time"[3] propagiert, der erste Ansätze einer bedeutenden Richtungsänderung im Qualitätswesen hin zu einer Präventionsorientierung aufzeigte.

Nachdem die Statistische Qualitätssicherung in den USA während des zweiten Weltkrieges aufgrund der damit verbundenen Massenproduktion von Rüstungsgütern einen Aufschwung erlebte, stagnierte sie dort anschließend. Ein wesentlicher Grund hierfür lag in der Situation, daß „Made in USA" bis Anfang der 60er Jahre die Spitzenposition auf dem Weltmarkt einnahm, und amerikanische Unternehmen keine Veranlassung zu einer Weiterentwicklung in ihrem Qualitätswesen sahen.

Während man in Europa in den Nachkriegsjahren zögerte, übernahmen die Japaner rasch amerikanisches Gedankengut zur Qualitätssicherung, um den damals niedrigen Qualitätsstandard ihrer Produkte zu verbessern.

Die Entwicklung des Qualitätswesens in Japan wurde wesentlich von Seminaren beeinflußt, die zu Beginn der 50er Jahre insbesondere von dem Amerikaner Dr. W. E. Deming[4] abgehalten wurden.[5]

Deming betonte schon frühzeitig besonders die statistische Interpretation des Qualitätsphänomens. Dennoch geht sein Ansatz weit über statistische Methoden hinaus. So weist er darauf hin, daß hohe Produktqualität nicht ergebnisbezogen erprüft, sondern ausschließlich durch kontinuierliche Verbesserung der Produktionsprozesse realisiert werden kann.[6] Die weitreichende Anwendung und richtige Interpretation statistischer Methoden sowie die Einsicht, Konsequenzen daraus auf den Produktionsprozeß zu ziehen (im Sinne eines Regelkreises), müssen somit als das Verdienst Demings gesehen werden.

Durch das Prinzip „Produziere ausgehend von einer statistischen Auswertung und Rückkopplung von Daten über das Ergebnis nun Qualität in das

---

[1] Vgl. Zink, K.J.; Schildknecht, R. (1994), S.76; hinsichtlich des Einsatzes von Qualitätsregelkarten vgl. Teil A, 5.3.2.
[2] Vgl. Wonigeit, J. (1994), S.38.
[3] Vgl. Zink, K.J.; Schildknecht, R. (1994), S.76.
[4] Deming gehört zu den prominentesten Gründungsvätern modernen Qualitätsmanagements. Sein kontinuierlich weiterentwickeltes Konzept wird in seiner endgültigen Form in Teil A, 4.1.1 skizziert.
[5] Vgl. Zink, K.J.; Schildknecht, R. (1994), S.76.
[6] Vgl. Deming, W.E. (1986), S.29.

Produkt hinein" erwirkt man bereits eine starke Minimierung der Abweichungen von Zielwerten. Auch positive Auswirkungen auf Produktivität und Kosten lassen sich hieraus ableiten.[1]

Weiterhin fordert Deming als erster der sogenannten Qualitätsexperten[2] die Einführung eines Qualitätsbegriffes, der sich am Kunden orientiert. Der Kunde ist für ihn „...the most important part of the production line".[3]

Die schnelle Verbreitung wesentlicher Aspekte von Demings Konzept in Japan initiierte dort bedeutende Qualitätsverbesserungsmaßnahmen. Hierin ist bereits ein Grundstein für den späteren Siegeszug japanischer Qualitätspolitik zu sehen, wenngleich zunächst in Japan unter dem Einfluß Demings eine Überbetonung der statistischen Qualitätssicherung stattfand.

Während Deming somit als „Vater" des japanischen Managements allgemein anerkannt wird, wurde seinen Gedanken in den USA und Europa erst in den frühen 80er Jahren verstärkte Aufmerksamkeit gewidmet.[4]

Trotz der angedeuteten Vorteile der statistischen Qualitätssicherung gegenüber dem inspektionsorientierten Ansatz wurde in der betrieblichen Praxis deutlich, daß die Produktion allein mit Hilfe der statistischen Qualitätssicherung Fragen einer umfassenden Produktqualität[5] und der Wirtschaftlichkeit des Produktionsprozesses nicht optimal lösen konnte. Hierbei gilt es, insbesondere zu beachten, daß dem Produktionsprozeß vorgelagerte Fehlerquellen, wie mangelhaftes Produktdesign oder minderwertige Rohstoffe durch diese Methode nicht kontrollierbar waren. So wurde die Notwendigkeit weiterer Innovationen auf diesem Gebiet zunehmend offensichtlich.

Während im Rahmen der statistischen Qualitätssicherung das Qualitätsproblem weiterhin im Sinne Taylors zu lösen versucht wurde und die Konzentration von fachspezifischem Wissen auf einzelne Abteilungen beibehalten wurde,[6] steht die dritte Entwicklungsphase im Zeichen der Entdeckung eines weiteren Potentials zur Qualitätsverbesserung, dem Mitarbeiter.

---

[1] Vgl. Wonigeit, J. (1994), S.39.
[2] Hierzu gehören insbesondere Demig, Juran, Crosby, Ishikawa und Feigenbaum (vgl. Teil A, 4.1).
[3] Vgl. Deming, W.E.(1986), S.26; Wonigeit, J. (1994), S.37.
[4] Vgl. Ishikawa, K. (1985), S.18; Zink, K.J.; Schildknecht, R. (1994), S.76.
[5] Produktqualität geht hierbei weit über Norm- und Spezifikationsgerechtigkeit hinaus: Zuverlässigkeit, Funktionstüchtigkeit, Haltbarkeit, Servicefreundlichkeit etc. sind dabei integrale Bestandteile (vgl. Teil A, 2.2.1).
[6] Vgl. Wonigeit, J. (1994), S.38.

1.3 Mitarbeiterorientierte Qualitätsförderung

Diese Anfang der 60er Jahre begonnene Phase der Entwicklung des Qualitätswesens ist durch die „Wiederentdeckung" des Menschen als „relevante Größe" gekennzeichnet.[1] Im Mittelpunkt der Betrachtungen stand nicht nur das Prüfpersonal, sondern alle am Qualitätsgeschehen beteiligten Mitarbeiter. Hierbei zeichneten sich auf internationaler Ebene – weitgehend unabhängig – unterschiedliche Entwicklungslinien ab:

In den USA wurden sogenannte „Zero-Defect-Programs" propagiert. Hierbei sollte durch eine direkte Verhaltensbeeinflussung eine Korrektur der Einstellung bzw. Geisteshaltung einzelner Mitarbeiter erreicht werden.[2] Die Begeisterung für derartige Konzepte verstummte allerdings schon Mitte der 70er Jahre.[3]

Einer der wesentlichen Kritikpunkte daran war die Erkenntnis, daß Mitarbeiter der ausführenden Ebene – an die sich dieses Programm primär richtete – nur begrenzt für die reklamierten Qualitätsmängel verantwortlich waren. So konnte ein Appell zu einem qualitätsbewußten Verhalten natürlich nur wenig bewirken.[4]

Ein wesentlich größeres Potential zur Qualitätsverbesserung als die „Null-Fehler-Philosophie" hatten Ansätze, die sich nicht auf einen Appell beschränkten.

Ziel war es, erweiterte Handlungsspielräume und veränderte situative Rahmenbedingungen zu schaffen, um fehlerfreies Arbeiten und Qualitätsverbesserungsaktivitäten durch die Mitarbeiter zu ermöglichen.[5] Hierbei waren die Mitarbeiter der ausführenden Ebene durchaus als geeignet und fähig angesehen, auch situations- und sachbezogene Fehler zu identifizieren und geeignete Verbesserungen zu finden und zu initiieren.[6]

Bezüglich dieser Ansätze lassen sich wiederum vereinfacht zwei Entwicklungslinien aufzeigen:

Einerseits sind hier die in Japan – sicherlich auch vor einem im Vergleich zum Westen anderen kulturellen Hintergrund – entwickelten Qualitäts-

---

[1] Vgl. Zink, K.J.; Schildknecht, R. (1994), S.76.
[2] Vgl. Schildknecht, R.(1992), S.43.
[3] Vgl. Zink, K.J.; Schildknecht, R. (1994), S.77.
[4] Vgl. Schildknecht, R. (1992), S.43.
[5] Vgl. Zink, K.J.; Schildknecht, R. (1994), S.77.
[6] Vgl. Schildknecht, R. (1992), S.43.

zirkel[1] zu nennen. Der Einsatz derartiger gruppenarbeitsorientierter Konzepte zur Qualitätssicherung muß im wesentlichen als der Verdienst des japanischen Qualitätsexperten Ishikawa[2] gewürdigt werden. 1962 wurde dieses Konzept offiziell Qualitätssicherungs-Zirkel (Quality Control Circle) genannt und ist seitdem unter der Bezeichnung Qualitätszirkel (Quality Circle) weltweit bekannt.[3]

Andererseits gehören hierher verschiedene Ansätze, die im Westen – wenngleich auch mit unterschiedlicher Zielsetzung – konzipiert wurden. Hierzu zählen die in Skandinavien, im Rahmen von Maßnahmen der Arbeitsstrukturierung entstandenen „Problemlösungsgruppen" und die bundesdeutschen „Lernstattkonzepte" sowie das amerikanische „Participative Quality Control"-Konzept.[4]

Während diese mitarbeiterorientierten Ansätze in den westlichen Industrieländern isoliert eingesetzt wurden und wenig Verbreitung fanden, gelang den Japanern mit den Quality Circles ein weiterer Durchbruch auf dem Weg zu einer überlegenen Qualitätsmanagement-Konzeption. So war die nationale Qualitätszirkel-Konferenz im Jahre 1963 die Initialzündung für eine einzigartige japanische Qualitätsbewegung im nationalen Maßstab.[5]

Entscheidende Ursache für den Erfolg von Qualitätszirkeln war, daß diese in Japan integrale Bausteine umfassender Qualitätsverbesserungsaktivitäten wurden. Ishikawa sieht ihre besondere Bedeutung ausschließlich im Zusammenhang mit einem übergeordneten Qualitätsmanagementkonzept.[6]

So wurden in Japan die Ansätze der statistischen Qualitätssicherung, weitere konzeptionelle Ansätze und mitarbeiterorientierte Maßnahmen der Qualitätsförderung kombiniert. Die hieraus entstandenen, umfassenden Qualitätsförderungskonzepte gehören zu der vierten und vorläufig letzten Entwicklungsstufe des Qualitätswesens.

---

[1] Eine kleine Gruppe von maximal 12 Mitarbeitern, die regelmäßig zusammentrifft, um die in ihren Arbeitsbereichen auftretenden Fehler und Probleme selbständig zu bearbeiten; vgl. auch Teil A, 5.2.1.2.
[2] Vgl. Teil A, 4.1.3.
[3] Vgl. Kamiske, G.F; Brauer, J.P. (1995), S.40.
[4] Vgl. Schildknecht, R. (1992), S.43.
[5] Vgl. Wonigeit, J. (1994), S.44.
[6] Vgl. Ishikawa, K. (1985), S.91 f.

1.4 Umfassende Qualitätskonzepte – Total Quality Konzepte

Der Beginn dieser Entwicklungsstufe kann darin gesehen werden, daß in Japan, ausgehend von der statistischen Qualitätssicherung, das Qualitätswesen unter der Führung der amerikanischen Qualitätsexperten Deming, Juran und Feigenbaum[1] im Hinblick auf umfassende Konzepte weiterentwickelt wurde.

Der Schwerpunkt von Demings Ansatz lag ursprünglich auf statistischen Methoden und konnte so, für sich genommen, nur bedingt zufrieden stellen. Sein Konzept wurde durch das von Juran ergänzt, der ebenfalls einen verstärkt kundenorientierten Qualitätsbegriff („fitness for use")[2] propagierte. Ferner sah Juran „Quality Control" primär als Managementaufgabe an.[3]

Feigenbaum wiederum nannte seinen „Ansatz Total Quality Control" und sah darin ein System, welches die Anstrengungen der verschiedenen Bereiche innerhalb eines Unternehmens zur Entwicklung, Aufrechterhaltung und Verbesserung der Qualität integriert.[4] Bemerkenswert scheint besonders die unternehmensweite Ausrichtung seines Qualitätsförderungskonzeptes.

Die Kombination und Weiterentwicklung der drei Qualitätsphilosophien in Japan führte schließlich zu den ersten wirklich umfassenden Total Quality Konzepten. Das damit verbundene Gedankengut wurde dort von der Industrie bereitwillig aufgenommen und auch umgesetzt.

Dieser Entwicklungsstand kann durch folgende Kernelemente charakterisiert werden:[5]

- konsequente Anwendung statistischer Maßnahmen,
- Übergang von ergebnis- zu präventiv-orientierten Maßnahmen,
- Qualität als unternehmensweite Aufgabe und als Managementaufgabe,
- Reintegration der Qualitätsverantwortung in die Linie,
- Durchführung umfassender Schulungsprogramme,
- Top-to-Down-Ansatz sowie
- verstärkte Kundenorientierung.

Unter der Federführung von Ishikawa wurde dieser Entwicklungsstand erweitert. Der Japaner forderte hierbei nicht nur die Einbeziehung aller

---

[1] Vgl. hinsichtlich deren Ansätze insbesondere Teil A, 4.1.
[2] Vgl. Teil A, 2.1.
[3] Vgl. Zink, K.J.; Schildknecht, R. (1994), S.78.
[4] Vgl. Kamiske, G.F; Brauer, J.P. (1995), S.241.
[5] Vgl. Zink, K.J.; Schildknecht, R. (1994), S.78 f.

Total Quality Management

Abteilungen, sondern daß jeder Mitarbeiter im Rahmen seiner Möglichkeiten für Qualitätsaufgaben zuständig und verantwortlich sein sollte. In diesem Zusammenhang betonte er die Integration von partizipativen Elementen, wie etwa das gezielte Anwenden von Qualitätszirkeln auf allen Hierarchieebenen. Weiterhin ist die Betrachtung des jeweils nachfolgenden Arbeitsprozesses als „Kunde" als besonderes Verdienst Ishikawas zu würdigen.[1]

Das so entstandene, besonders mitarbeiterorientierte Konzept Ishikawas wurde zunächst als „Total Quality Control japanischer Ausprägung" bezeichnet. Nachdem aber dieses Konzept doch weit über das „Total Quality Control" von Feigenbaum hinausgeht, wurde der Ansatz Ishikawas 1968 zur besseren Unterscheidung „Company Wide Quality Control" (CWQC) oder „Company Wide Quality Improvement" (CWQI) genannt.

So erscheint eine teilweise in der Literatur[2] anzutreffende synonyme Verwendung von Company Wide Quality Control und Total Quality Control als nicht gerechtfertigt.[3]

Auch das Konzept von Company Wide Quality Control wurde weiterentwickelt, indem die übergeordnete Unternehmensphilosophie auf das Qualitätsziel ausgerichtet wurde.[4] Darüber hinaus wurde die Unternehmensumwelt stärker integriert (z. B. Ausdehnung der Aktivitäten auf Kunden und Lieferanten, Einbeziehung der ökologischen Umwelt etc.). Die Entwicklung war auch geprägt durch die Anwendung zusätzlicher Methoden und Techniken sowie durch ein verstärktes Einbeziehen von Einzelmaßnahmen in das Gesamtkonzept. Hierbei gewann besonders eine konsequente Prozeßorientierung an Bedeutung.[5]

Dieser (höchste) Entwicklungsstand wird schließlich als Total Quality Management oder Total Quality System (TQS) bezeichnet.[6]

Somit kann Total Quality Management als die umfassendste Qualitätsstrategie angesehen werden, die für ein Unternehmen derzeit denkbar ist.

Hierin sind dann die Gedanken prominenter Qualitätsexperten wie Deming, Juran, Feigenbaum, Ishikawa und auch Crosby[1] integriert.

---

[1] Vgl. Kamiske, G.F; Brauer, J.P. (1995), S.23f; Zink, K.J.; Schildknecht, R. (1994), S.79; vgl. Teil A, 2.2.2.

[2] Zum Beispiel Frehr, H.U. (1988), S.797 ff.

[3] Vgl. Zink, K.J.; Schildknecht, R. (1994), S.79; Kamiske, G.F; Brauer, J.P. (1995), S.23.

[4] Vgl. Kamiske, G.F; Brauer, J.P. (1995), S.245.

[5] Vgl. Schildknecht, R. (1992), S.63; zur Prozeßorientierung vgl. insbesondere Teil A, 5.2.1.1.

[6] Vgl. Zink, K.J.; Schildknecht, R. (1994), S.79.

1 Historische Entwicklung des Qualitätswesens

Die historische Entwicklung des Qualitätswesens läßt sich vereinfacht entsprechend Abb. 2 zusammenfassen:

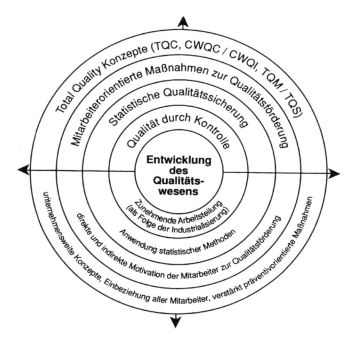

Abb. 2: Historische Entwicklung des Qualitätswesens[2]

Die Entwicklung des Qualitätswesens korrespondiert zweifellos eng mit dem jeweils zugrundeliegenden Qualitätsverständnis. So gehört zu dem komplexen und umfassenden TQM-Ansatz ein entsprechend vielschichtiger Qualitätsbegriff.

Durch die Kenntnis der Evolution des Qualitätswesens werden im folgenden auch die Hintergründe für die Komponenten eines modernen, umfassenden Qualitätsverständnisses im Sinne von TQM transparent.

---

[1] Vgl. Teil A, 4.1.4.
[2] Zink, K.J.; Schildknecht, R. (1994), S.80.

2 Der moderne Qualitätsbegriff im Sinne von TQM

Die Diskussion umfassender Total Quality Konzepte erfordert zunächst die begriffliche Festlegung von Qualität. In diesem Zusammenhang wurden in der Vergangenheit eine extreme Vielzahl von Begriffen und Definitionen geprägt. Aufgrund der Uneinigkeit über die Begriffsinhalte ist Qualität zu einem höchst komplexen und schillernden Begriff geworden. Ungleiche Bezugsobjekte, verschiedene Dimensionen und ein unterschiedlicher Detaillierungsgrad dokumentieren die Uneinigkeit.

Ein Grund hierfür ist in der Situation zu sehen, daß unterschiedliche Wissenschaftsrichtungen Qualität aus verschiedenartiger Perspektive betrachteten. So entwickelten die Betriebswirtschaftslehre und die Ingenieurwissenschaften eigene Bezugsrahmen und eine eigene Terminologie. Ferner brachten die in der historischen Entwicklung des Qualitätswesens aufgezeigten Entwicklungslinien ein immer wieder neues und umfassenderes Qualitätsverständnis mit sich.

So muß aus heutiger Sicht festgestellt werden, daß kein einheitlicher und allgemein anerkannter Lösungsansatz besteht, der Qualität begrifflich eindeutig und umfassend definiert.[1]

Andererseits existieren wenige unternehmensweite Konzepte, die so sehr vom Verständnis eines einzigen Grundbegriffs abhängen wie der TQM-Komplex. Insofern ist es unumgänglich, die vielschichtigen Bestandteile eines modernen Qualitätsverständnisses aufzuzeigen, das Grundlage von TQM ist.

Hierzu ist zunächst eine Systematik zu entwerfen, die dem Umfang des Qualitätsbegriffes gerecht wird. Dabei werden zuerst die wichtigsten Definitionsversuche aufgezeigt und einem Klassifizierungsraster zugeordnet. Daran anschließend muß der Qualitätsbegriff hinsichtlich Operationalisierbarkeit analysiert und in handhabbare Einheiten zerlegt werden.

---

[1] Vgl. Wonigeit, J. (1994), S.15.

2 Der moderne Qualitätsbegriff im Sinne von TQM

2.1 Definitionsansätze von Qualität

Die extreme Vielzahl von Erklärungs- und Definitionsansätzen von Qualität läßt sich in einer akzentuierten Betrachtung durch fünf Blickrichtungen typologisieren. Hierbei wird der von Garvin[1] unternommene, und wohl ausreichend differenzierte Versuch einer Klassifizierung zugrundegelegt. So ergeben sich folgende Sichtweisen, die gewährleisten, bei der Qualitätsdiskussion nicht aneinander vorbeizureden:

1. Die transzendente oder absolute Sichtweise

Qualität wird hier als etwas Einzigartiges, absolut und universell Erkennbares gesehen, als ein Zeichen von kompromißlos hohen Ansprüchen und Leistungen. Wie im Zusammenhang mit künstlerisch hochwertigen Arbeiten gibt es hierbei keine präzise Definition von Qualität, sie wird nur subjektiv, durch Erfahrungen geprägt, empfunden. Für betriebswirtschaftliche Problemstellungen ist diese Sichtweise ungeeignet. Dennoch läßt sich auch aus diesem Blickwinkel eine gewisse Operationalisierbarkeit, etwa im Hinblick auf Ästhetik[2] ableiten.

2. Die produktbezogene Sichtweise

Im Gegensatz zum transzendenten Ansatz sehen die Vertreter der produktbezogenen Sichtweise Qualität als durchaus präzise feststellbar und meßbar an. Qualitätsunterschiede werden hierbei durch bestimmte Eigenschaften oder Bestandteile eines Produkts auch quantitativ widergespiegelt. Somit werden Rangordnungen unterschiedlicher Produkte der gleichen Kategorie ermöglicht. Aus dieser Perspektive kann Qualität als objektiv erfaßbar betrachtet werden, während subjektive, vom Kunden erwünschte Eigenschaften nicht berücksichtigt werden. Zu dieser Sichtweise gehört beispielsweise die Definition von Leffler:

„Quality refers to the amount of the unpriced attributes contained in each unit of the priced attribute."[3]

Obwohl auch Aspekte anderer Sichtweisen zu erkennen sind, muß auch die offizielle Definition durch die DIN ISO 8402 dem produktorientierten Ansatz subsumiert werden. Qualität wird hier wie folgt definiert:

„Die Gesamtheit von Merkmalen einer Einheit bezüglich ihrer Eignung, festgelegte und vorausgesetzte Erfordernisse zu erfüllen."[1]

---

[1] Vgl. Garvin, D.A. (1988), S.40 ff.
[2] Vgl. Teil A, 2.2.1.
[3] Leffler, K.B. (1982), S.956.

Hierzu verwendet die Norm eine Vielzahl von Kommentaren bezüglich der verwendeten Grundbegriffe. So ist beispielsweise mit „Einheit" ein materieller oder immaterieller Gegenstand der Betrachtung (also auch eine Dienstleistung) gemeint. Dennoch unterstützt der Begriff „Einheit" eine vorwiegend produktbezogene, also materielle Betrachtung, bei der technische Merkmale im Vordergrund stehen.[2] Indirekte Tätigkeiten, wie Kundendienst, können dabei nur schwerlich mit interpretiert werden. Ein weiterer Kommentar empfiehlt, „Erfordernisse" als Merkmale mit festgelegten Prüfkriterien zu verstehen – eine deutliche Betonung der objektiv erfaßbaren Komponente von Qualität.

Vergleicht man obige Definition mit dem englischsprachigen Original in der internationalen Normenreihe ISO, so fällt bei der deutschen Übersetzung in der DIN-Norm eine eingeschränktere Betrachtungsweise auf. Während der Ausdruck „stated or implied needs" die Orientierung an den Bedürfnissen, die Kundenorientierung und damit auch die Dynamik des Qualitätsbegriffs andeutet, wird dies mit „festgelegte und vorausgesetzte Erfordernisse" nicht so klar.

So bleibt besonders bei der deutschen Übersetzung eine kundenspezifische Qualitätsbeurteilung, die auf subjektiver Wahrnehmung beruht – wie etwa das Design – weitgehend unberücksichtigt.

Insofern ergibt sich speziell für die Qualitätsdefinition der DIN-Norm eine klare Zuordnung zur produktionsorientierten Sichtweise, während das Original der ISO-Norm deutlicher auch Aspekte des anwenderbezogenen Ansatzes enthält, der die dritte mögliche Blickrichtung des Qualitätsbegriffs darstellt.

3. Die anwenderbezogene Sichtweise

Entsprechend dieser Auffassung liegt Qualität weniger im Produkt, sondern in der Wahrnehmung des Betrachters. Individuelle Kunden haben unterschiedliche Wünsche und Bedürfnisse, wobei diejenigen Erzeugnisse, welche diese Bedürfnisse am besten befriedigen, die beste Qualität besitzen. Hierbei wird also besonders die subjektive Komponente von Qualität betont.

Unter diese Sichtweise fällt auch die Definition von Juran: „Quality is fitness for use"[3] und die deutsche Version, bei der Qualität mit „Eignung für den Gebrauch"[4] erklärt wird.

---

[1] DIN EN ISO 9000-1 (1994), S.33.
[2] Vgl. Schildknecht, R. (1992), S.32.
[3] Juran, J.M. (1974a), S. 2.2.
[4] Groocock, P.B. (1988), S.23.

2 Der moderne Qualitätsbegriff im Sinne von TQM

Es zählt dabei also nicht die Übereinstimmung des Produktes mit internen Herstellerspezifikationen, sondern lediglich die Eignung des Produktes für den geplanten Verwendungszweck nach dem Ermessen des Kunden. Über die Produktqualität entscheidet somit der Markt.[1]

Zink erklärt in diesem Zusammenhang, daß Qualität die Erfüllung von (Kunden)Anforderungen zur dauerhaften Kundenzufriedenheit ist.[2] Hierbei wird deutlich, daß die dauerhafte Kundenzufriedenheit noch über das bloße Erfüllen von Kundenanforderungen hinausgeht. So werden hier noch weitere Qualitätselemente – wie etwa Haltbarkeit oder Innovationsqualität[3] – betont.

Die Interpretation von Qualität aus dem Blickwinkel des Kunden bringt Vorteile, da die optimale Befriedigung von Kundenwünschen ein entscheidender Wettbewerbsfaktor ist. Andererseits fällt es besonders schwer, dieses Qualitätsverständnis zu präzisieren, zu operationalisieren und umzusetzen, da die Kunden und deren Wünsche häufig heterogen sind.

Diese Schwierigkeit ergibt sich bei der fertigungsbezogenen Sichtweise nur in sehr geringem Umfang.

4. Die fertigungsbezogene Sichtweise

Begriffsfestlegungen, die unter den fertigungsbezogenen Ansatz fallen, versuchen Qualität über einen optimalen Fertigungsprozeß näherzukommen. Der Fokus liegt hier auf der Einhaltung von unternehmensinternen Produktspezifikationen und der Zielsetzung, die „eigene Arbeit gleich beim ersten Mal richtig zu machen".[4]

Jede Abweichung von der Produktspezifikation impliziert demgemäß eine Verminderung der Qualität. Hohe Qualität ergibt sich hier durch eine gut ausgeführte, fehlerfreie Arbeit, deren Ergebnis die Anforderungen der Spezifikation sicher erfüllt.

Hierher gehört auch der Ansatz von Crosby, der Qualität als „Conformance to requirements"[5] definiert. „Requirements" sind hier als Anforderungen im Sinne der Spezifikation zu verstehen.

Die Definition von Gilmore weist große Ähnlichkeit zu der von Crosby auf: „Quality is the degree to which a specific product conforms to a design or specification".[1]

---

[1] Vgl. Wonigeit, J. (1994), S.17.
[2] Vgl. Zink, K.J (1994), S.18.
[3] Vgl. Teil A, 2.2.1.
[4] Crosby, P.B. (1979), S.144.
[5] Crosby, P.B. (1979), S.15; vgl. dazu auch Teil A, 4.1.4.

Total Quality Management

Auch die Begriffserklärung von Masing gehört zum fertigungsbezogenen Ansatz:

„Qualität ist die relative Fehlerfreiheit des Erzeugnisses oder Loses".[2]

Beim fertigungsbezogenen Ansatz spielt die Effizienzsteigerung des Produktionsprozesses eine wichtige Rolle. Hierbei führen Qualitätsverbesserungen zu Kostensenkungen, da die Kosten für präventive Fehlerverhütungsmaßnahmen als geringer angesehen werden als die für Nacharbeit und Ausschuß.[3]

Hieraus leitet sich ein grundsätzlich präventives Vorgehen ab, das eine der wichtigsten Säulen von Total Quality Konzepten darstellt.

Andererseits fehlt der fertigungsbezogenen Sichtweise, ähnlich dem produktbezogenen Ansatz die Kundenorientierung. So kann sich durchaus die Situation ergeben, daß perfekt hergestellte Produkte nur geringen Absatz finden, weil die unternehmensinternen Spezifikationen nicht mit den Kundenwünschen übereinstimmen.

Bei der wertbezogenen Sichtweise lassen sich schließlich Elemente der drei letztgenannten Ansätze wiederfinden.

5. Die wertbezogene Sichtweise

Bei diesem Definitionsansatz wird Qualität durch Kosten und Preise ausgedrückt. So ist demgemäß ein Qualitätsprodukt ein Erzeugnis, das eine bestimmte Leistung zu einem akzeptablen Preis oder eine Übereinstimmung mit Spezifikationen zu akzeptablen Kosten erbringt. Entsprechend resultiert Qualität hier aus einem günstigen Preis-Leistungs-Verhältnis.

Als wohl prominentester Vertreter dieser Sichtweise gilt Feigenbaum. Bei seiner Begriffsfestlegung wird der Preis-Leistungs-Aspekt besonders deutlich angesprochen: "Quality means best for certain costumer conditions. These conditions are the actual use and the selling price of a product".[4]

Die Definition von Feigenbaum wird in der Erklärung von Haist noch präzisiert. Dabei ist Qualität die „Übereinstimmung mit den Anforderungen des Kunden – Anforderungen bezüglich Funktion, Preis, Lieferzeit, Kosten, Beratung etc."[5]

---

[1] Gilmore, H.L. (1974), S.16.
[2] Masing, W. (1972), S.8.
[3] Vgl. Wonigeit, J. (1994), S.18; vgl. Teil A, 3.2.2.
[4] Feigenbaum, A.V. (1961), S.13.
[5] Haist, F. (1989), S.5; hier werden bereits Operationalisierungsmerkmale genannt, die in Teil A, 2.2 näher behandelt werden.

2 Der moderne Qualitätsbegriff im Sinne von TQM

Der wertbezogene Ansatz enthält objektive sowie subjektive Komponenten und ist somit, ähnlich dem anwenderbezogenen Ansatz, schwer faßbar und operationalisierbar.[1]

Der Versuch, den Qualitätsbegriff aus fünf Blickrichtungen zu betrachten, hat dessen Komplexität und Vielschichtigkeit deutlich gezeigt. Dennoch sind die verschiedenen Sichtweisen nötig, um dem modernen, TQM-orientierten Qualitätsverständnis gerecht zu werden. So setzt sich Qualität im Sinne von TQM aus der Gesamtheit der obigen Ansätze zusammen, wenngleich die transzendente Sichtweise nur bedingt integrierbar ist und der Schwerpunkt auf der Erfüllung von Kundenanforderungen liegt. Für das jeweilige Stadium im Herstellungsprozeß ist also die geeignete Sichtweise zu verwenden.

Bei der Produktentwicklung scheint zunächst eine anwenderbezogene Qualitätsauffassung angezeigt, welche die Kundenorientierung sicherstellt und die Identifikation der geeigneten Qualitätsmerkmale unterstützt. Ein produktbezogener Ansatz kann in der nächsten Phase helfen, die gewünschten Qualitätscharakteristiken in Produktspezifikationen umzusetzen. Daraufhin kann der fertigungsorientierte Ansatz dazu beitragen, den Herstellungsprozeß so zu organisieren, daß die gefertigten Produkte den Spezifikationen entsprechen und die Effizienz des Produktionsprozesses gesteigert wird. Der wertbezogene Ansatz unterstützt schließlich nicht nur eine kostengünstige (weil fehlerfreie) Herstellung, sondern auch eine geeignete Preispolitik, wodurch schließlich ein Produkt entsteht, das auch im Preis-Nutzen-Verhältnis den Kundenvorstellungen entspricht.[2]

Die Verinnerlichung des umfassenden Qualitätsverständnisses ist die erste Voraussetzung für ein Total Quality Management. Schließlich lassen sich Defizite im praktizierten Qualitätswesen häufig auf die Verwendung eines zu eng gefaßten Qualitätsbegriffes zurückführen.[3] Weiterhin wird es durch die Terminologie der unterschiedlichen Sichtweisen ermöglicht, einzelne Inhalte des Qualitätsverständnisses nicht nur zu benennen, sondern auch unternehmensweit transparent zu machen.

Um jedoch vom Qualitätsverständnis zu Möglichkeiten und Methoden der Qualitätsverbesserung zu kommen, müssen zunächst Operationalisierungsmerkmale von Qualität gefunden werden. Es ist eine – teilweise auch in der Literatur nicht zu findende – Antwort auf die Frage zu geben „Was soll denn mit TQM genau verbessert werden?".

---

[1] Vgl. Wonigeit, J. (1994), S.19.
[2] Vgl. Garvin, D.A. (1988), S.48; Wonigeit, J. (1994), S.19.
[3] Vgl. Wonigeit, J. (1994), S.31.

Total Quality Management

2.2 Operationalisierbare Bestandteile von Qualität

Das Herausarbeiten von relevanten Qualitätsmerkmalen schafft Größen und Werte an deren Verbesserung kontinuierlich gearbeitet werden kann. Hiermit wird Qualität steuerbar und teilweise auch meßbar. Erst die konsequente Gestaltung der Operationalisierungsmerkmale ermöglicht schließlich offensive Qualitätsziele[1] des Unternehmens zur Befriedigung von Kundenwünschen.

Dem TQM-Komplex liegt jedoch auch hinsichtlich der Umsetzbarkeit ein umfassendes Qualitätsverständnis zugrunde. Darin sind jede Input- und Outputgröße des Unternehmens, sämtliche Aktivitäten jedes Mitarbeiters sowie alle materiellen und immateriellen Bestandteile des Unternehmens integriert. Imai stellt im Hinblick auf die Operationalisierbarkeit fest, „...quality is associated not only with products and service, but also with the way people work, the way machines are operated and the way systems and procedures are dealt with. It includes all aspects of human behaviour."[2]

So empfiehlt sich hierfür zur weiteren Untergliederung eine mehrdimensionale Interpretation von Qualität. Dabei wird die Qualität

- der Produkte (bzw. Dienstleistungen),
- der Prozesse,
- der Arbeitsbedingungen und
- der Umfeldbeziehungen unterschieden.

Deshalb soll im folgenden zunächst die traditionell wichtigste Dimension von Qualität – die Qualität der Produkte (bzw. Dienstleistungen) – untersucht und daraufhin die Charakteristika der drei weiteren Qualitätsdimensionen beleuchtet werden.

2.2.1 Merkmale der Produktqualität

Da die einzelnen Merkmale der Produktqualität maßgeblich von der Art des Produktes abhängen, können sie nicht allgemein vollständig dargestellt werden. Dennoch sollen im folgenden einschlägige, häufig relevante Qualitätscharakteristika aufgezeigt werden.

Es sei an dieser Stelle bereits darauf hingewiesen, daß sich der TQM-Ansatz keinesfalls auf den produzierenden Wirtschaftssektor beschränkt. Es

---

[1] Unter Qualitätszielen werden die Absichten und Zielsetzungen einer Unternehmung zur Qualität, wie sie von ihrer Leitung formell erklärt werden, verstanden; vgl. Wonigeit, J. (1994), S.21; vgl. dazu auch Teil A, 5.1.

[2] Imai, M. (1992), S.9.

2 Der moderne Qualitätsbegriff im Sinne von TQM

sind auch erfolgreiche Anwendungen dieses Gedankenguts auf dem Dienstleistungssektor – z. B. Luftfahrtgesellschaften oder Krankenhäuser[1] – zu nennen. Um jedoch den Rahmen dieses Buches nicht zu sprengen, wird hier primär die Situation in Produktionsbetrieben berücksichtigt.

Um nun die mit Produkten im Zusammenhang stehenden Qualitätsmerkmale („Teilqualitäten") zu systematisieren, wird in der folgenden Betrachtung zwischen Produktqualität im engeren und im weiteren Sinne differenziert:[2]

Produktqualität i. e. S. bezieht sich auf das formale, physische Produkt. Dabei werden die Aspekte des zentralen Kaufobjektes betrachtet.

Produktqualität i.w.S. hingegen legt einen erweiterten Produktbegriff zugrunde, der sich auf alle zusätzlichen Leistungen und Eigenschaften bezieht, die mit dem zentralen Kaufobjekt in Verbindung stehen.

Im folgenden sind nun wesentliche Teilaspekte der beiden Produktqualitätsverständnisse aufgelistet (vgl. Abb. 3):

Produktqualität i.e.S.	Produktqualität i.w.S.
• Technisch-funktionale Qualität	• Qualitätsimage
• Ausstattung	• Kundenkontaktqualität
• Dauerqualität	• Integrationsqualität
• Normgerechtigkeit	• Innovationsqualität
• Design	• Umweltqualität
	• Preisqualität

Abb. 3: *Fundamentale Bestandteile der Produktqualität im engeren und weiteren Sinne*

Die Inhalte wesentlicher Bestandteile der Produktqualität i.e.S. werden nachfolgend kurz skizziert:

---

[1] Speziell die Anwendung von TQM in Krankenhäusern wird in: Spörkel, H. (Hrsg.) (1995) ausführlich diskutiert.
[2] Wengleich die Inhalte voneinander abweichen, lehnt sich diese Differenzierung an Kotler, P. (1989), S.364 an. Töpfer/Mehdorn unterscheiden hierbei in Qualität ersten- und zweiten Grades, vernachlässigen dabei jedoch einige Teilqualitäten, vgl. Töpfer, A.; Mehdorn, H. (1994), S.9 f.

Technisch-funktionale Qualität

Eine wichtige Teilqualität der Produktqualität i.e.S. stellt die technisch-funktionale Qualität dar. Hierin sind Merkmale eines Produktes, wie Funktionstüchtigkeit, Funktionsleistung,[1] Bedienungskomfort, Betriebskosten und Sicherheitsaspekte beim Gebrauch zusammengefaßt. Diese Teilqualität enthält meßbare Produkteigenschaften, wenngleich deren Bedeutung für das Qualitätsempfinden teilweise von den subjektiven Erwartungen des Kunden abhängt. Dabei sind Elemente der produkt- und anwenderbezogenen Sichtweise vereinigt.[2] Das gilt auch für Zusatzfunktionen, die der Teilqualität Ausstattung zu subsumieren sind.

Ausstattung

Zu diesen Sekundärmerkmalen gehören etwa bei Linienflügen die kostenlosen Getränke und Videounterhaltung, bei Personenkraftwagen der Bordcomputer. Zusatzleistungen bewirken insbesondere dann einen Qualitätsvorsprung, wenn sie in der Standardausführung integriert sind, wodurch sich beispielsweise die japanische Automobilindustrie in den 80er Jahren auszeichnete.[3]

Im Gegensatz zu den beiden bisher dargestellten Teilaspekten können Dauerqualität und Normgerechtigkeit als relativ objektiv angesehen werden

Dauerqualität

Unter Dauerqualität sind einerseits Aspekte der Zuverlässigkeit zu verstehen. Zeitpunkt, Zeitdauer, Häufigkeit und Umfang nötiger Wartungs- und Reparaturaktivitäten spielen schon wegen der damit verbundenen, stetig steigenden Kosten[4] eine zunehmend bedeutendere Rolle. Andererseits bestimmt die Haltbarkeit – also die Häufigkeit der Benutzung des Produktes bis zum Funktionsende bzw. dessen Lebensdauer – die Dauerqualität.

Um das Vertrauen des Kunden in die Dauerqualität zu fördern, spielen Garantieleistungen, welche die gesetzliche Gewährleistungspflicht übertreffen, eine wichtige Rolle.

---

[1] Die Funktionsleistung bezeichnet beispielsweise bei einem PKW Beschleunigungsvermögen oder Höchstgeschwindigkeit.
[2] Vgl. Wonigeit, J. (1994), S.21.
[3] Vgl. Garvin, D.A. (1988), S. 52; Wonigeit, J. (1994), S.22.
[4] Kosten sind hier aus Kundensicht zu verstehen. Zu Kosten für den Hersteller vgl. Teil A, 3.2.2.

Normgerechtigkeit

Unter Normgerechtigkeit soll die konsequente Erfüllung von Anforderungen sowohl der allgemeinen Industrienormen und Vorschriften[1] als auch der Spezifikation (vgl. fertigungsbezogener Ansatz) verstanden werden. Somit ergibt sich eine Fülle von Anforderungen – z. B. hinsichtlich Geometrie, Material, Funktion, Sicherheit und Technologie – denen es gerecht zu werden gilt.[2]

In diesem Zusammenhang sei auch das EG-Freihandelszeichen, das CE-Zeichen genannt. Mit diesem Zeichen wird die Konformität mit allen für das Produkt gültigen und für alle Mitgliedstaaten einheitlichen, technischen Harmonisierungsrichtlinien der Europäischen Union („Communauté Européenne") erklärt. Diese Richtlinien beschreiben primär grundlegende Schutzziele für den Benutzer und Verbraucher hinsichtlich der technischen Sicherheit und des Gesundheits-, Arbeits- und Umweltschutzes. Ferner werden darin die Verfahren spezifiziert, die anzuwenden sind, um die Übereinstimmung der Produktmerkmale mit den vorgeschriebenen Anforderungen nachzuweisen.

Dennoch darf das CE-Zeichen nicht als explizite Qualitätsauszeichnung verstanden werden, wenngleich es teilweise als solche interpretiert wird. Hierbei handelt es sich um ein von einer Zertifizierungsstelle verliehenes Behördenzeichen, welches die Konformität mit europäischen Sicherheitsrichtlinien, aber keine weiteren Qualitätsmerkmale bestätigt.[3]

In diesem Zusammenhang stellt sich natürlich auch die Frage nach anderen Gütesiegeln und Gütezeichen. Ob Möbel, Lebensmittel, Baustoffe, Toilettenpapier oder Spielzeug - fast jedes Produkt hat ein Gütesiegel.[4] Dabei gibt es folgende Arten von Siegeln:

- *Güte-, Qualitäts- oder Prüfsiegel* bewerten hautpsächlich Materialien, Inhalte, Eigenschaften und Produktion eines Produkts. Sie sind nicht immer für das Gesamtprodukt gültig. Wenn Hersteller selbst prüfen (CE-Norm), ist ein Siegel nicht objektiv.

---

[1] Man denke hier etwa an die Unfallverhütungsvorschriften der Berufsgenossenschaften. Normen und Vorschriften beziehen sich an dieser Stelle primär auf Produkte. Weiterhin sind aber auch die Normen und Vorschriften für Prozesse und Arbeitsbedingungen zu beachten, vgl. Teil A, 2.2.2.

[2] Normgerechtigkeit überschneidet sich teilweise mit anderen Teilqualitäten. Dennoch sollen sie nebeneinander bestehen bleiben, um der Situation Rechnung zu tragen, daß einerseits Normen erfüllt werden müssen, andererseits darüber hinausgehende Leistungen zur Kundenbefriedigung nötig sind.

[3] Vgl. Kamiske, G.F; Brauer, J.P. (1995), S.19f; vgl. dazu auch Teil A, 4.3.2; nähere Ausführungen zum CE-Zeichen finden sich bei Berghaus, H.; Langner, D. (1994).

[4] Vgl. plus (1997), S. 30.

Total Quality Management

- *Normen* vom Deutschen Institut für Normung (DIN-Norm) oder von der Europäischen Union für Sicherheit, Gebrauchsfähigkeit, Paßgenauigkeit. Die Einhaltung von Normen ist nicht verbindlich und wird nur gelegentlich geprüft. Sie haben geringe Aussagekraft für die Verbraucher.
- *Testsiegel* sind glaubwürdig, wenn sie von unabhängigen Instituten oder Verbraucherorganisationen stammen.
- *Umweltzeichen* werden von Verbänden, Behörden, Genossenschaften, Versandhandel vergeben. Da willkürlich Grenzwerte festgesetzt werden, handelt es sich hierbei oft um „Etikettenschwindel".
- *Sicherheitszeichen* von Verbänden wie TÜV und Dekra sowie Berufsverbänden wie dem Verband Deutscher Elektrotechniker (VDE) können Sie vertrauen.

Achtung: Bei Zeichen auf Importwaren ist Mißtrauen angebracht.

Die folgende Tabelle bewertet eine Auswahl gängiger Siegel und Zeichen.

Zeichen	Bezeichn. (Objekt)	Bewertungskriterien	Einstufung	Bewertung
	Spiel gut (Spielwaren)	Sinnvoll. Gut verarbeitetes, sinnvolles Spielzeug mit gutem Preis-Leistungs-Verhältnis	☺☺☺	Sehr gut - unabhängige Prüfung durch Ärzte, Pädagogen und Techniker.
	Eco-proof (Textilien)	Schadstoffarm. Textilien aus unbelasteter Baumwolle und schadstoffarme Textilien	☺☺☺	Sehr gut - regelmäßige Kontrolle. In die Bewertung werden auch Produktionsprozeß und Arbeitsweise einbezogen.
	Demeter (Lebensmittel)	Kontrolliert. Lebensmittel und Wein aus kontrolliertem Anbau. Nach ökologischen Gesichtspunkten bewertete Landwirtschaft	☺☺☺	Sehr gut - regelmäßige Überprüfung, Produktion nach strengen Standards. Orientiert sich sehr genau an Grenzwerten.

2 Der moderne Qualitätsbegriff im Sinne von TQM

Zeichen	Bezeichn. (Objekt)	Bewertungskriterien	Einstufung	Bewertung
	Blauer Engel (Umweltverträglichkeit)	Auflagen. Umweltverträgliche Produktgruppen, geprüft nach umfangreichen Auflagen für Produktionsprozeß und Material	☺☺☺	Sehr gut - unabhängige Experten bewerten im Auftrag des Umweltbundesamtes.
	Vollreinigung (Reinigungen)	Einheitskriterien. Arbeitsweise und Qualität von Reinigungen. Halbjährige Prüfphase nach einheitlichen Standards	☺☺☺	Sehr gut - nach halbjähriger Prüfphase werden regelmäßige Kontrollen durchgeführt.
	Geprüfte Sicherheit (Arbeitsgeräte)	Unabhängig. Sicherheit von technischen Arbeitsgeräten	☺☺☺	Sehr gut - unabhängige und regelmäßige Prüfung nach Kriterien von TÜV, Dekra, VDE.
	Umwelt-Blume (Umweltverträglichkeit)	Europaweit. Umweltverträgliche Produkte; gilt im Gegensatz zum Blauen Engel europaweit	☺☺	Gut - bei der Europäischen Union allerdings mit weniger strengen Kriterien als beim Blauen Engel.
	RAL-Zeichen (Gebrauchsgüter)	Tauglich. Gute Gebrauchstauglichkeit. Wird für Textilien, Baustoffe, Agrarprodukte, Fitneß-Clubs und Kur-Einrichtungen vergeben	☺☺	Gut - Einheitskriterien, nicht nur auf Umwelt bezogen, werden von Herstellergemeinschaften zusammen mit dem Institut festgelegt.

Total Quality Management

Zeichen	Bezeichn. (Objekt)	Bewertungskriterien	Einstufung	Bewertung
	Wollsiegel (Wollmaterialien)	Reine Wollmaterialien, reine Wolle, Merinowolle (Cool Wool) oder Wolle mit Beimischung (Kombi-Wollsiegel)	☺	Befriedigend - Hinweis auf Material und Qualität. Aber: keine Aussage zu Produktionsprozeß, Verarbeitung und Inhalten (z. B. Farbe).
	Teppich-Siegel (Bodenbeläge)	Antistatisch. Eigene Zeichen, wenn Belag für Stuhlrollen, Büros, Treppen geeignet oder antistatisch ist	☺	Befriedigend - nur Hinweis auf Gebrauchsfähigkeit. Schadstoffe, Inhaltsstoffe, Produktionsbedingungen werden nicht bewertet.
	Institut für Baubiologie (Wohnbereich)	Ökobau. Produkte des Wohnbereichs, die als gesundheitlich und ökologisch unbedenklich eingestuft wurden	☺	Befriedigend - Hinweis auf verminderte Gesundheitsrisiken, die ökologischen Kriterien sind schwammig.
	DIN-geprüft (Gebrauchsgüter)	Norm. Einheitliche Standards und Größen bei Herstellung. DIN EN für europaweite Normen, DIN geprüft für kontrollierte Standards	😐	Ausreichend - kein Aussagewert für Verbraucher, nur technische Kriterien für Produktion.
	CE-Norm (Elektrogeräte)	Verträglich. Sicherheit und elektromagnetische Verträglichkeit von Elektrogeräten	☹	Nicht hilfreich - Hersteller vergeben das Siegel für ihre eigenen Produkte, Kontrolle und Überprüfung nicht garantiert.
	Öko-Tex Standard (Textilien)	Großzügig. Textilien, deren Schadstoffgehalt auf ungefährliche Mengen reduziert wurde. Gilt europaweit	☹	Mangelhaft - großzügige Prüfstandards, keine Bewertung von Produktion und Qualität der Grundmaterialien.

2 Der moderne Qualitätsbegriff im Sinne von TQM

Zeichen	Bezeichn. (Objekt)	Bewertungskriterien	Einstufung	Bewertung
DER GRÜNE PUNKT	Der grüne Punkt (Müllentsorgung)	Lückenhaft. Rücknahme-Verpflichtung und gebührenpflichtige Teilnahme am System geregelter Müllentsorgung	☹	Nicht hilfreich - kein Qualitäts- oder Umweltzeichen. Keine besonderen Anforderungen an die Recyclingfähigkeit, Kontrolle lückenhaft.
(Teppichboden-Siegel)	GuT-Siegel (Teppichboden)	Krebsausschluß. Grenzwerte für Schadstoffe, Ausschluß von krebserregenden Farben bei Teppichen und Teppichböden	☹	Nicht hilfreich - großzügig bemessene Grenzwerte, soziale Arbeitsbedingungen (z. B. Kinderarbeit) nicht beachtet.

☺☺☺ sehr gut ☺☺ gut ☺ befriedigend ☺ ausreichend ☹ nicht hilfreich

Tab. 2-1: Bewertung gängiger Prüfsiegel[1]

Während Normgerechtigkeit besonders in den westlichen Industrieländern traditionell wesentlicher Qualitätsbestandteil ist, gewann das Produktdesign – zumindest im Investitionsgüterbereich – erst sukzessive als Qualitätsmerkmal an Bedeutung.

Design

Aufgrund des sehr subjektiven Charakters dieser Teilqualität ist sie schwer meßbar. Ihr ist nur qualitativ beizukommen, etwa über Umfragen. Dennoch ist ihr Beitrag zu dem „Gesamteindruck Produktqualität" unumstritten und durch die moderne Konsumentenforschung bestätigt. So wurde festgestellt, daß Kunden von einer Teilqualität auf eine andere oder auf die gesamte Produktqualität schließen.[2] Entsprechend wird beispielsweise durch das funktionale Design der japanischen Unterhaltungselektronik in den Farben schwarz oder metallic der Anspruch auf umfassende Qualität unterstützt.

Wichtige Bestandteile der Produktqualität i.w.S. lassen sich folgendermaßen skizzieren:

---

[1] Vgl. plus (1997), S. 30.
[2] Vgl. Wonigeit, J. (1994), S.30.

Qualitätsimage

Ähnlich dem Design wird das Qualitätsimage durch die subjektive Kundeneinschätzung bestimmt. Da hierbei mehr der Name als das Produkt im Vordergrund steht, wird dieses Merkmal der Produktqualität i.w.S. zugeordnet.

Besitzen Konsumenten nur unvollständige Informationen über Produktmerkmale, so gewinnt das Qualitätsimage besondere Bedeutung. So werden dann Produkte weniger nach objektiven Merkmalen, als nach Image der Marke, Werbung für das Produkt oder klangvollen Marken- und Firmennamen beurteilt.[1] Eine überragende Rolle spielt das Qualitätsimage etwa bei der Zigarettenindustrie. Bezeichnend für die Bedeutung dieser Teilqualität ist auch das Vorgehen von Honda und Sony, die ihre Produkte auch in den USA herstellen ließen, aber zunächst auf die Kennzeichnung „Made in USA" verzichteten.[2]

Während das Qualitätsimage für eine Vielzahl von Gütern relevant ist, erfordert Kundenkontaktqualität primär langlebigere und wertvollere Güter.

Kundenkontaktqualität

Unter Kundenkontaktqualität soll die Güte jeglichen Kontaktes des Unternehmens mit dem Kunden verstanden werden. Daran sind besonders die dem Produktionsprozeß vor- und nachgelagerten Wertschöpfungsphasen beteiligt. Diese Teilqualität ist täglich im Kundenkontakt neu zu definieren, zu erarbeiten und anzubieten. Maßstab ist hierbei die Kundenzufriedenheit.[3] Wichtige Kundenkontaktmöglichkeiten sind Abb. 4 aufgezeigt.

So erfordert eine gute Kundenkontaktqualität beispielsweise ein richtiges Angebot, eine freundliche Telefonvermittlung, die prompte und sachlich richtige Beantwortung von Briefen, eine termingerechte und richtige Lieferung, verständliche Gebrauchsanweisungen etc.

Von besonderer Bedeutung sind eine professionelle Beratung des Kunden vor dem Kauf (Pre-Sales-Aktivitäten) und eine hohe After-Sales-Qualität. Hierzu zählen z. B. eine fachgerechte Reparatur, die Verfügbarkeit der Ersatzteile, eine ausreichende Kapazität des Servicenetzes, gegebenenfalls eine Notdienstbereitschaft sowie eine schnelle Abwicklung von Garantiefällen und Kulanzleistungen.[4] Die Kundenkontaktqualität beeinflußt entscheidend das Image des Unternehmens aus Kundensicht, die Kaufent-

---

[1] Vgl. Wonigeit, J. (1994), S.30 f.
[2] Vgl. Garvin, D.A. (1988), S.59 f.
[3] Vgl. Töpfer, A.; Mehdorn, H. (1994), S.9 f.
[4] Vgl. Zink, K.J. (1994a), S.21.

scheidung und schließlich die Kundenzufriedenheit und somit Kundenloyalität.

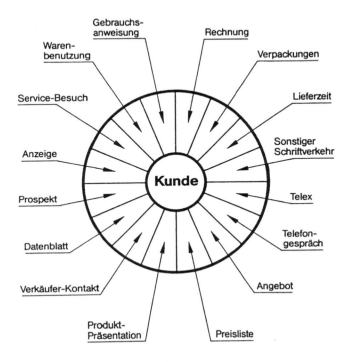

Abb. 4: Die Erlebniswelt des Kunden[1]

Frehr gibt in diesem Zusammenhang an, daß 70% der Kundenreklamationen den Bereich „Handling" (falsche Anschrift, falsche Stückzahl, falsche Beratung etc.) und nur 30% den Bereich „Produkt" betreffen.[2] Hieraus ergibt sich ein deutlicher Handlungsbedarf.

Integrationsqualität

Bei der Integrationsqualität kann auch der richtige Pre-Sales-Service eine Rolle spielen. Hier steht die Eigenschaft eines Produktes im Vordergrund, in ein System integrierbar zu sein. Dazu muß einerseits das Produkt selbst mit den nötigen Eigenschaften und Schnittstellen versehen sein. Anderer-

---

[1] Frehr, H.U. (1994a), S.129.
[2] Vgl. Frehr, H.U. (1994a), S.122.

seits ist – insbesondere falls mehrere Produktversionen angeboten werden – eine einschlägige Kundenberatung unter Berücksichtigung der jeweiligen Rahmenbedingungen erforderlich. Die Gestaltung von kundenspezifischen Lösungen ermöglicht gegebenenfalls auch eine höhere Integrationsqualität.

Die Integrations- bzw. Systemfähigkeit ist zwar nur bei bestimmten Investitionsgütern zutreffend, kann dann aber von kaufentscheidender Bedeutung sein. Ein Beispiel hierfür könnten private Kommunikationssysteme sein, die häufig eine relativ hohe Integrationsleistung beim Kunden erfordern, um dessen Bedürfnisse zu befriedigen.

Innovationsqualität

Zukunftsoffenheit und Zukunftsorientierung bezeichnen vorrangig die Innovationsqualität eines Produktes.

Mit Zukunftsoffenheit ist die Fähigkeit eines Produktes angesprochen, sich seinem Umfeld, das sich kontinuierlich weiterentwickelt, anzupassen. So ist beispielsweise bei Softwareprodukten die Eigenschaft wesentlich, durch „Upgrades" auf den neuesten Stand gebracht werden zu können, um so etwa die Leistungen eines neuen Betriebssystems oder der neuen Prozessorgeneration konsequent auszunützen.

Zukunftsorientierung bedeutet bei Investitionsgütern das Überwinden der Gefahr, aufgrund technologischen Veraltens gegenüber Substitutionsgütern an Wert zu verlieren. Für den Bereich der Konsumgüter ist in diesem Zusammenhang primär eine Produktgestaltung erforderlich, daß das Produkt auch dem zukünftigen „Trend" der Bedürfnisstruktur entspricht.

Umweltqualität

Für Konsum- als auch Investitionsgüter gewinnt jedoch gleichermaßen die Umweltqualität zunehmende Bedeutung. Umweltorientierung läßt sich insbesondere im Zusammenhang mit Produkten, Herstellungsprozessen und Arbeitsbedingungen sehen.[1]

In jüngerer Zeit rücken die Herstellungsprozesse mehr und mehr ins Blickfeld, vor allem dann, wenn mit ihnen entsprechend geworben wird (vgl. beispielsweise die Werbung der Automobilhersteller bzgl. der Verwendung wasserlöslicher Lacke).

Bei einer Konzentration auf die Produkte kann wiederum die Nutzungs- und Aussonderungsphase unterschieden werden.

---

[1] Vgl. dazu auch Teil A, 2.2.2; soweit Umweltschutzmaßnahmen durch Normen und Vorschriften festgelegt sind, werden diese der Normgerechtigkeit zugerechnet.

Einschlägige Merkmale während der Nutzungsphase sind ein geringer Verbrauch an Ressourcen und Energie (ein hoher Wirkungsgrad bei der Umwandlung) sowie Ungefährlichkeit und geringe Mengen von Emissionen während des Gebrauchs.

Während der Aussonderungsphase des Produktes spiegelt sich dessen Umweltqualität insbesondere durch zwei Eigenschaften wider: Einerseits müssen die verwendeten Materialien möglichst recyclingfähig bzw. biologisch abbaubar sein. Andererseits sind geeignete Demontageeigenschaften des Produktes nötig, die ein einfaches Trennen in Materialgruppen ermöglichen.[1]

Als Teilqualität, die für jedes Gut relevant ist, soll abschließend noch die Preisqualität skizziert werden.

Preisqualität

Die Produktqualität i.w.S wird auch durch die Preispolitik beeinflußt. Unter der Einschränkung, daß der Preis nicht vom Markt determiniert wird, gibt es bei der Preisgestaltung eine Vielzahl von Gesichtspunkten zu berücksichtigen, auf die hier nicht näher eingegangen werden kann. Dennoch soll auf zwei eng mit der Produktqualität verbundene Preisgestaltungsansätze hingewiesen werden:

Legt man einerseits eine überwiegend wertbezogene Sichtweise der Kunden zugrunde, so ist ein für den Kunden akzeptabler Preis von entscheidender Bedeutung.[2]

Geht man andererseits von einem anderen Qualitätsverständnis der Kunden aus – etwa einer eher produktbezogenen Sichtweise – so kann ein hoher Preis ein gutes Qualitätsimage induzieren. Hierbei wird die Erfahrung der Kunden ausgenutzt, daß hohe Qualität (in Sinne der oben genannten Teilqualitäten) in der Regel mit hohen Preisen verbunden ist. Insofern ist es naheliegend, auch umgekehrt von hohen Preisen auf gute Qualität zu schließen. Letzterer Ansatz ist besonders deutlich bei Prestigegütern angezeigt, da hier sehr häufig ein hoher Preis mit Exklusivität (Snobeffekt) und hoher Qualität in Verbindung gebracht wird.

Die aufgeführten Teilqualitäten können nur eine Auswahl der in der Praxis relevanten Aspekte darstellen. Ferner differiert die Bedeutung der einzelnen Merkmale deutlich in Abhängigkeit vom Bezugsobjekt und von subjektiven Anforderungen. Unumstritten gewinnt jedoch grundsätzlich die

---

[1] Weitere Ausführungen zum Thema „TQM und Umweltschutz" sind bei Steger, U. (1994), S.41 ff. zu finden.
[2] Vgl. dazu auch Ishikawa, K. (1985), S.45.

Produktqualität i.w.S zunehmend an Bedeutung[1] und stellt dabei einen entscheidenden Wettbewerbsfaktor dar.

Die operationalisierbaren Bestandteile von Qualität im Sinne von Total Quality gehen jedoch noch weit über die Produktqualität im engeren und weiteren Sinne hinaus.

2.2.2 Weitere Dimensionen von Qualität

Für die neben der Produktqualität bestehenden Qualitätsbestandteile gilt es, Handlungsschwerpunkte herauszuarbeiten. Hierzu werden weitere Qualitätsdimensionen definiert. In diesem Zusammenhang sind in der Literatur jedoch unterschiedliche Klassifikationen auszumachen.

Die folgende Festlegung der weiteren Dimensionen richtet sich nach den primären Gegenstandsbereichen von TQM, insbesondere der Prozeß- und Mitarbeiterorientierung.[2] Somit wird ein inhaltlich direkter Übergang zwischen Qualitätsdimension und TQM-Prinzipien ermöglicht.

Schließlich sei vorweg darauf hingewiesen, daß die einzelnen Dimensionen nicht unabhängig voneinander und überschneidungsfrei sind. Hierbei handelt es sich vielmehr um eine akzentuierte Abgrenzung.

Die drei weiteren Dimensionen von Qualität

- die Qualität der Prozesse,
- die Qualität der Arbeitsbedingungen und
- die Qualität der Umfeldbeziehungen

lassen sich nun wie folgt skizzieren:[3]

1. Die Qualität der Prozesse

Das Verständnis des Begriffs „Prozeß" ist für TQM von grundlegender Bedeutung.

Unter einem Prozeß ist grundsätzlich eine Folge von wiederholt ablaufenden Aktivitäten mit meßbarer Eingabe, meßbarer Wertschöpfung und meßbarer Ausgabe zu verstehen. Dabei handelt es sich um das Zusammenwirken von Menschen, Maschinen, Material und Methoden, welches eine bestimmte Leistung zum Ziel hat.[4]

---

[1] Vgl. Töpfer, A.; Mehdorn, H. (1994), S.12; Schildknecht, R. (1992), S.36.
[2] Vgl. auch Teil A, 5.1; vgl. Zink, K.J. (1994a), S.29.
[3] Die Differenzierung lehnt sich an die Darstellung von Zink, K.J. (1994a) S.20 ff. an.
[4] Vgl. Striening, H.-D. (1989), S.150.

2 Der moderne Qualitätsbegriff im Sinne von TQM

Das gesamte betriebliche Handeln läßt sich gewissermaßen als Kombination von Prozessen und Prozeßketten interpretieren. Dabei sind sämtliche Bereiche des Unternehmens – also auch der administrative[1] – zu berücksichtigen.

Der Prozeßbegriff kann dabei auf verschiedenen Abstraktionsebenen interpretiert werden.

Bei makroskopischer Betrachtung, d. h. bei der Wahl des gesamten Unternehmens als Untersuchungsobjekt lassen sich sogenannte Basisprozesse oder auch Geschäftsprozesse („business process") determinieren. Charakteristisch für derartige komplexe und übergeordnete Geschäftsprozesse ist, daß sie verschiedene organisatorische Einheiten tangieren und einen wesentlichen Einfluß auf die Erreichung der Unternehmensziele haben.[2] So integriert beispielsweise der Geschäftsprozeß „Abwicklung eines Kundenauftrags" alle Phasen von der Ausarbeitung des Angebots bis zur Rechnungszahlung durch den Kunden.

Geschäftsprozesse können in der Regel in mehrere Subprozesse untergliedert werden (Dekomposition),[3] während die Subprozesse sich wiederum aus mehreren Aktivitäten zusammensetzen. Gemäß Deming kann jedoch auch jede einzelne Aktivität als Prozeß (auf mikroskopischer Ebene) aufgefaßt und entsprechend verbessert werden.[4]

Betrachtet man die Subprozesse innerhalb eines Geschäftsprozesses, so lassen sich deren Interdependenzen als interne Kunden-Lieferanten-Beziehungen interpretieren:

Jeder Output eines (Sub)prozesses wird zum Input für den nächsten. Die Beteiligten eines Prozesses sind einerseits interner Kunde bezüglich des vorgelagerten Prozesses und andererseits Lieferant des eigenen Arbeitsergebnisses für den im Ablauf nachgelagerten Prozeß („Next Operation as Customer", NOAC).[5] Voraussetzung dafür ist, daß die Anforderungen (Leistungsmerkmale) des (internen) Kunden bekannt sind und daß der (interne) Lieferant eine Rückmeldung über sein Ergebnis bekommt. Dieser Zusammenhang ist in Abb. 5 noch einmal schematisch dargestellt:

Für die Qualität der Prozesse ergibt sich schließlich eine Fülle von Einflußgrößen. So spielt hierfür die Leistung von Mitarbeitern (incl. der Güte der

---

[1] Nähere Ausführungen zu Verwaltungsprozessen finden sich bei Striening, H.-D. (1989), S.150 ff.
[2] Vgl. Schildknecht, R. (1992), S.132.
[3] Ein ausführliches Beispiel für die Dekomposition des Geschäftsprozesses „Erfüllung eines Kundenauftrages" findet sich bei Striening, H.D. (1989), S.158.
[4] Vgl. Kamiske, G.F; Brauer, J.P. (1995), S.31.
[5] Vgl. Kamiske, G.F; Brauer, J.P. (1995), S.97.

Total Quality Management

internen Kunden-Lieferanten-Beziehungen), Materialien, Maschinen, Verfahren und Technologien, aber auch die Gestaltung von umweltgerechten, sicheren und vorschriftsgemäßen Prozessen eine wichtige Rolle. Entscheidend sind ferner planerische und organisatorische Gestaltungsmaßnahmen sowie die Festlegung von Meßgrößen und Methoden sowohl zur Erfolgsmessung als auch zur zielorientierten Steuerung der Prozesse – also das sogenannte Prozeßmanagement.[1]

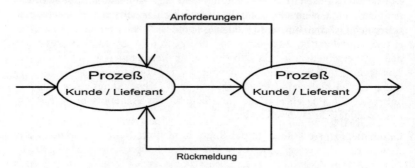

Abb. 5: Zusammenhang zwischen Prozessen und internen Kunden-Lieferanten-Beziehungen[2]

Insofern stellen die Prozesse – bei einem umfassenden Verständnis – ein gewaltiges Verbesserungspotential für das TQM dar.

Die Verbesserung und Optimierung von Prozessen ist einerseits per se als Zielgröße zu sehen. Schließlich haben die Prozesse Auswirkungen auf Flexibilität, Durchlaufzeiten, Produktivität und Effizienz der Unternehmung.[3] Andererseits ist die Optimierung der Prozeßqualität ein unerläßlicher Weg zu hochwertiger Produktqualität.[4]

Die Prozeßgestaltung läßt sich aber auch primär aus dem Blickwinkel der Mitarbeiter sehen. Insofern wird der Qualität der Arbeitsbedingungen eine eigene Qualitätsdimension gewidmet.

---

[1] Vgl. Striening, H.-D. (1989), S.153 ff.; vgl. Teil A, 5.2.1.1.

[2] Vgl. Kamiske, G.F; Brauer, J.P. (1995), S.97; zur grundsätzlichen Anwendung dieses Prinzips auf die Dekomposition eines Geschäftsprozesses vgl. Teil A, 5.2.1.1.

[3] Vgl. dazu auch Teil A, 3.2.2.

[4] Vgl. dazu auch „die fertigungsbezogene Sichtweise von Qualität", Teil A, 2.1.

2 Der moderne Qualitätsbegriff im Sinne von TQM

2. Die Qualität der Arbeitsbedingungen

Für die Entwicklung neuer Ansätze der Arbeitsorganisation und der Thematisierung von Arbeitsbedingungen als Qualitätsdimension sind mehrere Ursachen auszumachen. Dabei sind einerseits die gestiegenen Anforderungen von Mitarbeitern an ihre Arbeit und die Grenzen tayloristischer Ansätze zu nennen. Andererseits spielen hierfür die wachsende Erkenntnis verhaltenswissenschaftlicher Theorien und das zunehmende Bewußtsein der Unternehmen um die zentrale Bedeutung der Mitarbeiter als wesentlicher Erfolgsfaktor eine entscheidende Rolle.[1]

Die Qualität der Arbeitsbedingungen setzt sich wiederum aus einer Vielzahl von Bestandteilen zusammen. Hierzu gehören vorrangig Mitwirkungsmöglichkeiten und die Möglichkeit, sich fachlich, methodisch oder auch sozial bei der Arbeit qualifizieren zu können.[2] Weiterhin sind in diesem Zusammenhang die Qualität der Zusammenarbeit innerhalb und zwischen Abteilungen und die Qualität der Arbeits- und Betriebsmittelgestaltung zu nennen.[3]

Für die Arbeitsgestaltung wurden innerhalb der Arbeitswissenschaft folgende Richtlinien erarbeitet. Demnach gilt es, die Arbeit so zu gestalten, daß die Mitarbeiter unter anderem

- schädigungslose und beeinträchtigungsfreie Arbeitsbedingungen vorfinden,[4]
- Standards sozialer Angemessenheit nach Arbeitsinhalt, Arbeitsaufgabe, Arbeitsumgebung sowie Entlohnung und Kooperation erfüllt sehen, und
- Handlungsspielräume entfalten und ihre Persönlichkeit erhalten und entwickeln können.[5]

Schließlich kann die Qualität der Arbeitsbedingungen auch als Erfüllung der Anforderungen der Mitarbeiter an das Unternehmen definiert werden.[6] Diese „Tätigkeitsorientierung" des Qualitätsbegriffes wird im angelsächsischen Sprachgebrauch jedoch schon lange unter der Bezeichnung „Quality of working life" thematisiert.[7]

---

[1] Vgl. Schildknecht, R. (1992), S.37; vgl. dazu auch Teil A, 5.1 und Teil A, 5.2.
[2] Vgl. Teil A, 5.2.2.
[3] Vgl. Zink, K.J. (1994a), S.22 f.
[4] Als Vorschrift hierfür ist beispielsweise die „Maximale Arbeitsplatz Konzentration (MAK) gesundheitsgefährdender Stoffe" zu sehen.
[5] Vgl. Luczak, H. et al. (1987), S.59
[6] Vgl. Thomson, K.M. (1990), S.104.
[7] Vgl. Zink, K.J. (1994a), S.23.

Entsprechend der Prozeßqualität kann auch die Qualität der Arbeitsbedingungen zunächst als eigene Zielgröße betrachtet werden. Darüber hinaus ist jedoch die Erfüllung der Anforderungen der Mitarbeiter eine entscheidende Voraussetzung für deren Erfüllung von Kundenanforderungen.[1]

Mögliche operative Aspekte einer Verknüpfbarkeit zwischen der Qualität der Arbeitsbedingungen und der Prozeß- bzw. Produktqualität können in einem erweiterten Handlungsspielraum der Mitarbeiter und der Dezentralisierung von Aufgaben bzw. in Qualitätsförderungsteams gesehen werden.[2]

Während bei der Qualität der Prozesse und Arbeitsbedingungen unternehmensinterne Aspekte im Vordergrund stehen, soll nun der Blick in erster Linie auf die Außenbeziehungen des Unternehmens gerichtet werden.

3. Die Qualität der Umfeldbeziehungen

Grundsätzlich existiert eine Vielzahl von Gruppen, die Anforderungen unterschiedlicher Art an das Unternehmen stellen. Ein Unternehmen wird hierbei als offenes, multivariantes System und Gegenstand des öffentlichen Interesses verstanden.

Interpretiert man die verschiedenen Anspruchsgruppen als „Kunden", so ergibt die Erfüllung der jeweiligen „Kundenanforderungen" die Qualität der Umfeldbeziehungen. Kunden im weiteren Sinne sind dann beispielsweise Gewerkschaften, Behörden, Verbände, andere Unternehmen (auch Lieferanten) sowie die Gesellschaft als Ganzes.

Hieraus ergeben sich neben der Notwendigkeit umweltbewußten Handelns exemplarisch folgende Anforderungen an das Unternehmen:[3]

- Geeignete Darstellung des Unternehmens in der Öffentlichkeit (beispielsweise durch das Auftreten von Firmenangehörigen, Public Relations – Aktivitäten und die Informationspolitik des Unternehmens gegenüber verschiedenen Zielgruppen),
- Zuverlässigkeit als Arbeitgeber, Sicherheit der Arbeitsplätze,
- Beiträge zur Gestaltung der Infrastruktur und die
- Unterstützung wissenschaftlicher und kultureller Einrichtungen.

Diese nur indirekt mit der eigentlichen Unternehmensleistung verbundenen Aspekte spielen, nicht zuletzt aufgrund des sich abzeichnenden Wertewandels in der Gesellschaft, eine zunehmend wichtigere Rolle und können als

---

[1] Weitere Hinweise auf diese positive Austauschbeziehung finden sich beispielsweise in Bluestone, I. (1983), S.38.
[2] Vgl. Teil A, 5.2.1 und insbesondere Teil A, 5.2.2; vgl. Schildknecht, R. (1992), S.105.
[3] Vgl. Schildknecht, (1992), S.106 f.

2 Der moderne Qualitätsbegriff im Sinne von TQM

eigenständige Zielkriterien verfolgt werden. Bezeichnend für die zunehmende Bedeutung der Qualität der Umfeldbeziehungen und deren Einfluß auf das Verhalten der Kunden (im engeren Sinne) war 1995 der Boykott gegenüber dem Shell-Konzern aufgrund der geplanten Versenkung der Bohrinsel „Brent Spar" im Atlantik.

Andererseits ist auch die Qualität der Umfeldbeziehungen mit der Produktqualität verbunden – man denke hier etwa an die Kundenkontaktqualität.

Neben der engen Beziehung der Produktqualität zu den weiteren Qualitätsdimensionen sei noch auf das dichte Beziehungsgeflecht dieser weiteren Dimensionen untereinander hingewiesen. Die vielfältigen Interdependenzen können nur bedingt allgemein und hier nicht näher genannt werden, sollen jedoch in der zusammenfassenden Darstellung der operationalisierbaren Hauptbestandteile von Qualität (Abb. 6) graphisch angedeutet werden.

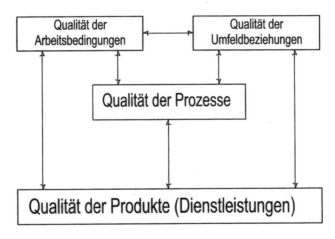

Abb. 6: *Zusammenfassung der operationalisierbaren Qualitätsdimensionen*

Insofern ist dem Qualitätskomplex – nach dem modernen Verständnis im Sinne von TQM – nur über die Berücksichtigung aller Qualitätsdimensionen beizukommen. Eine isolierte Verbesserung einzelner Dimensionen oder nur einzelner Aspekte würde den Erfolg von Qualitätsverbesserungsaktivitäten gefährden.[1]

---

[1] Vgl. dazu auch Zink, K.J. (1994a), S.29.

Total Quality Management

Teilweise wird in der Literatur auch der Begriff „Unternehmensqualität" verwendet.[1] Dabei wird dann den Umfeldbeziehungen keine eigene Qualitätsdimension gewidmet. Diese sind so integraler Bestandteil der Unternehmensqualität, die aber auch die Qualität der Prozesse und die der Arbeitsbedingungen einschließt.

Schreitet man noch eine Stufe weiter in Richtung Operationalisierung von Qualität, so läßt sich Qualität wie folgt zusammenfassen:

$$\text{Qualität} = \text{Technik} + \text{Geisteshaltung}^2$$

Qualität erfordert also einerseits die einschlägige Geisteshaltung von Führungskräften und Mitarbeitern, die sich in der Unduldsamkeit gegenüber jeglichen Fehlern und im Drang zu unermüdlichen und umfassenden Verbesserungsaktivitäten manifestiert. Andererseits gilt es, mit den richtigen Rahmenbedingungen und Techniken diese Haltung umzusetzen.

Insofern ist schließlich der Übergang von der abstrakten Qualitätsdefinition hin zur konkreten Umsetzungsmethodik und somit zu den konzeptionellen Inhalten von TQM hergestellt.

Vor der unmittelbaren Behandlung des konzeptionellen Bereichs des TQM-Komplexes sollen im folgenden jedoch noch Definitionsaspekte von TQM geklärt und Überlegungen zur Notwendigkeit umfassender Qualitätsmanagementkonzepte angestellt werden.

---

[1] Vgl. z.B. Kamiske, G.F.; Malorny, C. (1994), S.8 ff.
[2] Kamiske, G.F; Brauer, J.P. (1995), S.130; vgl. Kamiske, G.F. (1994b), S.289 ff.

3 TQM – Abgrenzung und Notwendigkeit

Die Analyse des modernen Qualitätsbegriffs im Sinne des TQM hat gezeigt, daß diese Interpretation weit über das traditionelle Qualitätsverständnis hinausgeht. Daraufhin stellt sich die Frage nach der Relevanz einer solchen Auslegung und nach der Notwendigkeit, Qualität in mehrdimensionaler Hinsicht durch entsprechende Total Quality–Konzepte zu fördern.

Die Notwendigkeit eines umfassenden Qualitätsmanagementkonzepts wird insbesondere in der Bundesrepublik Deutschland oft nicht ausreichend erkannt. Der gute internationale Ruf, den die Bezeichnung „Made in Germany" nach wie vor auf vielen Gebieten hat, verleitet dazu, an traditionellen Qualitätsstrategien und der damit verbundenen Prüfintensität festzuhalten und die weitreichenden Vorteile und die strategische Reichweite des TQM zu übersehen.

3.1 Definition des TQM-Begriffs

Die bisherigen Ausführungen ließen bereits einige Schwierigkeiten hinsichtlich einer inhaltlichen Festlegung von TQM deutlich werden. So geht einerseits die Definitionsproblematik und Vielschichtigkeit des Qualitätsbegriffs in das TQM–Verständnis mit ein und wird darin fortgesetzt. Andererseits hat der Blick auf die Entwicklungsgeschichte des Qualitätswesens gezeigt, daß TQM in seiner umfassenden Ausrichtung eine Kombination zahlreicher Ansätze zu diesem Thema beinhaltet.

TQM ist kein einheitliches und standardisiertes System, es ist vielmehr deutlich mit subjektiven Vorstellungen verbunden. Insofern ist auch keine einheitliche Definition auszumachen. Es muß eher als eine sich kontinuierlich weiterentwickelnde Ganzheit aus Geisteshaltung/Qualitätsphilosophie, Strategien, Methoden und Techniken mit dem Ziel einer ständigen und umfassenden Qualitätsförderung gesehen werden.[1]

Hinsichtlich der Entwicklungsdynamik muß jedoch differenziert werden:

---

[1] In Teil A, 5 werden die einzelnen, hier angedeuteten Inhalte von TQM systematisch vorgestellt.

Total Quality Management

Auf der Ebene der Qualitätsphilosophie und der wesentlichen Prinzipien scheinen die Inhalte bereits relativ fest verankert. Auch die Reichweite des TQM-Komplexes läßt durch die bereits vollzogene Ausdehnung auf das ganze Unternehmensumfeld nur noch bedingt Entwicklungspotential erkennen. Hinsichtlich der Strategien, Methoden und Techniken von TQM sind jedoch Veränderungen und Neuerungen deutlich zu beobachten und auch für die Zukunft zu erwarten. So hätte eine Analyse des TQM-Komplexes vor einigen Jahren insbesondere in diesem Bereich deutlich weniger Elemente ergeben.

Neben dem Aspekt der Dynamik der Inhalte ist die Abgrenzung bzw. Eingrenzung von TQM – auch zu einem bestimmten Zeitpunkt – nicht unproblematisch.

Der TQM-Komplex beinhaltet vielfältige Elemente verschiedener Wissensgebiete (wie etwa Betriebswirtschaft, Personalwirtschaft, Arbeitswissenschaft, Organisationsforschung, Statistik etc.). Eine scharfe Abgrenzung, ob bestimmte Elemente dem TQM konkret zugehören, ist jedoch oft nicht möglich.

In diesem Zusammenhang sei auch darauf hingewiesen, daß die konkrete Ausgestaltung eines TQM-Konzeptes ohnehin branchen- und sogar unternehmensspezifisch erfolgen muß. Die Implementierung erfordert ein auf die individuellen Rahmenbedingungen ausgerichtetes Konzept.

Nähert man sich dem TQM, ausgehend von der Perspektive der traditionellen Qualitätssicherung, so scheint eine Gegenüberstellung von TQM-Inhalten mit den Inhalten herkömmlicher Qualitätskonzepte sinnvoll (vgl. Abb. 7).

In Ergänzung zu den bisherigen Abgrenzungen und Erläuterungen des TQM-Begriffs und vor dem Hintergrund der angesprochenen Definitionsschwierigkeiten sei noch – stellvertretend für die zahlreichen, auch sehr unterschiedlichen Definitionsversuche in der Literatur – der des U.S. Department of Defence angefügt. Darin wird TQM vergleichsweise umfassend verstanden und etwa wie folgt beschrieben:

„TQM ist sowohl eine Philosophie als auch eine Reihe von Leitprinzipien, die die Grundlage für eine sich kontinuierlich verbessernde Organisation bilden. Es umfaßt den Einsatz von quantitativen Methoden und menschlichen Ressourcen zur Verbesserung des Materials und der Dienstleistungen, alle Prozesse innerhalb der betreffenden Organisation und den Grad, bis zu dem die Bedürfnisse des Kunden jetzt und in der Zukunft erfüllt werden. TQM faßt grundlegende Managementtechniken, bestehende Bemühungen zur Verbesserung und technische Werkzeuge in einem umfassenden Ansatz zusammen, der auf die kontinuierliche Verbesserung ausgerichtet ist."[1]

Herkömmliche Qualitätssicherung	Total Quality Management
• produktbezogene Qualitätssicherung • Qualität als derivates Unternehmensziel • Qualitätssicherung als operative Aufgabe • eindimensionaler, herstellerorientierter Qualitätsbegriff • enges Kundenverständnis • ergebnisorientierte Qualitätspolitik mit funktionalem Charakter • zentrale Qualitätsverantwortung (als Aufgabe weniger) • Qualität durch Einhaltung von Toleranzen • Qualität als scheinbarer Widerspruch zu Produktivität • Qualitätsverbesserung auf Marktdruck	• Unternehmensphilosophie und Konzept der strategischen Unternehmensführung • umfassende Qualität als wesentliches Unternehmensziel • Qualitätsverbesserung als strategische Aufgabe • mehrdimensionaler, kundenorientierter Qualitätsbegriff • auf interne Kunden und das Unternehmensumfeld erweiterter Kundenbegriff • präventiv orientierte Qualitätspolitik mit integrativem Charakter • Qualitätsbewußtsein und -verantwortung in allen Unternehmensbereichen und bei allen Mitarbeitern • systematische und umfassende Qualitätsverbesserungen mit dem visionären Ziel „Null Fehler" • Produktivität durch Qualität • Permanente Qualitätsverbesserung

Abb. 7: *Gegenüberstellung ausgewählter Elemente von TQM mit denen der traditionellen Qualitätssicherung*[2]

Eine weitere Schwierigkeit im Umgang mit TQM ergibt sich durch das teilweise sehr unterschiedliche Verständnis einzelner Begriffe in der Literatur. So erscheint bei diesem Themengebiet eine Überprüfung des jeweils zugrundeliegenden Begriffsverständnisses besonders notwendig.

---

[1] Vgl. Sörensson, P.A. (1994), S.92.
[2] Vgl. Töpfer, A.; Mehdorn, H. (1994), S.8; Schildknecht, R. (1992), S.173; Klinkenberg, U. (1995), S.602.

Total Quality Management

Beispielsweise werden gelegentlich die Begriffe Company Wide Quality Control[1] und sogar Total Quality Control[2] noch als Synonym für Total Quality Management verwendet.

Besonders problematisch erscheinen die widersprüchlichen Abgrenzungen der Begriffe TQM und KAIZEN zueinander. Der japanische Begriff KAIZEN bedeutet Veränderung zum Besseren und drückt das Streben nach kontinuierlicher, unendlicher Verbesserung aus. KAIZEN ist als Prinzip zu begreifen, das gleichzeitig Ziel und grundlegende Verhaltensweise im täglichen Arbeitsleben darstellt.[3]

Häufig wird KAIZEN – wie auch in dieser Arbeit – entsprechend seiner ursprünglichen Bedeutung als ein prinzipieller Bestandteil dem TQM untergeordnet. Während hier TQM als der umfassendste Qualitätsmanagement-Komplex verstanden wird, findet sich KAIZEN in der Literatur aber auch als die übergeordnete, allumfassende Strategie beschrieben, welche die Erfüllung von Kundenanforderungen zum Ziel hat. TQM wird dabei lediglich als eines mehrerer Schlüsselkonzepte zur Umsetzung der übergeordneten KAIZEN-Strategie aufgefaßt.[4]

Die bisherigen Erklärungen zum TQM haben bereits deutlich gemacht, daß TQM, als strategisches, unternehmensweites Konzept, dem bisherigen Qualitätssicherungsansatz weit überlegen ist. Wie sich diese Überlegenheit – insbesondere auf wichtige Wettbewerbsfaktoren des Unternehmens – auswirkt, und inwiefern ein Handlungsbedarf besteht, den Weg in Richtung TQM zu gehen, soll im folgenden geklärt werden.

3.2 Notwendigkeit eines umfassenden Qualitätsmanagements

Die Überprüfung, ob ein TQM-Konzepte eingeführt werden soll, wird aus zwei verschiedenen Blickwinkeln unternommen.

Einerseits sind veränderte Rahmenbedingungen auszumachen, welche die Bedeutung von mehrdimensional ausgerichteten Qualitätsverbesserungen verstärken und die vermehrte Auseinandersetzung mit Qualitätsmanagement-Konzepten bedingen.

---

[1] Beispielsweise bei Oess, A. (1989).
[2] Beispielsweise bei Seghezzi, H.D. (1992); vgl. dazu auch Teil A, 1.4.
[3] Vgl. Kamiske, G.F; Brauer, J.P. (1995), S.62 f.; Das Prinzip der ständigen Verbesserung wird auch in Teil A, 5.1 und Teil A, 5.3.4 näher beschrieben.
[4] Diese Sichtweise ist beispielsweise bei Imai, M. (1986) und Gabor-Sebestyen, O. (1994) anzutreffen.

Andererseits induzieren umfassende Qualitätsverbesserungen strategische Wettbewerbsvorteile, welche die Notwendigkeit eines umfassenden Qualitätsmanagements dokumentieren.

Zunächst sind jedoch einige wichtige Veränderungen der Rahmenbedingungen konkreter herauszuarbeiten.

3.2.1 Veränderte Rahmenbedingungen

Hinsichtlich des Wertebewußtseins von Kunden, Mitarbeitern und gesellschaftlichem Umfeld ist in den letzten Jahren zunehmend ein Wandel deutlicher geworden. Dieser Wertewandel entspricht – vereinfacht gesehen – einem Bedeutungszuwachs der in Teil A, 2.2 behandelten Qualitätsdimensionen. So sind in diesem Zusammenhang die gestiegenen Erwartungen an die Produktqualität im engeren und ganz besonders im weiteren Sinne sowie an die Qualität der Arbeitsbedingungen und Umfeldbeziehungen zu nennen.[1]

Weiterhin ist auch ein struktureller Wandel zu beobachten. Hierzu gehört eine verschärfte Wettbewerbssituation, die auf einen zunehmenden internationalen Wettbewerb, vielfach gesättigte Märkte, Überkapazitäten und begrenzte Ressourcen zurückzuführen ist. Das Wachstum in quantitativer Hinsicht stößt immer mehr an Grenzen. Insofern ergibt sich auch hieraus die Notwendigkeit einer Differenzierung über Qualitätsgesichtspunkte.[2]

Die verschärfte Wettbewerbssituation bedingt jedoch in Verbindung mit hohen Qualitätsmaßstäben gleichzeitig auch günstige Zeitfaktoren (man denke etwa an den Innovationswettbewerb aufgrund verkürzter Produktlebenszyklen) und Kostenfaktoren im Unternehmen.[3]

Zum strukturellen Wandel gehört auch der Trend am Beschaffungsmarkt zur Verringerung der Fertigungstiefe („Outsourcing"). Damit nimmt die Qualität von Inputfaktoren einen höheren Stellenwert als früher ein. Auch der häufigere Einsatz von Just-in-time-Prinzipien[4] erfordert eine wirkungsvolle Qualitätssicherung über Unternehmensgrenzen hinweg, bzw. bedingt hohe Qualitätsansprüche gegenüber Zulieferer-Unternehmen.[5] Diese Entwicklungen tragen zu einem Bedeutungszuwachs von Qualitätsanforderun-

---

[1] Vgl. dazu auch Zink, K.J. (1994a), S.15.
[2] Vgl. Schildknecht, R. (1992), S.52.
[3] Hiermit sei auf die Bedeutung von Qualität, Zeit und Kosten (als die Faktoren des „magischen Dreiecks") für die Wettbewerbsfähigkeit hingewiesen. Auf die Begünstigung aller drei Faktoren durch TQM wird in Teil A, 3.2.2 näher eingegangen.
[4] Vgl. dazu auch Teil A, 5.3.2.
[5] Vgl. Wonigeit, J. (1994), S.4; Schildknecht, R. (1992), S.54.

gen bei. In die gleiche Richtung wirken aber auch rechtliche Rahmenbedingungen, die gerade in den letzten Jahren verschärft wurden. Grundsätzlich existieren strenge gesetzliche Vorschriften, welche die Verantwortung des Produzenten oder Anbieters für fehlerhafte Produkte regeln. Grundlage ist sowohl das Vertrags- als auch das Deliktsrecht. Während das Vertragsrecht eine Vertragsbeziehung zwischen Schädiger und Geschädigtem voraussetzt und – vereinfacht gesehen – eine Haftung gegenüber Vertragspartnern bestimmt, so ist die Haftung auf Grundlage des Deliktrechts gegenüber jedermann anwendbar.[1] Die vielfältigen Anspruchsgrundlagen sind in Abb. 8 angedeutet.

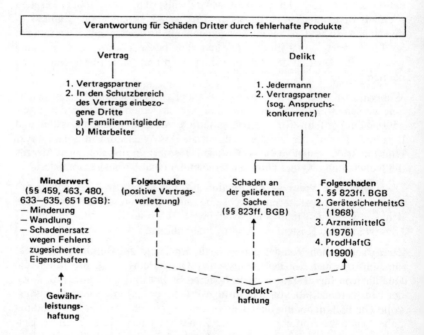

Abb. 8: *Anspruchsgrundlagen bei fehlerhaften Produkten*[2]

Hiermit wird deutlich, daß Hersteller sowohl für Mängel am Produkt selbst (Gewährleistungshaftung und „unerlaubte Handlung" – §§823ff. BGB), als

---

[1] Vgl. Thomas, J. (1994), S.735; Schmidt-Salzer, J. (1994), S.745.
[2] Hinsichtlich weiterer Einzelheiten der Anspruchsgrundlagen und der damit verbundenen Anwendungsunterschiede sowie bzgl. der weiteren Ausführungen sei auf Schmidt-Salzer, J. (1994), S.745 verwiesen.

3 TQM – Abgrenzung und Notwendigkeit

auch für Mangelfolgeschäden (positive Vertragsverletzung, „unerlaubte Handlung", GerätesicherheitsG, ArzneimittelG, ProduktshaftungsG) haften. Insbesondere die Haftung für Folgeschäden kann den Hersteller horrende Summen kosten. Während im Rahmen der „unerlaubten Handlung" kein Haftungslimit besteht, liegt dieses beim ProdHaftG in der Größenordnung von 160 Mio. DM.

Das seit dem 1. Januar 1990 in Kraft getretene ProdHaftG stellt eine Ergänzung der übrigen Anspruchsgrundlagen des Produkthaftungsrechts dar und verschärft dieses deutlich. Das Produkthaftungsgesetz verschlechtert die Position aller in die Warenherstellung eingeschalteten Unternehmen insbesondere in drei Punkten:

1. Streichung der Mitverantwortungs-Verteidigung

Aufgrund des Verschuldensunabhängigkeits-Prinzips wird der Endhersteller so behandelt, als habe er das Endprodukt in vollem Umfang selbst gefertigt.

2. Streichung der Ausreißer-Verteidigung

Unternehmen werden so behandelt, als hätten sie die innerhalb des Unternehmens aufgetretenen Fehler nicht nur vorhersehen sondern auch vermeiden können.

3. Beweislastumkehr für die Fehlerhaftigkeit im Zeitpunkt des Inverkehrbringens

Vereinfacht gesehen folgt daraus, daß, falls ein Produktfehler, der ein Herstellfehler sein könnte, zur Schadensursache wird, jetzt der Hersteller den Nachweis erbringen muß, daß sein Produkt zu dem Zeitpunkt, zu dem er es in Verkehr brachte, fehlerfrei war oder zumindest der Fehler nach Stand der Technik nicht erkennbar war.

Rechtliche Rahmenbedingungen erzwingen nicht nur eine hohe technisch-funktionale Produkt- und Dauerqualität, sondern stellen auch die Legitimationsgrundlagen für die Realisierung eines geeigneten Qualitätsmanagements.[1]

So kann sich ein Hersteller durch den Nachweis angemessener Qualitätsmanagement-Maßnahmen eher vom Vorwurf schuldhaften Verhaltens entlasten, als ein Hersteller, der einen solchen Nachweis nicht führen kann.

---

[1] Hierzu gehören auch zunehmend verschärfte Gesetze im Bereich des Umweltschutzes.

Weiterhin dient ein dokumentiertes Qualitätsmanagement in der Entwicklungs-, Produktions- und Montagephase des Produktes zur Unterstützung beim gegebenenfalls zu erbringenden Nachweis, daß Produktfehler nach Stand der Technik nicht erkennbar waren.[1] Für juristisch relevante Nachweise sind insbesondere zertifizierte Qualitätsmanagementsysteme nach DIN EN ISO 9000 ff.[2] geeignet.

Derartige Systeme werden ferner im gesetzlich geregelten Bereich für die Herstellung bestimmter Produkte vorgeschrieben[3] und auch in anderen Bereichen aufgrund des Wettbewerbs zur „Pflicht". Hieraus läßt sich ableiten, daß – obgleich die normgerechten Qualitätsmanagementsysteme einem TQM keinesfalls genügen –die Auseinandersetzung mit Qualitätsmanagementkonzepten unerläßlich geworden ist.

Während die zunehmend verschärften Rahmenbedingungen bereits die Notwendigkeit umfassender Qualitätsmanagement-Maßnahmen dokumentieren, wird der Handlungsbedarf in Richtung TQM noch deutlicher, wenn auch die aus umfassenden Qualitätsverbesserungen resultierenden strategischen Wettbewerbsvorteile berücksichtigt werden.

3.2.2 Strategische Auswirkungen umfassender Qualitätsverbesserungen

Anhand der bisherigen Abschnitte wurde bereits deutlich, daß die globale Zielsetzung von TQM in der kontinuierlichen Verbesserung der genannten Qualitätsdimensionen[4] zu sehen ist. Geeignete Qualitätsverbesserungen in mehrdimensionaler Hinsicht stehen jedoch auch in unmittelbarer Verbindung mit strategisch relevanten Wirkmechanismen.

War die traditionelle Qualitätssicherung mit hohen Kosten und verringerter Produktivität verbunden, so verspricht TQM Kostensenkungen und Produktivitätssteigerungen als Folge von umfassenden Qualitätsverbesserungen.

In diesem Zusammenhang muß jedoch hinsichtlich der einzelnen Qualitätsdimensionen und Teilqualitäten differenziert werden. So ist es insbesondere die verbesserte Prozeßqualität und die damit verbundene technisch-funktionale Qualität und Fehlerfreiheit, die für Kostensenkungen und Produktivitätssteigerungen verantwortlich ist, während etwa Verbesserungen im Bereich Ausstattung und Design hierauf keinen positiven Einfluß haben.

---

[1] Vgl. Petrick, K.; Reihlen, H. (1994), S.100.
[2] Vgl. Teil A, 4.3.
[3] Vgl. Mittmann, H.U. (1994), S.262 ff.; vgl. hierzu insbesondere Teil A, 4.3.2.
[4] Vgl. Teil A, 2.2.

3 TQM – Abgrenzung und Notwendigkeit

Um den Effekt eines TQM hinsichtlich der Kostensituation zu dokumentieren bietet sich das Modell der Qualitätskosten an. Qualitätskosten dienen der quantitativen Bewertung qualitätsrelevanter Aspekte und setzen sich üblicherweise aus Fehlerverhütungs-, Bewertungs- und Fehlerkosten zusammen (vgl. Abb. 9):

Abb. 9: *Disaggregation der sogenannten Qualitätskosten*[1]

Die Qualitätskosten integrieren sowohl die Kosten, die durch Fehlerverhütungs- und (Teile der) Prüfmaßnahmen entstehen, als auch die Kosten der Nicht-Qualität (externe und interne Fehlerkosten sowie mit Fehlern zusammenhängende Prüfkosten), die sich durch die Nichterfüllung von Anforderungen ergeben. Interne Fehlerkosten resultieren beispielsweise aus Nacharbeit, Ausschuß und Ausfallzeiten. Zu den externen Fehlerkosten werden Aufwendungen zur Abwicklung von Reklamationen, die daraus resultierenden Garantie- und Gewährleistungen sowie Konventionalstrafen und qualitätsbedingte Preisnachlässe und Marktanteilsverluste gerechnet.[2]

---

[1] Vgl. Zink, K.J. (1989b), S.12

[2] Vgl. Wildemann, H. (1994), S.204 ff.; Das Modell der Qualitätskosten soll hier nur insoweit dargestellt werden, wie es die Auswirkungen von TQM dokumentiert. Weiterhin sei darauf hingewiesen, daß der Qualitätskosten-Ansatz umstritten ist. Einerseits gibt es auch hiermit Begriffsschwierigkeiten. Der Aufwand für „Nicht-Qualität" wird fälschlich, aber üblicherweise mit Qualitätskosten gleichgesetzt (z.B. bei Crosby (1994), vgl. hierzu Teil A, 4.1.4). Masing propagiert in diesem Zusammenhang den Begriff des Fehlleistungsaufwandes, der sich auf die Quantifizierung des mit der Entstehung von Fehlern verbundenen Aufwandes beschränkt. Andererseits ist das Mittel der Qualitätskostenrechnung nur bedingt praktikabel. So stehen zur Kontrolle, Bewertung und Steuerung der Maßnahmen mit dem Qualitäts-controlling geeignetere Hilfsmittel zu Verfügung (vgl. Tomys, K.A.

Total Quality Management

Infolge von Erfassungs- und Abgrenzungsproblemen sowie produkt- und branchenspezifischen Einflüssen ist die Ermittlung und der Vergleich von Qualitätskosten nicht unproblematisch. Als Größenordnung kann ein Bereich zwischen 5 und 20 Prozent des Umsatzes gesehen werden.[1]

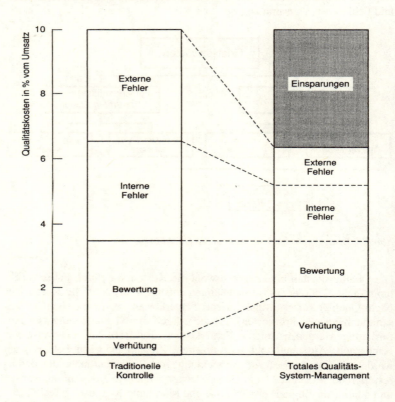

Abb. 10: Reduzierung von Qualitätskosten durch präventive Maßnahmen im Sinne von TQM[2]

Vor dem Hintergrund der teilweise besorgniserregenden Höhe der Qualitätskosten ist es um so bemerkenswerter, daß nicht einmal 20 Prozent der

---

(1994), S.216 ff.). Weitere Informationen zum Qualitätscontrolling finden sich in Teil A, 5.3.3.

[1] Vgl. Hahner, A. (1981), S.140; Warnecke, H.J. (1984), S.527
[2] Zink, K.J. (1989b), S.14.

3 TQM – Abgrenzung und Notwendigkeit

Unternehmen ihre Qualitätskosten kennen – und diese daher deutlich niedriger einschätzen, als sie wirklich sind.[1]

Hinsichtlich der Struktur der Qualitätskosten ist festzustellen, daß bei der traditionellen Qualitätssicherung die Fehlerkosten weit über die Hälfte und die Fehlerverhütungskosten nur wenige Prozent der gesamten Qualitätskosten ausmachen.

Durch Verbesserung der Prozeßqualität und Verstärkung der präventiven Maßnahmen gelingt es, die Fehlerkosten erheblich zu senken und die gesamten Qualitätskosten zu verringern. Dieser Zusammenhang wird in Abb. 10 verdeutlicht.

Sieht man vor diesem Hintergrund die Situation, daß die Qualitätskostenstruktur vieler deutscher Unternehmen der Kostenstruktur der „traditionellen Kontrolle" entspricht, so besteht die ernsthafte Gefahr, daß „Made in Germany" zu teuer wird.[2]

Merkmal	japanische Werke	europäische Werke
Qualität (Montagefehler/100 Autos)	60,0	97,0
Produktivität (Arbeitsstunden/Auto)	16,8	36,2
durchschnittl. Entwicklungszeit je Typ (Monate)	46,2	57,3
Verbesserungsvorschläge je Mitarbeiter	61,6	0,4

Abb. 11: Ausgewählte Ergebnisse einer M.I.T.-Studie zur Wettbewerbsfähigkeit von Automobilherstellern[3]

Wenn im Sinne von „Do it right the first time" nicht nur in der Fertigung gearbeitet wird, ergeben sich andererseits auch Produktivitätssteigerungen. Die in der Vergangenheit formulierte negative Austauschbeziehung zwischen Qualität und Produktivität ist so dann nicht mehr zutreffend.

---

[1] Vgl. Roland Berger & Partner (Hrsg.), (1987), S.21.
[2] Vgl. dazu auch Zink, K.J. (1994a), S.12.
[3] Vgl. Womack, J.P.; Jones, D.T.; Roos, D. (1991), S.97 und S.124; in dieser Untersuchung wurde ferner gezeigt, daß japanische Werke in den USA ähnlich erfolgreich sind wie solche im eigenen Land. Hiermit wird deutlich, daß der Erfolg von TQM-Prinzipien nicht auf den spezifischen Kulturkreis Japans beschränkt ist.

Total Quality Management

Der Zusammenhang zwischen Fehlervermeidung und Produktivität auf hohem Niveau wird auch anhand einer Studie des Massachusetts Institute of Technology (M.I.T.) über die weltweite Wettbewerbssituation in der Automobilindustrie deutlich (vgl. Abb. 11). Japanische Unternehmen, die im wesentlichen nach TQM-Prinzipien arbeiten, sind in entscheidenden Wettbewerbsfaktoren europäischen Unternehmen überlegen.

Weiterhin dokumentiert diese Untersuchung Vorteile von TQM bezüglich der Partizipation der Mitarbeiter und hinsichtlich der Innovationskraft bzw. der Entwicklungsdauer[1] im Unternehmen. An dieser Stelle sei auch auf die Zeitvorteile (und damit weiteren Produktivitätssteigerungen) hingewiesen, die aus einer verbesserten Prozeßqualität durch Schnittstellenabbau resultieren.[2] Diese Zeitvorteile induzieren auch weitere Kostenvorteile („economies of speed").[3]

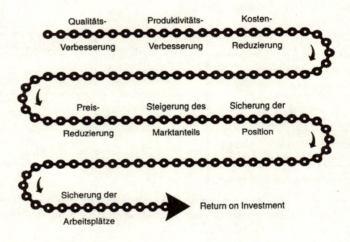

Abb. 12: Demingsche Reaktionskette[4]

In diesem Zusammenhang sind ferner durch Verbesserungen der Prozeßqualität zu erreichende Flexibilitätsvorteile zu nennen.[5]

---

[1] Zu Methoden zur Verkürzung der Entwicklungszeiten vgl. Teil A, 5.3.1.
[2] Vgl. dazu insbesondere Teil A, 5.2.1.1.
[3] Vgl. dazu auch Klinkenberg, U. (1995), S.604.
[4] Frehr, H.U. (1994b), S.37.
[5] Vgl. dazu auch Teil A, 5.2.1.1.

3 TQM – Abgrenzung und Notwendigkeit

Deming sieht die aus Verbesserungen der (Prozeß)qualität resultierenden Produktivitätssteigerungen und Kostenreduzierungen als den Beginn einer Kettenreaktion, die letztlich zu einer Sicherung der Position des Unternehmens und der Arbeitsplätze und zu einer Verbesserung der finanziellen Ergebnisse im Unternehmen führt (vgl. Abb. 12).

Diese Reaktionskette ist an die Voraussetzung geknüpft, daß die Qualitätsverbesserung am Anfang steht. Der Versuch, das gleiche Ergebnis durch Kostensparprogramme zu erreichen, scheitert daran, daß Teile der Kostenreduzierungsmaßnahmen zu Lasten der Kundenzufriedenheit gehen, weil dadurch Leistungen für die Kunden verschlechtert werden. Die in den Prozessen liegenden Schwächen werden dagegen durch Kostensparprogramme nicht verbessert. Insofern bedeutet eine Abkürzung dieser Reaktionskette möglicherweise Marktanteilsverluste.

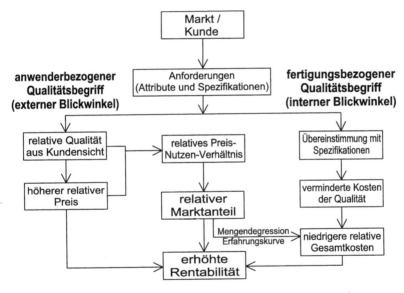

Abb. 13: *Wirkungsmechanismen umfassender Qualitätsverbesserungen*[1]

Während Demings Kettenreaktion primär auf Qualitätsverbesserungen in prozessualer Hinsicht, die durch Fehlervermeidung Kosten senken, zurückzuführen ist, lassen sich in einer anders akzentuierten Betrachtung die Auswirkungen von Verbesserungen der Produktqualität miteinbeziehen.

---

[1] Vgl. dazu auch Luchs, R.H.; Neubauer, F.F.(1986), S.22.

Total Quality Management

Qualitätsverbesserungen mit internem (fertigungsbezogenem) und externem (anwenderbezogenem) Fokus[1] starten dabei zwei sich überlagernde Wirkmechanismen, die zu höheren Marktanteilen und letztlich zu höheren Gewinnen und einer erhöhten Rentabilität führen. Abb. 13 erklärt diese Wirkmechanismen, die – im Gegensatz zu Demings Ansatz – keine Preisreduzierungen beinhalten.

Bemerkenswert ist hierbei die „Synergiewirkung" der Mechanismen. Eine höhere relative Qualität aus Kundensicht kann nicht nur einen höheren Preis ermöglichen, sondern auch einen höheren Marktanteil. Ein höherer Marktanteil ermöglicht jedoch gemäß dem Gesetz der Erfahrungskurve wiederum eine günstigere Kostensituation.

Die signifikant positive Korrelation zwischen kundenbezogenem Produktqualitätsniveau, Marktanteil und Kapital- sowie Umsatzrentabilität wurde auch anhand der sogenannten „PIMS"-Studien[2] empirisch belegt.[3]

Die bisherigen Ausführungen haben die Notwendigkeit und die strategische Bedeutung von mehrdimensional ausgerichteten Qualitätsverbesserungen verdeutlicht. Die erforderlichen Verbesserungen sind jedoch nur mit einem umfassenden Qualitätsmanagement im Sinne von TQM zu erreichen.

Nach der Darstellung wichtiger Voraussetzungen stehen im folgenden die konzeptionell-inhaltlichen Aspekte von TQM im Vordergrund.

---

[1] Vgl. Teil A, 2.1.
[2] Profit Impact of Market Strategies (PIMS).
[3] Vgl. Klinkenberg, U. (1995), S.600.

4 Prominente Qualitätsmanagementkonzepte

Zur inhaltlichen Annäherung an TQM seien zunächst wichtige, für sich abgeschlossene Qualitätsmanagementkonzepte untersucht, die wesentliche Bestandteile des TQM-Komplexes ausmachen bzw. die mit TQM in Verbindung gebracht werden.

Hierzu gehören einmal die Konzepte der bereits in Teil A, 1 genannten Qualitätsexperten, die in ihrer Gesamtheit die Grundprinzipien von TQM wiedergeben. Diese Ansätze zeichnen sich durch einen überwiegend visionären Charakter aus. Hierbei werden wichtige Prinzipien eines unternehmensweiten Qualitätsmanagements beschrieben, während die detaillierte Realisierung eher vernachlässigt wird.

Weiterhin gehören die inhaltlichen Kriterien der großen Qualitätsauszeichnungen (Quality Awards) hierher. Die Quality Awards dienen einerseits zur Auszeichnung von Unternehmen mit vorbildlichem Total Quality Management. Andererseits stellen die zur Bewertung erarbeiteten Kriterienkataloge vielfach getestete, in der Praxis wirksame TQM-Konzeptionen dar, die unabhängig von personenbezogenen „Heilslehren" gelten.

In einem dritten Abschnitt sollen schließlich die Qualitätsmanagementsysteme gemäß DIN EN ISO 9000 ff. untersucht werden. Der Ansatz der Normen erreicht zwar keineswegs die Reichweite eines TQM, kann jedoch als das zur Zeit in der Bundesrepublik Deutschland bekannteste Qualitätsmanagementkonzept gesehen werden.[1]

---

[1] An dieser Stelle ließe sich auch das sogenannte Toyota Production System (incl. „Lean Production") als weiteres prominentes Qualitätsmanagementkonzept (mit Schwerpunkt im Produktionsbereich) nennen. Um den Rahmen dieser Arbeit jedoch nicht zu sprengen, muß auf eine spezielle Darlegung des Konzeptes in diesem Kapitel verzichtet werden. Wesentliche Inhalte des Toyota Production Systems sind jedoch in Teil A, 5 integriert; Vgl. dazu auch Jürgens, U. (1994), S.31 ff.

4.1 Visionäre Ansätze bedeutender Qualitätsexperten

Die Entwicklung in Richtung umfassender Qualitätsmanagementkonzepte wurde durch einige wenige Experten besonders geprägt und vorangetrieben. Hierzu gehören zweifellos Deming, Juran, Ishikawa und Crosby – die vielfach in einem Atemzug genannt werden.[1]

Die Überlegungen und Visionen der „Qualitätsgurus" gilt es nun, differenziert näher zu analysieren. Hierbei stehen jeweils charakteristische Merkmale der Konzepte im Vordergrund.

4.1.1 Deming, W.E.

Das kontinuierlich seit den 50er Jahren von Deming entwickelte Managementsystem besteht aus mehreren Komponenten, die erst in ihrer Kombination einen umfassenden und das ganze Unternehmen durchdringenden Charakter besitzen. Viele Positionen Demings sind jedoch für sich genommen weder neu noch unbekannt.

Seine Philosophie ist durch drei Grundannahmen geprägt, die als Basis für sein weiteres Konzept gesehen werden können:[2]

- Jede Aktivität kann als Prozeß verstanden und somit entsprechend verbessert werden.
- Für entscheidende Verbesserungen genügen nicht allein Problemlösungen, sondern es bedarf fundamentaler Veränderungen.
- In diesem Zusammenhang muß die oberste Unternehmensleitung nicht nur Verantwortung übernehmen, sondern auch handeln.

Als Kernbestandteile von Demings Konzept lassen sich

- die 14 Punkte,
- die „sieben tödlichen Krankheiten" und
- die sogenannten „Hindernisse" ausmachen.[3]

---

[1] Vgl. Zink, K.J.; Schildknecht, R. (1994), S.81; in diese Reihe ließe sich auch Feigenbaum hinzunehmen, auf dessen Ansatz hier nicht näher eingegangen werden kann. Er betont insbesondere Methoden und Techniken auf operativer Ebene, die auch in Teil A, 5.3 erläutert werden. Hinsichtlich weiterer Einzelheiten sei auf Feigenbaum, A.V. (1983) verwiesen. Zu den genannten Qualitätsexperten vgl. auch Teil A, 1.2 bis Teil A, 1.4.

[2] Vgl. Kamiske, G.F; Brauer, J.P. (1995), S.30 f.

[3] Vgl. Walton, M. (1986), S.33 ff.

4.1 Visionäre Ansätze von Deming, Juran, Ishikawa und Crosby

Demings 14 Punkte[1]

1. Schaffe ein feststehendes Unternehmensziel in Richtung ständiger Verbesserung von Produkten und Dienstleistungen.
2. Um wirtschaftliche Stabilität sicherzustellen, muß die neue Philosophie verinnerlicht werden.
3. Beende die Notwendigkeit und Abhängigkeit von Vollkontrollen, um Qualität zu erreichen.
4. Beende die Praxis, nur das niedrigste Angebot zu berücksichtigen.
5. Suche ständig nach Fehlerursachen, um alle Produktions- und Dienstleistungseinheiten und alle im Unternehmen vorkommenden Tätigkeiten auf Dauer zu verbessern.
6. Schaffe moderne Trainingsmethoden und sorge für Wiederholtraining am Arbeitsplatz.
7. Schaffe moderne Führungsmethoden, die sich darauf konzentrieren, dem Menschen zu helfen, seine Arbeit besser zu verrichten.
8. Fördere die gegenseitige Kommunikation und andere Mittel, um die Angst (insbesondere vor Vorgesetzten) innerhalb des gesamten Unternehmens zu beseitigen.
9. Beseitige die Grenzen zwischen Bereichen.
10. Beseitige den Gebrauch von Slogans, Aufrufen und Ermahnungen.
11. Beseitige Leistungsvorgaben, die zahlenmäßige Quoten festschreiben.
12. Beseitige alles, was das Recht jedes Mitarbeiters in Frage stellt, auf seine Arbeit stolz zu sein.
13. Schaffe ein durchgreifendes Ausbildungsprogramm und eine Atmosphäre der Selbstverbesserung für jeden einzelnen.
14. Mache die ständige Verbesserung von Qualität und Produktivität zur Aufgabe der Unternehmensleitung.

Mit den sogenannten 14 Punkten werden Managementprinzipien genannt, die einschlägige Qualitäts- und Produktivitätsverbesserungen zum Ziel haben. Sie richten sich an die Unternehmensführung, die für die Schaffung geeigneter Rahmenbedingungen, aber auch für die Realisierung der Prinzi-

---

[1] Vgl. Walton, M. (1986), S.34 ff.; Kirstein, H. (1994), S.24; die 14 Punkte haben im Original nur Stichwortcharakter und werden hier etwas ausführlicher erläutert.

Total Quality Management

pien verantwortlich ist.[1] Die 14 Punkte sind im Sinne Demings unternehmensweit anzuwenden, alle Mitarbeiter sind in das Konzept mit einzubeziehen.

Das mit den Punkten 1, 5 und 14 in Verbindung stehende Prinzip der ständigen Verbesserung von Prozessen und somit auch Produkten und Dienstleistungen soll im Sinne von Deming gemäß dem sogenannten Plan-Do-Check-Act-Zyklus umgesetzt werden. Dieses Vorgehen wird auch Deming-Zyklus, bzw. bei Deming selbst „Shewhart cycle" genannt.[2] Durch ständiges Wiederholen der Schritte: Planen – Ausführen – Überprüfen – Auswerten sollen die Prozesse kontinuierlich verbessert werden.[3]

In der betrieblichen Praxis sind zahlreiche Verstöße gegen die 14 Punkte denkbar. Diejenigen, die besonders schwerwiegende Folgen verursachen und das ganze Konzept gefährden können, hat Deming als die „sieben tödlichen Krankheiten" bezeichnet.

Die sieben tödlichen Krankheiten[4]

1. Das Fehlen von feststehenden Unternehmenszielen.
2. Die Betonung von kurzfristigen Gewinnen.
3. Leistungsbeurteilungen und jährliche Bewertungen.
4. Hohe Fluktuationen in der Unternehmensleitung (Manager wechseln zu oft das Unternehmen).
5. Verwendung von Kenngrößen durch das Management ohne Berücksichtigung von solchen Größen, die unbekannt oder nicht quantifizierbar sind.
6. Überhöhte soziale Kosten.
7. Überhöhte Kosten in Verbindung mit der Produkthaftpflicht.

Deming nennt noch eine Vielzahl weiterer Managementfehler, deren Konsequenzen etwas weniger schwerwiegend sind als die der oben genannten und auf die hier nicht einzeln eingegangen werden kann. Zu diesen „Hindernissen" gehören unter anderem die Annahme, daß sich durch Automatisierung und Computerisierung durchgreifende Qualitätsverbesse-

---

[1] Vgl. dazu auch Zink, K.J.; Schildknecht, R. (1994), S.81.
[2] Vgl. Deming, W.E. (1986), S.88.
[3] Vgl. Walton, M. (1986), S.86 ff.; Waldner, G. (1994), S.279 ff.; weitere Erklärungen hierzu finden sich auch in Teil A, 5.3.4.
[4] Vgl. Walton, M. (1986), S.89 ff.; Kamiske, G.F; Brauer, J.P. (1995), S.33.

4.1 Visionäre Ansätze von Deming, Juran, Ishikawa und Crosby

rungen erreichen lassen sowie der Versuch, nur einen Teil seines Konzeptes zu berücksichtigen.[1]

Um die Abkehr von umfangreichen, nachträglichen Kontrollmaßnahmen zu realisieren, rückt Deming den Prozeß und damit statistische Verfahren der Prozeßsteuerung und -regelung sowie Veränderungen der Rahmenbedingungen in den Vordergrund der Betrachtung.

Er empfiehlt, jeden Unternehmensbereich durch einen Statistiker zu unterstützen, um sowohl die Ausbildung als auch die bereichsspezifische Anwendung der Verfahren unter Anleitung von Fachkräften zu gewährleisten.

Zu den veränderten Rahmenbedingungen gehört, daß Vorgesetzte ihre Mitarbeiter beraten und unterstützen sowie Hindernisse beseitigen und die Voraussetzungen für fehlerfreies Arbeiten schaffen, wodurch ein System der positiven Überwachung geschaffen werden soll. Weiterhin sollen auch stark arbeitsteilige Organisationsformen abgebaut werden, da diese zu Suboptimierungen in Einzelbereichen führen und einer Stärkung des Qualitätsbewußtseins und der Eigenverantwortung der Mitarbeiter sowie deren Identifikation mit der Arbeit und dem Unternehmen entgegenwirken.[2]

Neben W.E. Deming hat auch J.M. Juran wesentlichen Anteil an der zunächst in Japan realisierten Philosophie eines umfassenden Qualitätsmanagements.

4.1.2 Juran, J.M.

Das Konzept von Juran kann grundsätzlich als eine Stufe rationaler gesehen werden als das von Deming, wenngleich viele inhaltlichen Überschneidungen existieren.

Die von Juran entwickelte managementorientierte Unternehmensphilosophie beinhaltet eine klare Strukturierung qualitätsrelevanter Tätigkeiten. So beschreibt die sogenannte Qualitätstrilogie (oder Juran-Trilogie) den Prozeß einer systematischen und kontinuierlichen Qualitätsförderung durch die drei sich wiederholenden Schritte:

- Qualitätsplanung („Quality Planning"),
- Qualitätsregelung („Quality Control") und
- Qualitätsverbesserung („Quality Improvement").[3]

---

[1] Vgl. Walton, M. (1986), S.93 ff.; hier findet sich eine ausführliche Darstellung von Demings „Hindernissen".
[2] Vgl. Zink, K.J.; Schildknecht, R. (1994), S.82f; eine ausführlichere Darstellung von Demings Konzept findet sich bei Deming, W.E. (1986) und Walton, M. (1986).
[3] Vgl. Kamiske, G.F; Brauer, J.P. (1995), S.41.

Total Quality Management

Diese drei Phasen sind in Abb. 14 wiedergegeben:

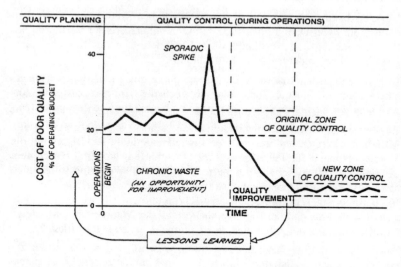

Abb. 14: Juran-Trilogie[1]

Ähnlich dem Deming-Zyklus ist die Juran-Trilogie in einer mehrstufigen Vorgehensweise angelegt. Beide Prinzipien sind jeweils auf einzelne Projekte anzuwenden, werden Projekt für Projekt wiederholt und implizieren schließlich eine kontinuierliche Prozeßverbesserung.[2]

Da bei Deming jede Aktivität als Prozeß verstanden wird, ist der Deming-Zyklus prinzipiell sogar auf einzelne Aktivitäten anwendbar, während die Qualitätstrilogie eher auf einer „makroskopischen" Ebene zu sehen ist und für jedes Projekt den Entwicklungs- und Produktionsbereich überspannt.

Juran weist besonders auf die Bedeutung der **Qualitätsplanung** hin, deren Aufgabe die Entwicklung von Produkten und Prozessen zur Erfüllung von Kundenanforderungen ist. Durch die Qualitätsplanung wird der Erfolg beim Erreichen von Qualitätszielen bereits entscheidend beeinflußt. Entsprechend wird vorbeugenden Maßnahmen – insbesondere in den der Produktion vorgelagerten Bereichen – besondere Bedeutung zugemessen.[3]

---

[1] Juran, J.M. (1990), S.21.
[2] Vgl. Kamiske, G.F; Brauer, J.P. (1995), S.157.
[3] Vgl. Zink, K.J.; Schildknecht, R. (1994), S.84; Kamiske, G.F; Brauer, J.P. (1995), S.157.

4.1 Visionäre Ansätze von Deming, Juran, Ishikawa und Crosby

Der sich an die Qualitätsplanung anschließende Produktionsprozeß beginnt nach Juran mit einer bestimmten Fehlerquote. Diese Anfangsfehlerquote wird als eingeplant angesehen, da sie in der Produktionsplanung nicht vermieden wurde. Hieraus resultiert automatisch ein erhöhter Aufwand, etwa für Ausschuß, Nacharbeit und Prüfung.[1] Diese chronische Verschwendung („Chronic Waste") liegt im Verantwortungsbereich von Führungskräften.[2] Mit Hilfe der **Qualitätsregelung** (oder Qualitätssicherung) wird die Fehlerquote innerhalb eines Toleranzbandes gehalten, eine Verbesserung der systembedingten (chronischen) Fehler ist damit jedoch nicht zu erreichen. Nachlässigkeiten im Rahmen der Qualitätsregelung können zu sporadischen Mängeln („Sporadic Spike") führen, die jedoch von Mitarbeitern der ausführenden Ebene beseitigt werden können. Das Verhältnis von systembedingten zu sporadischen Fehlern kann nach Juran 80:20 betragen.[3] So bietet die chronische Verschwendung das entscheidende Potential zur Verbesserung.

Im Rahmen der **Qualitätsverbesserungsphase** werden dann systembedingte Fehler beseitigt, wenngleich auch gegebenenfalls die Qualitätsregelung zu verbessern und das Toleranzband für die Kosten der „Nicht-Qualität" zu verkleinern ist.

Die Qualitätsverbesserungen stellen dann die Grundlage für die nächste Qualitätsplanungsphase dar.[4]

Um den Prozeß der Qualitätsverbesserung zu realisieren, empfiehlt Juran folgendes Vorgehen:[5]

1. Projektidentifizierung,
2. Organisation und Steuerung der Projekte,
3. Diagnose,
4. Therapeutische Maßnahmen,
5. Überwindung von Widerständen gegenüber Veränderungen,
6. Überwachung des neuen Niveaus.

Wichtige Voraussetzung hierfür ist, daß alle Beteiligten von der Notwendigkeit durchschlagender Qualitätsverbesserungen überzeugt sind. Speziell

---

[1] Vgl. Kamiske, G.F; Brauer, J.P. (1995), S.157.
[2] Vgl. Schildknecht, R. (1992), S.68.
[3] Vgl. Juran, J.M.; Gryna, F.M. (1980), S.139.
[4] Die Juran-Trilogie strukturiert qualitätsrelevante Aktivitäten nur sehr prinzipiell. Aufgrund ihres eher abstrakten und wenig operativen Charakters sind auch in der Sekundärliteratur diesbezüglich nur sehr bedingt konkrete Implikationen auszumachen.
[5] Vgl. Juran, J.M.; Gryna, F.M. (1980), S.100 ff.

zur Sensibilisierung der Führungskräfte empfiehlt Juran die Bewertung von Qualitätsmängeln, insbesondere durch Qualitätskosten.[1]

Nach der Bestimmung möglicher Projekte (z. B. über eine ABC- oder Pareto-Analyse[2]) soll die konkrete Projektauswahl auf der Basis von Prioritäten erfolgen, die mit dem Management abgestimmt worden sind. Anschließend sind die Verantwortungsbereiche und die Organisation für das Projekt festzulegen. Für die systematische Problemlösung sind dann zwei Phasen erforderlich:

1. Die *diagnostische* Phase, die den Weg vom Symptom zur Ursache beinhaltet und

2. die *therapeutische* Phase, die den Weg von der Ursache zur Problemlösung beinhaltet.

Während zur „Diagnose" verschiedene statistische Analysewerkzeuge anzuwenden sind, gilt es bei der anschließenden „Therapie", die auch mit technischen und sozialen Veränderungen verbunden sein kann, eine Optimierung der Gesamtkosten und Maximierung des Kundennutzens anzustreben.

Hinsichtlich der Umsetzung der Lösung betont Juran schließlich das Ausräumen möglicher Widerstände und die Überwachung des verbesserten Leistungsstandards.

Im Hinblick auf die organisatorische Seite des einer strengen Systematik unterliegenden Qualitätsverbesserungsprozesses empfiehlt Juran zwei eng zusammenarbeitende Gruppenstrukturen. So sollen vom sogenannten „leitenden Team" Grundsatzentscheidungen getroffen werden (z. B. die Projektauswahl), während das „diagnostische Team" die Ausführung übernimmt, wie beispielsweise die Datenerhebung oder Lösungsumsetzung.[3]

Bezeichnend für das Konzept von Juran ist die überwiegende Fremdbestimmung im Rahmen des Problemlösungsprozesses. So trifft man hier – im Gegensatz zu dem Qualitätszirkelgedanken[4] – auf eine „von außen" vorgegebene Themenstellung und Teilnehmerauswahl für das „diagnostische Team".[5]

---

[1] Vgl. Zink, K.J.; Schildknecht, R. (1994), S.85.
[2] Vgl. Abschnitt „Q7", Teil A, 5.3.4.
[3] Eine ausführliche Beschreibung der Aufgabenaufteilung zwischen beiden Teamstrukturen findet sich bei Zink, K.J.; Schildknecht, R. (1994), S.87.
[4] Vgl. Teil A, 5.2.1.2.
[5] Vgl. Zink, K.J.; Schildknecht, R. (1994), S.85 ff.

4.1 Visionäre Ansätze von Deming, Juran, Ishikawa und Crosby

Zu den weiteren Schwerpunkten seines Konzeptes muß auch der Einsatz statistischer Methoden gerechnet werden. Hierzu gehören sowohl einfache Verfahren, wie Histogramme, aber auch Verfahren der statistischen Prozeßregelung bis hin zu komplexen Ansätzen der statistischen Versuchsmethodik.[1]

Weiterhin setzt Juran auch auf Motivationsprogramme und Methoden der Arbeitsstrukturierung – wie etwa die Erweiterung von Handlungsspielräumen, Arbeitsplatzwechsel, die Integration von Kontrollarbeitsplätzen in Gruppenstrukturen (zur schnellen Ergebnisrückmeldung) und Selbstkontrolle. Extrinsische Motivationsprogramme[2] haben hier hingegen einen geringeren Stellenwert. Ferner sieht das insgesamt sehr umfangreiche Konzept Jurans auch zielgruppenspezifische Ausbildungsprogramme vor.[3]

Aufbauend auf den Gedanken von Deming und Juran entwickelte Ishikawa sein Company Wide Quality Control–Konzept.

4.1.3 Ishikawa, K.

Wichtige Charakteristika von Ishikawas Ansatz sind bereits aus Teil A, 1.4 bekannt. Weiterhin sind zahlreiche Übereinstimmungen des Konzepts von Ishikawa mit dem von Juran bzw. Deming auszumachen. Insofern seien wesentliche Elemente der Qualitätsphilosophie des Japaners an dieser Stelle nur mehr stichpunktartig zusammengefaßt:[4]

- „Quality first" als grundlegende Unternehmensphilosophie,
- Kompromißlose Kundenorientierung und Produktgestaltung aus dem Blickwinkel des Kunden,
- Berücksichtigung humanitärer Aspekte in der Managementphilosophie, etwa durch die Verwendung partizipativer Elemente,
- Gestaltung und Ausbau des internen Kunden-Lieferanten-Geflechts auf externe Lieferanten – „Group Wide Quality Control",

---

[1] Vgl. Teil A, 5.3.
[2] Programme zur Verhaltensbeeinflussung von außen, wie etwa Anreizsysteme in Form von Prämien - im Gegensatz zur intrinsischen Motivation.
[3] Vgl. Zink, K.J.; Schildknecht, R. (1994), S.87f; eine weiterführende Darstellung von Jurans Ansatz findet sich z.B. bei Juran, J.M. (1988) und Juran, J.M. (1990).
[4] Vgl. Ishikawa, K. (1985), S.89 ff. und 103 ff.; Zink, K.J.; Schildknecht, R. (1994), S.91 ff.

- Qualitätsförderung auf drei Ebenen:
  1. Durchführung der Qualitätssicherung im engeren Sinne,
  2. Realisierung weiterreichender qualitätsrelevanter Aktivitäten im Sinne eines erweiterten Qualitätsbegriffs (incl. Prozeßqualität) – wie z. B. Schulung des Verkaufspersonals, Steigerung der Verkaufsaktivitäten und Effizienzverbesserungen von Verwaltungsabläufen (Die Einbindung von nicht-produzierenden Bereichen wird hier besonders deutlich betont.),
  3. Verbesserung jeglicher Art von Tätigkeit jedes Mitarbeiters, auch unter Verwendung des Plan-Do-Check-Act-Prinzips,[1]
- Einsatz von Qualitätszirkeln auf allen drei Ebenen,[2]
- Abteilungsübergreifende Zusammenarbeit und Organisation entlang der Geschäftsprozesse:

  Das prozeßorientierte Management bezeichnet Ishikawa als „Cross-function Management", welches die Barrieren des „Management by Division" auflöst, letzteres Prinzip jedoch nicht ersetzt, sondern nur ergänzt. Spezielle, regelmäßig zusammentreffende Teams (cross-function-committees) verfolgen und lenken dabei bestimmte Funktionen quer durch alle Abteilungen.[3]

- Regelmäßige externe und interne Audits[4] des gesamten Managementsystems, möglichst nach den Kriterien des Deming Application Prize,[5][6]
- Management auf der Grundlage von Fakten und Daten, die mit Hilfe statistischer Methoden bewertet werden.[7]

Im Gegensatz zu den Konzepten von Deming, Juran und Ishikawa hatte der Ansatz Crosbys wenig prägenden Einfluß auf das japanische Qualitätswesen.

---

[1] Vgl. Teil A, 5.3.4.

[2] Vgl. Ishikawa, K. (1985), S.137 ff.

[3] Vgl. Ishikawa, K. (1985), S.113 ff.; das „Cross-function Management" kann als Vorstufe zu einer „horizontalen" Organisationsform gesehen werden; vgl. dazu auch Teil A, 5.2.1.1.

[4] „Audit" läßt sich mit Revision oder Anhörung übersetzen; vgl. dazu auch Ehrhart, K.J. (1994), S.250; vgl. Teil A, 5.3.4.

[5] Vgl. Teil A, 4.2.1.

[6] Vgl. Ishikawa, K. (1985), S.185 ff.

[7] Vgl. Ishikawa, K. (1985), S.109 ff.; hier finden sich auch ausführliche Erklärungen von Ishikawas Ansatz.

4.1.4 Crosby, P.B.

In der Bundesrepublik Deutschland gehört Crosby zu den bekanntesten Vertretern umfassender Qualitätskonzepte. Dies ist einerseits darauf zurückzuführen, daß er sich vielfach mit den auch in Deutschland heftig diskutierten Null-Fehler-Programmen beschäftigte, und andererseits darauf, daß seine Veröffentlichungen[1] bereits frühzeitig in deutscher Sprache vorlagen.[2]

Crosby fordert eine „kulturelle Revolution" im Unternehmen, da seiner Erfahrung nach Qualität oft mißverstanden und deren Bedeutung unterschätzt wird bzw. motivationsfeindliche Unternehmenspraktiken vorherrschen.[3] Zur Realisierung einer qualitätsorientierten Unternehmenskultur empfiehlt er die Umsetzung von vier „Geboten":

1. Qualität wird als Übereinstimmung mit Anforderungen definiert.
2. Das Grundprinzip ist Vorbeugung.
3. Festlegung von „Null Fehler" als Leistungsstandard.
4. Maßstab für Qualität müssen die Kosten der Nichterfüllung von Anforderungen sein.

1. Qualität wird als Übereinstimmung mit Anforderungen definiert

Hierzu bedarf es nach Crosby der Vorgabe eindeutiger Anforderungen, da Qualität sehr oft als subjektives Kriterium empfunden wird. Im Gegensatz zum Qualitätsverständnis der bisher genannten Experten leitet er die Anforderungen nicht explizit aus den Kundenbedürfnissen ab, sondern sieht in der Erfüllung der Anforderungen primär einen internen Leistungsstandard (fertigungsbezogene Sichtweise von Qualität).[4] [5]

Die Reduktion des Qualitätsverständnisses auf die exakte Erfüllung von Spezifikationen muß als Schwäche in Crosbys Konzept gesehen werden, denn hiermit droht im Extremfall die Gefahr, wie beim deutschen Qualitätsbegriff eine „Kontrollmentalität" zu schaffen, die sich nur auf produktionsorientierte Parameter bezieht.[6] Crosby entgegnet jedoch diesem Extremfall, indem er Anforderungen nicht nur auf den direkten Leistungs-

---

[1] Vgl. Crosby, P.B. (1986a); Crosby, P.B. (1986b); eine Zusammenfassung der Gedanken Crosbys zum Thema Qualität findet sich bei Crosby, P.B. (1994).
[2] Vgl. Wonigeit, J. (1994), S.48 f.
[3] Vgl. auch bzgl. folgender Ausführungen Crosby, P.B. (1986b), S.13, 27 ff., 68 ff.
[4] Vgl. Teil A, 2.1.
[5] Vgl. Zink, K.J.; Schildknecht, R. (1994), S.95.
[6] Vgl. auch Wonigeit, J. (1994), S.50 f.

erstellungsprozeß beschränkt, sondern Anforderungen vielmehr für jede Arbeitsaufgabe im Unternehmen sieht.[1]

Die Führungskräfte haben in diesem Zusammenhang folgende Aufgaben:[2]

- Festlegung der Anforderungen, die die Mitarbeiter erfüllen sollen;
- Bereitstellung der Rahmenbedingungen, die die Mitarbeiter brauchen, um diese Anforderungen zu erfüllen;
- Entwicklung der uneingeschränkten Bereitschaft, die Mitarbeiter moralisch und materiell bei der Erfüllung dieser Aufgabe zu unterstützen.

2. Das Grundprinzip ist Vorbeugung

Crosby fordert, die Anstrengungen nicht auf das Ergebnis der Herstellungsprozesse, sondern auf die Herstellungsprozesse selbst und auf die der Produktion vorgelagerten Bereiche zu konzentrieren, um Fehlern frühzeitig vorzubeugen. So wird Qualität hineinproduziert und nicht hineinkontrolliert.[3]

3. Festlegung von „Null Fehler" als Leistungsstandard

Dieses Gebot Crosbys unterscheidet sich deutlich von den in den sechziger Jahren propagierten, amerikanischen Null-Fehler-Programmen.[4] Während diese etwa durch Prämien eine Verhaltensbeeinflussung der Mitarbeiter zu erreichen versuchten, so handelt es sich bei Crosby um kein Motivationsprogramm.[5] Er sieht darin vielmehr eine Philosophie, die gelebt werden muß, und die sich gegen die weit verbreiteten AQL (Acceptable Quality Level)–Werte und das damit verbundene Toleranzdenken richtet. Fehler sind für ihn nicht unvermeidbar.[6]

4. Maßstab für Qualität müssen die Kosten der Nichterfüllung von Anforderungen sein

Um die Akzeptanz von Qualität als Managementaufgabe und als unternehmensweite Konzeption zu erreichen, fordert Crosby die Abkehr der Bewertung von Qualität durch technische Meßgrößen. Er verwendet daher die Qualitätskosten als aussagefähigen und überprüfbaren Qualitätsmaßstab.

---

[1] Vgl. Zink, K.J.; Schildknecht, R. (1994), S.96.
[2] Vgl. Crosby, P.B. (1986b), S.68.
[3] Vgl. Zink, K.J.; Schildknecht, R. (1994), S.96.
[4] Vgl. Teil A, 1.3.
[5] Vgl. Crosby, P.B. (1986b), S.84 f.
[6] Vgl. Wonigeit, J. (1994), S.50.

4.1 Visionäre Ansätze von Deming, Juran, Ishikawa und Crosby

Qualitätskosten entstehen durch „Verstöße" gegen sein erstes Gebot. Crosby definiert sie als die Kosten der Nichterfüllung von Anforderungen.[1] Mit diesem Instrumentarium sollen Führungskräfte für Aufwendungen durch Fehlleistungen sensibilisiert werden. Als Größenordnung der Qualitätskosten nennt Crosby für Produktionsbetriebe, bezogen auf den Umsatz, bis zu 20% und für Dienstleistungsunternehmen bis zu 35% der Betriebskosten.[2]

Ein Schwerpunkt in Crosbys Konzept sind zweifellos Fehlerquoten und Fehlerkosten.[3] Dennoch beschränkt er sich keineswegs auf den Produktionsbereich, sondern betont die unternehmensweite Dimension seines Ansatzes. Das „Do it right the first time"–Prinzip gilt ausdrücklich auch im Verwaltungsbereich. Da sich seine Mission zur Schaffung einer qualitätsbewußten Unternehmenskultur speziell an das obere Management richtet, berücksichtigt er keine Qualitätstechniken.[4]

Zur konkreten Umsetzung der Inhalte seines Konzeptes empfiehlt Crosby einen 14-Stufen-Plan, auf den hier nicht weiter eingegangen werden kann.[5]

Im Anschluß an die Ansätze prominenter Qualitätsexperten, die im Hinblick auf TQM in ihrer Gesamtheit zu sehen sind, gilt es, die mit den großen Quality Awards verbundenen TQM-Konzeptionen zu beleuchten.

---

[1] Vgl. Crosby, P.B. (1986a), S.15; die Definition von Crosby unterscheidet sich von der dieser Arbeit zugrundeliegenden Definition von Qualitätskosten (vgl. Teil A, 3.2.2).
[2] Vgl. Crosby, P.B. (1986b), S.84f; die Größenordnung der Qualitätskosten übersteigt bei Crosby das anderweitig übliche Maß, obwohl er ein engeres Begriffsverständnis zugrundelegt (vgl. Teil A, 3.2.2).
[3] Vgl. Kamiske, G.F; Brauer, J.P. (1995), S.37.
[4] Vgl. Zink, K.J.; Schildknecht, R. (1994), S.97 f.
[5] Vgl. dazu Crosby, P.B. (1986a), S.111 ff.

4.2 Modelle bedeutender Qualitätsauszeichnungen (Quality Awards)

In den Rahmen prominenter Qualitätsmanagementkonzepte lassen sich auch die Inhalte der großen japanischen, amerikanischen und europäischen Qualitätsauszeichnungen integrieren. In diesem Zusammenhang sind dann weniger die formalen Aspekte der Preisverleihung als die inhaltlichen Kriterien, die für den Erhalt der Auszeichnung erfüllt werden müssen, relevant. Diese Kriterien basieren bei den genannten Quality Awards auf Grundprinzipien, die von vielen Fachleuten als die Säulen eines Total Quality Management betrachtet werden.

Ist die Teilnahme am Wettbewerb für eine solche Qualitätsauszeichnung doch mit erheblichen Kosten verbunden (sechsstellige Dollarsummen sind dabei an der untersten Grenze angesiedelt)[1] und unter Nutzen-/Kosten–Aspekten gut abzuwägen, so nützen doch viele Unternehmen die Kriterienkataloge als Basismodell für die Generierung ihres eigenen Qualitätsmanagements und beschränken sich auf eine ausschließlich interne „Auditierung" der Umsetzungsergebnisse („Self-Assessment"). Schließlich werden die entscheidenden Wettbewerbsvorteile eher durch ein umfassendes und wirklich gelebtes Quality Management erreicht, als durch den Formalismus des Preises.

Nicht zuletzt aufgrund seines hohen Detaillierungsgrades und der damit verbundenen Informationsfülle wurden von dem Kriterienkatalog des großen amerikanischen Quality Awards (MBNQA, s.u.) allein 1990 etwa 200.000 Exemplare[2] angefordert.

Die Chronologie der drei Quality Awards spiegelt die Entwicklung des gesamten Qualitätsmanagements in den jeweiligen Wirtschaftsräumen noch einmal wider. Während zur Förderung und Anerkennung der Bemühungen um Qualität in Japan bereits 1951 der sogenannte Deming Prize zum ersten Mal vergeben wurde, so hat es bis 1987 gedauert, ehe die USA durch die Unterzeichnung des Malcolm Baldrige National Quality Improvement Act durch Präsident Reagan mit einem jährlich ausgeschriebenen Qualitätspreis einen ähnlichen Weg beschritt. Damit sollte dem immer stärker werdenden japanischen Wettbewerbsdruck eine Alternative entgegengesetzt werden.[3]

Vor dem Hintergrund der verstärkten Qualitätsförderung in Japan und USA gründeten Vertreter führender europäischer Unternehmen 1989 die

---

[1] Vgl. Glaap, W. (1993), S.26.
[2] Vgl. Kamiske, G.F; Brauer, J.P. (1995), S.136.
[3] Vgl. Zink, K.J. (1994b), S.10.

European Foundation for Quality Management (EFQM). Die EFQM hat sich die Aufgabe gestellt, durch eine systematische und umfassende Förderung des TQM-Gedankens die Wettbewerbsfähigkeit europäischer Unternehmen sicherzustellen. Zu den wichtigsten Aktivitäten der EFQM[1] gehört schließlich die Verleihung des European Quality Awards (EQA) an Unternehmen, die bei der Umsetzung von TQM Hervorragendes geleistet haben und als Vorbilder andere Unternehmen zur Umsetzung umfassender Qualitätskonzepte anregen können.

Trotz Übereinstimmungen in wesentlichen Bereichen ergeben sich spezifische Unterschiede der einzelnen Qualitätsauszeichnungen, die aus deren unterschiedlichen Kriterienmodellen resultieren, welche im folgenden noch näher erläutert werden.

4.2.1 Der Deming Prize

Diese von der Japanese Union of Scientists and Engineers (JUSE) jährlich verliehene Auszeichnung ist nach W.E. Deming benannt, in Anerkennung für seine Verdienste um das Qualitätswesen in Japan.

Auffällig beim Deming Prize ist, daß hierbei, im Gegensatz zu den anderen Auszeichnungen, auch die Bewerbungen ausländischer Unternehmen sowie öffentlicher und gemeinnütziger Organisationen zulässig sind.

Der Deming Prize wird in drei verschiedenen Kategorien vergeben:

- Deming Prize for Individuals,
- Deming Application Prize,
    - for Companies,
    - for Small Companies,
    - for Divisions,
    - for Overseas Companies,
- Quality Control Award for Factories.

Der Kriterienkatalog des Deming Application Prize setzt sich aus 10 gleichgewichteten Hauptkriterien zusammen, die in 63 Unterpunkten stichpunktartig weiter konkretisiert werden.

---

[1] Weitere Aktivitäten der EFQM sowie deren Organisationsstruktur finden sich bei Zink, K.J. (1994b), S.11 ff.

Total Quality Management

Um eine Vorstellung vom Kriterienmodell des Deming Application Prize zu vermitteln, sind die 10 Hauptkriterien kurz wiedergegeben:[1]

1. Unternehmenspolitik
2. Organisation und Administration
3. Aus- und Weiterbildung
4. Sammeln und Verbreiten von Informationen
5. Analyse
6. Standardisierung und Normung
7. Steuerung (Control/Management)
8. Qualitätssicherung
9. Ergebnisse
10. Zukunftsplanung

Insgesamt werden zu diesen Hauptkriterien maximal 100 Punkte vergeben. Alle Bewerber, die mindestens 70 Punkte erreichen, werden dann auch ausgezeichnet.

Vergleicht man die Inhalte des Kriterienkatalogs des Deming Application Prize mit denen anderer Qualitätsauszeichnungen, so lassen sich folgende Besonderheiten feststellen:

- Die Verpflichtung des Managements zur ständigen Auseinandersetzung mit dem Qualitätsgedanken sowie zur sorgfältigen Planung von Qualitätszielen und deren Durchsetzung auf allen Hierarchieebenen;
- kein Kochrezeptcharakter, kein vorgeschriebener Formalismus, sondern Betonung des individuellen Konzeptes;[2]
- die Forderung nach Anwendung statistischer Methoden in allen Unternehmensbereichen;
- die Akzentuierung unternehmensweiter Qualitätsanstrengungen und der ständigen Verbesserung;[3]
- der Einsatz von Qualitätszirkeln und bereichsübergreifender Teamarbeit; (Insofern wird den „japanspezifischen" organisatorischen Elementen eine hohe Bedeutung zugemessen.)
- die Betonung von Normenkonformität.

---

[1] Kamiske, G.F; Brauer, J.P. (1995), S.133 ff.; eine ausführliche Dokumentation des Kriterienkatalogs findet sich bei JUSE - Japanese Union of Scientists and Engineers (Ed.), (1990).
[2] Vgl. Glaap, W. (1993), S.26 f.
[3] Vgl. Kamiske, G.F; Brauer, J.P. (1995), S.132.

4.2.2 Der Malcolm Baldrige National Quality Award (MBNQA)

Das amerikanische Pendant zum Deming Prize existiert in Form des Malcolm Baldrige National Quality Award. 1988 wurde diese Qualitätsauszeichnung zum ersten Mal verliehen. Zu den Gewinnern des Preises gehören beispielsweise Motorolla, Cadillac und Federal Express.[1] Die Teilnahmevoraussetzungen sind in den amerikanischen Gesetzen Public Law 100-107 geregelt. Hierin ist auch festgelegt, daß nur amerikanische Unternehmen zugelassen sind (Unternehmen bei denen sich mindestens 50% des Personals und der Anlagen in den USA befinden).[2]

Der MBNQA wird nur an jeweils maximal zwei Bewerber[3] in den folgenden drei Kategorien verliehen:[4]

- Produzierende Unternehmen,
- Dienstleistungsunternehmen,
- Kleine Unternehmen (mit weniger als 500 Vollbeschäftigten).

Der Kriterienkatalog für den MBNQA setzte sich 1994 aus den in der folgenden Tabelle dargestellten Elementen zusammen:[5]

Bezeichnend für die amerikanische Qualitätsauszeichnung sind insbesondere:

- Die Verwendung sehr unterschiedlicher Gewichtungsfaktoren und einer sehr differenzierten Gewichtung der ausführlich disaggregierten Kriterien;
- das Hervorheben von Wettbewerbervergleichen (vgl. Kriterienpunkte 2.2 und 7.6);[6]
- die herausragende Bedeutung von Kundenorientierung und Kundenzufriedenheit mit 30% des Gesamtgewichts. Ferner läßt sich eine signifikante Management- und Prozeßorientierung ausmachen.

---

[1] Vgl. Glaap, W. (1993), S.26.
[2] Vgl. Mack, M. (1989), S.114; Rentschler, P. (1995), S.40.
[3] Vgl. Kamiske, G.F; Brauer, J.P. (1995), S.136.
[4] Vgl. Rentschler, P. (1995), S.40.
[5] Vgl. Kamiske, G.F; Brauer, J.P. (1995), S.136f; eine ausführliche Dokumentation des Kriterienkatalogs findet sich bei United States Department of Commerce, NIST - National Institute of Standards and Technology (Ed.), (1994).
[6] Zu Wettbewerbervergleiche bzw. „Benchmarking" vgl. Teil A, 5.3.1.

Total Quality Management

Beurteilungskriterien	maximale Punktzahl
1. Führung durch die Geschäftsleitung	**95**
1.1 Führungsverhalten der Geschäftsleitung	45
1.2 Management for Quality	25
1.3 Gesellschaftliche Verantwortung	25
2. Information und Analyse	**75**
2.1 Management und Umfang von Qualitäts- und Leistungsdaten	15
2.2 Vergleiche mit Wettbewerbern und Benchmarking	20
2.3 Analyse und Nutzung von Daten auf Unternehmensebene	40
3. Strategische Qualitätsplanung	**60**
3.1 Prozeß der strategischen Qualitäts- und Unternehmensplanung	35
3.2 Qualitäts- und Leistungspläne	25
4. Personalentwicklung und Management	**150**
4.1 Human Ressource Management	20
4.2 Mitarbeiterbeteiligung	40
4.3 Aus- und Weiterbildung	40
4.4 Leistungsbeurteilung und Anerkennung	25
4.5 Mitarbeiterzufriedenheit und Motivation	25
5. Management der Prozeßqualität	**140**
5.1 Entwicklung und Einführung von Qualitätsprodukten	40
5.2 Prozeßmanagement: Produkt-, Dienstleistungs- und Lieferprozesse	35
5.3 Prozeßmanagement: Wertschöpfungs- u. interne Dienstleistungsproz.	30
6. Qualitäts- und Geschäftsergebnisse	**95**
6.1 Ergebnisse der Produkt- und Dienstleistungsqualität	70
6.2 Geschäftsergebnisse	50
6.3 Ergebnisse der Wertschöpfungsprozesse und internen Dienstleistungen	25
6.4 Ergebnisse: Qualität der Zulieferer	20
7. Kundenorientierung und -zufriedenheit	**300**
7.1 Ermittlung gegenwärtiger und zukünftiger Kundenerwartungen	35
7.2 Management der Kundenbeziehungen	65
7.3 Verpflichtung dem Kunden gegenüber	15
7.4 Feststellung der Kundenzufriedenheit	30
7.5 Ergebnisse der Kundenzufriedenheit	85
7.6 Kundenzufriedenheit im Vergleich	70
Erreichbare Punkte insgesamt	**1000**

4.2 Quality Awards

Die Verleihung des MBNQA durch den Präsidenten der USA[1] dokumentiert die außerordentlich hohe Bedeutung dieser Auszeichnung für das Image der Gewinner.

Als ebenbürtiges Modell zu der großen japanischen und amerikanischen Qualitätsauszeichnung wurde von europäischer Seite der European Quality Award ins Leben gerufen.

4.2.3 Der European Quality Award (EQA)

Wichtige Teilnahmevoraussetzungen für den 1992 erstmals vergebenen EQA sind eine mindestens fünfjährige Geschäftstätigkeit des Unternehmens und die Bedingung, daß mindestens 50% der Geschäftsaktivitäten des Unternehmens in Europa durchgeführt wurden.[2]

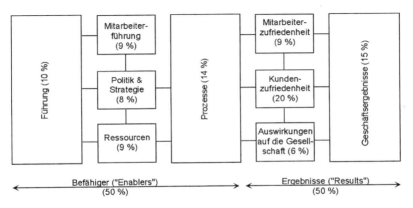

Abb. 15: Das Modell des European Quality Award[3]

Der europäische Qualitätspreis wird jährlich, genau genommen in zwei Kategorien verliehen:

- **Der European Quality Award im engeren Sinne:**

  Wird an ein einzelnes Unternehmen verliehen, das dann als erfolgreichster Vertreter von TQM in Europa gilt.

---

[1] Vgl. Zink, K.J. (1994b), S.10.
[2] Vgl. Rentschler, P. (1995), S.41.
[3] European Foundation for Quality Management (Hrsg.) (1992), S.3; weitere Spezifikationen und Einzelheiten zum EQA finden sich auch bei EFQM - European Foundation for Quality Management (Ed.), (1994).

- **Der European Quality Prize:**

  Wird an mehrere Unternehmen verliehen, die auf dem Gebiet des Qualitätsmanagements besondere Leistungen erbracht haben.

Das Beurteilungsmodell des EQA besteht aus neun Hauptkriterien, die jedoch insbesondere im Gegensatz zum MBNQA nicht weiter in Unterkriterien differenziert werden. Die Kriterien des EQA sind in Abb. 15 wiedergegeben:

Als charakteristisch für den EQA lassen sich folgende Merkmale herausarbeiten:

- Die Trennung zwischen Potentialfaktoren („Enablers"), die eine geeignete Qualitätsförderung sicherstellen sollen, und Ergebnissen („Results"), die durch die Qualitätsaktivitäten auch wirklich erreicht werden;[1] den Ergebnissen wird mit 50% ein hohes Gewicht beigemessen;
- eine Akzentuierung des verantwortungsvollen Umgangs mit Ressourcen jeglicher Art;
- die besonders ausgeprägte Mitarbeiterorientierung; Gemäß der Systematik des EQA werden sowohl die strategischen und operativen Maßnahmen („Mitarbeiterführung") als auch das Ergebnis („Mitarbeiterzufriedenheit") bewertet. Und schließlich
- die Berücksichtigung der gesellschaftlichen Verantwortung und des öffentlichen Images des Unternehmens. Hiermit wird den Aspekten der in Teil A, 2.2.2 erläuterten „Qualität der Umfeldbeziehungen" (wie beispielsweise dem Umweltschutz) Rechnung getragen.

Während die Besonderheiten des Kriterienmodells des EQA sich als Ausrichtung auf den europäischen Kulturkreis interpretieren lassen, so stimmt dieses doch in wesentlichen Bereichen mit dem des MBNQA überein.

Die größten inhaltlichen Unterschiede sind – neben der expliziten Trennung zwischen „Enablers" und „Results" beim europäischen Ansatz – in den unterschiedlichen Gewichtungsfaktoren zu sehen. In diesem Zusammenhang sind in Abb. 16 abschließend die Gewichtungsfaktoren von EQA und MBNQA auf Grundlage der EQA-Kriterien gegenübergestellt.

---

[1] Vgl. auch zu den folgenden Ausführungen Zink, K.J. (1994b), S.14.

4.2 Quality Awards

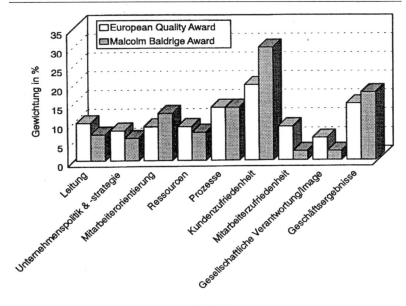

Abb. 16: Vergleich zwischen EQA und MBNQA

Als Abschluß der Analyse prominenter Qualitätsmanagementkonzepte soll schließlich der Ansatz der DIN EN ISO 9000 ff. untersucht werden.

4.3 Qualitätsmanagementsysteme gemäß DIN EN ISO 9000 ff.

Ihre Würdigung im Rahmen prominenter Qualitätsmanagementkonzepte verdanken die Qualitätsmanagementsysteme (QM-Systeme) – wie sie in der branchenneutralen Normenreihe DIN EN ISO 9000 ff. definiert und erklärt werden – insbesondere ihrer häufigen Praxisanwendung. So wird voraussichtlich bis zum Jahr 2000 ein Zertifikat über ein QM-System nach DIN EN ISO 9000 ff. für einen Industriebetrieb so selbstverständlich sein, wie es ein Führerschein für einen Autofahrer ist.[1]

Die Anzahl der implementierten QM-Systeme gemäß den international anerkannten DIN EN ISO 9000 ff. (also DIN EN ISO 9000 bis 9004) nimmt nicht nur in Europa (mit Vorreiter Großbritannien), sondern auch in den USA kontinuierlich zu. Sogar die Japaner, die derartige Normen im Prinzip als überholt und als – für ein funktionierendes Qualitätsmanagement – unnötig betrachten, sehen zumindest aus Wettbewerbsgründen ebenfalls die Notwendigkeit, die Normen zu berücksichtigen.[2]

Erhebt die Normenreihe für sich zwar den Anspruch, ein Leitfaden zum Qualitätsmanagement und zu Qualitätsmanagementsystemen zu sein, so ist sie inhaltlich jedoch nicht mit den bisher erläuterten Konzepten vergleichbar und wird keineswegs dem Anspruch eines Total Quality Management–Ansatzes gerecht.

Es verbleibt die Frage – und hierin sind sich die Experten uneinig – ob derartige QM-Systeme einen geeigneten ersten Schritt in Richtung TQM darstellen. Während einige Qualitätsexperten den Ansatz der DIN EN ISO 9000 ff. konsequent ablehnen, so finden sich in der Literatur auch TQM-Konzeptionen,[3] die ein QM-System gemäß DIN EN ISO 9000 ff. sogar als wesentlichen Baustein berücksichtigen.

Dieses Spannungsfeld läßt jedoch viel Spielraum für die Gestaltung eines individuellen TQM-Konzeptes bei gleichzeitiger Berücksichtigung der Richtlinien der DIN EN ISO 9000 ff.

Sieht man den Weg zum TQM schließlich vor dem Hintergrund, daß ein zertifiziertes QM-System aufgrund der Forderungen des Marktes unumgängliche Notwendigkeit ist oder sein wird, so scheint es durchaus sinnvoll,

---

[1] Vgl. Masing, W. (1995), S.14.
[2] Vgl. Glaap, W. (1993), S.28 und S.181.
[3] Vgl. hierzu etwa Frehr, H.U. (1994b), S.35 ff.

4.3 DIN EN ISO 9000ff.

die Normen als Plattform für ein umfassendes Qualitäts- und Führungskonzept im Sinne von TQM zu verwenden.

Weiterhin liefert die Normenreihe trotz ihres technokratischen Charakters und zahlreicher Unzulänglichkeiten auch Wege und Methoden,[1] die zweifellos auch Bestandteil des TQM-Komplexes sind.

Insofern scheint an dieser Stelle zumindest ein Überblick über die DIN EN ISO 9000 ff.–Serie und deren Interdependenzen angezeigt.

In diesem Zusammenhang sind drei Aspektgruppen besonders relevant, die im folgenden etwas näher erläutert werden:

- Aufbau und Auswahl der Normen,
- Aspekte der Akkreditierung und Zertifizierung sowie
- Elemente des QM-Systems nach DIN EN ISO 9004.

4.3.1 Aufbau und Auswahl der Normen

Beim Studium der Normen wird schnell deutlich, daß die DIN EN ISO 9000-Familie sehr differenziert betrachtet werden muß. Einerseits verfolgen die einzelnen Normen sehr unterschiedliche Ziele und differieren somit auch deutlich in Reichweite und Umfang (s. dazu auch Abb. 17). Andererseits haben die betrachteten Normen seit ihrer Erstausgabe im Mai 1987 zahlreiche Modifikationen und Erweiterungen – insbesondere hinsichtlich Nomenklatur, strukturellem Aufbau und inhaltlichem Umfang – erfahren. Die einzelnen Normen wurden außerdem mitunter zeitlich unabhängig voneinander revidiert. So muß in diesem Zusammenhang genau unterschieden werden, auf welche Ausgabe der jeweiligen Norm man sich bezieht.

Zusätzlich ist auch eine kritische Beurteilung und Bewertung der Normenreihe aufgrund der immer wieder vollzogenen und noch zu erwartenden Erneuerungen nicht unproblematisch.

Bezeichnend für den Ansatz der DIN EN ISO 9000 ff. Normen ist deren ursprüngliche Benennung des eigenen Modells als „Qualitätssicherungs-System". Diese Benennung scheint insbesondere im Licht von umfassenden TQM-Konzepten die Inhalte besser zu bezeichnen, da – wie noch näher gezeigt wird – hier gerade der „Management–Approach"[2] fehlt. Dennoch gilt ab März 1992 offiziell die Bezeichnung „Qualitätsmanagementsystem".

Generell wird die der DIN EN ISO 9000–Familie zugrundeliegende Terminologie in den Normen DIN ISO 8402 und DIN 55350, Teil 11 und aus-

---

[1] Namentlich seien hier beispielsweise Audits und Aufzeichnungen/Dokumentationen genannt, die auch in Teil A, 5.3.4 berücksichtigt werden.
[2] Vgl. Zink, K.J. (1994b), S.17.

Total Quality Management

zugsweise in Anhang A der DIN EN ISO 9000-1 (1994) – oft mit Hilfe zahlreicher Kommentaren – erklärt.

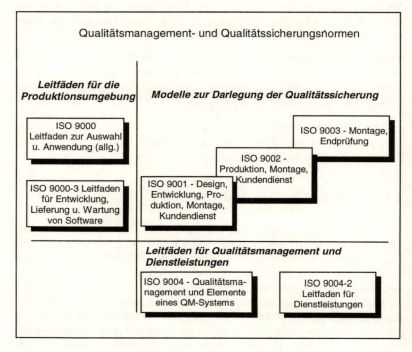

Abb. 17: Überblick über die Normdokumente der ISO 9000 ff.[1]

So möchten die Autoren der Normen unter einem **QM-System** „die zur Verwirklichung des Qualitätsmanagements erforderlichen Organisationsstrukturen, Verfahren, Prozesse und Mittel"[2] verstanden wissen. Dabei wird **Qualitätsmanagement** definiert als „alle Tätigkeiten des Gesamtmanagements, die im Rahmen des QM-Systems die Qualitätspolitik, die Ziele und Verantwortungen festlegen sowie diese durch Mittel wie Qualitätspla-

---

[1] Dilg, P. (1995), S. 71.
[2] DIN EN ISO 9000-1 (1994), S.35; die wörtliche Übernahme von Begriffsdefinitionen soll einen Eindruck von den teilweise wenig anschaulichen Formulierungen in den Normen vermitteln.

4.3 DIN EN ISO 9000ff.

nung, Qualitätslenkung, Qualitätssicherung/QM-Darlegung und Qualitätsverbesserung verwirklichen."[1]

Als **Qualitätslenkung** werden hier „die Arbeitstechniken und Tätigkeiten, die zur Erfüllung von Qualitätsforderungen angewendet werden"[2] bezeichnet.

Qualitätssicherung wurde ursprünglich bei den DIN EN ISO 9000 ff. Normen als Oberbegriff über Qualitätsmanagement gesetzt und wird inzwischen – wie in der oben zitierten Definition von Qualitätsmanagement verdeutlicht ist – als gleichbedeutend mit **QM-Darlegung** interpretiert. Darunter versteht man dann „alle geplanten und systematischen Tätigkeiten, die innerhalb des QM-Systems verwirklicht sind, und die wie erforderlich dargelegt werden, um angemessenes Vertrauen zu schaffen, daß eine Einheit die Qualitätsforderung erfüllen wird."[3]

Zur weiteren Beschreibung der DIN EN ISO 9000 ff. und deren korrespondierende QM-Systeme bietet sich eine Annäherung aus der Perspektive der Zielsetzung beim Einsatz eines solchen Systems an.

Für die Einführung eines QM-Systems lassen sich zwei verschiedene, sich aber nicht ausschließende Motivationsgrundlagen feststellen. So läßt sich zwischen einer extern und intern ausgerichteten Zielvorstellung unterscheiden.

Bei der internen Ausrichtung ist das Ziel die Verbesserung der eigenen Wettbewerbsfähigkeit, insbesondere durch die Verbesserung der Erfüllung der Qualitätsforderungen an das Produkt. Das QM-System wird hier also aufgrund des Vertrauens der Geschäftsleitung in seine Wirksamkeit eingeführt. Für den internen Fokus gilt DIN EN ISO 9004 als Qualitätsmanagement-Leitfaden zur Einführung eines QM-Systems. Diese Norm beschreibt zahlreiche QM-Elemente[4] und beansprucht für sich die Eignung für die Entwicklung und Verwirklichung eines umfassenden und wirksamen internen QM-Systems mit Blick auf Sicherstellung der Kundenzufriedenheit.[5]

Die extern orientierte Zielsetzung bei der Einführung eines normgerechten QM-Systems ist die Demonstration der Qualitätsfähigkeit des Unternehmens für das Umfeld – also insbesondere für Kunden oder potentielle Kunden. Der Nachweis über ein funktionierendes QM-System soll beim

---

[1] DIN EN ISO 9000-1 (1994), S.34; weitere Definitionen der hier zitierten Begriffe finden sich in DIN ISO 8402, vgl. DIN ISO 8402 (1992).
[2] DIN EN ISO 9000-1 (1994), S.35.
[3] DIN EN ISO 9000-1 (1994), S.36.
[4] Darunter werden die Elemente eines QM-Systems verstanden; vgl. Teil A, 4.3.3
[5] Vgl. DIN EN ISO 9004-1 (1994), S.7.

Total Quality Management

Kunden Vertrauen schaffen in die Fähigkeit des Unternehmens, durch den systematischen Einsatz diverser QM-Elemente möglichst fehlerfreie Produkte bzw. Leistungen hervorzubringen.

Für den Einsatz eines QM-Systems vor dem Hintergrund der Nachweisführung über dieses System bietet die DIN EN ISO 9000-Familie drei Modelle eines QM-Systems zur Auswahl, die in ihrer Ausführung speziell für externe Darlegungszwecke geeignet sind. Diese sogenannten „Modelle zur Darlegung von QM-Systemen" wurden bezeichnenderweise ursprünglich „Qualitätssicherungs-Nachweisstufen" genannt. Es handelt sich dabei um die Beschreibung von drei unterschiedlich umfassenden QM-Systemen − also verschieden großen Gruppierungen von QM-Elementen − jedoch als Forderungen formuliert, durch deren Erfüllung das QM-System entsteht.

Im Rahmen der DIN EN ISO 9000 ff. ist jedem der drei „Modelle für die Darlegung von QM-Systemen" eine eigene Norm gewidmet. So entsprechen die Normen DIN EN ISO 9001 − 9003 jeweils einem Forderungskatalog bezüglich eines QM-Systems.

In diesen drei Normen wird das Unternehmen, das ein entsprechendes QM-System einsetzen und darlegen möchte als „Lieferant" angesprochen. So lautet hier die übliche Formulierung der Anforderungen: „Der Lieferant muß ...Verfahren festlegen, dokumentieren, aufrechterhalten etc."[1]

Die Anwendung der **DIN EN ISO 9001** ist geeignet,

- wenn für das Produkt Design[2] erforderlich ist und die Qualitätsforderung an das Produkt hauptsächlich in Form von Leistungsangaben festgelegt ist und noch der Konkretisierung bedarf;
- wenn das Vertrauen in die Erfüllung der Qualitätsforderung durch das Produkt durch einen angemessenen Nachweis der Fähigkeiten des Lieferanten in Design/Entwicklung, Produktion, Montage und Kundendienst gefördert werden kann.[3]

Diese Norm beschreibt das umfassendste der drei Modelle und geht als einzige auch auf Design/Entwicklung ein, sie beinhaltet 20 QM-Elemente. Im Forderungskatalog der DIN EN ISO 9001 sind die Anforderungen der DIN EN ISO 9002 und 9003 enthalten.

---

[1] Entsprechend lauten die Formulierungen bei der für den internen Gebrauch ausgelegten DIN EN ISO 9004: „ Die Organisation sollte ...".

[2] „Design" kann gemäß DIN ISO 9001 (1990), S.3 „Entwicklung", „Berechnung", „Konstruktion", bzw. deren Ergebnis, also „Entwurf", „Gestaltung" oder „Konzept" usw. einschließen.

[3] Vgl. auch zu den folgenden Ausführungen Staal, R. (1990), S.47.

4.3 DIN EN ISO 9000ff.

Die Anwendung der **DIN EN ISO 9002** ist geeignet,

- wenn die Qualitätsforderung an das Produkt in Form eines festliegenden Entwurfs bzw. einer festliegenden Spezifikation vorgegeben ist;
- wenn das Vertrauen in die Erfüllung der Qualitätsforderung durch das Produkt durch einen angemessenen Nachweis der Fähigkeiten des Lieferanten in Produktion, Montage und Kundendienst gefördert werden kann.

DIN EN ISO 9002 ist mit DIN EN ISO 9001 mit Ausnahme der fehlenden Forderungen bezüglich Produktdesign identisch. So eignet sich ihre Anwendung auch für das Transportwesen und andere Dienstleistungsbereiche – schließlich sind auch bei den DIN EN ISO 9000 ff.-Normen unter den Bezeichnungen „Produkt" und „Produktion" Dienstleistungen und deren Erbringung mit eingeschlossen.

Die Anwendung der **DIN EN ISO 9003** ist geeignet,

- wenn die Erfüllung der vorgegebenen Qualitätsforderungen durch die Produkte mit angemessener Verläßlichkeit durch eine Endprüfung gezeigt werden kann und
- wenn die Eignung des Lieferanten durch die an den gelieferten Produkten durchgeführten Prüfungen insgesamt zufriedenstellend nachgewiesen werden kann.

Die DIN EN ISO 9003 beinhaltet nur einen Ausschnitt der QM-Elemente der DIN EN ISO 9002, wovon wiederum die meisten Forderungen noch in abgeschwächter Form vorliegen. Das in dieser Norm fast ausschließlich angewandte Prinzip der Endkontrolle erinnert an die in Teil A, 1.1 dargestellte inspektionsorientierte Qualitätssicherung und steht mit der Strategie eines TQM sogar im Widerspruch.

Da sich die Eignung eines Lieferanten kaum mehr ausschließlich durch Endprüfungen zufriedenstellend nachweisen läßt, hat die DIN EN ISO 9003 in der betrieblichen Praxis nur noch sehr wenig Bedeutung. Dennoch sei darauf hingewiesen, daß auch bei dieser Norm – gegenüber der ursprünglichen Fassung – einige Erweiterungen vorgenommen wurden.

Die weitaus meisten zertifizierten[1] QM-Systeme entsprechen der DIN EN ISO 9002.[2] Ein zertifiziertes QM-System gemäß DIN EN ISO 9001 wird wohl in absehbarer Zukunft für Unternehmen, deren Tätigkeit auch Pro-

---

[1] Vgl. Teil A, 4.3.2.
[2] Vgl. Glaap, W. (1993), S.48.

duktdesign miteinschließt, aufgrund der Marktforderungen zur Notwendigkeit werden.

Die Zertifizierung des QM-Systems durch eine dafür autorisierte Stelle ist jedoch nicht die einzige Möglichkeit ein funktionierendes QM-System nachzuweisen. So stehen verschiedene Mittel zur Bestätigung der Konformität mit dem ausgewählten Modell zur Auswahl. Hierzu gehören insbesondere:[1]

1. eine Konformitätserklärung des Lieferanten („Selbstzertifizierung")
2. das Bereitstellen wesentlicher dokumentierter Nachweise
3. das Bereitstellen eines Nachweises von Genehmigungen oder Registrierungen durch andere Kunden
4. ein Qualitätsaudit[2] durch den Kunden
5. ein Qualitätsaudit und Zertifikat einer autorisierten (akkreditierten)[3] Stelle.

Für die „Selbstzertifizierung", also der Konformitätserklärung des Lieferanten in Eigenverantwortung, stehen die Normen DIN 66066, Teil 3 und DIN EN 45014 zur Verfügung.[4] Diese Methode bewirkt zwar den geringsten Vertrauensvorschuß und entbehrt der externen Auditierung, ist jedoch aus Kostengründen insbesondere für kleinere Lieferanten, sofern es die Marktsituation zuläßt, oft noch ausreichend.

Wird ein Lieferant von einem Kunden (vertraglich) verpflichtet, ein QM-System gemäß DIN EN ISO 9001/2/3 nachzuweisen, so werden hierzu einzelne der oben genannten Mittel oder eine Kombination daraus vereinbart. Häufig werden dabei – auf inhaltlicher Ebene – zusätzlich zu den Anforderungen der DIN EN ISO–Normen weitere Forderungen vereinbart, wie etwa die Fertigung mit SPC (Statistical Process Control)[5] oder die Prozeßentwicklung mit FMEA (Failure Mode and Effects Analysis).[6] Die Automobilindustrie nimmt hier eine Vorreiterposition ein.[7]

Die im Vertragsfall oftmals angewandte Nachweismethode eines Qualitätsaudits durch den Kunden verursacht jedoch bei Lieferanten von mehreren Kunden und bei Kunden von mehreren Lieferanten für Geprüfte bzw. Prüfer einen erheblichen Aufwand. Der in diesem Zusammenhang auftre-

---

[1] Vgl. DIN EN ISO 9000-1 (1993), S.25.
[2] Vgl. dazu auch Teil A, 5.3.4.
[3] Vgl. Teil A, 4.3.2.
[4] Vgl. Petrick, K.; Reihlen, H. (1994), S.108.
[5] Vgl. Teil A, 5.3.2.
[6] Vgl. Teil A, 5.3.1.
[7] Vgl. Bläsing, J. (1991), S.63.

4.3 DIN EN ISO 9000ff.

tende „Audit-Tourismus" führte auch zu der Idee, die erforderlichen Qualitätsaudits der QM-Systeme durch eine neutrale kompetente Stelle durchführen zu lassen, die bei Erfüllung der Anforderungen gemäß DIN EN ISO 9001/2/3 ein entsprechendes Zertifikat vergibt.[1]

Diese vergleichsweise kostenintensive Methode der Zertifizierung ist insbesondere auch dann das Mittel der Wahl, wenn es gilt, potentiellen Kunden die eigene Qualitätsfähigkeit zu beweisen. So dienen die Zertifikate vorrangig der Vertrauensbildung und werden zunehmend zur Basis einer (möglichen) Geschäftsbeziehung schlechthin.[2] Da sich die Methode der Zertifizierung immer mehr durchsetzt, ist ihr der zweite Abschnitt im Rahmen dieses Überblicks gewidmet.

Die Auswahl des geeigneten Nachweismittels für das QM-System muß letztlich jedoch im Einzelfall unter Berücksichtigung der gegenwärtigen und zukünftigen Marktsituation und durch sorgfältiges Abwägen der Kosten-, Nutzen- und Risikoaspekte getroffen werden.

Um bei der Verwirklichung und Applikation der Normen DIN EN ISO 9001 - 9003 mehr Präzision und Verständnis zu schaffen und um deren einzelne Forderungen näher zu erläutern, bietet die DIN EN ISO 9000, Teil 2 einen allgemeinen Leitfaden für die Anwendung dieser drei Normen.

Einen Überblick über die Gesamtheit der DIN EN ISO 9000-Familie gibt DIN EN ISO 9000, Teil1. Dieses Dokument erläutert nach einer Erklärung der Begrifflichkeiten die prinzipiellen qualitätsbezogenen Konzepte im Rahmen der Normenreihe und die Bedeutung von Dokumentationen sowie Situationen zur Anwendung von QM-Systemen. Weiterhin werden damit Anleitungen für die Auswahl und Anwendung der Normen DIN EN ISO 9001 - 9003 und DIN EN ISO 9004 bereitgestellt.

Der Anhang von DIN EN ISO 9000, Teil1 bietet schließlich eine Vergleichsmatrix, die einen guten Überblick über Vorhandensein und Umfang der einzelnen QM-Elemente in den jeweiligen Normen liefert.[3] Hiermit lassen sich – stark vereinfacht – die Bestandteile der vier verschiedenen QM-Systeme entsprechend DIN EN ISO 9001 – 9004 vergleichen.

Insofern sollte zur Auseinandersetzung mit der DIN EN ISO 9000–Normenreihe zunächst die DIN EN ISO 9000, Teil 1 zur grundsätzlichen Orientierung gelesen werden.

Im Rahmen dieser Überblicksdarstellung kann nicht auf alle Bestandteile der inzwischen recht umfangreich gewordenen DIN EN ISO 9000 ff. näher eingegangen werden. Um dennoch ein vollständiges Bild der Normenfami-

---

[1] Vgl. Masing, W. (1995), S.14.
[2] Vgl. Bläsing, J. (1991), S.65.
[3] Vgl. DIN EN ISO 9000-1 (1994).

lie zu vermitteln, sind im folgenden deren Bausteine mit ihren offiziellen Bezeichnungen zusammengefaßt.[1]

DIN EN ISO 9000	**Normen zum Qualitätsmanagement und zur Qualitätssicherung/QM-Darlegung**
Teil 1	Leitfaden zur Auswahl und Anwendung
Teil 2	Allgemeiner Leitfaden zur Anwendung von ISO 9001, ISO 9002 und ISO 9003
Teil 3	Leitfaden für die Anwendung von ISO 9001 auf die Entwicklung, Lieferung und Wartung von Software
Teil 4	Leitfaden zum Management von Zuverlässigkeitsprogrammen
DIN EN ISO 9001	**Qualitätsmanagementsysteme – Modell zur Qualitätssicherung/QM-Darlegung in Design/Entwicklung, Produktion, Montage und Kundendienst**
DIN EN ISO 9002	**Qualitätsmanagementsysteme – Modell zur Qualitätssicherung/QM-Darlegung in Produktion, Montage und Kundendienst**
DIN EN ISO 9003	**Qualitätsmanagementsysteme – Modell zur Qualitätssicherung/QM-Darlegung bei der Endprüfung**[2]
DIN EN ISO 9004	**Qualitätsmanagement und Elemente eines Qualitätsmanagementsystems**
Teil 1	Leitfaden
Teil 2	Leitfaden für Dienstleistungen
Teil 3	Leitfaden für verfahrenstechnische Produkte
Teil 4	Leitfaden für Qualitätsverbesserung
Teil 5	Leitfaden für Qualitätsmanagementpläne
Teil 6	Leitfaden für Qualitätsmanagement im Projektmanagement
Teil 7	Leitfaden für Konfigurationsmanagement
Teil 8	Leitfaden für qualitätsbezogene Grundsätze und ihre Anwendung auf Managementverfahrensweisen[3]

---

[1] Stand August 1994.
[2] DIN EN ISO 9004-1 (1994), S.52.
[3] DIN EN ISO 9004-1 (1994), S.4.

4.3 DIN EN ISO 9000ff.

Schließlich sei noch darauf hingewiesen, daß die Normen DIN EN ISO 9000 - 9004 zunächst im Rahmen der Europäischen Normen als EN 29000 - 29004 geführt wurden, und daß DIN ISO 9000 und DIN ISO 9004 ursprünglich nicht weiter unterteilt waren, also nur aus „Teil 1" bestanden.

Um der stetig zunehmenden Zahl der Zertifizierungen von QM-Systemen nach DIN EN ISO 9001/2/3 gerecht zu werden, sollen im folgenden noch einige wichtige Aspekte in diesem Zusammenhang angesprochen werden.

4.3.2 Aspekte der Akkreditierung und Zertifizierung

Während unter Akkreditierung die Prüfung der Prüfer – also auch der QM-Systemzertifizierer – verstanden wird, bedeutet Zertifizierung die Bestätigung der Übereinstimmung mit einer bestimmten Norm durch einen unparteiischen Dritten. Die offiziellen Definitionen hinsichtlich Normung und damit zusammenhängender Tätigkeiten finden sich in DIN EN 45020.

Die ersten Schritte auf dem Weg zum Zertifikat können sich hinsichtlich Umfang und somit auch hinsichtlich Zeitaufwand je nach Ausgangssituation der jeweiligen Organisation deutlich unterscheiden. Bei einigen Unternehmen, die auf ein bereits erfolgreich angewandtes QM-System zurückgreifen können, beschränken sich die Vorbereitungen etwa auf eine genauere Ausrichtung des Vorhandenen auf die Normen und auf die schriftliche Fixierung von Zuständigkeiten und Abläufen. Dies erfolgt üblicherweise in einem **Qualitätsmanagementhandbuch**. Darin werden Abläufe und die Ausgestaltung von Prozessen schriftlich fixiert. Als Grundlage hierfür kann etwa die Analyse von Kunden-Lieferanten-Beziehungen dienen. Das QM-Handbuch soll als ständige Referenz bei der Verwirklichung und Aufrechterhaltung des Qualitätsmanagments dienen.[1] Andere Unternehmen müssen hingegen zunächst umfassende Veränderungen, wie eine Anpassung der Ablauforganisation und eine eindeutigere Festlegung der Zuständigkeiten in der Aufbauorganisation,[2] vollziehen.[3]

Als Durchschnittswert für die Einführung und Dokumentation eines QM-Systems kann etwa ein Jahr gesehen werden.[4]

---

[1] Vgl. dazu DIN EN ISO 9004-1 (1994), S.16; Zink, K.J. (1994a), S.43; Schildknecht, R. (1992), S.164; in diesem Zusammenhang sei auch auf die Möglichkeit EDV-gestützter Qualitätsdateninformations- und -berichtssysteme hingewiesen, vgl. Teil A, 5.2.3.

[2] Vgl. Rentschler, P. (1995), S.39.

[3] Ein mögliches Top-Down-Programm zum konkreten Aufbau eines QM-Systems findet sich bei Bläsing, J. (1991), S.82.

[4] Vgl. auch zu folgenden Aussagen Pärsch, J. (1994), S.958, S. 949 f.

Total Quality Management

Erfüllt das QM-System nach eigener Einschätzung des Unternehmens schließlich die Forderungen nach DIN EN ISO 9001/2/3, so empfiehlt sich eine Vorprüfung durch ein internes Audit, um ein erfolgreiches Zertifizierungsaudit zu gewährleisten. Für das Audit von QM-Systemen bietet DIN ISO 10011, Teil 1-3 einen hilfreichen Leitfaden.

Als nächster Schritt bietet sich die Auswahl der Zertifizierungsstelle an. Hierbei ist neben der Akkreditierung auf die Anerkennung der von ihr ausgestellten Zertifikate durch den nationalen und internationalen Markt zu achten. Akkreditierungen von Zertifizierungsstellen sind für Deutschland nur bei der Trägergemeinschaft für Akkreditierung (TGA) möglich. Als Grundlage der Akkreditierung gilt das Erfüllen der Anforderungen nach DIN EN 45012.[1]

Als prominente Zertifizierungsstellen können dann neben der Deutschen Gesellschaft zur Zertifizierung von QM-Systemen m.b.H. (DQS) die Gesellschaften DEKRA Certification Services und Lloyds Register[2] sowie die Technischen Überwachungsvereine gesehen werden.

Für den folgenden Zertifizierungsprozeß wird dann mit einer Zertifizierungsstelle ein Vertrag geschlossen, der in vier Abschnitten vollzogen werden kann.[3]

Erster Vertragsabschnitt: Auditvorbereitung

Dabei beurteilt die Zertifizierungsstelle anhand einer vom Unternehmen beantworteten Frageliste, ob die nötigen Voraussetzungen für das Zertifizierungsaudit gegeben sind. Zusätzlich wird festgelegt, nach welcher der Normen DIN EN ISO 9001/2/3 zertifiziert wird.

Zweiter Vertragsabschnitt: Prüfung der Unterlagen

Hier wird die Dokumentation des QM-Systems – insbesondere das QM-Handbuch – durch einen Auditleiter der Zertifizierungsstelle hinsichtlich der Erfüllung der zugrundeliegenden Norm geprüft. Gegebenenfalls müssen dann noch Schwachstellen vor dem Zertifizierungsaudit behoben werden.

---

[1] Vgl. Mittmann, H.U. (1994), S.264 ff.; hier finden sich auch weiterreichende Informationen zum deutschen Akkreditierungssystem.
[2] Vgl. Rentschler, P. (1995), S.39.
[3] Vgl. Pärsch, J. (1994), S.950 ff.; hier finden sich weitere Einzelheiten zum Zertifizierungsprozeß.

4.3 DIN EN ISO 9000ff.

Dritter Vertragsabschnitt: Zertifizierungsaudit im Unternehmen

Dabei wird überprüft, ob die QM-Elemente gemäß den Forderungen festgelegt und den Betreffenden bekannt sind und auch entsprechend angewendet werden. Bemerkenswert in diesem Zusammenhang ist, daß nicht die Auditoren der Zertifizierungsstelle festlegen, wie die Forderungen der Norm erfüllt werden, sondern das Unternehmen stellt seine Regelungen vor, die den eigenen Möglichkeiten entsprechen.

Vierter Vertragsabschnitt: Erteilung des Zertifikates

Falls das Audit erfolgreich endet bzw. damit verbundene Korrekturmaßnahmen zufriedenstellend erledigt sind, wird das Zertifikat für eine Gültigkeit von üblicherweise drei Jahren erteilt. Zur Überwachung des QM-Systems erfolgt dann jährlich ein Überwachungsaudit, bis schließlich nach drei Jahren ein Wiederholungsaudit erforderlich ist.

Die Bedeutung der Zertifizierung von QM-Systemen wird durch Regelungen im Rahmen des sogenannten Modularen Konzeptes noch verstärkt: Für Hersteller bestimmter Produktarten[1] besteht die Pflicht, die Konformität ihrer Produkte mit den jeweils relevanten technischen Richtlinien der Europäischen Union zu gewährleisten (gesetzlich geregelter Bereich). Die Konformität wird durch das CE-Zeichen bestätigt.[2] Zur Bewertung der Konformität stehen verschiedene Verfahren zur Verfügung, die als Module bezeichnet werden (Modulares Konzept).

Die insgesamt acht Module werden auch einzeln, meist aber in Kombination, je nach Sicherheitsrisiko und Art des Produktes vorgeschrieben. Während für einfache Produkte mit geringen Sicherheitsanforderungen eine Konformitätserklärung des Herstellers genügt, so werden in den meisten Fällen jedoch Baumusterprüfungen durch autorisierte Stellen verlangt.[3]

Insbesondere bei kritischen Produkten werden als Nachweis zusätzlich zu anderen Modulen noch zertifizierte QM-Systeme bei den Herstellern gefordert, um auch durch qualitätsförderliche Produktionsverfahren sicherzustellen, daß das Produkt dann die nötigen Qualitätsforderungen erfüllt.[4]

---

[1] Hierzu gehören beispielsweise Spielzeug, Maschinen und Aufzüge; vgl. Mittmann, H.U. (1994), S.263.
[2] Vgl. Teil A, 2.2.1; an dieser Stelle sei noch einmal darauf hingewiesen, daß sich diese technischen Richtlinien primär auf Produkte beziehen, während die DIN EN ISO 9000 ff. Produktionsverfahren betreffen (s.u.).
[3] Vgl. Mittmann, H.U. (1994), S.264.
[4] Vgl. dazu auch Teil A, 3.2.1.

Entsprechend sind die Anforderungen von drei Modulen jeweils ein zertifiziertes QM-System nach DIN EN ISO 9001, 9002 oder 9003.[1]

So leistet schließlich auch das Modulare Konzept einen Beitrag zum Siegeszug der zertifizierten QM-Systeme.

Beleuchtet man jedoch den Informationsgehalt eines derartigen Zertifikates, so wird dessen nur sehr begrenzte Aussage über das tatsächlich praktizierte Qualitätsmanagement der zertifizierten Organisation deutlich.

Das Zertifikat bestätigt genaugenommen lediglich, daß die betreffende Organisation zum Zeitpunkt des Zertifizierungsaudits getreu den Regeln ihres QM-Systems bzw. QM-Handbuches arbeitet. Gegenstand sind hier auch nur Mindestbedingungen hinsichtlich des Ablaufs und der Dokumentation von Arbeitsvorgängen und hinsichtlich gewisser qualitätsförderlicher Praktiken.[2]

In diesem Zusammenhang ist auch zu beachten, daß die Anforderungen der DIN EN ISO 9000 ff. produktunabhängig sind. Das bedeutet einerseits, daß mit einem entsprechenden Zertifikat kein Nachweis über die tatsächliche Produktqualität gegeben ist. Fehlerfreie Produkte werden damit nur wahrscheinlicher.

Andererseits sind die benannten Anforderungen branchenneutral und schon allein deshalb sehr allgemein gehalten. Allgemeingültige Normen können jedoch auch nur abstrakte Anforderungen beinhalten, da das konkrete Design und die Verwirklichung eines QM-Systems notwendigerweise durch die Ziele und Größe eines Unternehmens, seine Produkte und Prozesse sowie die spezifischen Vorgehensweisen bestimmt wird.[3] Entsprechend läßt sich ein konkretes QM-System – so ist es auch in den DIN EN ISO 9000 ff. zu lesen – auch nicht normen, da es kein universell geeignetes QM-System gibt.

Die Normen schreiben dementsprechend nur vor, „was" getan werden muß, aber nicht „wie".[4] Die Konkretisierung obliegt dem jeweiligen Unternehmen. So wird die zu zertifizierende Organisation beispielsweise angehalten, ihre Qualitätspolitik festzulegen und zu dokumentieren. Der Inhalt und der Umfang der Qualitätspolitik bleibt dann jedoch der Organisation selbst

---

[1] Vgl. Mittmann, H.U.(1994), S.265; auf weitere Einzelheiten der Module kann hier nicht näher eingegangen werden. Eine differenzierte Darstellung der einzelnen Module bzw. Konformitätsbewertungsverfahren im Rahmen des Gemeinschaftsrechts findet sich bei Mittmann, H.U. (1994), S.264 f.
[2] Vgl. Masing, W. (1995), S.14 f.
[3] Vgl. DIN EN ISO 9000-1 (1993), S.6.
[4] Vgl. hierzu und im folgenden Masing, W. (1995), S.14.

4.3 DIN EN ISO 9000ff.

überlassen. Auch etwa die Forderung, nur von qualitätsfähigen Unterlieferanten kaufen zu dürfen, läßt offen wie man diese dann definiert und wie man dieser Bestimmung gerecht wird. Insofern ergibt sich ein sehr weiter Spielraum, die Anforderungen der Normen zu erfüllen.

Es gibt also signifikante Schwächen in der Aussagekraft entsprechender Zertifikate.

An dieser Stelle ist jedoch auch die Existenz von zumindest als fragwürdig anzusehenden Zertifizierungen zu nennen. So erscheint es nicht unproblematisch, wenn Handelsunternehmen verschiedener Branchen, die ihre gehandelten Produkte weder entwickeln noch herstellen, eine Zertifizierung nach DIN EN ISO 9001 erhalten. Es werden auch Unternehmen zertifiziert, deren Geschäftsleitung einen externen Berater und eine Zertifizierungsgesellschaft beauftragt, eine Zertifizierung durchzuführen, während sie selbst die Inhalte der Normen gar nicht kennt.[1]

So ist es also durchaus möglich, daß ein Zertifikat zum Selbstzweck verkommt und nur zusätzliche Kosten und Bürokratie verursacht. In diesem Sinne sind für ein Unternehmen drei QM-Systeme denkbar:

Das erste steht im QM-Handbuch, das zweite wird zertifiziert und das dritte funktioniert.[2]

Das „Funktionieren" erfordert jedoch als wichtigste Voraussetzung ein auf allen Unternehmensebenen verankertes Qualitätsdenken.[3] Weiterhin gilt es, das System nicht nur aufrechtzuerhalten, sondern kontinuierlich weiterzuentwickeln sowie die Forderungen der Normen nicht isoliert zu realisieren, sondern das System in den Aufbau einer wirklich umfassenden TQM-Konzeption zu integrieren.

Untersucht man nun die inhaltlichen Gesichtspunkte der Normen und die Leistung dieses Ansatzes im Lichte einer TQM-Ausrichtung, so ist DIN EN ISO 9004 die geeignete Grundlage.

4.3.3 Elemente des Qualitätsmanagementsystems nach DIN EN ISO 9004

Die Norm DIN EN ISO 9004 stellt für den internen Gebrauch einen Leitfaden zu Qualitätsmanagement und QM-Systemen dar und beinhaltet das umfassendste und im Hinblick auf TQM noch leistungsfähigste Konzept bzw. QM-System im Rahmen der DIN EN ISO 9000–Familie.

---

[1] Vgl. Kayser, K. (1994), S.32.
[2] Vgl. Bläsing, J. (1991), S.79.
[3] Vgl. Maier, F.D. (1991), S.41 f.

Total Quality Management

Das in DIN EN ISO 9004-1[1] beschriebene QM-System enthält einerseits fast jedes QM-Element, das auch in DIN EN ISO 9001 zu finden ist. Andererseits kommen hier noch weitere Bestandteile hinzu, insbesondere die QM-Elemente:

- Finanzielle Überlegungen zu QM-Systemen,
- Produktsicherheit und
- Qualität im Marketing.

Um die DIN EN ISO 9004-1 inhaltlich weiter darzulegen, werden nachfolgend die QM-Elemente dieses Systems kurz erläutert. Hierzu sind wichtige Inhalte der jeweiligen Elemente herausgearbeitet und in Stichworten den Bezeichnungen der Elemente angefügt:[2]

- **Verantwortung der obersten Leitung**
  - Entwickeln und Umsetzen der Qualitätspolitik
  - Festlegen der Qualitätsziele
  - QM-System entwickeln und einführen

- **Grundsätze zum QM-System**
  - Anwendung des Systems auf alle Tätigkeiten, welche die Produktqualität betreffen
  - Zuständigkeiten und Verantwortungen festlegen
  - Angemessenheit des QM-Systems sicherstellen
  - Dokumentation im QM-Handbuch erarbeiten[3]
  - Regelmäßige interne Qualitätsaudits und Bewertungen des QM-Systems
  - Sicherstellen, daß das QM-System Qualitätsverbesserungen fördert

- **Finanzielle Überlegungen zu QM-Systemen**
  - Wirksamkeit des Systems kaufmännisch beurteilen
  - Finanzielle Berichterstattung über Tätigkeiten im QM-System

---

[1] Der Hauptbestandteil der DIN EN ISO 9004 ist Teil 1. Hier werden die Anforderungen beschrieben, die ein QM-System gemäß DIN EN ISO 9004 ausmachen. Die Ergänzungen, die in den weiteren Teilen der Norm Eingang gefunden haben (vgl. Teil A, 4.3.1) können hier nicht weiter berücksichtigt werden.

[2] Vgl. DIN EN ISO 9004-1 (1994), S.11 ff.; vgl. dazu auch Bläsing, J. (1991), S.91 ff.; vgl. dazu auch Frehr, H.U.; Hoffmann, D. (1993), S.32 ff.

[3] Vgl. dazu und zum folgenden auch Teil A, 5.3.4.

4.3 DIN EN ISO 9000ff.

- **Qualität im Marketing**
  - Erfordernisse an das Produkt und Produktspezifikation festlegen
  - Marktbedarf und Marktsektor festlegen
  - kontinuierliche Kundenrückinformation gewährleisten
- **Qualität bei Auslegung und Design**
  - Designplanung und Festlegen der Designziele
  - Designprüfung und -validierung
  - Prüfung der Marktreife und Lenkung von Designänderungen
- **Qualität bei der Beschaffung**
  - Auswahl annehmbarer Unterauftragnehmer
  - Vereinbarungen über deren QM-Darlegung
  - Planung und Überwachung der Wareneingangsprüfung
- **Qualität von Prozessen**
  - Prozeßfähigkeit sicherstellen
  - Hilfsmittel und Umgebungsbedingungen (z. B. Druckluft) überwachen
  - Sorgfältige Produkthandhabung
- **Prozeßlenkung**
  - Material überwachen und zur Rückverfolgbarkeit kennzeichnen
  - Überwachung und Instandhaltung der Einrichtungen
  - Prozesse planen, genehmigen, dokumentieren und überwachen
  - Genauigkeit von Einrichtungen und Fähigkeit von Personal überprüfen
- **Produktprüfung**
  - Eingehende Ware prüfen
  - Zwischen- und Endprüfung
- **Prüfmittelüberwachung**
  - Überwachung von Messungen, auch bei Unterauftragnehmern
  - Prüfmittelfähigkeit und -beherrschung sicherstellen
- **Lenkung fehlerhafter Produkte**
  - Fehlerhafte Einheiten kennzeichnen und trennen
  - Fehler bewerten und Wiederauftreten vermeiden
- **Korrekturmaßnahmen**
  - Ursachen/Wirkungen analysieren

- Zuweisung von Verantwortung und Änderungen von Prozessen
- **Aufgaben nach der Produktion**
  - Angemessene Lagerung, Auslieferung, Montage und Wartung
  - Frühwarnsystem für Produktausfälle
  - Rückmeldungen aus dem Markt aufnehmen
- **Qualitätsbezogene Dokumente**
  - z. B. QM-Handbuch, QM-Pläne, Arbeitsverfahren und -anweisungen etc.
  - Lenkung dieser Qualitätsaufzeichnungen
- **Personal**
  - Angemessene Schulung auf allen Ebenen für Personal mit qualitätsrelevanten Tätigkeiten
  - Motivation systematisch fördern
- **Produktsicherheit**
  - Maßnahmen zur Erhöhung der Sicherheit von Produkten und Prozessen
- **Gebrauch statistischer Methoden**
  - Versuchsplanung[1]/Einflußgrößenanalyse
  - Regressions- und Varianzanalyse
  - Qualitätsregelkarten[2]

Die Analyse der Elemente der DIN EN ISO 9004-1 läßt die inhaltlichen Unzulänglichkeiten dieses Ansatzes gegenüber umfassenderen Qualitätsmanagementkonzepten transparent werden.

Zu den wichtigsten Schwachstellen der DIN EN ISO 9004-1 und somit auch der DIN EN ISO 9001 im Hinblick einer TQM-Ausrichtung gehört die extrem techniklastige und sehr produktions- und prüforientierte Gestaltung. Die Norm betont die Absicherung und unterstützt im Gegensatz zum TQM den Veränderungsprozeß (Customer, Competitor, Change) kaum.[3]

Es fehlen eine kompromißlose Kundenorientierung und Vergleiche mit „Standards", so daß bei diesem Ansatz eine Verstetigung des Angebotsniveaus wahrscheinlich wird.[4] Hinsichtlich des in Teil A, 2 erläuterten,

---

[1] Vgl. Teil A, 5.3.1.
[2] Vgl. Abschnitt „SPR/SPC" im Teil A, 5.3.2.3.
[3] Vgl. Waldner, G. (1994), S.288.
[4] Vgl. Wolter, H.J. (1995), S.20; Mittmann, H.U. (1994), S.262.

4.3 DIN EN ISO 9000ff.

umfassenden Qualitätsverständnisses werden hiermit nur wenige Bestandteile gefördert. Weiterhin fehlen auch wichtige Elemente eines Führungsmodells im Sinne von TQM, wie z. B. Delegation von Verantwortung und das Einbinden aller Mitarbeiter.[1]

Trotz der großen inhaltlichen Abweichung der Normen von einem Total Quality-Ansatz, sind dennoch die Veränderungen, die sukzessive an den Normen vollzogen wurden, als kleine Schritte in diese Richtung zu sehen. So wurde beispielsweise – zumindest bei DIN EN ISO 9004[2] – dem Aspekt der kontinuierlichen Verbesserung zwar noch nicht ausreichend, aber doch vermehrt Rechnung getragen. Für die Langzeitüberarbeitung der DIN EN ISO 9000–Serie, wie sie für 1996/1997 angestrebt wird, zeichnen sich unter anderem folgende inhaltliche Erweiterungen ab:[3]

- Integration organisatorischer Maßnahmen, wie die Prozeßorientierung und die Ausrichtung an wesentlichen Geschäftsprozessen,[4]
- stärkeres Eingehen auf Vorbeugungsmaßnahmen,
- Eingehen auf Interessen von Kunden, Zulieferern, Eigentümern, Mitarbeitern und Gesellschaft.

Um den inhaltlichen Stellenwert der Normenserie weiter zu verdeutlichen und um den Bezug zu anderen – umfassenderen – Ansätzen herzustellen, wird abschließend in Abb. 18 der prozentuale Anteil dargestellt, zu dem die DIN ISO 9000–Familie als Ganzes (also insbesondere DIN ISO 9004) die einzelnen Kriterien des EQA erfüllen würde.

Nach der Behandlung von in sich abgeschlossenen Qualitätsmanagementkonzepten gilt es nun, unabhängig von einzelnen Ansätzen, den TQM-Komplex als Ganzes in seiner Vielschichtigkeit zu strukturieren.

---

[1] Die Integration wesentlicher Elemente der DIN EN ISO 9000 - Normen in den Bereich der Methoden und Techniken des TQM-Komplexes (vgl. Teil A, 5.3.2) verdeutlicht ferner den Stellenwert der Normenreihe im Lichte eines TQM.
[2] Vgl. dazu DIN EN ISO 9004-1 (1994), S.20 und DIN EN ISO 9004-4 (1994).
[3] Vgl. Petrick, K.; Reihlen, H. (1994), S.96.
[4] Vgl. dazu auch Teil A, 5.2.1.1.

Total Quality Management

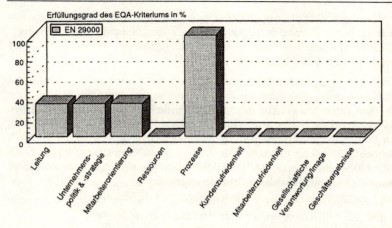

Abb. 18: Inhaltliche Unterschiede zwischen dem EQA und der DIN ISO 9000 Familie[1]

---

[1] Zink, K.J. (1994b), S.16; Grundlage dieser Darstellung sind die Normen EN 29000 ff. oder DIN ISO 9000 ff. - also nicht die aktuelle Version. Diese Gegenüberstellung wurde vergleichsweise global durchgeführt und im Kriterium „Prozesse" wurde keine explizite Betonung auf Wertschöpfungsaspekte gelegt.

5 Systematisierung der Bausteine des TQM-Komplexes

Wenngleich in der Literatur kein Mangel an Abhandlungen zum Thema TQM herrscht, so ist doch festzustellen, daß üblicherweise lediglich einige Bausteine des Komplexes herausgegriffen und beschrieben werden, während umfassende Überblicksdarstellungen über die gesamte Reichweite von TQM nur sehr bedingt auszumachen sind. Um so mehr soll hier der gesamte TQM-Komplex betrachtet werden.

Obgleich nicht jedes auszumachende Element integriert werden kann, so soll doch eine Systematik entworfen werden, die für nicht explizit aufgeführte oder später hinzukommende Inhalte eine Einordnung innerhalb des TQM-Komplexes ermöglicht. So steht hier der Überblick und die Systematisierung im Vordergrund.

Dazu werden die verschiedenen Ansätze und Elemente, die zum TQM gehören, zusammengefaßt und nach inhaltlichen Ebenen neu gegliedert. Damit soll eine Grundlage geschaffen werden, um ein für die jeweilige Organisation geeignetes TQM-Konzept gestalten zu können.

In einem ersten Schritt der Strukturierung lassen sich die Inhalte des TQM-Komplexes in die folgenden drei Bereiche einteilen:[1]

- die Ebene der Qualitätsphilosophie,
- die Ebene der Qualitätsstrategien und
- der Bereich Methoden und Techniken.

Dabei beinhaltet die Ebene der Qualitätsphilosophie die grundsätzlichen Unternehmensziele und -prinzipien hinsichtlich Qualität, wie sie jedem Mitarbeiter vermittelt werden sollen. Weiterhin lassen sich die Aspekte von TQM als Führungsmodell dieser Ebene zuordnen.

In Verbindung mit der Qualitätsphilosophie bedarf es auch einschlägiger (Qualitäts-)strategien. Hierzu gehören ablauf- und aufbauorganisatorische, personelle und technische Gestaltungsansätze, die im Gegensatz zur Qua-

---

[1] Der erste Schritt der Strukturierung lehnt sich an eine Einteilung von Zink an; Vgl. Zink, K.J. (1994a), S.30.

Total Quality Management

litätsphilosophie einen weniger abstrakten und eher operativen Charakter besitzen.

Die dritte Ebene von TQM bilden schließlich konkrete Methoden und Techniken, die im Abstraktionsgrad wiederum eine Stufe unter den Qualitätsstrategien einzuordnen sind. Dieser Bereich beinhaltet eine Vielzahl verschiedenartiger Hilfsmittel, die auf operativer Ebene die Realisierung der Qualitätsstrategien und auch der Qualitätsphilosophie unterstützen.

Gilt es schließlich, aus der Vielfalt der Inhalte des TQM-Komplexes ein unternehmensspezifisches Konzept zu formen, so sei auch hierfür explizit ein Vorgehen gemäß dem TQM-charakteristischen Top-down-Prinzip empfohlen.

Entsprechend soll zuerst eine umfassende Qualitätsphilosophie mit einschlägigen Qualitätszielen und einer einschlägigen Qualitätspolitik festgelegt werden. Darauf aufbauend sind dann spezielle, der Qualitätsphilosophie angepaßte Qualitätsstrategien zu gestalten. Erst danach sind geeignete Methoden und Techniken auszuwählen.

Somit läßt sich ein ausgewogenes, homogenes und auf mehreren Ebenen abgestütztes Konzept erstellen. Die Extremformen des „Qualitätsphilosophen" und des „Qualitätstechnokraten"[1] werden vermieden und der Weg zur Qualitätsführerschaft ermöglicht.

Diese Gliederungssystematik ist auch Grundlage für die weitere Strukturierung dieses Kapitels.

5.1 Elemente der Qualitätsphilosophie – Total Quality Culture

Zu den wesentlichen Bestandteilen der Qualitätsphilosophie gehören neben Führungsaspekten insbesondere die Qualitätsziele und die Qualitätspolitik im Unternehmen.

Zunächst sei das dem TQM-Komplex integrierte Führungsmodell Gegenstand der Betrachtung.

---

[1] Maier, F.D. (1991), S.41.

5.1 Elemente der Qualitätsphilosophie - Total Quality Culture

Führungsaspekte als integraler Bestandteil von TQM

Hierbei lassen sich als Schwerpunkt einerseits allgemeine Prinzipien, die für alle Führungskräfte gültig sind, und andererseits besondere Verpflichtungen für die oberste Unternehmensleitung ausmachen.

Richtet man den Blick auf die **allgemein relevanten Führungsprinzipien**, so muß zuerst beachtet werden, daß das Verhalten der Führungskräfte bestimmt, wie in deren jeweiligen Bereichen gearbeitet wird. Die Realisierung eines TQM setzt voraus, daß die persönliche Arbeit der Führungskräfte von den Prinzipien wie kontinuierliche Qualitätsverbesserung und Kundenorientierung geprägt ist. Jeder Vorgesetzte muß sich dabei ständig seiner Vorbildfunktion bewußt sein und diese Prinzipien nicht „vorbeten" sondern „vorleben".[1]

Die Führungskräfte haben die Voraussetzungen zu schaffen, damit ihre Mitarbeiter TQM bei der täglichen Arbeit umsetzen. Hierzu ist ein partizipativ-kooperativer Führungsstil und die Generierung eines geeigneten Umfeldes erforderlich.[2] Damit sind für Führungskräfte insbesondere folgende Verhaltensmaßnahmen verbunden:

- Verinnerlichung der Notwendigkeit umfassender Qualitätsverbesserungen und Vermittlung dieser Notwendigkeit in Verbindung mit Kundeninteressen an alle Mitarbeiter;
- Initiierung von Verbesserungsprojekten für die eigene Arbeit, deren Ergebnisse für die Mitarbeiter sichtbar sind;
- starke und für alle erkennbare Beeinflussung der eigenen Entscheidungen durch Qualitätsgesichtspunkte;
- Mitarbeitermotivation und -begeisterung;
- Betrachtung der Mitarbeiter als Aktivposten – nicht als Kostenfaktor;
- Fehlerursachen gemeinsam suchen – anstatt Schuld zuzuweisen;
- Führen durch Einbeziehen der Mitarbeiter („coaching") – nicht allein durch Anweisungen; gemeinsames Erarbeiten von Zielen mit den Mitarbeitern;[3]
- ständige Kommunikation und Rücksprache mit den Mitarbeitern;
- Delegation von Verantwortung an die Mitarbeiter;

---

[1] Vgl. Kirstein, H. (1994), S.26.
[2] Vgl. auch zum folgenden Frehr, H.U. (1994b), S.38 ff.; Kamiske, G.F.; Malorny, C. (1994), S.11 f.
[3] Diese Inhalte stehen in enger Verbindung mit dem Führungsprinzip „Führen durch Zielvorgabe" („Management by Objectives", MbO), vgl. z.B. Wöhe, G. (1990), S.136 f.

Total Quality Management

- Ansetzen von Fachkompetenz und Entscheidungsberechtigung auf der gleichen hierarchischen Ebene;
- Führen mit Zielen und Fakten – anstatt mit Vermutungen.

Das Ändern lange praktizierter Führungsmethoden erfordert viel Zeit, Geduld und eine ständige Korrektur ungeeigneter Verhaltensweisen und zählt zu den schwierigsten Umstellungsprozessen bei der Einführung von TQM.

Da TQM eine Top-down-Ausrichtung erfordert, ergeben sich neben den allgemein relevanten Führungsprinzipien **besondere Verpflichtungen für die oberste Unternehmensleitung**. Es genügt für sie nicht, TQM zu unterstützen, sondern sie muß vorangehen, kontinuierlich die Initiative ergreifen und den Willen zum TQM auf das ganze Unternehmen übertragen. Die Verpflichtung der obersten Unternehmensleitung bedeutet im Detail unter anderem:

- Bereitstellen von Mitteln und Kapazitäten zur Implementierung des TQM-Konzeptes;
- Berücksichtigung der Ergebnisse des TQM als fester Bestandteil jeder Budget- und Ergebnisbesprechung;
- regelmäßige Durchführung eigener System-Audits[1] in allen Unternehmensbereichen;
- Teilnahme an TQM-Schulungen in gleichem Umfang wie die anderen Führungskräfte;
- Anerkennung und Kommunikation guter Leistungen im Sinne von TQM durch Einladung von Teams, persönliche Belobigungen sowie Aussetzen und persönliche Verleihung von TQM-Preisen;
- Kooperation mit allen Bereichen des Unternehmens bei der Entwicklung von Visionen und langfristigen Zielen;
- Erstellen und in Kraft setzen von übergeordneten Qualitätszielen[2] und der damit verbundenen Qualitätspolitik[3].

Qualitätsziele und -politik – die beide auch dokumentiert und im Unternehmen kommuniziert werden sollen – stehen in enger Verbindung mit den Führungsaspekten und können als weitere wichtige Bestandteile der Qualitätsphilosophie gesehen werden.

---

[1] Vgl. Teil A, 5.3.4.
[2] Hinsichtlich des Begriffs Qualitätsziel vgl. auch Teil A, 2.2.
[3] Als Qualitätspolitik seien hier hauptsächlich Prinzipien zur Realisierung der Qualitätsziele verstanden.

5.1 Elemente der Qualitätsphilosophie - Total Quality Culture

Qualitätsziele und Qualitätspolitik im Sinne von TQM

Qualitätsziele und -politik müssen für verschiedene Unternehmensebenen generiert werden. So stehen auf höchster Ebene die Qualitätsziele und die Qualitätspolitik für das gesamte Unternehmen. Davon gilt es, pro Hierarchieebene Ableitungen auszuarbeiten, um somit bis zur Abteilungsebene jeweils spezialisiertere Qualitätsziele und Inhalte der Qualitätspolitik zu gewährleisten.[1]

Die Qualitätsziele und -politik auf unternehmensweiter Ebene gilt es, individuell und unternehmensspezifisch aus folgenden Grundlagen aufzubauen:

Als Basis für die übergeordneten **Qualitätsziele** können Qualitätsverbesserungen in allen der in Teil A, 2.2 erläuterten Dimensionen gesehen werden.

Für die Gestaltung einer entsprechenden **Qualitätspolitik** lassen sich mehrere, teilweise stark korrelierende Grundprinzipien ausmachen. Hierzu gehören auf jeden Fall folgende Elemente:

- **Kundenorientierung**

  Unter Kundenorientierung soll die kompromißlose Ausrichtung sämtlicher Tätigkeiten und Prozesse eines Unternehmens auf die sich kontinuierlich wandelnden Wünsche, Anforderungen und Erwartungen der externen und internen Kunden verstanden werden.[2] Ausgehend von der dauerhaften Zufriedenstellung externer Kunden sind also gleichermaßen die Anforderungen interner Kunden zu definieren und zu erfüllen.[3]

- **Prozeßorientierung**

  Hierzu gehört einerseits die – mit der Abkehr von der ergebnisorientierten Qualitätssicherung verbundene – verstärkte Betrachtung von Prozessen und Arbeitsabläufen, auch als Voraussetzung für frühzeitige Eingriffsmöglichkeiten. Die Definition sowie die Bedeutung von Prozessen als zentrale Objekte für Verbesserungen, ist bereits aus Teil A, 2.2.2 bekannt. Im Sinne eines „Prozeßmanagements" sind dann sämtliche Prozesse im Unternehmen systematisch zu analysieren, zu verbessern und dafür entsprechende Meßgrößen aufzustellen.[4]

---

[1] Vgl. Frehr, H.U. (1994b), S.42f; eine ausführlichere Darstellung der Ableitungen pro Hierarchieebene findet sich bei Frehr, H.U. (1994b), S.43.
[2] Vgl. Kamiske, G.F; Brauer, J.P. (1995), S.95.
[3] Die organisatorischen Konsequenzen hiervon sind in Teil A, 5.2.1.1 ausgeführt.
[4] Vgl. Zink, K.J. (1994a), S.30.

Andererseits beinhaltet die Prozeßorientierung auch die prozeßorientierte Arbeitsteilung als „horizontal" ausgerichtete Organisationsform.[1]

- **Qualität als unternehmensweite Aufgabe / Mitarbeiterorientierung**

  Die unternehmensweite Verankerung eines TQM erfordert die Einbeziehung aller Abteilungen eines Unternehmens. Dabei sind auch die der Produktion vor- und nachgelagerten Bereiche und die Verwaltungsbereiche zu integrieren. Weiterhin sind alle Mitarbeiter aktiv in das TQM-Konzept einzubeziehen. Jeder einzelne Mitarbeiter wird dabei als bedeutendes Problemlösungs- und Kreativitätspotential verstanden und entsprechend behandelt.[2]

  Die Qualitätsaufgabe wird ganzheitlich gelöst, die Verantwortung dafür obliegt nicht mehr dem Qualitätswesen[3] als Kontrollinstanz. Die Qualitätsverantwortung wird in die Linie reintegriert, so daß sie von dem Vorgesetzten der jeweiligen organisatorischen Einheit getragen wird. Zunächst einmal ist jedoch jeder Mitarbeiter für seine eigene Arbeit verantwortlich. Jeder Mitarbeiter muß in seinem Bereich an der gemeinsamen Aufgabe – die Realisierung der umfassenden Qualitätsziele – mitarbeiten.

- **Prinzip der Prävention**

  Die Qualitätspolitik soll auf vorbeugende Maßnahmen ausgerichtet sein. Fehler sind grundsätzlich von vornherein zu vermeiden („Do it right the first time"–Maxime).[4]

- **Prinzip der ständigen Verbesserung**

  Das Prinzip der ständigen Verbesserung ist als Grundlage der Qualitätspolitik im Sinne einer Geisteshaltung zu verstehen, welche eine grundlegende Verhaltensweise bei der Arbeit aller Mitarbeiter sein sollte.[5]

---

[1] Vgl. hierzu Teil A, 5.2.1.1.
[2] Vgl. Zink, K.J. (1994a), S.29; Kamiske, G.F; Brauer, J.P. (1995), S.110.
[3] Hinsichtlich des veränderten Rollenverständnisses des Qualitätswesens vgl. Teil A, 5.2.1.2.
[4] Vgl. Merk, H.J. (1995), S.116.
[5] Vgl. Kamiske, G.F; Brauer, J.P. (1995), S.216.

5.1 Elemente der Qualitätsphilosophie - Total Quality Culture

Weiterhin ist mit „ständiger Verbesserung" auch ein eher operatives Vorgehen verbunden, das im Sinne einer Methodik zu sehen ist und in Teil A, 5.3.4 näher erläutert wird.

Beim TQM gewinnt Qualität die Bedeutung eines wesentlichen Unternehmensziels. TQM ist somit kein Programm mit begrenzter Lebensdauer, sondern vielmehr eine langfristige und dauerhafte Aufgabe und ein integrativer Bestandteil der strategischen Unternehmensführung.

Hierzu muß einerseits die **Qualitätsphilosophie** mit den Zielsetzungen und den Inhalten der **gesamten Unternehmenspolitik** und den daraus abgeleiteten funktionalen oder bereichsübergreifenden Politiken und Strategien (z. B. Personalpolitik, Beschaffungspolitik, Marketingstrategie) abgestimmt werden.[1]

Andererseits bedarf die **Qualitätsphilosophie** auch einer **festen Verankerung in der Unternehmenskultur.** Die Unternehmenskultur bildet die Basis für sämtliche Vorgänge innerhalb eines Unternehmens und kann verstanden werden als Gesamtheit der in der Unternehmung vorherrschenden Wertvorstellungen, Traditionen und Denkhaltungen, die den Mitarbeitern auf allen Verantwortungsebenen Sinn und Richtlinien für ihr Verhalten vermitteln.[2]

Alle Maßnahmen und Strukturveränderungen zur Verbesserung der Qualität müssen sich letztlich auf der Unternehmenskultur abstützen. Qualität muß dazu gemeinsamer Wertmaßstab werden. Ferner muß qualitätsorientiertes Denken in gemeinsamer Diskussion mit allen Mitarbeitern gefunden und durch entsprechende begleitende Maßnahmen (z. B. Schulungen) ständig vertieft werden. In diesem Sinne entwickelt sich die Unternehmenskultur zu einer Qualitätskultur – einer „Total Quality Culture".[3]

Nach der Ebene der Qualitätsphilosophie soll nun im Abstraktionsgrad eine Stufe tiefer die Ebene der Qualitätsstrategien betrachtet werden.

---

[1] Vgl. Zink, K.J. (1994a), S.29; Schildknecht, R. (1992), S.169.
[2] Vgl. Hinterhuber, H.H. (1989b), S.220; Kamiske, G.F.; Malorny, C. (1994), S.15.
[3] Vgl. Kamiske, G.F.; Malorny, C. (1994), S.15.

5.2 Inhalte der Qualitätsstrategien

Sofern ein TQM-Konzept nicht nur verbale Absichtserklärungen beinhalten soll, müssen die Prinzipien und Inhalte der Qualitätsphilosophie durch geeignete Qualitätsstrategien operationalisiert und gestützt werden.[1] Als Grundlage für die Entwicklung einschlägiger Qualitätsstrategien werden im folgenden mögliche Inhalte dafür vorgestellt.

Auf dieser Ebene lassen sich zur weiteren Systematisierung von TQM-Bausteinen organisatorische, personelle und technische Ansätze[2] unterscheiden.

5.2.1 Organisatorische Gestaltungsansätze

Zur Realisierung der Zielsetzungen von TQM sind besondere Organisationsformen nötig, die unter anderem eine hohe Flexibilität aufweisen und die interfunktionale Zusammenarbeit fördern sollen.[3]

Legt man die in der Betriebswirtschaftslehre übliche Unterscheidung zwischen Ablauf- und Aufbauorganisation zugrunde, so kann für die organisatorischen Maßnahmen eine – zumindest akzentuierte – Differenzierung vorgenommen werden.

5.2.1.1 Bestandteile von TQM mit überwiegend ablauforganisatorischer Relevanz

Um zu erreichen, daß Qualität „hineinproduziert" wird, ist es notwendig, primär die Prozeßqualität zu verbessern. Zur Realisierung einer verbesserten Prozeßqualität und einer Prozeßregelung, welche die Prozesse stabilisiert und eine frühzeitige Beeinflussung im Hinblick auf den gewünschten Output ermöglicht, lassen sich drei Phasen unterscheiden, die in dieser Reihenfolge – gegebenenfalls mehrfach – zu durchlaufen sind und im folgenden näher erläutert werden:

- Prozeßanalyse,

---

[1] Vgl. dazu auch Hinterhuber, H.H. (1989a), S.28.

[2] Diese weitere Untergliederung lehnt sich an die von Schildknecht, R. (1992), S.125 an. Für einige Maßnahmen ist eine eindeutige Zuordnung jedoch nicht möglich. So entspricht diese Untergliederung einer Betrachtung von TQM-Strategien aus drei verschiedenen Blickwinkeln.

[3] Vgl. dazu auch Pall, G.A. (1987), S.183.

5.2 Inhalte der Qualitätsstrategien

- Gestaltung „qualitätsfähiger" Prozesse und
- Prozeßregelung und Prozeßverbesserung.

Prozeßanalyse

Die konkrete Gestaltung „qualitätsfähiger" Prozesse – also die Realisierung einer hohen Prozeßqualität – erfordert jedoch zunächst die Kenntnis der Prozesse und deren relevante Einflußgrößen. So gilt es, als erstes die Outputfaktoren und wertschöpfungsrelevanten Tätigkeiten des Unternehmens zu analysieren und davon ausgehend die Geschäftsprozesse zu bestimmen. Die daran anschließende Dekomposition liefert ein Netzwerk in sich vermaschter Subprozesse. Dieses Netzwerk entspricht aber auch einem System aus internen Kunden-Lieferanten-Beziehungen.[1] Für die Dekomposition von Geschäftsprozessen soll im Hinblick auf die spätere Prozeßgestaltung die Orientierung an Wertschöpfungsaspekten und nicht die Ausrichtung an bestehenden organisatorischen Einteilungen im Vordergrund stehen.

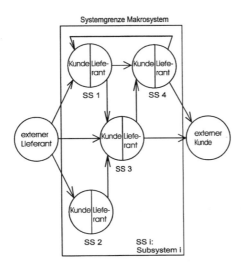

Abb. 19: Prinzip der Dekomposition eines Geschäftsprozesses auf Basis einer systemtheoretischen Betrachtung[2]

---

[1] Während in Teil A, 2.2.2 die Grundlagen von Prozessen und internen Kunden-Lieferantenbeziehungen im Vordergrund stehen, liegt an dieser Stelle der Fokus auf der Anwendung dieser Prinzipien auf die Analyse von Geschäftsprozessen, wodurch dann entsprechende Netzwerke entstehen.

[2] Vgl. auch zum folgenden Schildknecht, R. (1992), S.128 ff.

Total Quality Management

In Abb. 19 ist ein Netzwerk von Subprozessen vereinfacht und abstrahiert für einen exemplarischen Geschäftsprozeß dargestellt. Die Bezeichnung Subsystem beinhaltet dabei sowohl einen Subprozeß als auch die Funktion eines Kunden am Beginn des Subprozesses und die Funktion eines Lieferanten am Ende des Subprozesses.

Einerseits sind Umfang und Inhalt der Geschäftsprozesse extrem branchen- und unternehmensspezifisch, andererseits sind hinsichtlich des Detaillierungsgrades bei der Dekomposition von Geschäftsprozessen und somit auch hinsichtlich des Umfanges von Subprozessen sehr unterschiedliche Vorstellungen auszumachen. Entsprechend lassen sich die prozeßbezogenen, ablauforganisatorischen Inhalte weiterhin nur sehr prinzipiell und ohne Berücksichtigung spezieller Gegebenheiten darstellen.

Am Ende der Prozeßanalyse müssen die Geschäfts- und Subprozesse, ihre Input- und Outputgrößen sowie geeignete Meßgrößen – als Grundlage für die Beurteilung der Prozeßqualität und für die Prozeßregelung – festgelegt sein.

Auf diesen Rahmenbedingungen aufbauend ist es dann notwendig, die Prozesse im Sinne einer hohen Prozeßqualität auszugestalten.

Gestaltung „qualitätsfähiger" Prozesse

Durch die Festlegung der internen Kunden-Lieferanten-Beziehungen, auch über Abteilungsgrenzen hinweg, ist bereits eine Annäherung an eine „horizontale" – und somit hinsichtlich „Qualitätsfähigkeit" günstige – Organisationsform gegeben. Diese Organisationsform wird schließlich durch die Ablösung der funktionalen durch eine auftrags- oder **prozeßorientierte Arbeitsteilung** erreicht. Dabei wird die Organisation entlang der Wertschöpfungsketten ausgerichtet.

Die folgende Abb. 20 verdeutlicht – abstrahiert und schematisch – den Unterschied zwischen der funktionalen und der prozeßorientierten Arbeitsteilung.

Bei der funktionalen Arbeitsteilung ist beispielsweise ein Mitarbeiter für die gleiche Bearbeitungsstufe bei verschiedenen Prozessen zuständig. Dabei wird die Qualitätsverantwortung anonymisiert, indem Bearbeitungsschritte oft ohne Kenntnis des Gesamtzusammenhangs durchgeführt und der Auftrag sowie gleichzeitig die Qualitätsverantwortung anonym weitergereicht werden. Im Extremfall bedeutet dies: Man arbeitet aus Kisten in Kisten und gibt diese dann weiter, ohne etwa die Notwendigkeit von Qualitätsforderungen erkennen zu können.[1]

---

[1] Vgl. auch im weiteren Zink, K.J. (1994a), S.33 ff.

5.2 Inhalte der Qualitätsstrategien

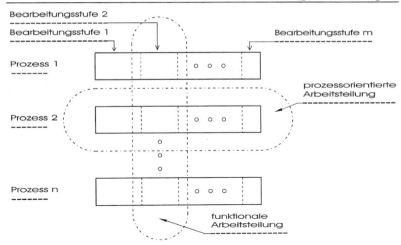

Abb. 20: *Prozeßorientierte versus funktionale Arbeitsteilung in einem Arbeitssystem mit n Prozessen und m Bearbeitungsstufen*[1]

Eine prozeßorientierte Arbeitsteilung kann z. B. dadurch realisiert werden, daß zur organisatorischen Gestaltung der Subsysteme in sich abgeschlossene Einheiten geschaffen werden, die jeweils als Ganzes für den vollständigen Subprozeß und dessen Ergebnis zuständig sind. Falls ein Geschäftsprozeß einen geringeren Umfang aufweist, kann dieser ebenfalls von einer einzelnen Einheit übernommen werden.

So ist jede Einheit eindeutig mit einem Produkt oder einem Produktbestandteil oder auch einer Dienstleistung verknüpft und dafür verantwortlich. An die Stelle der funktionalen Spezialisierung auf einen einzelnen Bearbeitungsschritt bei mehreren Prozessen tritt die Zuständigkeit für alle Bearbeitungsstufen eines einzelnen (Sub)prozesses.[2]

Eine Einheit besteht – je nach Umfang der Aufgabe – aus einem einzelnen Mitarbeiter, meistens jedoch aus einer Mitarbeitergruppe. Es ist zwar wünschenswert, aber beispielsweise in der Implementierungsphase nicht unbedingt notwendig, daß diese Gruppe auch örtlich zusammenarbeitet. Das wesentliche Element der Zusammengehörigkeit muß in der gemeinsamen

---

[1] Eigene Darstellung, aufbauend auf Zink, K.J. (1994a), S.33.
[2] Während dieser prinzipiellen und abstrahierten Darlegung primär eine Serienfertigung zugrunde liegt, läßt sich die funktionale Arbeitsteilung bei einer Auftragsfertigung entsprechend durch eine auftragsorientierte Arbeitsteilung ersetzen. Dabei sind dann die organisatorischen Einheiten für einen kompletten Auftrag oder Teilauftrag zuständig.

Aufgabe gesehen werden. Wichtig ist in diesem Zusammenhang, daß der einzelne oder die Gruppe ein abgeschlossenes Leistungsergebnis erbringt und für dieses dem (internen) Kunden verantwortlich ist.

Im Rahmen einer prozeßorientierten Arbeitsteilung kennen die Mitarbeiter die gesamten Bearbeitungsschritte – mindestens jedoch innerhalb ihres Subprozesses. Ferner kennen sie ihre(n) internen Kunden und deren (dessen) Anforderungen und können somit besser Qualitätsverantwortung übernehmen.[1] Die Mitarbeiter arbeiten folglich für ihre(n) Kunden und somit auch für die externen Kunden und nicht für den Vorgesetzten in der Abteilung.

Wichtig ist weiterhin, daß jede organisatorische Einheit ein **Feedback über ihr Ergebnis** erhält. Dazu gibt es verschiedene Wege:

So stellen einmal die der Einheit nachgelagerten Kunden ein entscheidendes Potential für Feedback-Informationen dar. Dabei sollen nicht nur Fehler, sondern auch deren Auswirkungen auf das Gesamt- oder Teilergebnis „rückgekoppelt" werden.

Weiterhin gilt es, für jede Einheit vor der Weitergabe ihres Ergebnisses eine Selbstkontrolle durchzuführen. Das Prüfen am „Ort der Tat" führt zu einer direkten Ergebnisrückmeldung. In diesem Zusammenhang sollen außerdem Fehler direkt am entstehenden Arbeitsplatz beseitigt werden, damit auch die positiven Effekte des „Learning by doing" genutzt werden.[2]

In Verbindung mit der Qualitätsverantwortung erhalten die Einheiten jedoch auch die gegebenenfalls erforderlichen Kompetenzen, um Maßnahmen zur Verbesserung ihrer Ergebnisse zu realisieren.

Damit werden – im Gegensatz zu einem nachträglichen Reagieren auf Endergebnisse – die Voraussetzungen für frühzeitige und direkte Eingriffsmöglichkeiten in die Geschäftsprozesse geschaffen. Viele Fehler können so schneller und besser ermittelt, beseitigt und verhindert werden und werden nicht erst am Ende der Wertschöpfungskette entdeckt und auf einem langen Instanzenweg zum „Ort der Tat" rückgemeldet.

Somit erhalten interne Kunden anforderungsgerechte Inputgrößen, während Qualität sukzessive „hineinproduziert" wird, so daß damit auch eine optimale Erfüllung von externen Kundenanforderungen ermöglicht wird. Hieraus resultiert auch eine signifikante Reduzierung der Qualitätskosten. Fer-

---

[1] Vgl. Wonigeit, J. (1994), S.97.
[2] Vgl. Zink, K.J. (1994a), S.41.

5.2 Inhalte der Qualitätsstrategien

ner ermöglicht die Verkürzung der Regelkreise[1] eine schnellere Anpassung an veränderte Kundenanforderungen.[2]

Im Rahmen einer „horizontal" ausgerichteten Organisation läßt sich die Prozeßorientierung aber auch auf einer übergeordneten Ebene realisieren. So gilt es, für jeden Geschäftsprozeß einen sogenannten **Prozeßverantwortlichen (Process Owner)** einzusetzen, der für die Regelung und Verbesserung des gesamten Geschäftsprozesses – über alle Bereichsgrenzen hinweg – verantwortlich ist. Damit wird das Ziel der Prozeßoptimierung anstatt einer funktionalen Suboptimierung unterstützt.[3] Bei besonders umfassenden Geschäftsprozessen wird diese Aufgabe durch ein Team realisiert.

Die Bedeutung der bereichsübergreifenden Funktion des Prozeßverantwortlichen wird insbesondere vor dem Hintergrund deutlich, daß 63% der Konflikte bei der Zusammenarbeit in einem Unternehmen zwischen den Bereichen bzw. Organisationseinheiten auftreten. Entsprechend sind es nur 25% der Konflikte bei der Zusammenarbeit, die gegenüber Vorgesetzten auftreten und 12% bei der bereichsinternen Zusammenarbeit.[4]

Diese „Schnittstellenproblematik" wird durch Prozeßverantwortliche deutlich reduziert,[5] woraus signifikante Verbesserungen der Prozeßqualität resultieren.[6] Der Schnittstellenabbau und die Vermeidung von funktional ausgerichteten, wertschöpfungsunabhängigen Zusatzfunktionen und Hierarchiegebäuden implizieren bei prozeßorientierten Organisationsformen prinzipiell auch schlankere Strukturen.

Während die bisher behandelten Maßnahmen zur Gestaltung von „qualitätsfähigen" Prozessen eher auf einer Makroebene zu sehen sind, sollen noch kurz Inhalte der **Arbeitsplatzgestaltung** (Mikroebene) betrachtet werden.

---

[1] Diese Vorteile sind mit denen einer Kaskadenregelung vergleichbar.
[2] Vgl. Pall, G.A. (1987), S.25; Zink, K.J.; Ritter, A.; Schildknecht, R. (1989), S.61 ff.; vgl. dazu auch Teil A, 3.2.2.
[3] Vgl. Haist, F.; Fromm, H. (1989), S.106; Pall, G.A. (1987), S.164.
[4] Vgl. Servatius, H.-G. (1994), S.46.
[5] Hierzu liefert ferner das Prinzip der internen Kunden-Lieferanten-Beziehungen einen positiven Beitrag.
[6] Vgl. Striening, H.-D. (1989), S.164 ff.; hier finden sich weitere Einzelheiten zur Bedeutung der Prozeßverantwortlichen; vgl. in diesem Zusammenhang auch Teil A, 3.2.2.

Total Quality Management

Eine hohe Prozeßqualität erfordert auch eine hochwertige technische Ausrüstung sowie eine entsprechende Gestaltung von Arbeitsverfahren, -methoden, -inhalten und -bedingungen.[1]

Im Anschluß an die Prozeßanalyse und die Gestaltung von „qualitätsfähigen" Prozessen sind geeignete Prozeßregelungsmethoden und kontinuierliche Prozeßverbesserungsmaßnahmen zu institutionalisieren.

Prozeßregelung und Prozeßverbesserung

Im Rahmen der **Prozeßregelung** müssen sowohl im Bereich der Geschäftsprozesse als auch in dem der Subprozesse anhand geeigneter Meßgrößen Soll-Ist-Vergleiche der Ergebnisse durchgeführt und daraus resultierend notwendige Korrekturmaßnahmen bzw. Verbesserungen vorgenommen werden. Dabei müssen die jeweiligen Meßgrößen oder Kennzahlen kontinuierlich ermittelt werden, um schnell Streuungen oder potentielle Einflüsse erkennen zu können.

Für Subprozesse im Fertigungsbereich haben in diesem Zusammenhang die Methoden der statistischen Prozeßregelung[2] eine weitreichende Bedeutung erlangt. Diese gilt es jedoch, auch verstärkt für Prozesse anderer Bereiche und für übergeordnete Prozesse in angepaßter Form anzuwenden. Für administrative Prozesse eignet sich in diesem Zusammenhang ein entsprechendes Beobachtungs- und Berichtssystem unter der Verwendung geeigneter Kennzahlen.[3] Für monetäre Aspekte der Prozesse und der Prozeßregelung steht das sogenannte Qualitätscontrolling[4] zur Verfügung.

In enger Verbindung mit der Prozeßregelung steht schließlich die **Prozeßverbesserung**, die ebenfalls kontinuierlich aufrechterhalten werden muß. Hierbei steht dann die systematische Beseitigung von konzeptionellen Schwachstellen der Prozesse im Vordergrund.[5]

Die dargelegten ablauforganisatorischen Inhalte sind zweifellos mit aufbauorganisatorischen Implikationen verbunden, die hier nicht weiter allgemein diskutiert werden können.

---

[1] Vgl. REFA (Hrsg.), (1985), S.70; Schildknecht, R. (1992), S.132f; vgl. dazu Teil A, 2.2.2 („Qualität der Arbeitsbedingungen") und Teil A, 5.2.2 und insbesondere Teil A, 5.2.3.

[2] Vgl. Teil A, 5.3.2.

[3] Vgl. Kamiske, G.F; Brauer, J.P. (1995), S.124.

[4] Vgl. Teil A, 5.3.3.

[5] Vgl. dazu Schildknecht, R. (1992), S.133; zum methodischen Vorgehen in diesem Zusammenhang vgl. insbesondere Teil A, 5.3.4 (Abschnitt „KVP").

5.2 Inhalte der Qualitätsstrategien

Im folgenden sollen dann einige wichtige aufbauorganisatorische Institutionen vorgestellt werden, die für ein umfassendes Qualitätsmanagement im Sinne von TQM erforderlich sind.

5.2.1.2 Bestandteile von TQM mit überwiegend aufbauorganisatorischer Relevanz

Die institutionelle Absicherung des Prinzips der Prozeßorientierung sowie die praktische Umsetzung eines Total Quality Managements erfordern bereichsübergreifende aufbauorganisatorische Elemente, die als Ergänzung in die allgemeine betriebliche Organisationsstruktur einzufügen sind.[1]

Die Grundstruktur eines aus derartigen Elementen bestehenden organisatorischen Aufbaus ist in Abb. 21 skizziert.

Das höchste Gremium dieser aufbauorganisatorischen Bestandteile stellt die **Steuergruppe** („Quality Council" oder „Executive Team") dar. Hierin sind alle relevanten Machtpromotoren des Unternehmens (Topmanagement und Betriebsrat(svorsitzender)) eingebunden.[2]

Die übergeordnete Aufgabe der Steuergruppe besteht darin, den Implementierungsprozeß des TQM in der Einführungsphase zu leiten und danach weiter zu unterstützen.[3] Hierzu gehört beispielsweise auch die Initiierung einer Umsetzung der in Teil A, 5.2.1.1 behandelten Inhalte in Zusammenarbeit mit Stabs- und Linienfunktionären und den designierten Prozeßverantwortlichen.[4] Außerdem obliegt diesem Gremium die Planung, Leitung und Steuerung sämtlicher Qualitätsaktivitäten, die von grundsätzlicher Bedeutung sind, sowie das Aufgreifen anderweitig nicht lösbarer Probleme.

Die Verbindung zur Basis wird dabei durch das Einbinden des oder der **Koordinatoren** und der **Promotoren** hergestellt.

Koordinator und Promotoren sind für die Abstimmung und Unterstützung der einzelnen Qualitätsaktivitäten sowie in der Anfangsphase des Einführungsprozesses für die aktive Verbreitung und die konkrete Realisierung der Zielsetzungen des TQM bei allen Mitarbeitern zuständig. Ferner besteht ihre Aufgabe in der Umsetzung der Vorgaben der Steuergruppe und in der fachlichen und organisatorischen Betreuung der Gruppen. Dazu gehört auch eine Vermittler- und Verbindungsfunktion zwischen Gruppen und Management.[5]

---

[1] Vgl. Ritter, A.; Zink, K.J. (1994), S.254; Wonigeit, J. (1994), S.102.
[2] Vgl. Zink, K.J. (1994a), S.35; Wonigeit, J. (1994), S.103.
[3] Vgl. Farrell, D.T. (1985), S.365.
[4] Vgl. dazu auch Pall, G.A. (1987), S.187.
[5] Vgl. Ritter, A.; Zink, K.J. (1994), S.254 und S.262f; Zink, K.J. (1994a), S.35.

Total Quality Management

Während der Koordinator für die Betreuung der Qualitätsförderungsteams zuständig ist, übernehmen bei den teilautonomen Arbeitsgruppen die Promotoren die entsprechende Betreuungsfunktion.

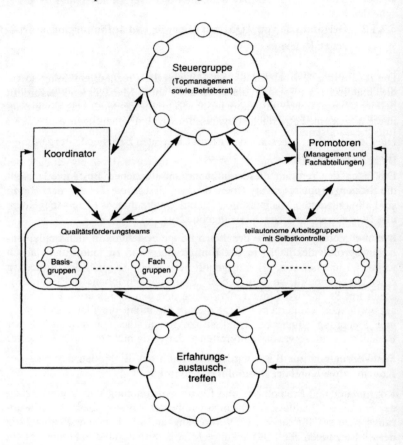

Abb. 21: Zusammenwirken aufbauorganisatorischer Institutionen eines Qualitätsmanagements im Sinne von TQM[1]

Als Koordinator eignet sich insbesondere der Leiter der Abteilung Qualitätswesen. Ob weitere Koordinatoren bestellt werden, muß in Abhängigkeit der Anzahl der Teams entschieden werden. Die Promotoren setzen sich

---

[1] Ritter, A.; Zink, K.J. (1989), S.242.

5.2 Inhalte der Qualitätsstrategien

grundsätzlich aus Vertretern des Managements und der Fachabteilungen zusammen.[1] Dieser organisatorische Aufbau beinhaltet die zwei grundsätzlich zu unterscheidenden Teamkonzepte:

- teilautonome Arbeitsgruppen mit Selbstkontrolle und
- Qualitätsförderungsteams.

Eine **teilautonome Arbeitsgruppe** (oder auch selbststeuernde Arbeitsgruppe genannt), die bei ihrer täglichen Arbeitsausführung ständig zusammenarbeitet, ist dadurch gekennzeichnet, daß ihr eine Gesamtaufgabe übertragen ist. Ihr obliegen Dispositions- und Kontrollaufgaben sowie die Entscheidungskompetenz für alle Alltagsfragen. Sie stellt eine mögliche Realisierungsform der in Teil A, 5.2.1.1 behandelten organisatorischen Einheiten dar. Mit diesem Teamkonzept wird auch der Zielsetzung einer Erhöhung der Arbeitszufriedenheit und -motivation durch Mitwirkungsmöglichkeiten entsprochen.[2]

Zusätzlich gehört die Generierung von Problemlösungen zu den Aufgaben von teilautonomen Arbeitsgruppen, da sie auch für die systematische Analyse und Verbesserung von Prozessen im eigenen Bereich und für die Beziehung zu ihren Kunden und Lieferanten verantwortlich sind.[3]

Das primäre Ziel und die spezifische Ausrichtung von **Qualitätsförderungsteams** ist – in Ergänzung zu dem Vorgehen der teilautonomen Arbeitsgruppen – in der Qualitätsverbesserung zu sehen. Unter der Bezeichnung Qualitätsförderungsteams sind hier insbesondere die **folgenden Gruppenstrukturen** zu verstehen:[4]

Task-Force-Gruppen

Diese werden teilweise auch teilstrukturierte Problemlösungsgruppen oder Fachgruppen genannt.

Diese Gruppe setzt sich in der Regel aus Mitgliedern unterschiedlicher Hierarchieebenen und aus verschiedenen Arbeitsbereichen zusammen. Dabei werden die Mitglieder nach fachlichen Gesichtspunkten („Wer kann zur Lösung eines spezifischen Problems einen einschlägigen Beitrag leisten?") ausgewählt.

---

[1] Vgl. Wonigeit, J. (1994), S.103 f.
[2] Vgl. dazu auch Teil A, 5.2.2.
[3] Vgl. auch zum folgenden Ritter, A.; Zink, K.J. (1994), S.257f, 263.
[4] Vgl. Wonigeit, J. (1994), S.105f; Ritter, A.; Zink, K.J. (1994), S.260f; Farrell, D.T. (1985), S.365.

Total Quality Management

Bei Task-Force-Gruppen ist die Themenstellung weitgehend vorgegeben und auch die Teilnahme ist nur bedingt freiwillig, da die Teilnehmer vorgeschlagen werden. Bezeichnend für dieses Kleingruppenkonzept ist ferner eine befristete Lebensdauer, da die Gruppe sich in der Regel nach der Problemlösung (incl. Umsetzung) auflöst.

Lerngruppen

Die primäre Zielsetzung von Lerngruppen ist in der Informationsvermittlung und in der Förderung von fachlicher und sozialer Kompetenz zu sehen. Sie setzen sich aus Mitarbeitern zusammen, welche die gleiche Qualifikation erwerben sollen. Auch dieses Konzept sieht nur eine bedingte Freiwilligkeit der Teilnahme sowie eine befristete Lebensdauer der Kleingruppe – jedoch mit der Option einer Weiterführung im Bedarfsfall – vor.

Qualitätszirkel

Diese werden teilweise auch teilautonome Problemlösungsgruppen oder Basisgruppen genannt.

Das Konzept des Qualitätszirkels ist ein organisatorischer Ansatz zur Förderung der Qualität. Es handelt sich dabei um eine kleine, fest eingerichtete, unbefristete Gruppe[1] von ca. fünf bis zwölf Mitarbeitern,[2] die sich regelmäßig treffen, um im Rahmen strukturierter Problemlösungsprozesse die in ihrem Arbeitsbereich auftretenden Probleme freiwillig und selbständig zu bearbeiten.

Qualitätszirkel (Quality Control Circles, Quality Circles) wurden in den 50er Jahren durch den Japaner Ishikawa weltweit verbreitet. Ursprünglich waren Qualitätszirkel für die Anwendung innerhalb der ausführenden Ebene (Werkstattebene, Fertigung) vorgesehen. Für diese Ebene stellte Ishikawa auch die Qualitätswerkzeuge (Q7)[3] zusammen.

Neben der eigentlichen Zirkelgruppe (Team) soll eine Koordinations- und Betreuungsstelle und ein Qualitätszirkelleiter bzw. Moderator vorhanden sein. Für die Einführung, Planung Organisation und Umsetzung der Qualitätszirkelaktivitäten ist die Koordinationsstelle, auch als Steuergruppe bezeichnet, zuständig.[4] Sie beurteilt und genehmigt Lösungsvorschläge, stellt die Kommunikation zwischen den Zirkelgruppen untereinander sowie mit

---

[1] Vgl. dazu auch Teil A, 1.3.
[2] Vgl. Schneider, G. (1986), S. 62; Kamiske, G.F; Brauer, J.P. (1995), S. 183.
[3] Vgl. dazu Kapitel 5.3.4.4.
[4] Eine Steuergruppe setzt sich in der Regel aus Vertretern der Unternehmensleitung, Leitern der Qualitätssicherung sowie der Arbeitsplanung und Vertretern des Betriebsrates zusammen. Vgl. dazu Denzer, H. (1986a), S. 69.

5.2 Inhalte der Qualitätsstrategien

den Fachabteilungen sicher und kontrolliert die Ergebnisse. Der Moderator ist in der Regel ein Kollege oder Vorgesetzter der Teammitglieder. Er hat folgende Aufgaben: Planung, Vorbereitung, Leitung von Sitzungen sowie Ausbildung und Information der Teammitglieder hinsichtlich der benötigten Methoden.[1]

Die Mitglieder des Qualitätszirkels (bzw. des Teams) treffen sich während der Arbeitszeit, um Qualitätsfragen, in der Regel aus der eigenen Arbeitsumgebung, zu besprechen, und für die damit verbundenen Probleme Lösungsansätze zu entwickeln. Die Sitzungen werden von einem Kollegen oder Vorgesetzten geleitet und moderiert, dauern etwa ein bis zwei Stunden und finden in der Regel wöchentlich (oder alle 14 Tage) statt.

Arbeitsbezogene Schwachstellen oder Probleme, häufig aus dem Bereich der Qualitätssicherung, werden von den Teammitgliedern selbst ausgewählt. Im Anschluß daran werden diese Probleme diskutiert und untersucht. Die Umsetzung von Lösungen bzw. Verbesserungsvorschläge erfolgt nach Genehmigung des Entscheidungsträgers eigenverantwortlich durch das Team, sofern es nicht externe Unterstützung benötigt. Eine Kontrolle für den bei der Umsetzung erzielten Erfolg wird dann ebenfalls durch das Team selbst durchgeführt.

Mit der Einrichtung von Qualitätszirkeln werden folgende Ziele verfolgt:[2]

- Ständige Qualitätsverbesserung, aktive und vorausschauende Fehlervermeidung, Erhöhung der Zufriedenheit von internen und externen Kunden,
- Steigerung der Produktivität, Berücksichtigung der Auswirkungen auf vor- und nachgelagerte Bereiche, Kostensenkung u.a. durch Senkung der Anzahl fehlerhafter Teile (Ausschußsenkung) und Verbesserung der Koordination und Kommunikation zwischen den Bereichen,
- Steigerung der Arbeitsmotivation, Entfaltung der persönlichen Fähigkeiten, Nutzung des kreativen Potentials der Mitarbeiter und damit die Steigerung der Arbeitzufriedenheit.

Qualitätszirkel sind überall einfach einzusetzen, wenn es um Qualitätsfragen geht. Sie sind weder auf bestimmte Funktionsbereiche im Unternehmen noch auf bestimmte Branchen beschränkt. Schwerpunktmäßig sind sie

---

[1] Vgl. dazu und zum folgenden Denzer, H. (1986a), S. 67, 70; darin findet sich eine detaillierte Beschreibung der Moderatoraufgabe und Rahmenbedingungen für Qualitätszirkel.
[2] Vgl. Kamiske, G.F; Brauer, J.P. (1995), S. 187 f; Hoff, J. (1986), S. 86; vgl. Oess, A. (1991), S. 287.

Total Quality Management

heute in der Fertigung,[1] aber auch in den Verwaltungsbereichen[2] (auch in Dienstleistungsbetrieben wie z. B. in Banken, Versicherungen, Speditionen) anzutreffen. Bei einem Einsatz sollten folgende Maßnahmen ergriffen werden:

- Dort, wo Probleme aus einem bestimmten Arbeitsbereich zu bearbeiten sind, sollte sich der Qualitätszirkel auch aus Mitarbeitern dieses Arbeitsbereiches rekrutieren.
- Die Unternehmensleitung bzw. das Topmanagement soll den Einsatz des Qualitätszirkels voll unterstützen und dabei auch durch eigene Beteiligung zum Erfolg beitragen; insbesondere für die Erarbeitung eines firmenspezifischen Konzepts bei der Einführung von Qualitätszirkeln.
- Die Zustimmung und aktive Beteiligung der Arbeitnehmervertretung (Betriebsrat) ist ebenso erforderlich, da sie Initiativen entscheidend fördern kann.[3]
- Qualitätszirkel müssen organisatorisch in die vorhandene Unternehmensstruktur eingebunden werden.

Stellvertretend für zahlreiche Anwendungen eines Qualitätszirkels[4] wird im folgenden Beispiel seine Durchführung bzw. seine Arbeitsweise aufgezeigt:[5]

Durch einen im Bereich der Produktion tätigen Qualitätszirkel wurde folgendes Problem im Preßwerk identifiziert: Beim Ausstanzen bestimmter Teile (Schwenklagerflansch) sind die letzten Teile pro Materialstreifen nicht nach Maß, d.h. Ausschuß. Das Endstück jedes Materialstreifens trat aus dem Streifenführungsbereich aufgrund der Werkzeugauslegung heraus, folglich waren ein bis zwei Teile Ausschuß.

Der Qualitätszirkel hat den Vorschlag gemacht, daß Fangstifte und Zentrierstreifen angebracht werden, womit die Endstücke gefestigt und zentriert werden können. Die Fangstifte und Zentrierleisten wurden auch auf Initiative des Qualitätszirkels angebracht. So konnten auch die letzten Teile jedes Streifens maßhaltig ausgeschnitten werden.

Diese Maßnahme erzielte einen spürbaren Erfolg. Die Ausschußeinsparung betrug dadurch 12.130 DM/Jahr. Die Werkzeugänderungskosten betrugen

---

[1] Verschiedene Beispiele in unterschiedlichen Ausprägungen zeigen Denzer, H. (1986b), S. 81 ff., Hoff, J. (1986), S. 85 ff. und Hemmi, D. (1986), S. 79 f.
[2] Vgl. Hoff, J. (1986), S. 85 ff.
[3] Vgl. Schneider, G. (1986), S. 64.
[4] Siehe dazu Denzer, H. (1986b), S. 81 ff.
[5] Vgl. Hemmi, D. (1986), S. 79 f.

5.2 Inhalte der Qualitätsstrategien

8.300 DM. Diese Leistung der Gruppe wurde durch die Abteilungsleitung anerkannt und entsprechend materiell honoriert.

Zusammenfassend lassen sich folgende Stärken und Schwächen nennen:

- Hohe Motivation der Mitarbeiter, da sie sich durch Qualitätszirkel gedanklich mit ihrer Arbeit mehr beschäftigen.
- Das Wissen und die Erfahrungen des Mitarbeiters vor Ort werden in den Qualitätsverbessserungs- bzw. Problemlösungsprozeß einfließen.
- Qualitätszirkel berücksichtigen – außer technischen – menschliche Aspekte. Deshalb dienen sie dazu, die Beziehung bzw. die Schnittstelle zwischen menschlichem und technischem System zu verbessern und in einem Gesamtsystem zu optimieren.[1]
- Qualitätszirkel können nicht unmittelbar wirken, sondern brauchen eine gewisse Zeit um quantifizierbare Erfolge nachweisen zu können.[2]

Auf die Vermeidung folgender Fehler ist zu achten:

- Die Einführung eines Qualitätszirkels in einem Teilbereich ohne die Einbeziehung (Wissen, detaillierte Information, Unterstützung oder Mitwirkung) des Topmanagements.[3]
- Bei vielen Qualitätszirkels wird das Mittelmanagement übergangen.[4] Ferner wird der Betriebsrat in manchen Fällen, z. B. in der aktiven Mitwirkung in der Steuergruppe, gar nicht einbezogen.
- Es wird zu wenig Zeit für die Ausbildung der Mitarbeiter vorgesehen, um die benötigten Fähigkeiten und Fertigkeiten zu erlernen. Das gleiche gilt auch für Führungskräfte, für Meister und für das mittlere Management.[5]
- Unklare Konzeptabgrenzungen, unrealistische und überzogene Erwartungen des Managements, perfektionistische Erwartungen des Gruppenleiters und zu wenig Freiraum für die Gruppenarbeit sind als weitere Fehler in Umgang mit Qualitätszirkel zu nennen.[6]

Sowohl Qualitätsförderungsteams als auch teilautonome Arbeitsgruppen benötigen Gruppenleiter (Moderatoren), welche die Gruppensitzungen leiten bzw. die Gruppe repräsentieren. Die Repräsentationsaufgabe gilt es,

---

[1] Vgl. Oess, A. (1991), S. 290.
[2] Vgl. Kamiske, G.F; Brauer, J.P. (1995), S. 186.
[3] Vgl. Ritter, A.; Zink, K.J. (1986), S. 170.
[4] Vgl. Oess, A. (1991), S. 295.
[5] Vgl. Oess, A. (1991), S. 296 f; Ritter, A.; Zink, K.J. (1986), S. 169 ff.
[6] Vgl. Ritter, A.; Zink, K.J. (1986), S. 174.

Total Quality Management

beispielsweise im sogenannten **Erfahrungsaustauschtreffen** wahrzunehmen. Dabei treffen sich regelmäßig Gruppenleiter, Koordinator(en) und Promotoren, um sich gegenseitig über ihre Aktivitäten und Erfahrungen zu informieren.[1]

Bei diesen „zusätzlichen" Institutionen des beschriebenen organisatorischen Aufbaus muß schließlich – etwa durch die personelle Besetzung – kontinuierlich darauf geachtet werden, daß keine Parallelorganisation zur allgemeinen Aufbauorganisation entstehen kann.[2]

Die Interpretation von Qualität als unternehmensweite Aufgabe und die damit in Verbindung stehenden und dargelegten organisatorischen Maßnahmen induzieren jedoch auch ein **neues Rollenverständnis der Abteilung Qualitätswesen**. Von dieser Abteilung werden keine direkten produktbezogenen qualitätsverbessernden Tätigkeiten wie Prüfen, Losfreigabe oder Stichprobenkontrollen mehr vorgenommen. Das Qualitätswesen wandelt sich dabei vom „Kontrolleur" zum „Prozeßberater".[3] Dem Qualitätswesen obliegen dann unter anderem folgende Aufgaben:[4]

- Unterstützung der Realisierung der Qualitätsverantwortung vor Ort,
- Ermittlung und Einführung der für die verschiedenen Bereiche des Unternehmens zweckmäßigen Methoden und Techniken zum Qualitätsmanagement,
- „Know How"-Zentrum für alle Qualitätsbelange,
- Beratung der Führungskräfte und Mitarbeiter in allen Qualitätsfragen,
- Realisierung von Ausbildungsaufgaben,
- Mitwirkung bei der Aufstellung der Qualitätszielsetzungen und bei der Definition von Meßgrößen,
- Durchführung des „Controllings" der Verbesserungsprojekte für die Unternehmensleitung sowie die
- Durchführung von und Mitwirkung bei Audits.

Das Qualitätswesen muß sich also langfristig zu einer Dienstleistungsfunktion für das gesamte Unternehmen entwickeln.[5]

---

[1] Vgl. Wonigeit, J. (1994), S.106; weiterführende Einzelheiten zu dem oben erläuterten aufbauorganisatorischen Ansatz finden sich bei Ritter, A.; Zink, K.J. (1994), S.245 ff.
[2] Vgl. dazu auch Zink, K.J. (1994a), S.37.
[3] Vgl. Frehr, H.U. (1994a), S.140; Zink, K.J. (1994a), S.38; vgl. dazu auch Teil A, 5.1.
[4] Vgl. Frehr, H.U. (1994b), S.40f; Zink, K.J. (1994a), S.38; eine Darstellung weiterer Aufgaben des Qualitätswesens beim TQM findet sich z.B. bei Frehr, H.U. (1994b), S.40 f.
[5] Vgl. Schildknecht, R. (1992), S.148.

5.2 Inhalte der Qualitätsstrategien

In Ergänzung zu den organisatorischen Veränderungen sind auch personelle Gestaltungsmaßnahmen erforderlich, die jedoch eng mit den organisatorischen Ansätzen verbunden sind.

5.2.2 Personelle Gestaltungsansätze

Zu den wichtigsten personellen Gestaltungsansätzen gehören Maßnahmen der Qualifikation und Motivation der Mitarbeiter.
Zunächst seien Aspekte der (betrieblichen) Weiterbildung näher beleuchtet.

Qualifizierungsansätze

Um das Ziel einer unternehmensweiten Umsetzung von TQM erreichen zu können, insbesondere zur Einbindung und Mitwirkung aller Mitarbeiter bedarf es einer umfassenden Qualifizierung.[1] Hierbei ist einerseits auf inhaltlicher Ebene ein beachtlicher Umfang zu vermitteln, andererseits ist die Zielsetzung, alle Mitarbeiter in die Qualifizierungsmaßnahmen miteinzubeziehen formal mit einem erheblichen Aufwand verbunden.

Wesentliche Inhalte und Ziele der Qualifizierungsmaßnahmen sind dabei:[2]

- **Die Vermittlung von Sachwissen**

    (z. B. die Notwendigkeit umfassender Qualitätskonzepte und eines umfassenden Qualitätsbegriffs, eingehende Kenntnisse über die eigenen Produkte und die Bedeutung der eigenen Arbeit für die Kundenbefriedigung und somit für den Unternehmenserfolg, die Kenntnis der Qualitätsphilosophie und der Qualitätsstrategien des Unternehmens, Kenntnisse über Methoden und Techniken des Qualitätsmanagements etc.)

- **Das Erwerben bzw. die Verbesserung von Fähigkeiten**

    (z. B. die Fähigkeit, die gelernten Methoden und Werkzeuge anzuwenden, soziale Kompetenz (z. B. Teamfähigkeit und Kooperationsbereitschaft) etc.)

- **Die Vermittlung bestimmter Einstellungen und Verhaltensweisen**

    (z. B. der Abbau von standardisierten Verhaltensmustern,[3] die Stärkung des Qualitätsbewußtseins und der Eigenverantwortlichkeit für Quali-

---

[1] Vgl. Imai, M. (1986), S.58.
[2] Vgl. Schildknecht, R. (1992), S.150.
[3] Hierzu gehört beispielsweise die in der BRD oft ausgeprägte Kontroll- und Prüfmentalität, vgl. Womack, J.P.; Jones, D.T.; Roos, D. (1991), S.94.

Total Quality Management

tätsaufgaben, kundenorientiertes und die Zusammenarbeit förderndes Verhalten etc.)

Um diese Inhalte in adäquater Weise zu vermitteln, empfiehlt es sich, zunächst Basisschulungen abzuhalten, die durch eine periodisch wiederholte Wissensauffrischung und durch Nachschulungen ergänzt werden. Entsprechend dem für das TQM charakteristischen Top-Down-Prinzip müssen die Schulungen bei der obersten Unternehmenshierarchie beginnen. Für die sich anschließende Qualifizierung der übrigen Unternehmensmitglieder ist eine bereichsspezifische Zusammensetzung der Schulungsteilnehmer anzustreben. Damit wird eine zielgruppenspezifische Gestaltung von Schulungsinhalten und eine Orientierung am Wissensstand der Teilnehmer ermöglicht.[1]

Für die bereichsspezifischen Qualifizierungsmaßnahmen bieten sich insbesondere zwei Alternativen an:

- Schulungen durch hauptamtliche Trainer und
- kaskadenförmig aufgebaute Schulungen durch den jeweiligen Vorgesetzten im Sinne des sogenannten „Train-the-Trainer-Konzeptes".

Bei der kaskadenförmigen Weitergabe von Wissen durch die jeweiligen Vorgesetzten ist in der bereichsbezogenen Sach- und Entscheidungskompetenz des Trainers (Vorgesetzten) ein entscheidender Vorteil zu sehen. Während die Vorgesetzten dadurch selbst gezwungen sind, sich mit den Inhalten intensiv auseinanderzusetzen, erhöht dieser Weg auch die Verbindlichkeit der Schulungsinhalte gegenüber den Mitarbeitern.

Ein wesentlicher Nachteil dabei ergibt sich jedoch durch die – gegenüber hauptamtlichen Trainern – teilweise unzureichenden Kenntnisse der Vorgesetzten hinsichtlich des TQM-spezifischen Hintergrundwissens und der didaktischen Vorgehensweise.

Vor dem Hintergrund von Vor- und Nachteilen bei beiden Wegen scheint eine Kombination, bzw. eine Arbeitsteilung zwischen direkten Linienvorgesetzten und einem hauptamtlichen Trainer die besten Voraussetzungen für eine effiziente Weiterbildung zu bieten.

Beim Schulungsumfang sind recht unterschiedliche Empfehlungen zu finden. Beispielhaft seien in Abb. 22 die zeitlichen Richtlinien nach Crosby dargestellt:

Beachtenswert ist in diesem Zusammenhang der relativ hohe Zeitumfang bei mittlerem und unterem Management. Dies läßt sich aus der Notwen-

---

[1] Vgl. auch zu den folgenden Ausführungen Schildknecht, R. (1992), S.151 ff.

5.2 Inhalte der Qualitätsstrategien

digkeit von besonderes intensiven Schulungen und von besonders sorgfältiger Überzeugungsarbeit hinsichtlich TQM bei diesem Personenkreis erklären. Das mittlere und untere Management verbindet mit der Einführung von TQM teilweise die Befürchtung um den Verlust an Autorität und um den Fortbestand der eigenen Position. Es gilt also den gegebenenfalls daraus resultierenden Widerständen frühzeitig entgegenzuwirken.[1]

Zielgruppe	Zielgruppenspezifischer Schulungsumfang [in Std.]
Oberes Management	20
Mittleres Management	36
Unteres Management	30
Ausführende Ebene	2 x 15

Abb. 22: *Beispielhafter Zeitumfang von zielgruppenspezifischen Basisschulungen*[2]

Im Anschluß an die Maßnahmen zur Qualifizierung sollen nun noch Aspekte der Mitarbeitermotivation untersucht werden:

Motivationsansätze

Die richtige Einstellung der Mitarbeiter zur Qualität und deren Wille zu „Null Fehler" und zur kontinuierlichen Verbesserung der eigenen Arbeit ist beim TQM ein wichtiger Ansatzpunkt. Eine Grundvoraussetzung hierfür ist in der oben beschriebenen Vermittlung von Kenntnissen und Einsichten an die Mitarbeiter zu sehen. Weiterhin bedarf es hierzu auch organisatorischer Voraussetzungen – wie beispielsweise geeignete Rückmeldungen über das Ergebnis der eigenen Arbeit.[3]

Zur konkreten Motivationsförderung ließe sich eine große Vielzahl extrinsischer[4] und intrinsischer Anreize der Motivationstheorie integrieren.[5] Im folgenden sollen lediglich beispielhaft einige derartige Möglichkeiten aufgeführt werden, die insbesondere zur Qualitätsmotivation relevant sind.

---

[1] Vgl. Frehr, H.U. (1994b), S.39f; hier finden sich auch weitere Maßnahmen um entsprechenden Widerständen gegenzusteuern.
[2] Vgl. Crosby, P.B. (1986b), S.95 ff.
[3] Vgl. Teil A, 5.2.1.1; für entsprechende Rückmeldungen sind auch spezielle technische Hilfsmittel empfohlen, vgl. Teil A, 5.2.3.
[4] Vgl. Teil A, 4.1.2.
[5] Vgl. hierzu z.B. Haist, F.; Fromm, H.-J. (1989), S.72.

Total Quality Management

Um konkrete Formen der Qualitätsmotivation zu entwickeln und gleichzeitig Anhaltspunkte für die relative Bedeutung der einzelnen Formen zu bekommen, bietet es sich an, von einer allgemeinen Bedürfnishierarchie auszugehen. Entsprechend hat Juran – ausgehend von der Bedürfnispyramide nach Maslow – Möglichkeiten der Qualitätsmotivation entwickelt und sie dieser Bedürfnispyramide gegenübergestellt (vgl. Abb. 23).

Abb. 23: *Gegenüberstellung der Bedürfnishierarchie nach Maslow[1] mit den Formen der Qualitätsmotivation nach Juran[2]*

Da hieraus folgend, partizipativen Elementen[3] die größte Bedeutung zuzumessen ist, soll diese Form der Qualitätsmotivation stellvertretend etwas näher betrachtet werden.

Partizipative Ansätze lassen sich einmal durch die bereits dargestellten organisatorischen Maßnahmen verwirklichen. Mit der Bildung von entsprechenden organisatorischen Einheiten[4] ist die Übernahme von Dispositions- und Kontrollaufgaben und die Erweiterung des Handlungs- und Verant-

---

[1] Vgl. Woll, A. (Hrsg.), (1993), S.490 f.
[2] Vgl. Juran, J.M. (1974b), S.18, 16.
[3] Das Verständnis von Partizipation und partizipativen Elementen sei hier sehr weit gefaßt und umfaßt verschiedene Elemente, welche zur Selbstverwirklichung der Mitarbeiter beitragen.
[4] Organisatorische Einheiten im Sinne der in Teil A, 5.2.1.1 dargestellten.

5.2 Inhalte der Qualitätsstrategien

wortungsspielraums für Mitarbeiter verbunden.[1] Ferner werden durch die Einheiten den Mitarbeitern „geschlossene Arbeitspakete" zur Bearbeitung anvertraut, wodurch auch eine Verstärkung der Identifikation mit der Arbeit erreicht wird.[2]

An dieser Stelle sei noch darauf hingewiesen, daß derartige organisatorische Einheiten und Gruppenkonzepte nicht nur das Bedürfnis nach Selbstverwirklichung fördern. Sie unterstützen auch durch die Verbesserung der innerbetrieblichen Kommunikation und Zusammenarbeit und durch die damit verbundene Erfüllung sozialer Bedürfnisse die Arbeitsmotivation und -zufriedenheit.[3]

Als weiteres partizipatives Element soll noch das Prinzip des Arbeitsplatzwechselns („job rotation") hinzugefügt werden.[4] Hierbei sollen Mitarbeiter in einem sinnvollen Ausmaß verschiedene Aufgaben kennenlernen, um eine gewisse Abwechslung zu erfahren und eine Erweiterung des Blickfeldes zu bekommen. Damit wächst auch das Verständnis der Mitarbeiter für die Qualitätsanforderungen anderer Arbeitsstufen. Zusätzlich hat dabei der einzelne Mitarbeiter den Vorteil, seine Qualifikation erhöhen zu können. Das Anlernen für neue Tätigkeiten kann entweder innerhalb einer Arbeitsgruppe gegenseitig oder durch einen Vorgesetzten realisiert werden.[5]

Das betriebliche Vorschlagswesen, Vorgesetztenbeurteilungen und Fehlerquellenhinweisaktionen stellen weitere partizipative Elemente dar.

Dabei ist unter einer Fehlerquellenhinweisaktion ein Vorgehen zu verstehen, bei dem Mitarbeiter gezielt auf qualitative Schwachstellen am Produkt – sei es beim Endprodukt oder innerhalb einzelner Komponenten – sowie auf Mängel in den Prozessen hinweisen sollen. Dafür sind dann, ähnlich dem betrieblichen Vorschlagswesen, Prämien zu vergeben.[6]

Bei der Einführung partizipativer Elemente ist abschließend noch die Konkretisierung und Umsetzung des partizipativ-kooperativen Führungsstils[7] als Erfolgsvoraussetzung anzuführen.

---

[1] Vgl. Wonigeit, J. (1994), S.83.

[2] So werden anhand der Bildung der organisatorischen Einheiten die für Mitarbeitermotivation wichtigen Prinzipien des „job enrichment" (Arbeitsbereicherung) und „job enlargement" (Arbeitserweiterung) erfüllt, vgl. dazu Wöhe, G. (1990), S.131.

[3] Vgl. Ritter, A.; Zink, K.J. (1989), S.239; Wonigeit, J. (1994), S.84.

[4] Bei diesem Prinzip stehen personelle Aspekte gegenüber den organisatorischen im Vordergrund, so daß es in Teil A, 5.2.1 nicht explizit berücksichtigt wurde.

[5] Vgl. Wöhe, G. (1990), S.131; Zink, K.J. (1994a), S.40.

[6] Vgl. Wonigeit, J. (1994), S.83 ff.

[7] Vgl. Teil A, 5.1.

Total Quality Management

Die Realisierung einiger personeller und organisatorischer Elemente erfordert jedoch auch eine geeignete Technikunterstützung. Insofern soll der dritte Blickwinkel hinsichtlich der Ebene der Qualitätsstrategien der der technischen Rahmenbedingungen sein.

5.2.3 Technische Rahmenbedingungen

Da technische Rahmenbedingungen gegenüber den organisatorischen und personellen Ansätzen für die strategische Gesamtheit von TQM eine geringere Rolle spielen, gleichzeitig jedoch im Bereich der Technik die meisten Fortschritte zu verzeichnen sind,[1] soll dieser Blickwinkel kurz eingenommen werden. Dabei werden die einzelnen Maßnahmen auf der Grundlage der in Teil A, 2.2.2 diskutierten Qualitätsdimensionen strukturiert.

Den größten Beitrag liefern technische Hilfsmittel im Bereich der **Prozeßqualität**. In diesem Zusammenhang sind beispielhaft folgende Maßnahmen erforderlich:[2]

- Einsatz von anforderungsgerechten Werkzeugen, Maschinen u. Anlagen,
- Verwendung einer ausgereiften Automatisierungs- und Meßtechnik und
- der Einsatz technischer Hilfsmittel zur vorbeugenden Instandhaltung und zum geeigneten Umgang mit Störungen.

Bei EDV-gestützten Systemen kommen unter anderem noch folgende Maßnahmen hinzu:

- Der Einsatz von Dokumentations- und Berichtssystemen sowie Datenbanken (Die bereichsübergreifende Nutzung gemeinsamer Systeme und Datenbanken kann als Beispiel für die Unterstützung der „horizontalen" Organisationsform durch Technikeinsatz gesehen werden.),
- der Einsatz geeigneter Systeme zur rechnergestützten Selbstprüfung und Qualitätsdatenerfassung und -auswertung vor Ort zur Realisierung kurzer Rückmeldeschleifen,
- die Verwendung rechnergestützter Lieferantenbewertungssysteme,
- die Nutzung von EDV-Systemen im Büro- und Verwaltungsbereich zur anforderungsgerechten Leistungserstellung und
- Rechnerunterstützung bei der Anwendung von Methoden und Techniken des Qualitätsmanagements (z. B.: bei FMEA oder SPC).[3]

---

[1] Vgl. Zink, K.J. (1994a), S.42.
[2] Vgl. Zink, K.J. (1994a), S.43; Schildknecht, R.(1992), S.160f; Zink, K.J.; Hauer, R.; Schildknecht, R. (1990), S.361.
[3] Vgl. Teil A, 5.3.1 und Teil A, 5.3.2.

5.2 Inhalte der Qualitätsstrategien

Viele der in diesem Zusammenhang aufzählbaren EDV-gestützten Systeme lassen sich der sogenannten rechnergestützten Qualitätssicherung („Computer Aided Quality Assurance" bzw. CAQ) subsumieren – die das gesamte Aufgabenfeld der Planung und Durchführung der Qualitätssicherung umfaßt. In der betrieblichen Praxis werden jedoch selten ganzheitliche CAQ-Systeme, sondern lediglich Insellösungen realisiert. Als Ziel verbleibt weiterhin die Integration der rechnergestützten Qualitätssicherung in eine CIM-Umgebung („Computer Integrated Quality Assurance").[1]

Die **Qualität der Arbeitsbedingungen** wird beispielsweise durch folgende Maßnahmen gefördert:[2]

- Sicherstellen der technischen Voraussetzungen zur Gestaltung geeigneter Arbeitsplatzbedingungen einschließlich Arbeitssicherheit,
- gute Verfügbarkeit erforderlicher technischer Hilfsmittel am Arbeitsplatz,
- benutzerfreundliche Gestaltung von EDV-Systemen[3] sowie
- Einsatz rechnergestützter Schulungs- und Ausbildungsprogramme (z. B. „Computer-Based-Training").

Für die **Qualität der Umfeldbeziehungen** ist nicht nur ein ökologiegerechter Technologieeinsatz erforderlich, sondern es gilt unter anderem auch die „Qualität" aller technischen Hilfsmittel zu berücksichtigen, die das Erscheinungsbild eines Unternehmens nach außen prägen.

Die Behandlung technischer Rahmenbedingungen kann auch bereits als Übergang zu dem Bereich Methoden und Techniken gesehen werden.

5.3 Methoden und Techniken

Die größte Vielfalt der Elemente des TQM-Komplexes ist auf dieser Ebene anzutreffen. Insofern ist auch eine weitere Untergliederung an dieser Stelle nicht unproblematisch, da viele Elemente sowohl den Charakter einer Methode als auch den einer Technik besitzen.

Eine genauere Untersuchung der Elemente zeigt jedoch, daß das Aufgabenfeld vieler Methoden und Techniken in der Entwicklung und Planung von Produkten und Prozessen liegt. Andere Bestandteile lassen sich dagegen primär dem Bereich Produktion und Beschaffung zuordnen. Weiterhin können verschiedene, auf finanzielle Größen aufbauende Hilfsmittel in dem

---

[1] Vgl. Wonigeit, J. (1994), S.86; Zink, K.J. (1989a), S.393 ff.; Zink, K.J. (1994a), S.43.
[2] Vgl. hierzu und im folgenden Schildknecht, R.(1992), S.161.
[3] Vgl. Zink, K.J.; Hauer, R.; Schildknecht, R. (1990), S.361.

Feld „Qualitätscontrolling" subsumiert werden. So lassen sich entsprechende „Cluster" bilden. Die daraus resultierende Untergliederung bietet zugleich eine Aussage über das primäre „Einsatzgebiet" des jeweiligen Elements.

Als vierte und letzte Untergruppe dieser Betrachtungsebene von TQM werden die Methoden und Techniken zusammengefaßt, die unabhängig von einzelnen Bereichen sind und die im gesamten Unternehmen eingesetzt werden sollen.

An dieser Stelle muß explizit darauf hingewiesen werden, daß eine isolierte Anwendung einzelner derartiger Elemente, ohne die entsprechenden Rahmenbedingungen und ohne eine geeignete „Geisteshaltung" von Führungskräften und Mitarbeitern als Überbau in der Regel wenig erfolgreich ist.[1] Führungskräfte müssen die Hilfsmittel und auch ihre Funktion kennen und von ihrer Wirkung überzeugt sein.[2] Nur so kann gewährleistet werden, daß die angestrebten Resultate beim Einsatz der Methoden und Techniken auch wirklich erreicht werden.

Die Hilfsmittel gilt es schließlich, gezielt – je nach individueller Konzeptgestaltung – auszuwählen. Einige dieser Elemente sind durchaus untereinander substituierbar, so daß schon unter diesem Gesichtspunkt letztlich eine Auswahl erfolgen muß.

Die extreme Vielzahl von Methoden und Techniken – die mit dem TQM-Komplex assoziiert werden – bedingt, daß im folgenden nur die wichtigsten davon behandelt werden können. Die einzelnen Elemente sollen dabei – soweit möglich – einem kausalen Zusammenhang eingegliedert werden.

5.3.1 Methoden und Techniken mit Schwerpunkt in der Entwicklung und Planung von Produkten und Prozessen

Entsprechend der präventiv-orientierten Ausrichtung von TQM kommt den Planungs- und Entwicklungsaufgaben eine bedeutende Rolle zu. Die entscheidenden Weichen, ob ein Produkt schließlich die Kundenanforderungen erfüllt, werden in der Entwicklungsphase gestellt. Die der Produktion vorgelagerten Bereiche tragen – im Sinne von Kunden-Lieferanten-Beziehungen – die Verantwortung dafür, daß Produkte und Prozesse so entworfen und geplant sind, daß qualitativ hochwertige Produkte (also auch mit marktgängigen Eigenschaften) produziert werden können.[3]

---

[1] Vgl. dazu auch Krottmaier, J. (1991), S.250 ff.
[2] Vgl. Kamiske, G.F. (1994b), S.294 f.
[3] Vgl. auch nachfolgend Zink, K.J. (1989b), S.17 f.

5.2 Inhalte der Qualitätsstrategien

In der Entwicklungsphase ist es am einfachsten, das Produkt hinsichtlich Fehlerfreiheit zu optimieren. Mögliche Konstruktionsänderungen können noch ohne große Probleme durchgeführt werden und sind mit wesentlich geringeren Kosten und geringerem Zeitverlust verbunden, als wenn sie zu einem späteren Zeitpunkt durchgeführt werden müßten.[1]

Geht man von den Kosten aus, die ein Fehler verursacht, der im Feldbetrieb entdeckt wird, so fallen nur 3% dieser Kosten an, wenn der Fehler im Design Review (s.u.) in der Entwicklungsphase entdeckt wird. Dieser Kostenaspekt zeigt die überragende Bedeutung der Entwicklungs- und Planungsphase, als deren Grundlage zunächst die – auch zukünftigen – Kundenanforderungen zu ermitteln sind.

---

[1] Vgl. Garvin, D.A. (1988), S.134.

5.3.1.1 Marktforschung und Kunden-Feedback-Systeme

Definition

Marktforschung[1] ist eine Methode – bzw. ein Teilbereich des Marketing – zur Ermittlung und Bewertung der Erwartungen und Anforderungen der Kunden bzw. des Marktes an aktuelle und potentielle Produkte oder Dienstleistungen. Dies kann beispielsweise durch Umfragen, Interviews und Etablierung von Testmärkten bewerkstelligt werden.[2]

Als weiteres Instrument des Marketing werden Systeme aufgebaut, sogenannte Kunden-Feedback-Systeme, durch die Informationen und Reaktionen von Kunden an das Unternehmen zurückfließen. Diese Systeme sollen für eine ständige Beobachtung konzipiert werden.

Beschreibung und Durchführung

Im Zusammenhang mit der Marktforschung werden Umfragen und Interviews durchgeführt und ausgewertet. Kunden werden in diesem Rahmen nach ihren Erwartungen bezüglich verschiedener Qualitätsdimensionen wie z. B. Zuverlässigkeit, Haltbarkeit und Design befragt. Diese können vom Unternehmen selbst (betriebliche Marktforschung) oder von einem Dritten, etwa einem Marktforschungsunternehmen (Institutsmarktforschung) übernommen werden. Das hängt von dem zu untersuchenden Produkt bzw. der Dienstleistung ab, aber auch von den dafür. verfügbaren Ressourcen im Unternehmen.

Damit das Unternehmen seine Reaktionen auf die Anforderungen und Erwartungen der Kunden verbessern kann, sollen alle mit dem Produkt zusammenhängenden Informationen gesammelt, zusammengefaßt, interpretiert, analysiert und kommentiert werden. Hierfür wird bei Kunden-Feedback-Systemen die Kundenzufriedenheit etwa anhand von Fragebögen bestimmt. Hierbei sollen Probleme des Kunden mit dem Produkt (bzw. der Dienstleistung) und auch unerfüllte Kundenbedürfnisse angesprochen werden. Als Meßindikatoren bieten sich z. B. Leistungsmerkmale des Produktes, des Verkaufes und des Kundendienstes an.

---

[1] Marktforschung umfaßt nach Berekoven; Eckert; Ellenrieder (1993), S. 30, folgende Aufgabe: die Lieferung von Informationen über die Märkte der Unternehmung, insbesondere die Absatzmärkte. Hier wird noch eine Unterscheidung bzw. Abgrenzung zwischen Markt-, Marketing- und Absatzforschung gemacht.

[2] Vgl. auch nachfolgend Oakland, J.S. (1995), S. 14 f.

5.3 Methoden und Techniken: Marktforschung / Kunden-Feedback-Systeme

Darüber hinaus sollen auch langfristige Beziehungen zu den Kunden aufgebaut werden, wobei die Kunden (auch potentielle Käufer) in den Produktentwicklungsprozeß miteinbezogen werden.[1]

Ziele
- Eine hohe Transparenz der Marktbedürfnisse soll erreicht werden.
- Langfristige Kundenbeziehungen sollen erhalten und ausgebaut werden.
- Kundenzufriedenheit (insbesondere von Endverbrauchern) soll erfaßt und bewertet werden.
- Anhand der Anforderungen der Kunden sollen Festlegungen der Produktqualität vorgenommen werden und
- Schwächen bei der Befriedigung der Kundenbedürfnisse sollen aufgedeckt werden.

Einsatzrelevante Merkmale
- Bei unerforschten Märkten bzw. Marktsegmenten oder Nischen soll konzentriert mit einer Marktforschungsstudie die Chancen eines neuen oder etablierten Produktes untersucht werden.
- Zur Festlegung der Produkteigenschaften bei neuen Produkten insbesondere in der Planungsphase ist der Einsatz der Marktforschung essentiell.
- Marktforschung kann natürlich auch für bereits auf dem Markt vorhandene Produkte und Dienstleistungen betrieben werden.

Nötige Maßnahmen
- Marktforschungsstudien müssen permanent und konsequent durchgeführt werden.
- Direkte Gespräche mit den Kunden sind notwendig.
- Daten und Informationen des Marktes müssen objektiv ausgewertet und interpretiert werden.

Beispiele

Die Messung der Produktqualität, die dem Qualitätsanspruch nachkommen kann, ist erst durch eine Untersuchung der Kundenzufriedenheit möglich. Unter Kunden-Feedback-System werden Kundenumfragen subsumiert, mit denen Kundenbedürfnisse und Probleme des Kunden mit dem Produkt ermittelt werden. So legen z. B. Hotelunternehmen in ihren Zimmern Fra-

---

[1] Vgl. auch nachfolgend Wonigeit, J. (1994), S. 112 ff.

Total Quality Management

gebögen für Kunden aus, um den Hotelservice bewerten zu lassen.[1] Dieses Instruments bedienen sich häufig auch Luftfahrtgesellschaften und Automobilhersteller. Weitere Instrumente in diesem Zusammenhang sind Telefonumfragen und Feldbesuche[2] für die Erhebung von kundenbezogenen Daten und Informationen.

Stärken

- Der Markt bzw. der einzelne Kunde ist der einzige Maßstab zur Beurteilung der Produktleistung. "The only true performance measurement is the one provided by our customers, and the customer´s measurement is the one that is always right".
- Durch Marktforschung ist eine direkte Feststellung der Marktanforderungen und Kundenbedürfnisse erzielbar.
- Marktforschung liefert Informationen und Daten nicht nur über die Kunden, sondern auch über das Umweltsystem der Unternehmung (Entwicklung des Gesamtmarktes, Käuferverhalten, Wirkung absatzpolitischer Maßnahmen).[3]

Schwächen

- Für eine laufende Produktserie liegen meistens noch keine Ergebnisse vor, die über die Akzeptanz des Produktes seitens der Abnehmer etwas aussagen. Für zukünftige Produktserien werden entsprechende Aussagen noch schwieriger.
- Es wird nur die Abnehmerseite des Unternehmens erforscht, nicht aber die Zuliefererseite.
- Bei externer oder betrieblicher Marktforschung liegt eine Gefahr darin, daß nur ein begrenzter Teil des Kundenkreises betrachtet wird, oder nur Teilstudien durchgeführt werden, was eine komplette Erfassung der Kundenanforderungen nicht ausreichend garantiert.

Typische Fehler

Programme zur Erfassung und Bewertung der Kundenzufriedenheit (Kunden-Feedback-Systeme) werden, insbesondere bei den Endverbrauchern nur sehr selten durchgeführt. Generell wird eine kundenorientierte Qualitätsmessung bei den Unternehmen sehr hoch eingestuft, doch nur

---

[1] Vgl. auch nachfolgend Ekings, J. D. (1988), S. 74.
[2] Hierunter sind Teams zu verstehen, die kontinuierlich Besuche bei ihren Händlerorganisationen sowie den Endverbrauchern vornehmen.
[3] Vgl. Berekoven; Eckert; Ellenrieder (1993), S. 31 f.

5.3 Methoden und Techniken: Marktforschung / Kunden-Feedback-Systeme

wenige Marktführer in der jeweiligen Branche, wie z. B. IBM oder Rank Xerox, führen diese Programme durch.[1]

Viele Unternehmen halten die Wahrnehmung aus der Kundensicht für noch zu "weich", um in konkrete reale Qualitätseigenschaften bzw. -anforderungen für das Produkt transformiert zu werden, oder sie gehen nicht konsequent auf diese Anforderungen ein.

Literatur

Berekoven; Eckert; Ellenrieder (1993): Marktforschung – Methodische Grundlagen und praktische Anwendung. 6. Auflage, Wiesbaden.

Ekings, J. D. (1988): A nine-step quality improvement program to increase customer satisfaction. In: Chase, Rory L. (Hrsg.): Total Quality Management – an IFS executive briefing. IFS Publications, Berlin, S. 73 -81.

Marr, J. W. (1988): Letting the customer be the judge of quality. In: Chase, Rory L. (Hrsg.): Total Quality Management – an IFS executive briefing, IFS Publications, Berlin, S. 69 -72.

Oakland, John S. (1995): Total Quality Management – text with cases. Oxford.

Wonigeit, J. (1994): Total Quality Management: Grundzüge und Effizienzanalyse. Wiesbaden.

---

[1] Vgl. hierzu und zu folgenden Ausführungen Marr, J. W. (1988), S. 69.

5.3.1.2 Benchmarking

Eine weitere Möglichkeit festzustellen, welche Ausgestaltungen von Teilqualitäten von Kunden erwünscht und durch das Kaufen des Produktes honoriert werden, bietet das Benchmarking.

Definition

Hierbei handelt es sich um ein Analyse- und Orientierungsinstrument, das in verschiedener Hinsicht wertvolle Informationen und Verbesserungsmöglichkeiten liefern soll. Dabei werden die Produkte, Dienstleistungen und Prozesse des eigenen Unternehmens gemessen und an Vergleichsgrößen aus der eigenen Unternehmung, an denen der besten Wettbewerber oder denen von anerkannten Marktführern anderer Branchen gespiegelt. Gegenstand der Betrachtung sollen ferner Verhalten, Einstellungen und Werthaltungen im Rahmen der Unternehmenskultur der analysierten Unternehmen sein.

Beschreibung und Durchführung

Benchmarking liefert einen detaillierten, auf Kundenwünsche bezogenen Vergleich, der auf drei verschiedenen Wettbewerbsebenen durchgeführt werden kann.

Zum einen kann das Unternehmen mit wichtigen Wettbewerbern der gleichen Branche verglichen werden (*Competitive Benchmarking*). Dieser Vergleich ermöglicht eine hohe Transparenz hinsichtlich der eigenen Marktleistungen und Prozesse,[1] da sie hier in der Regel direkt vergleichbar sind. So lassen sich dabei auch die eigenen Stärken und Schwächen gut identifizieren. Die Datenerfassung ist aufgrund der Konkurrenzsituation hierbei jedoch oft problematisch.

Zum anderen bietet sich beim Benchmarking die Möglichkeit, einen Vergleich mit erfolgreichen Unternehmen anderer Branchen anzustellen. Das sogenannte *Functional Benchmarking* ist eine Methode, bei der bestimmte Produkte, Dienstleistungen oder Prozesse, die ein anderes Unternehmen am besten beherrscht, mit denen des eigenen Unternehmens verglichen werden. Damit werden große Potentiale für innovative Lösungen aus dem Markt aufgedeckt, obwohl ein direktes Übertragen von Ideen dabei oft schwierig ist.

---

[1] Vergleichsaspekte können nach Oakland, J.S. (1995), S. 182, Produkte und Serviceleistungen, Termintreue und Lieferbereitschaft, Reaktionsfähigkeit und Entwicklung von neuen Produkten sein.

5.3 Methoden und Techniken: Benchmarking

Eine dritte Ebene des Vergleiches ist das eigene Unternehmen (*Internal Benchmarking*). Dabei richtet sich der Blick des Unternehmensmanagements nach innen und prüft zuerst sich selbst. Es können so verschiedene Standorte, Cost- bzw. Profit-Center, Abteilungen und Gruppen beispielsweise im Hinblick auf ihre prozessualen Abläufe verglichen werden.[1] Internal Benchmarking soll ansonsten immer der erste Schritt in jedem Benchmarkingprozeß sein, denn es liefert den Rahmen, um vorhandene interne Praktiken mit externen Benchmarkdaten zu vergleichen.[2] Diese Benchmarkingverfahren beruhen in aller Regel auf einer Gegenseitigkeit der beiden zu vergleichenden Partner. Zuerst ist also nach einem geeigneten Vergleichspartner zu suchen, was häufig auf der Basis publizierter Daten (z. B. im Geschäftsbericht) geschieht. Nach einer ersten Kontaktaufnahme kann – nach gegenseitigem Einverständnis – mit einer Vorprüfung des Partners auf Eignung für den Vergleich erfolgen. Die anschließende Datenerhebung und der Datenaustausch kann bis hin zum Einblick in das interne Rechnungswesen und bis zur Teilprozeßanalyse führen.

Ziele

- Das grundsätzliche Ziel des Benchmarking ist es, Vorgaben für neue Ziele zu entdecken, sie zu verstehen und festzusetzen.[3]
- Benchmarking zielt weiter vor allem darauf, die eigene Position des Unternehmens relativiert zu bewerten.[4]
- Ein weiteres Ziel hierbei ist, aus dem Vergleich mit den Besten die wirkungsvollsten Ideen und Instrumente von direkten Wettbewerbern, anderen erfolgreichen Unternehmen oder erfolgreichen Organisationseinheiten der eigenen Unternehmung herauszufinden und zu adaptieren, um damit die Leistungsfähigkeit des eigenen Unternehmens zu steigern und somit Wettbewerbsvorteile aufzubauen.

Einsatzrelevante Merkmale

Benchmarking wird meistens aufgrund von Informationsbedürfnissen zu bestimmten Projekten oder Problemen angewandt. Dieser Informationsbedarf kann durch verschiedene Aktivitäten bzw. Vorhaben ausgelöst wer-

---

[1] Vgl. Töpfer, A.; Mehdorn, H. (1995), S. 76 ff.; Kamiske, G.F; Brauer, J.P. (1995), S. 10 ff.
[2] Vgl. Leibfried, K.; McNair, C. (1992), S. 46.
[3] Vgl. Camp, R. C. (1994), S. 34 f.
[4] Vgl. Töpfer, A.; Mehdorn, H. (1995), S. 76.

den,[1] wie etwa ein Programm zur Qualitätsverbesserung, eine angestrebte Kostensenkung, Bemühungen zur Verfahrensverbesserung, Führungswechsel, betriebliche Veränderungen/neue Ventures, Überprüfung gegenwärtiger Strategien und Konkurrenzdruck/Krisen.

Benchmarking ist deshalb in allen diesen Situationen ein logischer Schritt und Anlaß zur Entwicklung neuer Verfahren, Ziele und Leistungsmaßstäbe.

Wenn Ziele und Vorgaben hinsichtlich der Marktbedingungen nicht genau präzisiert und effektiv festgesetzt sind, dann ist der Einsatz des Benchmarking allerdings sehr notwendig.[2]

Nötige Maßnahmen

Es werden hohe Anforderungen an die Informationserhebung und die Informationsqualität gestellt, da sie die inhaltliche Aussagefähigkeit eines Vergleiches im Sinne des Benchmarking wesentlich entscheidet. Die sorgfältige Auswahl eines Vergleichsunternehmens bzw. eines Geschäftsbereiches sowie deren zutreffender Prozesse und Qualitätsmerkmale für den Vergleich ist deshalb ein wichtiger Schritt und kann erst durch eine globale und umfassende Informationsbeschaffungsaktivität vollbracht werden.

Da das Übernehmen von Ideen, insbesondere beim Functional Benchmarking, aufgrund unterschiedlicher Marktbedingungen nicht ohne weiteres sinnvoll ist, sollten diese Ideen als Anregungen für das eigene Unternehmen verstanden werden. Sie müssen erst an die vorliegende Situation angepaßt und gegebenenfalls modifiziert werden.

Beispiele

Bei strategischen Fragen ist es das Ziel, wettbewerbsentscheidende Faktoren zu identifizieren und Meßkriterien für die Erfüllung dieser Faktoren zu definieren. So können Unternehmen selektiert werden, bei denen die gemessenen Faktoren am besten erfüllt sind. Nach dem Abschluß dieser Analyse kann man nach Praktiken suchen, die zur Bestleistung führen können. Für eine Chemiefirma ist z. B. eine hervorragende Forschung und Entwicklung (F&E) ein entscheidender Erfolgsfaktor. Aufgrund dessen könnte das Management beschließen, durch eine Benchmarkingstudie die Firmen zu ermitteln, deren F&E Weltklasse ist, basierend auf Kriterien wie dem Prozentsatz der F&E-Projekte, die erfolgreich vermarktet werden oder dem Beitrag der F&E zur Profitabilität des Unternehmens. Dadurch würde die Firma einen Einblick in die Organisation, Verfahren und Methoden der

---

[1] Vgl. Leibfried, K.; McNair, C. (1992), S. 42.
[2] Vgl. Camp, R. C. (1994), S. 33 und Kamiske, G. F.; Brauer, J.-P. (1995), S. 11.

5.3 Methoden und Techniken: Benchmarking

Besten gewinnen, womit ihr geholfen würde, ihre neuen Strategien in F&E umzusetzen.

Stärken

- Entwicklungszwänge und Handlungsspielräume können durch Benchmarking erkannt und frühzeitig genutzt werden.
- Mit Benchmarking wird die Erfüllung von Anforderungen an Produkte bzw. Dienstleistungen im Vergleich mit dem "Besten" *unmittelbar* festgestellt.
- Ziele werden hiermit auf der Basis der herrschenden Situation am Markt festgesetzt.
- Ein echter Produktivitätsmaßstab wird dadurch gewonnen, daß man sich nach den besten Praktiken der Industrie orientiert und nach ihnen sucht.[1]

Typische Fehler

Ein typischer Fehler bei Benchmarking-Studien ist, daß sie manchmal nicht konsequent oder permanent zielgerichtet durchgeführt werden.

Literatur

Camp, R. C. (1994): Benchmarking. München-Wien.

Kamiske, G. F.; Brauer, J.-P. (1995): Qualitätsmanagement von A bis Z. 2. Aufl., München-Wien.

Karloef, B.; Oestblom, S. (1994): Das Benchmarking–Konzept – Wegweiser zur Spitzenleistung in Qualität und Produktivität. München.

Leibfried, K.; McNair, C. (1992): Benchmarking – von der Konkurrenz lernen, die Konkurrenz überholen. Freiburg.

Oakland, John S. (1995): Total Quality Management – text with cases. Oxford.

Sondermann, J. (1991): Qualitätsmethodengestützte Produkt- und Prozeßentwicklung. In: Bläsing, J. (Hrsg.): 9. Qualitätsleiterforum, Total Quality Management – Aufgabe des Führungskreises, Bd. 2, München.

Töpfer, A.; Mehdorn, H. (1995): Total Quality Management – Anforderungen und Umsetzung im Unternehmen. 4. Aufl.

---

[1] Vgl. Camp, R. C. (1994), S. 33 f.

Die Methode des Benchmarking kommt auch im Rahmen von anderen Methoden und Techniken zum Einsatz, wie im folgenden noch gezeigt wird.

Geht man nun davon aus, daß die Kundenanforderungen an das Produkt analysiert und definiert sind, so müssen diese nun in Produktspezifikationen und daraus resultierende Prozeßanforderungen übertragen werden. Für diese Phase stehen verschiedene Methoden und Techniken zur Verfügung, die möglichst von Projektteams eingesetzt werden, welche neben den Mitarbeitern des Entwicklungs- und Planungsbereichs auch Mitarbeiter anderer Bereiche – wie etwa Marketing, Kundendienst und Produktion – beinhalten.

Die im folgenden genannten Methoden und Techniken werden häufig mit dem Schlagwort „Quality Engineering" bezeichnet. Hiermit gelingt es dann auch, die Produktionsphase optimal vorzubereiten und Konstruktionsänderungen zahlenmäßig zu verringern und auf frühere Zeitpunkte zu verschieben.[1]

---

[1] Vgl. Töpfer, A.; Mehdorn, H. (1995), S.74 ff.; Sondermann, J. (1991), S.457.

5.3 Methoden und Techniken: Quality Function Deployment

5.3.1.3 Quality Function Deployment (QFD)

Definition

QFD = Übertragung der Kundenforderungen in Qualitätsmerkmale

Versuche, eine deutsche Übersetzung für die Bezeichnung „Quality Function Deployment" zu finden, müssen fehlschlagen, da das Wort „Quality" unterschiedlich interpretiert wird.[1]

Beschreibung

Quality Function Deployment (QFD) wurde von Professor J. Akao entwickelt und erstmals bei Mitsubishi angewandt.

Die Methode des Quality Function Deployments ist eine bereichsübergreifende Planungsmethode, deren Hauptziel die gezielte Übertragung von Kundenforderungen in Entwurfsforderungen ist. Die Methode kann durchgängig in der gesamten Entwicklungsphase bis hin zur Serienreife eingesetzt werden. Mit QFD ist damit eine Übersetzung der vom Kunden geforderten Produkteigenschaften in eine entwicklungstechnische Sprache bzw. in die „Sprache des Ingenieurs" möglich.

Durchführung

Im Zusammenhang mit Quality Function Deployment spricht man von vier Phasen, unter denen man sich einen Transferprozeß der Kundenforderungen innerhalb der klassischen Produktentwicklungsfolge vorstellen kann. Als Werkzeug dienen dazu sogenannte Qualitätstabellen, in denen das, was Kunden wollen, und die gezielte Umsetzung ihrer Wünsche und Qualitätsforderungen deutlich sichtbar gemacht wird. Die jeweilige Vorstufe liefert an ihrem Ende den Vorgaberahmen für die nächstfolgende Planungsphase (s. Abb. 24).

Phase 1: Qualitätsentwicklung Produkt

Die Kundenforderungen werden in Anforderungen an technische Merkmale umgesetzt. Hierbei gilt es, die Wünsche und Erwartungen der Kunden, die häufig noch nicht präzise genug formuliert sind, in meßbare Qualitätsmerkmale zu übersetzen. Dabei werden wichtige bzw. kritische Qualitätsmerkmale entwickelt.

---

[1] In diesem Zusammenhang liegt ein Verständnis des Qualitätsbegriffs wie in Teil A, 2 Der moderne Qualitätsbegriff im Sinne von TQM zugrunde.

Total Quality Management

Phase 2: Qualitätsentwicklung Teile

Die technischen Merkmalsanforderungen bzw. Qualitätsmerkmale der Phase 1 werden in Komponenten bzw. Teilespezifikationen umgesetzt. Die wichtigen Merkmale der Phase 1 bestimmen dabei die Planung der Baugruppen, Unterbaugruppen und Teile. Aus der beschriebenen Teilecharakteristik werden dann die wichtigen Qualitätsmerkmale bzw. Teilespezifikationen ermittelt und zur nächsten Phase weitergeleitet.

Phase 3: Qualitätsentwicklung Prozesse

Auf der Grundlage der wichtigen Teilespezifikationen werden die Prozesse geplant. Dabei werden wichtige bzw. schwierige Prozeßmerkmale ermittelt und zur letzten Phase geleitet.

Phase 4: Qualitätsentwicklung Produktion

Die Fertigungs-, Montage- und Prüfmittel werden festgelegt. Aus den wichtigen Prozeßmerkmalen der Phase 3 werden Arbeits- und Prüfanweisungen erstellt.

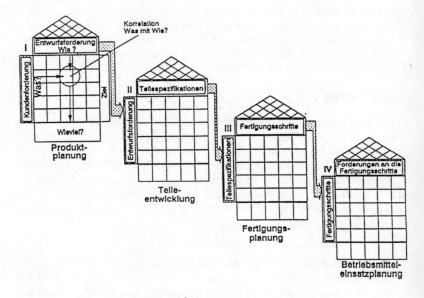

Abb. 24: Die vier Phasen des QFD[1]

---

[1] Vgl. Beumers, M. (1992).

5.3 Methoden und Techniken: Quality Function Deployment

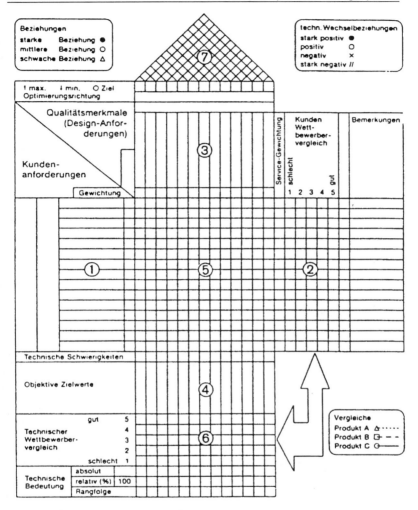

Abb. 25: „HOUSE OF QUALITY"[1]

Diese Vorgangsweise läßt sich auch folgendermaßen umschreiben: **Die Produktqualität** kann durch die Qualität der Subsysteme, **die Qualität der Subsysteme** wiederum durch die Qualität der Einzelteile und **die Qualität**

---

[1] Vgl. hierzu und zu den folgenden Ausführungen Seiling, H. (1994).

Total Quality Management

der Einzelteile mit Hilfe der Prozeßelemente (Kontrollpunkte) sichergestellt werden.

Für diese Vorgangsweise werden zur Unterstützung Formblätter verwendet. Das wichtigste Formblatt hat dabei eine große Ähnlichkeit mit einem Haus. Aus diesem Grund spricht man auch vom sogenannten HOUSE OF QUALITY.

Die Vorgehensweise beim HOUSE OF QUALITY (exemplarisch für Phase 1) läßt sich folgendermaßen darstellen:

1. Ein interdisziplinäres Team aus Entwicklung, Marketing und Kundendienst überträgt die anhand von Marktuntersuchungen und Trendanalysen gewonnenen Kundenforderungen (z. B. „leicht zu tragen") in die Tabelle 1 des leeren HOUSE OF QUALITY (s. Abb. 25). Die Kundenforderungen werden dabei nach Themenbereich, Merkmalen bzw. Oberbegriffen geordnet. Die gewünschte Priorität des Kunden wird in der Spalte Gewichtung berücksichtigt. Außerdem wird der Service- und Kundendienst aus der Sicht des Kunden beurteilt.

2. Im Feld 2 werden die spezifizierten Kundenanforderungen einem kritischen Wettbewerbsvergleich unterzogen. Dabei bewerten die Kunden den Erfüllungsgrad ihrer Forderungen bei dem Produkt der Firma des QFD-Anwenders im Vergleich zu Konkurrenzprodukten. Für diese Tabelle müssen im Vorfeld Kundenbefragungen durchgeführt werden.

3. Durch welche technische Anforderungen oder Qualitätsmerkmale die Kundenforderungen erfüllt werden, wird in Tabelle 3 beschrieben (z. B. Energieverbrauch, Betriebskosten, Lebensdauer usw.). Die Kundenforderung „leicht zu tragen" würde so z. B. in die Merkmale Gewicht, Größe und Form übersetzt. Diese Qualitätsmerkmale werden auch als Designmerkmale bezeichnet und beschreiben, „wie" oder „wodurch" die Kundenforderungen umgesetzt werden können. In der Tabelle 4 wird dann jeder Forderung ein meßbarer Zielwert zugeordnet (z. B. Gewicht 1,5 kg, Durchmesser 20 mm, Spannung 10 V usw.). Dieser Wert charakterisiert das betreffende Qualitätsmerkmal.

4. Im Matrixfeld Nr. 5 werden die Beziehungen zwischen den Kunden- und Designanforderungen bewertet und durch entsprechende Symbole visualisiert. Danach wird in der Spalte „Technische Schwierigkeiten" eine Bewertung der einzelnen Merkmale vorgenommen, um wichtige oder kritische und schwierige Qualitätsmerkmale zu identifizieren. Hier wird z. B. die folgende Frage geklärt: „Wie stark korreliert die Designanforderung Nr. 1, 2, 3 etc. mit jeder einzelnen Kundenforderung?".

5. Die Ergebnisse des Vergleichs der eigenen Designanforderungen mit denen von Wettbewerbern wird in Tabelle 6 mit Hilfe von Symbolen

5.3 Methoden und Techniken: Quality Function Deployment

dargestellt. Für jedes Merkmal wird eine Gewichtung berechnet und in den Spalten „Technische Bedeutung" eingetragen.

6. Die Zielwerte aus Schritt 3 dienen nun dazu, zu untersuchen, wie das eigene Produkt verändert werden muß, um das angestrebte Optimum zu erreichen. Dabei wird die Richtung der Veränderung durch einen Pfeil in der Spalte „Optimierungsrichtung" symbolisiert.

7. Korrelationen zwischen den einzelnen Qualitätsmerkmalen werden im Dach des House of Quality untersucht. Dadurch können Zielkonflikte zwischen den Anforderungen aufgezeigt werden.

Beispiel: Die Designanforderungen Leichtbauweise und Kraftstoffverbrauch korrelieren im Fahrzeugbau stark positiv, dagegen können Leichtbauweise mit Crashverhalten stark negativ zueinander stehen und somit einen Zielkonflikt darstellen.

Ziele

- Kundenanforderungen sollen in Vorgaben für Produktmerkmale und Prozeßparameter umgesetzt werden.
- Die Produktentwicklungszeit soll reduziert und
- die Kundenzufriedenheit erhöht werden.

Nötige Maßnahmen

- Zusätzliche Kapazität z. B. für einen geschulten Moderator muß zur Verfügung gestellt werden.
- Für den Einstieg in QFD sollten die ersten Anwendungen von einem geschulten (externen) QFD-Moderator durchgeführt werden. Dieser sollte die Anwendung so lange unterstützen, bis ein oder mehrere Teammitglieder ebenfalls Erfahrungen gesammelt haben, so daß sie die Rolle eines Moderators übernehmen können.
- Alle Mitarbeiter bzw. Beteiligte müssen einen Überblick über den Ablauf der Methode haben (Schulung der Mitarbeiter).
- Die Unternehmensführung muß die Einführung der Methode unterstützen.

Beispiel

Am Beispiel eines Autospiegels wird ein exemplarisch ausgefülltes „House of Quality"-Formular in Abb. 26 gezeigt.

Total Quality Management

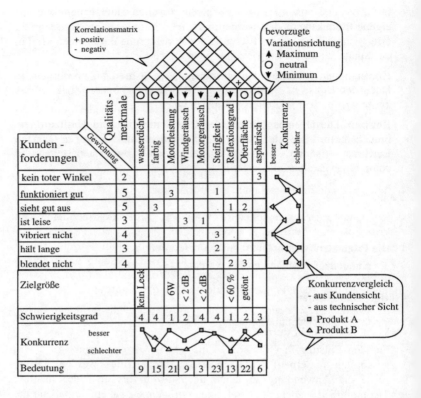

Abb. 26: House of Quality[1]

Stärken

- Kundenwünsche werden konsequent umgesetzt.
- Technisches „Know -how" und die Beziehungen zu Kundenforderungen werden dokumentiert.
- Die Transparenz der Informationen wird erhöht.
- Bei notwendigen, größeren Investionen oder Stückpreiserhöhungen liegt eine gute Entscheidungshilfe vor.

---

[1] Vgl. auch nachfolgend Pfeifer, T. (1993).

5.3 Methoden und Techniken: Quality Function Deployment

- Produktentwicklungszeiten werden verkürzt.
- Kundenorientiertes Denken setzt sich durch (auch bei den Ingenieuren).
- Die Anzahl der Konstruktionsänderungen während des Produktionsanlaufes wird reduziert.

Schwächen

- Die Methode ist nicht in kurzer Zeit einführbar (teilweise müssen Formulare selbst entwickelt bzw. angepaßt werden).
- Es muß mehr Zeit in der frühen Planungsphase aufgewendet werden, um Kundenforderungen in konkrete Prozeßanforderungen umzusetzen. Die Freiräume für eine solche zeiliche „Investition" müssen erst geschaffen werden.
- Die Darstellung des House of Quality wird schnell unübersichtlich.
- Zielwerte sind manchmal nicht quantifizierbar.

Typische Fehler

Fehler entstehen hauptsächlich, wenn das House of Quality-Formblatt nicht sorgfältig genug ausgefüllt bzw. bearbeitet wird. Deshalb sollte dieses Formblatt nach der Erstellung unbedingt auf Vollständigkeit und Plausibilität überprüft werden. Folgende Fehler können dabei auftreten:

- Es kommen leere Zeilen vor (Kundenforderung steht in keiner Beziehung zu einer Designanforderung).
- Es kommen ausschließlich Zeilen mit schwachen Beziehungen vor. Bei einem ausführlich bearbeiteten House of Quality-Formblatt sind nur schwache Beziehungen sehr unwahrscheinlich. Aus diesem Grund sollte das Formblatt nochmals auf Plausibilität untersucht werden.
- Eine unvollständig gefüllte Beziehungsmatrix führt dazu, daß Prioritäten bei der Bedeutung der Designanforderung nicht erkannt werden können.

Literatur

Hansen, W.; Jansen, H.H.; Kamiske, G.F. (1993): Qualitätsmanagement im Unternehmen. Berlin.

Seiling, Harald (1994): Der neue Führungsstil. München-Wien.

Pfeifer, Tilo (1993): Qualitätsmanagement: Strategien, Methoden, Techniken. München-Wien.

Akao, Yoji (1992): QFD - Quality Function Deployment. Landsberg/Lech.

Beumers, Michael (1992): Qualitätsgerechte Produktgestaltung, Dissertation RWTH Aachen.

5.3.1.4 Design Review

Definition

Beim Design Review handelt es sich um die formale Überprüfung eines Entwurfes/Entwicklungsergebnisses zur Feststellung von Problembereichen und Unzulänglichkeiten, die Auswirkungen auf den Einsatzzweck und die Einsatzbedingungen eines Produktes haben.

Beschreibung

Mit Hilfe eines Design Reviews sollen Fehler frühzeitig erkannt und eine Fehlerverschleppung vermieden werden. Dabei sollen Arbeitsergebnisse gezielt verbessert werden, Bearbeitungsschleifen vermieden werden und damit insgesamt zu einer Einsparung kostspieliger Entwicklungskapazitäten beigetragen werden. Zur Unterstützung dieser Zielsetzung werden Checklisten erarbeitet und eingesetzt.

Bei einem Design Review unterscheidet man je nach Art der Durchführung zwischen zwei Versionen:

Walk Through: Wenige Experten überprüfen in einer Sitzung ein Untersuchungsobjekt. Das Ergebnis wird in einem Protokoll dokumentiert.

Document Control: Beim Document Control werden zu einem Untersuchungsobjekt von mehreren Fachleuten mit unterschiedlichen Blickwinkeln und Interessenlagen innerhalb eines vorbestimmten Zeitraums schriftliche Einwände und Anregungen eingebracht. Diese werden an alle Teammitglieder verteilt und vom Entwickler bzw. anderen Beteiligten vor der eigentlichen Sitzung beantwortet.

Durchführung[1]

1. Ernennung des Design Review Projektleiters
2. Design Review-Team bilden: Dabei werden die Teammitglieder je nach Aufgabenstellung festgelegt. Entscheidend ist dabei, daß die Reviewer die notwendigen Fachkenntnisse besitzen.
3. Design Review-Plan aufstellen: Für die Durchführung eines Design Reviews ist eine detaillierte Planung erforderlich. Die Informationen dieser Planung werden in einem Design Review-Plan verbindlich festgelegt, der folgende Angaben enthalten sollte:

---

[1] Vgl. Beumers, M. (1992).

5.3 Methoden und Techniken: Design Review

- den Projektleiter,
- die Teammitglieder,
- den terminlichen Ablauf sowie
- die Untersuchungsobjekte.

4. Projektbezogene Checklisten erarbeiten: Als Grundlage zur Erstellung der Checklisten sollte im Vorfeld ein Fragenkatalog erarbeitet werden, wobei dieser nach den jeweiligen Erfordernissen selbst entwickelt werden muß. Sinn und Zweck eines Fragenkataloges besteht darin, die Erstellung der Checkliste zu vereinfachen.

Mit Hilfe der Checkliste kann für jeden Punkt entschieden werden, ob die jeweilige Forderung erfüllt ist oder nicht. Um eine Weiterverwendung zu gewährleisten, müssen die Checklisten entsprechend verwaltungstechnisch erfaßt werden. Eine Checkliste soll eine kritische Auswertung von Fehlern von Vorläuferprodukten sein. In diesem Zusammenhang kann man eine gewisse Ähnlichkeit der Reviewchecklisten mit einer Produktanforderungsliste feststellen, da sich beide an den Kundenforderungen orientieren. Jedoch können auch allgemeine Fragen, die das Produkt nur indirekt betreffen, Inhalt der Reviewcheckliste sein:

- Liegt eine Neuentwicklung, Weiterentwicklung oder Änderung bzw. Modifikation vor?
- Liegen Erfahrungswerte für die Problemstellung vor?
- Können vorhandene Elemente verwendet werden? usw.

5. Reviews durchführen:

<u>Vorbereitung:</u>

- Moderator benennen
- Unterlagen zusammenstellen: Alle zur Beurteilung notwendigen und zur Verfügung stehenden Entwicklungsergebnisse werden zusammengestellt.
- Aufgabenverteilung (bei komplexen Entwicklungsergebnissen)

<u>Durchführung:</u>

- Problemaufbereitung
- Mit Hilfe der Checklisten wird ein Entwicklungsergebnis hinsichtlich möglicher Probleme oder Unzulänglichkeiten untersucht.
- Problemformulierung
- Problemlösung
- Auswahl und Bewertung der Problemlösung
- Maßnahmen

Total Quality Management

Bei der Durchführung der Besprechungen ist besonders darauf zu achten, daß sich der Besprechungsinhalt auf das Untersuchungsobjekt beschränkt. Themen aus den üblichen Projektbesprechungen, wie allgemeine Termine und Kosten, sollten hier nicht behandelt werden.

Nachbereitung:

- Maßnahmen zur Kontrolle
- Dokumentation

Ziele

- Schwachstellen und Fehler sollen frühzeitig erkannt werden.
- Produktqualität soll verbessert werden.
- Es soll sichergestellt werden, daß das Produkt den gestellten Kunden- sowie Herstelleranforderungen genügt.
- Entwicklungszeiten sollen verkürzt werden.
- Die Anzahl der Entwurfsänderungen soll reduziert werden.
- Kostspielige Entwicklungskapazitäten sollen eingespart werden.
- Eine nachvollziehbare Dokumentation der Ergebnisse soll erstellt und
- die Kommunikation über Bereichs- und Abteilungsschnittstellen hinweg verbessert werden.

Nötige Maßnahmen

- Eine Schulung der Anwender ist erforderlich.
- Zur Erstellung der Checklisten ist eine Stabsabteilung zweckmäßig.
- Der Einsatz eines Moderators empfiehlt sich bei der Einführung und bei komplexen Aufgabenstellungen.

Beispiel

Der Aufbau einer Checkliste wird in Abb. 27 am Beispiel einer Kühlschmiermittelpumpe einer Drehbank exemplarisch gezeigt.

Stärken

- Die Produktsicherheit wird erhöht.
- Die Entwicklungszeit wird verkürzt.
- Die Anzahl von Bearbeitungsschleifen wird reduziert.
- Die Kommunikation zwischen den Abteilungen wird verbessert.
- Die Erfahrung aller Spezialisten kann genutzt werden.
- Die Dokumentation wird auch für spätere Projekte verbessert.

5.3 Methoden und Techniken: Design Review

	Erfolg GmbH	Reviewcheckliste		Stand: 12/91		
		Ausarbeitungsphase		Objekt: Pumpe		
		Produkt: Drehmaschine X/7		Ident.-Nr.: 4711		
Nr.	Checkpunkt		1.0.	n.1.0.	Bemerkung	
1	Wird die maximale Fördermenge erreicht ?					
2	Werden Verunreinigungen ausreichend gefiltert ?					
3	Ist der Dauerbetrieb gewährleistet ?					
4	Stimmen die Anschlußmaße ?					
5	Sind die elektrischen Kontakte Spritzwasser geschützt ?					
6	Sind die Steckverbindungen verwechslungssicher ?					
7	Sind die Steckverbindungen vibrationsfest ?					
8	Ist die Pumpe leicht austauschbar ?					

Abb. 27: Checkliste eines Design Reviews[1]

Schwächen

- Die Methode bietet keine Unterstützung der Umsetzung von Kundenforderungen in technische Spezifikationen.
- Die Methode beinhaltet keine methodische Anleitung zur Erstellung von Review-Checklisten.
- Die Erstellung des Fragenkatalogs ist wegen der hohen Komplexität sehr zeitintensiv.

Typische Fehler

- Die Mitarbeiter sehen in der Dokumentation bzw. in der Durchführung eines Design Reviews einen zusätzlichen, unnötigen Aufwand.
- Die Mitarbeiter empfinden ein Design Review als eine Überprüfung ihrer Arbeit und fühlen sich kontrolliert.
- Die Checklisten werden nicht sorgfältig genug erstellt.

---

[1] Vgl. Pfeifer, T. (1993).

Literatur

Pfeifer, Tilo (1993): Qualitätsmanagement: Strategien, Methoden, Techniken. München-Wien.

Beumers, Michael (1992): Qualitätsgerechte Produktgestaltung. Dissertation RWTH Aachen.

Danzer, H.H. (1990): Quality-Denken.

Madauss, Bernd (1994): Handbuch Projektmanagement. Stuttgart.

5.3 Methoden und Techniken: FMEA

5.3.1.5 Fehler-Möglichkeits- und Einflußanalyse (FMEA)

Definition

FMEA ist die englische Abkürzung für „Failure Mode and Effects Analysis" und wird ins Deutsche mit Fehler-Möglichkeits- und Einflußanalyse übersetzt.

Die FMEA ist eine formalisierte, analytische Methode zur systematischen und vollständigen Erfassung bzw. Vermeidung möglicher Risiken bei der Realisierung von Konzeptionen, Entwicklungen, Prozessen usw.[1]

Beschreibung

Erstmals wurde die FMEA in den sechziger Jahren bei der NASA zur Qualitätssicherung eingesetzt. Die FMEA dient einer geplanten Überprüfung von Qualitätsmerkmalen und vermeidet bzw. reduziert Fehler, die z. B. entstehen können durch:

- Vergessen (bzw. Unvollständigkeit);
- falsche Einschätzung usw.

Man unterscheidet je nach Aufgabenstellung zwischen der System-, Prozeß-, Konstruktions-, und der Produkt-FMEA.[2]

System-FMEA

Die Auswirkungen von Komponentenfehlern hinsichtlich des betrachteten Systems werden bei der System-FMEA analysiert und bewertet. Die System-FMEA betrachtet dabei das funktionsgerechte Zusammenwirken der Systemkomponenten.

Anwendungsschwerpunkt ist hierbei die Vermeidung von Fehlern bei Systemauswahl und -auslegung.

Konstruktions-FMEA

Die Konstruktions-FMEA bezieht sich auf mögliche Fehler am Produkt und deren Ursachen. Dabei werden Fragen nach dem Layout, der Konstruktion und den geforderten Produkteigenschaften beantwortet.

---

[1] Vgl. Franke, W. (1989).
[2] Vgl. hierzu und zu den folgenden Ausführungen QLF (1989a), QLF (1989b).

Total Quality Management

Anwendungsschwerpunkte sind dabei die Schwachstellenanalyse für kritische Produkte (hohe Zuverlässigkeit) sowie die Fehlerbeurteilungen auch für alternative Lösungskonzepte.

Prozeß-FMEA

Die Prozeß-FMEA analysiert mögliche Fehler am Herstellungsprozeß und deren Auswirkungen auf den weiteren Produktionsablauf.

Anwendungsschwerpunkte sind hierbei die Offenlegung möglicher Prozeßfehler und die Absicherung von Qualitätsanforderungen durch Analyse des Herstellungsprozesses.

Produkt-FMEA

Die Produkt-FMEA stellt keinen eigentlich neuen FMEA-Typ dar. Bei der Produkt-FMEA werden die konstruktiven und fertigungstechnischen Aspekte eines Produktes aus ganzheitlicher Sicht betrachtet. Dies bedeutet, daß die Produkt-FMEA aus der Konstruktions-FMEA und der Prozeß-FMEA besteht.

Durchführung bzw. Arbeitsschema einer FMEA

Zu Beginn der FMEA wird ein Team zusammengestellt, das die Untersuchungen eigenverantwortlich durchführt. Die Zusammensetzung des Teams muß bereichsübergreifend erfolgen und wird entsprechend der Aufgabenstellung vorgenommen. Einer typischen Aufstellung des FMEA-Teams entspricht die Zusammensetzung aus Mitgliedern der Bereiche Planung, Entwicklung, Fertigung, Qualitätssicherung und Kundendienst. Zur Einweisung in die Methode und zur Anleitung bei der Durchführung muß ein Moderator mit FMEA-Methodenwissen bereitstehen. Als Teamleiter fungiert bei einer Konstruktions-FMEA der zuständige Konstrukteur, bei der Prozeß-FMEA der zuständige Fertigungsplaner. Bei der System-FMEA sollte ein Mitarbeiter mit guten Kenntnissen über die verschiedenen Systemkomponenten als Teamleiter benannt werden.

Mit Hilfe von Formblättern werden die Arbeitsergebnisse der FMEA dokumentiert. Das eigentliche Arbeitsschema einer FMEA umfaßt dabei vier Schritte. Zunächst werden im Analyseblock mögliche Fehler nach Ort bzw. Merkmal, Art, Auswirkung und Ursache bestimmt. Dazu können auch andere Methoden, wie die Fehlerbaumanalyse, die Ereignisablaufanalyse oder auch das Ishikawa-Diagramm zur Unterstützung verwendet werden. Im darauffolgenden Schritt wird im Beurteilungsblock eine Risikobeurteilung des Ist-Zustandes ermittelt. Zur Gewichtung der Fehler wird eine sogenannte Risikoprioritätszahl (RPZ) berechnet. Sie liefert eine quantitative Aussage und damit eine Prioritätenreihenfolge der Fehler. Der potenti-

5.3 Methoden und Techniken: FMEA

elle Fehler wird dazu hinsichtlich der Wahrscheinlichkeit des Auftretens, der Bedeutung des Fehlers und der Wahrscheinlichkeit der Entdeckung bewertet. Durch Multiplizieren der Bewertungen erhält man dann die Risikoprioritätszahl. Zur Bewertung werden folgende Werteskalen vorgegeben:

Auftreten (Häufigkeit)		Bedeutung		Entdeckung		Risikoprioritätszahl (RPZ)	
unwahrscheinlich	= 1	kaum wahrnehmbar	= 1	hoch	= 1	keine	= 0-1
sehr gering	= 2-3	unbedeutend	= 2-3	mäßig	= 2-5	mittel	= 1-125
gering	= 4-6	mittelschwer	= 4-6	gering	= 6-8	hoch	= 125-1000
mäßig	= 7-8	schwer	= 7-8	sehr gering	= 9		
hoch	=9-10	schwerwiegend	= 9-10	unwahrscheinl.	= 10		

Im dritten Block werden Vorschläge für Maßnahmen zur Bekämpfung von Fehlerursachen und Zuständigkeiten festgeschrieben. Im vierten Block wird dann nach Durchführung der beschlossenen Maßnahmen zusätzlich eine Risikoprioritätszahl berechnet. Durch diese Risikoprioritätszahl kann der Erfolg der festgelegten Maßnahmen bewertet werden.

Logo	FMEA		Fehler-Möglichkeits- und Einfluß-Analyse								
Analyseobjekt:			Dienststelle:				Datum:				
			Bearbeiter:				(letzte Bearbeitung)				
		Risikoanalyse		Aktueller Zustand				Neuer Zustand			
Nr.	Merkmal (Teil/Schritt)	Fehlerart	potentielle Fehlerfolge	Fehlerursache	A	B	E	RPZ	Abstellmaßnahme wer/was/wann	A	B	E	RPZ
1	Airbag	Steckverbindung: Verbindungskabel verdreht montiert	Airbag löst nicht aus	Falsche Steckverbindungsmontage leicht möglich	6	10	10	600	Einsatz verdrehsicherer Stecker ab 28.8.97 durch P Bis 28.8.97 100%-Kontrolle durch Q	0	10	10	0

A = Auftreten   B = Bedeutung   E = Entdeckung   1 = bester Wert
                                                    10 = schlechtester Wert

Abb. 28: Die Phasen der FMEA anhand des Formblatts[1]

---

[1] Ein umfangreicheres Formblatt findet sich in QLF (1989b).

Total Quality Management

Ziele der FMEA

Nach Beumers[1] ist das Ziel einer FMEA die Bewertung und Verbesserung von neuen wie bestehenden Entwicklungen und Prozessen. Potentielle Fehler sowie deren Folgen und Ursachen werden untersucht und hinsichtlich des Risikos bewertet. Diese Fehler sind entweder zu vermeiden oder kalkuliert zu begrenzen. Außerdem zeichnet sich die FMEA-Methode dadurch aus, daß sie den Informationsaustausch fördert.

Zusammengefaßt ist eine FMEA eine einfache, analytische Methode, um

- mögliche Fehler systematisch aufzulisten,
- die Fehlerauswirkungen aufzuzeigen,
- die möglichen Fehlerursachen zu bestimmen,
- die Häufigkeit des Auftretens abzuschätzen,
- die Bedeutung des Fehlers zu bestimmen,
- die Fehlerentdeckbarkeit abzuschätzen,
- eine Bewertung des derzeitigen Zustandes vorzunehmen,
- erforderliche Fehlerabstellmaßnahmen zu bestimmen,
- die Verantwortlichen für die Fehlerabstellung festzulegen und
- eine erneute Bewertung des verbesserten Zustandes nach Fehlerabstellung zu erarbeiten.

Einsatzrelevante Merkmale

Die FMEA ist der präventiven Qualitätssicherung zuzurechnen und ist bei folgenden Randbedingungen besonders zu empfehlen:

- Entwicklung und Herstellung neuer Produkte,
- Einsatz neuer Fertigungsverfahren,
- Einsatz neuer Bedingungen für bestehende Produkte sowie
- Konstruktions- oder Verfahrensänderungen

Nötige Maßnahmen

Der Erfolg einer Methode hängt entscheidend von den richtigen Einsatzbedingungen ab. Um mit der Methode FMEA einen möglichst großen Nutzen erzielen zu können, müssen folgende Forderungen erfüllt sein:

1. Die Unternehmensführung muß klar und unmißverständlich ihren Willen zur Einführung der Methode FMEA deutlich machen.

---

[1] Vgl. Beumers, M. (1992).

5.3 Methoden und Techniken: FMEA

2. Alle Beteiligten müssen Gelegenheit gehabt haben, sich ausreichende Kenntnisse über den prinzipiellen Aufbau einer FMEA anzueignen.
3. Die Prozedur der Erstellung muß im Vorfeld diskutiert und für alle Anwender verbindlich sein.
4. Zur Vermeidung von Doppelarbeit und um eine Konsistenz der FMEA-Daten gewährleisten zu können, sollte eine Stelle im Unternehmen den Einsatz der Methode koordinieren (Stabsstelle). Diese Stelle sollte auch als Anlaufstelle zur Klärung von methodischen Problemen und zur Unterstützung der Anwender dienen.
5. Zusätzliche Kapazitäten müssen für die erfolgreiche FMEA-Durchführung zur Verfügung gestellt werden. Die Rolle eines Moderators mit FMEA-Methodenwissen könnte eine unter 4. angesprochene, koordinierende Stelle übernehmen.
6. Das FMEA-Team sollte für die Arbeit von den Störeinflüssen der normalen Arbeit abgeschirmt werden. Geeignete Räumlichkeiten für kreative Gruppenarbeit (Visualisierungshilfsmittel) sollten vorhanden sein.
7. Die Bearbeitung einer FMEA sollte in einem Zuge erfolgen, nicht in mehreren Stufen. Maßnahmen müssen bis zur Umsetzung verfolgt werden. Außerdem ist eine Ergebniskontrolle nach Anlauf der Fertigung unbedingt erforderlich.

Stärken

- Die Methode zielt auf Fehlervermeidung statt -bekämpfung (präventiver statt korrigierender Ansatz).
- Wiederholungsfehler werden durch die systematische Dokumentation von Know-how vermieden.
- Die Produktivität wird gesteigert.
- Die Änderungskosten werden reduziert.
- Die bereichsübergreifende Zusammenarbeit wird gefördert.
- Die Produktqualität wird verbessert.
- Eine qualitätsorientierte Denkweise wird unterstützt.
- Es liegt eine Entscheidungshilfe bei der Auswahl von verschiedenen Konstruktions- und Fertigungskonzepten vor.
- Aus den Daten der Prozeß-FMEA können Prüfpläne abgeleitet werden.

Schwächen

- Die Methode erfordert großen personellen und zeitlichen Aufwand.
- Es ist das Expertenwissen aller Anwender erforderlich. Dies deutet auf einen hohen Koordinationsaufwand hin.

Typische Fehler

Im Zusammenhang mit der FMEA treten mehrere typische Pobleme auf, die sich in die zwei Problemkategorien Überzeugungsprobleme[1] und Kapazitätsprobleme einteilen lassen.

Überzeugungsprobleme:

- Die FMEA wird nicht intensiv durchgeführt, da die Mitarbeiter von der Qualität ihrer Konstruktion/Prozeßplanung überzeugt sind.
- Die Mitarbeiter sehen in der Dokumentation aller Gedanken des Entwicklungs-/Planungsprozesses zusätzlichen, unnötigen Aufwand.
- Die Mitarbeiter empfinden die FMEA als eine Überprüfung ihrer Arbeit und fühlen sich kontrolliert.

Kapazitätsprobleme:

- Die FMEA wird aus Kapazitätsgründen nicht oder nur unvollständig durchgeführt. Eine schlechte Verfügbarkeit von Informationen verstärkt diese Situation noch zusätzlich.
- Fehler werden wegen Kapazitätsproblemen „erdacht".

Bemerkung

Aufwand und Nutzen einer FMEA lassen sich kaum quantifizieren. Auf jeden Fall läßt sich aber festhalten, daß eine vollständige und gründliche Durchführung der FMEA sehr zeitintensiv ist. Dabei ist der Aufwand zur FMEA-Erstellung und -Pflege in der Einführungsphase bedeutend höher als der Nutzen. Der Nutzen der FMEA wird dabei stark von der Komplexität des Untersuchungsobjektes und der Gründlichkeit der Vorbereitung der Analyse beeinflußt. Beachtet werden sollte außerdem unbedingt, daß sich die Wirkung der FMEA erst mittel- oder langfristig einstellt. Folgende Äußerung ist so sinngemäß in zahlreichen Erfahrungsberichten wiederzufinden:

„Falls man ein „Return of Investment" innerhalb eines Jahres erwartet, sollte man erst gar nicht mit der Methodik FMEA beginnen. Nur in einem deutlich längeren Zeitraum (ab ca. 3 Jahren) wird der Nutzen den Aufwand überwiegen."[2]

---

[1] Vgl. Scheer, A. (1992).
[2] Vgl. QLF (1989b).

Literatur

Hansen, W.; Jansen, H.H.; Kamiske, G.F. (1993): Qualitätsmanagement im Unternehmen. Berlin.

Beumers, Michael (1992): Qualitätsgerechte Produktgestaltung. Dissertation RWTH Aachen.

QLF Qualitätsleiterforum Berlin (1989): Quality Management. Band 1. München.

QLF Qualitätsleiterforum Berlin (1989): Quality Management. Band 2. München.

Scheer, August-Wilhelm (1992): Simultane Produktentwicklung. München.

Pfeifer, Tilo (1993): Qualitätsmanagement: Strategien, Methoden, Techniken. München-Wien.

Berens, Nikolaus (1989): Anwendung der FMEA in Entwicklung und Produktion. Landsberg/Lech.

Franke, Wolf D. (1989): FMEA. Landsberg/Lech.

5.3.1.6 Robust Design durch statistische Versuchsmethodik – Design of Experiments (DoE)

Es gilt jedoch nicht nur, frühzeitig potentielle Fehler zu eliminieren, sondern auch, möglichst früh vor der Serienproduktion Produkte und Prozesse so zu gestalten, daß sie robust gegenüber Störgrößen sind, um dadurch mögliche Schwankungen der Qualitätsmerkmale zu minimieren. Dazu eignet sich DoE.

Definition

Die statistische Versuchsplanung (engl.: Design of Experiments) ist die Planung einer Reihe von Versuchen. Es handelt sich um eine Methode, um Parameter eines Produktes oder Prozesses vor Beginn der Serienfertigung zu optimieren.[1] Sie bildet jedoch keinen Ersatz für andere Qualitätssicherungsinstrumente, sondern stellt vielmehr eine besondere Ergänzung im Gesamtgerüst des Qualitätsmanagements dar, die stets dann eingesetzt wird, wenn ein Durchbruch in der Produkt- und Prozeßqualität erzielt werden soll.

Beschreibung

Die statistische Versuchsplanung hilft bei der Beantwortung von Fragen wie z. B.: „Wie verändert sich ein Qualitätsmerkmal[2] des Produktes, wenn man statt des Materials X das Material Y verwendet?" oder: „Wie verändert sich ein Qualitätsmerkmal des Produktes, wenn man den Prozeßparameter Z (z. B. Schnittgeschwindigkeit einer Maschine) um 10% erhöht?" Also eine Untersuchung der Wirkung einer oder mehrerer Einfluß[3]- bzw. Inputgrößen (unabhängige Variable) auf Ziel- bzw. Outputgrößen (abhängige Variable). Outputgrößen sind dabei Qualitätsmerkmale des Produktes, die durch Inputgrößen beeinflußt werden sollen.

Die bekannteste Methode der Versuchsplanung ist das **Taguchi-Verfahren**. Demnach ist der Fokus des Qualitätsverständnisses nicht auf über-

---

[1] Vgl. Kamiske, G.F; Brauer, J.P. (1995), S. 252.

[2] Hier werden unter Qualitätsmerkmalen speziell quantifizierbare Größen, wie z. B. Durchmessermaße oder Anpresskräfte verstanden, die sich unmittelbar auf die Produkt- bzw. Prozeßqualität auswirken. Vgl. hierzu auch Teil A, 2.2.

[3] Einflußgrößen werden nach Kamiske, G.F.; Brauer, J.P. (1995), S. 253 in Steuer- und Störgrößen unterteilt (vgl. auch Gogoll, A.; Theden, P.H. (1994), S. 343. Steuergrößen sind demnach als Versuchsparameter aufzufassen, die einmalig bestimmt und festgelegt sind. Die Störgrößen sind dagegen schwer zu kontrollieren, und können nur statistisch durch Mittelwert und Standardabweichung erfaßt werden.

5.3 Methoden und Techniken: Design of Experiments

schrittene Toleranzen gerichtet, sondern auf Quantifizierung von kontinuierlichen Qualitätsverlusten in Abhängigkeit von der Abweichung vom Zielwert.[1] Dieser monetäre Qualitätsverlust wird dabei durch eine sogenannte Qualitätsverlustfunktion (Quality Loss Function) beschrieben, die meist einen parabelförmigen Verlauf annimmt. Die Qualitätsverlustfunktion stellt die Abweichung des charakteristischen Qualitätsmerkmals von seinem Zielwert dar. Je mehr man sich vom Zielwert entfernt, um so stärker nehmen damit die Qualitätsverluste zu. Die Qualitätsverlustfunktion setzt den entstehenden Qualitätsverlust beim Kunden zu den Aufwendungen für neue Maschinen oder Werkzeuge ins Verhältnis.

Durchführung

Bei der Durchführung des Versuches gilt es, die Einstellung der Einflußgrößen so zu wählen, daß einerseits der Mittelwert eines Qualitätsmerkmals realisiert und andererseits die Streuung minimiert wird.

Nach Taguchi findet eine Untersuchung der Steuergrößen des betrachteten Produktes oder Prozesses in der Regel in drei Schritten bzw. Phasen statt, n%omlich dem System Design, dem Parameter Design und dem Tolerance Design.

System Design ist der erste Schritt, in dem die erste konkrete Konfiguration für das Produktkonzept (Materialauswahl, Komponentenauswahl etc.) festgelegt wird. Dabei werden diejenigen Qualitätsmerkmale herausgearbeitet, die für eine Erfüllung der Kundenwünsche am besten geeignet erscheinen. Die Erkenntnisse über Kundenanforderungen werden mit Hilfe anderer Methoden, insbesondere dem Quality Function Deployment (QFD), ermittelt.

Taguchi hatte zum Ziel, bei der Entwicklung eines Produktes dessen Parameter oder Faktoren (z. B. Material) so festzulegen, daß die Qualitätsmerkmale des Produktes (z. B. Festigkeit) gegenüber den Parameterschwankungen des Prozesses (wie z. B. der Temperatur) möglichst unempfindlich oder "robust" werden. Dieser Schritt, das sogenannte **Parameter Design**, bildet den Kern der Versuchsmethodik. Zunächst werden ein/mehrere Qualitätsmerkmale und dessen/ihre Stör- und Steuergrößen bestimmt. Für das Qualitätsmerkmal wird nun die zu optimierende Zielfunktion festgelegt. Dafür wird ein Signal-Rausch-Verhältnis definiert, wobei die Werte der Steuergrößen als Signal und die Störgrößen als Rauschen (engl. noise) bezeichnet werden. Das Signal/Rauschverhältnis (Signal/Noise-Verhältnis oder S/N-Verhältnis) stellt somit die Meßgröße

---

[1] Vgl. Kamiske, G.F; Brauer, J.P. (1995), S. 258; Wonigeit, J. (1994), S. 120 f.

für die Robustheit dar. Je höher das S/N-Verhältnis, desto größer ist dann die Robustheit des Qualitätsmerkmals hinsichtlich Abweichungen.

Mit Hilfe von sogenannten orthogonalen Feldern und linearen Graphen versucht man, die Auswirkung von nur einigen Kombinationen der Einflußgrößen auf das Qualitätsmerkmal zu bestimmen. Dabei wird für jede Versuchsreihe eine bestimmte Wertekombination der Steuergrößen beibehalten, die mit unterschiedlichen Werten der Störgrößen kombiniert wird. Für jede Versuchsreihe wird daraufhin das S/N-Verhältnis berechnet.

Anhand der bisherigen Ergebnisse werden mit Hilfe einer Haupteffektanalyse die Auswirkungen der Steuergrößen auf das S/N-Verhältnis ermittelt. Daran wird festgestellt, welche der Steuergrößen die Streuung und welche die Ausprägung des Qualitätsmerkmals beeinflussen. Anschließend wird eine Varianzanalyse (engl. Analysis of Variance, ANOVA) der Versuchsergebnisse durchgeführt. Damit werden irrelevante Steuergrößen identifiziert, die bei der Optimierung der Zielgröße nicht zu berücksichtigen sind. Als Ergebnis der Haupteffekt- und der Varianzanalyse werden diejenigen Werte der Steuergrößen ermittelt, mit denen sich ein Maximalwert für das S/N-Verhältnis ergibt. Die ermittelten Parametereinstellungen sollen als Abschluß der Parameter-Design-Phase durch ein Bestätigungsexperiment verifiziert werden.[1]

Der dritte und letzte Schritt ist das **Toleranz Design**, in dem die Toleranzen für diejenigen Produkt- und Prozeßparameter festgelegt werden, bei denen trotz der Optimierung in der Parameter Designphase noch zu große Streuungen der Qualitätsmerkmale auftreten. Dabei werden, wenn es um den Einsatz von besseren Werkzeugen und Maschinen geht, die eine Reduzierung der Streuungen ermöglichen können, insbesondere auch Kosten-Nutzen-Verhältnisse berücksichtigt. Als Entscheidungskriterium für derartige Kosten wird wieder die Qualitätsverlustfunktion herangezogen.

Ziele

Hauptziel des DoE im allgemeinen ist es, für einen oder mehrere Produkt- oder Prozeßparameter durch statistische Ansätze das "Optimum" zu ermitteln.

Weitere Ziele, insbesondere der Taguchi-Methodik, sind folgende:[2]

- Bestimmung von Steuergrößen mit einem Minimum an Einzelversuchen und Beobachtungswerten[1] für optimale Prozeßergebnisse und minimale Toleranz,

---

[1] Vgl. Müller, H.W. (1994), S. 292.
[2] Vgl. Gogoll, A.; Theden, P.H. (1994), S. 342.

5.3 Methoden und Techniken: Design of Experiments

- Gestaltung von robusten Prozessen, ohne Störgrößen auszuschalten und
- minimaler Qualitätsverlust bei gleichbleibenden Kosten.

Einsatzrelevante Merkmale

- Statistische Verfahren dienen dazu, mit möglichst wenig Versuchen möglichst zuverlässige Aussagen über Wirkungszusammenhänge zu erreichen. Demzufolge sind sie immer dann zweckmäßig, wenn die Ergebnisse eines Prozesses von sich gegenseitig beeinflussenden Faktoren abhängen und die zugrundeliegenden Zusammenhänge kaum oder gar nicht bekannt sind.
- Statistische Versuchsplanung ist zum einen unabhängig von der Branche, dem Produktsegment oder dem Fertigungstyp einzusetzen, zum anderen muß aber der Schwerpunkt in der Produkt- und Prozeßentwicklung liegen, um spätere aufwendige Korrekturen und Qualitätsverluste zu vermeiden.
- Sie wird auch für laufende Prozesse eingesetzt, wenn hierbei kritische Qualitätsprobleme eine umgehende Lösung erfordern.
- Der Einsatz der Versuchsmethodik nach *Taguchi* ist außerdem überall dort anzutreffen, wo man nicht mit starken, unbekannten Wechselwirkungen zwischen den Faktoren rechnen muß.

Nötige Maßnahmen

Der kritische Punkt – da entscheidend für das Aufwand-Nutzen-Verhältnis – ist die Festlegung des Versuchsplans. Dabei kommt es besonders auf die sorgfältige Abschätzung der Wirkungszusammenhänge zwischen Einfluß- und Zielgrößen sowie zwischen Einflußgrößen untereinander an. Ein Patentrezept dafür gibt es allerdings nicht; erfahrungsgemäß sind aber das Zusammenwirken von erfahrenen Mitarbeitern der verschiedenen Bereiche und die präzise Analyse des problematischen Fertigungsprozesses (Erkennen von Fehlern und ihre Auftrittsbedingungen) die beste Erfolgsgarantie.

Hier ist zu erwähnen, daß Korrelationsanalyse, Regressionsrechnung und Streuungszerlegung zusätzliche Verfahren sind, die man im Sinne von DoE zur Trennung von Einflußgrößen und zur Bewertung der Ergebnisse einsetzen muß. Die Ergebnisse der Versuchsmethodik sollen außerdem nach Abschluß und Bewertung der durchgeführten Versuche statistisch abgesichert werden.

---

[1] Vgl. auch nachfolgend Frehr, H.-U. (1994), S. 225 f.

Im Zusammenhang mit einem hohen Anspruch an Know-how erfordert die statistische Versuchsplanung eine intensive Schulung von Experten für diese Methode des präventiven Qualitätsmanagements.

Beispiel

Stellvertretend für zahlreiche Anwendungsfälle aus der Praxis ist hier ein Beispiel aus dem Bereich der Produktoptimierung ausgewählt worden. Eine Elektromagnetkupplung eines Fotokopiergerätes soll in ihrem Ausschaltzeitverhalten optimiert werden.[1] Hierfür wurde die Ausschaltzeit[2] als Zielgröße sowie ihre Einflußgrößen untersucht. Der Versuch berücksichtigt die Einflußgrößen Polflächenrückstand und Konkavität des Reibbelags, die in Voruntersuchungen als wichtige Größen erkannt wurden. Für diese zwei Faktoren werden jeweils zwei Faktorstufen bzw. -niveaus – hoch und niedrig – gewählt. Das niedrige Niveau wird üblicherweise mit -1 und das höhere mit +1 bezeichnet. Demzufolge wurden folgende Faktorstufen festgesetzt:

Polflächenrückstand:	-1	=	30 µm
	+1	=	60 µm
Konkavität des Reibbelags:	-1	=	5 µm
	+1	=	15 µm.

Danach werden die Haupteffekte der beiden Faktoren ermittelt, die den Einfluß von Faktoren und Wechselwirkungen auf die Zielgrößen beschreiben. Der Versuchsplan wird schrittweise abgearbeitet, wobei jeder Versuch alle möglichen Einstellungen (hier: 4 Einstellungen, da 2 Faktoren mit 2 Stufen) durchlaufen muß. Die Versuchsergebnisse (als Mittelwerte der Ausschaltzeiten) werden dazu in eine sogenannte Auswertematrix eingetragen und ausgewertet. Zusätzlich werden Wechselwirkungen festgestellt, die die Auswirkungen einer Faktoränderung bei Konstanz des anderen Faktors auf die Zielgröße zeigen. Hier wurde festgestellt, daß eine Variation der Konkavität des Reibbelags, ausgehend vom niedrigen Niveau (-1) zum hohen Niveau (+1), bei festem Wert des Polflächenrückstands auf dem oberen Niveau +1 (60 µm) eine Steigerung der Ausschaltzeit hervorruft, während dieselbe Variation mit einer Festlegung des Polflächenrückstands auf dem unteren Niveau -1 (30 µm) zur Abnahme der Ausschaltzeit führt.

Dieser gewonnene Wechselwirkungseffekt kann dann mit den Haupteffekten verglichen werden, um festzustellen, wo die Schwerpunkte der weiteren Optimierungen liegen sollen.

---

[1] Für eine detaillierte Beschreibung dieses Beispiels vgl. Flamm, R. (1994), S. 189 ff.

[2] Ausschaltzeit ist die Zeit zwischen Stromabschaltung und Abbau des übertragbaren Momentes auf 0 Nm.

5.3 Methoden und Techniken: Design of Experiments

Stärken

- DoE ermöglicht eine erhebliche Reduktion von Versuchsaufwand und Fehlerkosten.
- Mit DoE erreicht man eine erhebliche Reduktion von Ausschußraten in der Produktion und damit eine nennenswerte Kostenreduzierung in diesem Bereich.

Schwächen

- Die DoE-Methode greift erst ein, wenn für das Produkt ein Prototyp zur Versuchsdurchführung schon fertiggestellt ist und vor der Serienfertigung steht.
- Sie erfordert eine hohe und anspruchsvolle Know-how-Basis.
- Hohe Erfahrungswerte können erst durch kontinuierliche Versuchsdurchführung gewonnen werden. Deshalb lassen sich Ergebnisse der DoE-Methode nicht unmittelbar, sondern erst nach einer gewissen Zeit messen und bewerten.
- Bei der Produktentwicklung und -optimierung wird eine Versuchsdurchführung wegen der Vielzahl der Faktoren sowie wegen der fehlenden Prototypenteile problematisch und deswegen meistens durch Simulationen ersetzt.[1]

Typische Fehler

Die größten Fehlerquellen sind statistische Ungenauigkeiten, unbekannte Randbedingungen bzw. Einflußfaktoren, unberücksichtigte Wechselwirkungen[2] und Mangel an Know-how. Wesentlich ist eine präzise Fundierung. Darüber hinaus sollten erarbeitete Maßnahmen auch stets in Experimenten bestätigt werden, um nicht in die Falle der statistischen Irrelevanz zu geraten.

Literatur

Eversheim, W.; Eickholt, J.; Müller, M. (1995): Quality Function Deployment – Methode zur Qualitätsplanung. In: Preßmar, D. (Hrsg.): Total Quality Management I.

---

[1] Vgl. Müller, H.W. (1994), S. 294.
[2] Bleiben Wechselwirkungen zwischen den Einflußfaktoren unberücksichtigt, so könnte dies zu einer erheblichen, unerkennbaren Verfälschung der Ergebnisse führen. vgl. dazu Frehr, H.-U. (1994), S. 227.

Flamm, R. (1994): Statistische Versuchsmethodik zur Produkt- und Prozeßoptimierung. In: Wege zum erfolgreichen Qualitätsmanagement in der Produktentwicklung, VDI Berichte Nr. 1106, Berlin.

Frehr, Hans-Ulrich (1994): Total Quality Management – Unternehmensweite Qualitätsverbesserung. 2. Aufl., München-Wien.

Gogoll, A.; Theden, P.H. (1994): Techniken des Quality Engineering. In: Kamiske, G.F. (Hrsg.): Die hohe Schule des Total Quality Management. Berlin, Heidelberg.

Kamiske, G. F.; Brauer, J.-P. (1995): Qualitätsmanagement von A bis Z. 2. Aufl., München-Wien.

Müller, H.W. (1994): Quality Engineering – ein Überblick über neuere Verfahren. In: Zink, K.J. (Hrsg.): Qualität als Managementaufgabe: Total Quality Management. 3. Aufl., Landsberg/Lech.

Töpfer, A.; Mehdorn, H. (1995): Total Quality Management – Anforderungen und Umsetzung im Unternehmen. 4. Aufl., Neuwied.

Wonigeit, J. (1994): Total Quality Management: Grundzüge und Effizienzanalyse. Wiesbaden.

5.3 Methoden und Techniken: Multiple Environment Overstress Testing

5.3.1.7 Multiple Environment Overstress Testing (MEOST)

Schließlich sei noch kurz auf ein weiteres Hilfsmittel im Rahmen des Quality Engineering hingewiesen, das insbesondere zur Gewährleistung einer hohen technisch-funktionalen Qualität und gegebenenfalls auch Dauerqualität besondere Bedeutung erlangen kann.

Das MEOST oder „Testen mit multiplen Einsatzbedingungen und Überlast" stellt einen speziellen Belastungstest dar, dem Produkte vor der Freigabe zur (Vor)serie unterzogen werden sollen. Dabei werden durch gleichzeitige Belastung des Produkts mit allen wesentlichen einsatzbezogenen Einflußgrößen und durch spezielle Überbeanspruchung realistische Zuverlässigkeitsmargen ermittelt. Hierbei werden auch Wechselwirkungen der Einflußgrößen mit berücksichtigt. Das MEOST erfordert jedoch spezielle Prüfeinrichtungen.[1]

Aufbauend auf den Hilfsmitteln zur qualitäts- und präventiv-orientierten Entwicklung und Planung sollen nun wichtige Methoden und Techniken des TQM-Komplexes, deren Fokus im Bereich Beschaffung und Produktion liegt, näher betrachtet werden.

5.3.2 Methoden und Techniken mit Schwerpunkt im Bereich Beschaffung und Produktion

Eine wichtige Voraussetzung für eine hohe Produktqualität ist, daß die verwendeten Materialien und Komponenten ebenfalls eine hohe Qualität aufweisen („Garbage in means garbage out").[2] Insofern ergeben sich verschiedene Anforderungen an die Lieferanten.

---

[1] Vgl. Sondermann, J. (1991), S.458.
[2] Vgl. Garvin, D.A. (1988), S.140.

5.3.2.1 Lieferantenbeziehungen

Definition

Im Total Quality Management-Ansatz gilt es, eine begrenzte Anzahl von Zulieferern zu Beginn eines Produktentwicklungsprozesses auszuwählen und die Beziehungen zu den Zulieferern effizient zu gestalten. Damit wird die Beherrschung der Qualität aller Zulieferungen der Unternehmen gewährleistet.[1] Diese können sowohl Zulieferer von einzelnen Teilen (Teilelieferanten), aber auch Zulieferer von vollständigen Produktkomponenten und Baugruppen (Systemlieferanten) sein.

Beschreibung und Durchführung

Die Auswahl der Zulieferer erfolgt im TQM-Ansatz nicht nur auf der Grundlage von Wettbewerbsangeboten, sondern allgemein anhand der bisherigen Erfahrungen des Herstellers mit dem Lieferanten und aufgrund von Leistungsnachweisen.[2] Die erforderlichen Informationen für die Lieferantenbeurteilungen können z. B. durch Fragebogen, durch Untersuchungen vor Ort beim Lieferanten oder durch Befragung des Personals des Lieferanten gewonnen werden. Hierfür werden häufig Anforderungen an das Qualitätssicherungssystem (QS-Systeme) der Zulieferfirmen als Bewertungskriterien herangezogen. Diese beziehen sich häufig auf die Qualitätsverpflichtung der Führungskräfte, auf Aufbau- und Ablauforganisation, auf die Arbeitnehmerbeziehungen, auf die Anwendung der statistischen Prozeßregelung (SPC[3]) oder auf das Qualitätsniveau der Produkte der Zulieferer.

Bei der wünschenswerten Anzahl der Zulieferer werden unterschiedliche Standpunkte diskutiert. Teilweise wird ein Single-Sourcing vorgeschlagen, wonach für die Herstellung eines bestimmten Teils nur ein Lieferant ausgesucht wird.[4] Den Vorteilen, wie z. B. einer einfacheren Geschäftsbeziehung zu nur einem Geschäftspartner, stehen aber auch Probleme und Risiken gegenüber. Es droht beispielsweise die Gefahr des Produktionsstillstands, falls Lieferunterbrechungen vorkommen. Zur optimalen Anzahl der Zulieferer läßt sich also keine allgemeingültige Aussage treffen. Hierzu ist in

---

[1] Vgl. Frehr, H.-U. (1994), S. 94.
[2] Vgl. auch nachfolgend Womack, J.P.; Jones, D.T.; Roos, D. (1992), S. 155, 162, 167 f.
[3] Vgl. Kapitel 5.3.2.3; Frehr, H.-U. (1994), S. 97.
[4] Vgl. Oess, A. (1991), S. 219; Wonigeit, J. (1994), S. 143.

5.3 Methoden und Techniken: Lieferantenbeziehungen

jedem Fall eine situationsspezifische Entscheidung zu treffen. Für Teile mit hohem Anteil an Konstruktionsarbeit sowie für Schlüsselkomponenten sollte jedoch nur ein Zulieferer ausgesucht werden, der von Anfang an bei der Entwicklung und Konstruktion der Zulieferteile integriert wird.

Nach der Auswahl der Zulieferer beginnt die Phase der Verhandlungen, um eine für beide Parteien akzeptable Geschäftsgrundlage auszuhandeln. Gegenstand der Verhandlungen zwischen Hersteller und Zulieferer sind u.a. Mengen, Termine, Preise und Qualität der gelieferten Teile, Verpackungs- und Transportmittel, Vorhalt- und Sicherheitsbestände sowie die Durchführung von Qualitätsprüfungen.[1] Diese Verhandlungspunkte bilden den Rahmen eines sogenannten Grundvertrags, der die Grundregeln zur langfristigen Zusammenarbeit festlegt. Damit die geforderte Qualität der Endprodukte beim Hersteller erreicht wird, muß die Qualität der zugelieferten Teile, Baugruppen oder Komponenten gewährleistet sein. Dies setzt voraus, daß für Zulieferer die gleichen Qualitätsstandards gelten, wie für die eigene Fertigung des Herstellers. Hierfür müssen Spezifikationen für die Lieferteile ausgearbeitet und festgesetzt werden; der Zulieferer muß ständig über genaue Informationen hinsichtlich der Hersteller- bzw. Kundenanforderungen sowie der geforderten Standards verfügen.

Über einen schriftlichen Vertrag hinaus, sollen gute Hersteller-Lieferanten-Beziehungen auf gegenseitigem Vertrauen basieren. Dafür soll der Lieferant konsequenterweise in die Qualitätspolitik des Herstellers im Sinne von TQM einbezogen werden. Der Zulieferer muß also in den Arbeitsprozeß integriert sein. Der Hersteller muß seinerseits für seine Lieferanten unterstützende Maßnahmen auf den verschiedenen Gebieten einleiten. Hierfür organisieren beispielsweise einige Hersteller Seminare und Workshops über QS, SPC, Qualitätszirkel für ihre Zulieferer. In vielen Fällen umfaßt die aktive Unterstützung z. B. Laboruntersuchungen, die Überprüfung von Subunternehmen des Lieferanten und Verbesserungen der Produktionstechniken.[2]

Ziele

- Das oberste Ziel ist die Verlagerung der Qualitätsverantwortung auf den Zulieferer und die gleichzeitige Abschaffung der Wareneingangskontrolle beim Belieferten.
- Eine Auswahl der Zulieferer mit gut beherrschten Herstellungsprozessen und modernem Qualitätsmanagementsystem, die in der Lage sind, Fehlerraten im ppm (parts per million)-Bereich zu realisieren, wird angestrebt.

---

[1] Vgl. Oess, A. (1991), S. 219.
[2] Vgl. auch nachfolgend Oess, A. (1991), S. 224 ff., 234; Frehr, H.-U. (1994), S. 91 ff.

Total Quality Management

- Durch ein zuverlässiges QS-System zwischen Hersteller und Zulieferer, können beide Firmen die Zahl ihrer Qualitätsprüfungen reduzieren, die Produktivität steigern und schließlich auch die Kosten senken.

Einsatzrelevante Merkmale

Viele moderne Unternehmen der unterschiedlichsten Branchen zeichnen sich durch die Anwendung immer geringerer Fertigungstiefen aus. Besonders in der Automobil- und der Elektroindustrie ist dieser Trend stark ausgeprägt. Der eigene Fertigungsanteil schwankt je nach Branche nur noch zwischen 20 und 35%.[1] Demnach ist eine durchdachte Auswahl der "richtigen" Lieferanten und das Management der Lieferbeziehungen für fast alle Unternehmen, die bestimmte Teile ihrer Produkte aus dem Markt beziehen, ein erfolgsentscheidender Schritt in Hinblick auf TQM.

Nötige Maßnahmen

- Bei jedem Einkaufsvorgang soll die zuständige Stelle auf folgende Kriterien beim Zulieferer achten: Anlieferqualität (in ppm), Zuverlässigkeit (in MTBF = Meantime between failures = mittlerer Ausfallabstand) sowie Lebensdauer (in Jahren oder Betriebsstunden).

- Es sollen zwischen Abnehmer (Hersteller) und Zulieferer Vereinbarungen getroffen werden, wie die Risiken in Notfällen (z. B. Brand, Zahlungsunfähigkeit, Streik u.ä.) bewältigt werden können. Der Abnehmer muß seinerseits entsprechende Strategien zur Vermeidung eventueller Lieferausfälle entwickeln – möglicherweise durch die Auswahl eines zweiten Lieferanten als Alternative.[2]

- Hersteller und Zulieferer müssen darauf hinarbeiten, nicht nur die Qualitätsstandards einzuhalten, sondern darüber hinaus diese Standards ständig zu verbessern. Der Zulieferer muß deshalb – neben der Produktqualität im eigentlichen Sinne– seine Preise, seine Produktion und seinen Service ständig verbessern. Der Hersteller hingegen muß in der Lage sein, seinen Zulieferern jederzeit Beratung und Unterstützung anbieten zu können.

---

[1] Der japanische Automobilhersteller Toyota Motor Company hat beispielsweise eine eigene Fertigungstiefe von 27%, vgl. dazu Womack, J.P.; Jones, D.T.; Roos, D. (1992), S. 163.
Das Kooperationsprodukt zwischen Mercedes und SMH der MCC Smart wird im Werk Hambach mit der ungewöhnlich niedrigen Fertigungstiefe von nur noch 15 - 18% hergestellt.

[2] Massenhersteller haben teilweise mindestens 2-3 Zulieferer für bestimmte Einzelteile, vgl. dazu Wonigeit, J. (1994), S.143; Womack, J.P.; Jones, D.T.; Roos, D. (1992), S. 166.

5.3 Methoden und Techniken: Lieferantenbeziehungen

- Darüber hinaus gilt es, ein System gemeinsamer Kostenanalyse, Preisbestimmung und Gewinnaufteilung zu gestalten, das auf dem Produktgesamtpreis zu Marktpreisen basiert.[1] Hierfür ist allerdings eine hohe Transparenz der Kostenstrukturen und Produktionstechniken des Lieferanten notwendig.

- Damit die Mitarbeiter der Einkaufsabteilung in die Lage versetzt werden, Lieferanten anhand von qualitätsbezogenen Kriterien beurteilen zu können, müssen sie insbesondere in Techniken der Qualitätsanalyse geschult werden.

Um eine befriedigende Beziehung zu den Zulieferern zu erreichen, erscheint es darüber hinaus sinnvoll, daß der Hersteller:[2]

- über die wichtigsten Ereignisse beim Zulieferer umfassend informiert ist,
- einen Zahlenspiegel über gelieferte Teile und Materialien erhält und analysiert,
- Audits[3] für Zulieferer durchführt und dem Zulieferer entsprechendes Feedback gibt und
- Anreize setzt, um beim Zulieferer Qualitätssicherungssysteme einzurichten.

Beispiel

Stellvertretend wird hier ein Beispiel für die Bewertung und Auswahl eines Lieferanten bei General Motors, Europa vorgestellt. Hier wird die Zulassung eines Lieferanten durch ein Team geprüft, das aus Mitarbeitern der Bereiche Einkauf, Produktentwicklung, Konstruktion und Qualitätssicherung gebildet wird. Dadurch wird eine ganzheitliche Bewertung des Lieferanten versucht. Dazu werden folgende Kriterien berücksichtigt:[4]

- moderner Maschinenpark,
- Qualitätssicherungshandbuch,
- Maschinenfähigkeitsuntersuchung und Prozeßfähigkeitsuntersuchung,[5]
- statistische Prozeßregelung (SPC),[6]

---

[1] Vgl. auch nachfolgend Wonigeit, J. (1994), S.144 ff.
[2] Vgl. Oess, A. (1991), S. 220.
[3] Vgl. auch Frehr, H.-U. (1994), S. 97; Die Audits-Methode wird in Kapitel 5.3.4.1 vorgestellt.
[4] Vgl. Oess, A. (1991), S. 218, hier findet sich noch ein weiteres Beispiel für Bewertung und Auswahl eines Lieferanten bei der Firma Ford mit ihrem Ford Q-101.
[5] Vgl. dazu Kapitel 5.3.2.3 (SPC).
[6] Vgl. Kapitel 5.3.2.3.

- Qualitätsverbesserungsprozeß, d.h. ob die Qualitätsdaten auch für den Verbesserungsprozeß verwendet werden.

Erfüllt ein Lieferant diese Qualifikation anhand der vorgestellten Kriterien, dann folgt eine weitere Untersuchung seiner Herstellung der benötigten Teile unter Serienbedingungen. Bei positivem Abschluß dieser Untersuchung wird der Zulieferer für die Serienlieferung freigegeben.

Stärken

- Die endgültige Verantwortung für Entwicklung und Qualitätsstandards von Teilen/Komponenten liegt beim (System-)Lieferanten.[1]
- Es findet eine effiziente und konstruktive Zusammenarbeit zwischen Hersteller und Zulieferer zur gemeinsamen Kostensenkung, Kundenorientierung und ständigen Qualitätsverbesserung auf beiden Seiten statt.
- TQM erweitert die Anwendung der Kunden-Lieferanten-Beziehung und ihrer Regeln auch auf die internen Arbeitsabläufe, wodurch die Zusammenarbeit der Abteilungen innerhalb eines Unternehmens bzw. einer Gruppe besser gestaltet wird und zu erhöhter Motivation führt.
- Die Konzentration auf nur wenige – manchmal nur einen – Lieferanten für Konstruktionsteile und -komponenten hat sich sehr bewährt. Das führt u.a. zu einer erheblichen Qualitätsverbesserung, häufig aber auch zu einer höheren Abhängigkeit (s. o.)

Schwächen

- Solange der Zulieferer seine Qualitätsprüfung mit einer statistischen Prozeßregelung (SPC) nicht gekoppelt hat, kann der Hersteller auf eine Eingangsprüfung nicht endgültig verzichten.
- Besitzt der Zulieferer keine effizienten QS-Systeme und/oder keine Ausgangsprüfung, ist der Weg bis zur Abschaffung der Eingangskontrolle beim Hersteller erst durch lange Anpassungsphasen im QS-System[2] erreichbar, und hängt nicht zuletzt von der Umsetzungsfähigkeit der QS-Systeme beim Zulieferer ab.

Typische Fehler

- Oft werden ohne große Vorbereitungen und Vorankündigungen Qualitätsaudits[3] bei den Zulieferern durchgeführt. Dabei inspizieren nicht

---

[1] Dem Systemlieferanten wird die Entwicklung kompletter Systeme übertragen.
[2] Vgl. Oess, A. (1991), S. 224 f; Wonigeit, J. (1994), S. 148.
[3] Zu Qualitätsaudits vgl. Oakland, J.S. (1995), S.117 f; Wonigeit, J. (1994), S.143; Kapitel Teil A, 5.3.4.1 (Qualitätsaudits).

5.3 Methoden und Techniken: Lieferantenbeziehungen

selten unausgebildete Auditoren die Qualitätssicherungssysteme des Zulieferers, so daß in vielen Fällen ihre vorgeschlagenen Maßnahmen auf starke Abwehr und Widerstand bei den Mitarbeitern der auditierten Firmen stoßen.[1]

- Die Schwankungen in den Verkaufszahlen des Herstellers versucht man auf die Zulieferer abzuwälzen. Damit wird jedoch eine langfristige und konstruktive Zusammenarbeit zerstört.

- Häufig verfügen kleine Zulifererbetriebe nicht über ein effizientes QS-Management oder geeignete Methoden der QS, so daß sie den geforderten Spezifikationen nicht nachkommen können. In solchen Fällen wird der Zulieferer alleine mit der Erstellung eines Qualitätssicherungshandbuches als Maßstab der Qualitätserfüllung überfordert.

- Die Umstellung der Einkaufspolitik bzgl. der Gestaltung der Lieferantenbeziehungen wird selten systematisch geplant und durch entsprechende personelle sowie Schulungsmaßnahmen vorbereitet und unterstützt.[2]

Literatur

Frehr, Hans-Ulrich (1994): Total Quality Management – Unternehmensweite Qualitätsverbesserung. 2. Aufl., München-Wien.

Garvin, D.A. (1988): Managing Quality – the strategic and competitive edge. New York.

Oakland, John S. (1995): Total Quality Management – text with cases. Oxford.

Oess, Attila (1991): Total Quality Management – Die ganzheitliche Qualitätsstrategie. 2. Aufl., Wiesbaden.

Womack, J.P.; Jones, D.T.; Roos, D. (1992): Die zweite Revolution in der Autoindustrie. 6. Aufl., Frankfurt/New York.

Wonigeit, J. (1994): Total Quality Management: Grundzüge und Effizienzanalyse. Wiesbaden.

---

[1] Vgl. auch nachfolgend Oess, A. (1991), S. 222 f.
[2] Vgl. Frehr, H.-U. (1994), S. 99.

5.3.2.2 Just-in-Time (JIT)-Produktion („Absatzgesteuerte Produktion")

Eine langfristige und auf engere Zusammenarbeit beruhende Beziehung zu den Lieferanten ist auch eine Voraussetzung für die Just-in-Time-Produktion.

Definition

Mit der Just-In-Time-Strategie soll die Produktion, durch ein dezentrales Organisations- und Steuerungskonzept auf allen Fertigungsebenen in der Lage sein, die richtigen Teile am richtigen Ort, in der richtigen Menge, zum richtigen Zeitpunkt und in der richtigen Qualität zu erhalten bzw. zu liefern.[1]

Beschreibung und Durchführung

Mit diesem logistik-orientierten Konzept soll die kurzfristige Kapazitäts- und Materialbedarfsplanung an die aktuelle Fertigungs- und Auftragssituation flexibel angepaßt werden. Hierfür sind organisatorische Veränderungen in der gesamten Wertschöpfungskette nötig, die sich sowohl auf den Material- als auch den Informationsfluß erstrecken.[2]

Die Ausgestaltung der Steuerung von Material- und Informationsfluß erfolgt dann in der Regel in Form des Kanban[3]-Systems.[4] Der Kern des Kanban-Systems ist das Holprinzip, das auch als Pull-Prinzip oder Supermarkt-Prinzip bezeichnet wird. Das Kanban-System kann nach Oakland nur im Rahmen der JIT-Produktion funktionieren,[5] wobei nur das produziert wird, was dem tatsächlichen Verbrauch entspricht.

Mit Hilfe einer Kanban-Karte werden die Aktivitäten innerhalb des Produktionsprozesses so gesteuert, daß der Informationsfluß rückwärts entgegengesetzt zum Materialfuß läuft (vgl. Abb. 29). Entsprechend einer Kundenauftragsorientierung wird der Fertigungsauftrag von der zentralen Fertigungssteuerung an die letzte Fertigungsstufe erteilt, die ihrerseits be-

---

[1] Vgl. Wildemann, H. (1988), S.11.
[2] Vgl. Wildemann, H. (1990), S. 311.
[3] Kanban ist der japanische Ausdruck für Karte oder Schild, mehr dazu in: Kamiske, G.F; Brauer, J.P. (1995), S. 67 ff.
[4] Vgl. Wildemann, H. (1990), S. 325; Kamiske, G.F; Brauer, J.P. (1995), S. 67, S. 84; Wonigeit, J. (1994), S. 152.
[5] Vgl. Oakland, J.S. (1995), S. 95.

5.3 Methoden und Techniken: Just-in-Time-Produktion

nötigte Teile vom Zwischenlager[1] für Material bzw. Halbfabrikate abruft und weiterverarbeitet. Die vorgelagerte Fertigungsstufe wird daraufhin die entstandene Lücke im Zwischenlager kurzfristig wieder auffüllen. Dadurch werden auf der weiter vorgelagerten Produktionsstufe wiederum Bestellungen zur Nachlieferung ausgelöst etc.[2] Auf diese Weise ergibt sich beim Kanban-System das Tagesprogramm für die Produktion quasi automatisch (Selbststeuerung).

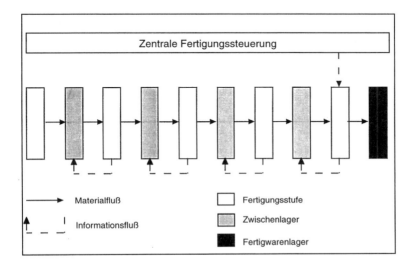

Abb. 29: Schematische Darstellung des Kanban-Prinzips[3]

Ziele

- Das Hauptziel des JIT-Konzeptes ist eine auf Abruf gesteuerte Produktion.
- Mit JIT wird eine Fertigungsdisposition mit minimalem Bestand auf allen Fertigungsstufen angestrebt. Damit soll der Material- bzw. Lagerbestand im Produktionsbereich verringert werden.

---

[1] Zwischen- bzw. Pufferlager sollen als kleine Läger für eine fließende Materialversorgung zwischen den Produktionsstufen konzipiert werden.
[2] Vgl. Kamiske, G.F; Brauer, J.P. (1995), S. 68 f.
[3] Vgl. Kamiske, G.F; Brauer, J.P. (1995), S. 70.

Total Quality Management

- Durch Direktabruf aus der Produktion werden Dispositions- und Entscheidungsebenen reduziert, Informationsdurchlaufzeiten verkürzt und Sicherheitsbestände abgebaut.[1]

Einsatzrelevante Merkmale

- Das Just-In-Time-Prinzip findet hauptsächlich Anwendung in den Funktionsbereichen Beschaffung und Produktion.[2]
- Wie das Beispiel von Toyota zeigt, eignet sich JIT-Produktion und Beschaffung insbesondere für Produktionsunternehmen mit Serienfertigung (z. B. in der Automobilindustrie). Hierbei bietet die Gestaltung der Fertigung in überschaubaren Segmenten eine weitere Möglichkeit um höhere Flexibilität in der Fertigung im Sinne von JIT-Produktion zu erreichen.
- JIT-Produktion und Beschaffung kann erst verwirklicht werden, wenn eine hohe Qualität der zuzuliefernden Teile bzw. der Teile, die in einer vorgelagerten Fertigungsstufe produziert werden, sichergestellt werden kann.

Nötige Maßnahmen

- JIT setzt keine hohen Investitionen oder Computer- bzw. Softwareeinsatz voraus, und benötigt ebenfalls keine langen Zeiträume, um eingeführt zu werden.[3]
- Jede Fertigungsstufe soll für die Qualitätssicherung der bei ihr produzierten Teile sorgen und wird somit für die Lieferung von fehlerfreien Teilen an die nachgelagerte Fertigungsstufe verantwortlich.
- Schulungen der Mitarbeiter zum Erlernen neuer Verhaltensweisen bzw. ein neues Verantwortungsbewußtsein im Rahmen der JIT-Produktion sind unerläßlich.
- Im Hinblick auf eine Beschaffung mit produktionssynchroner Anlieferung gehen die Impulse im allgemeinen vom Nachfrager aus. Auswirkungen treffen aber auch die Fertigung des Zulieferers. Er muß zwangsläufig seine Fertigungsorganisation auf JIT-Prinzipien ausrichten.[4] Weiter muß er den hohen Anforderungen an das Qualitätsniveau seiner Lieferteile gerecht werden.[5]

---

[1] Vgl. Wildemann, H. (1988), S. 66.
[2] Vgl. Wildemann, H. (1990), S. 311.
[3] Vgl. Oess, A. (1991), S. 243.
[4] Vgl. Wildemann, H. (1988), S. 193; Oakland, J.S. (1995), S. 94.
[5] Vgl. Remiger, F. (1991), S. 704 ff.

5.3 Methoden und Techniken: Just-in-Time-Produktion

- Eine räumliche Nähe von Zulieferern ist zwar nicht zwingend,[1] jedoch wegen der hohen Anlieferfrequenz sinnvoll.

Beispiel

Das Just-In-Time-Prinzip wurde Anfang der fünfziger Jahre vom Japaner Taiichi Ohno im Rahmen des Toyota Production System (TPS) bei Toyota zur Realisierung des Materialflusses innerhalb des Fertigungsbereiches entwickelt.[2]

Stärken

- Durch den Abbau der Lager- und Werkstattbestände wird das Umlaufvermögen klein gehalten. Dadurch wird beispielsweise eine entsprechende Umschichtung vom Umlaufvermögen zum Anlagevermögen (neue Maschinen und Betriebsmittel) möglich. Auch eine Erhöhung des Gewinns oder der liquiden Mittel könnten positive Effekte sein.

- Mit JIT wird eine Verkürzung der Durchlaufzeit der Fertigungsaufträge und eine Steigerung der Flexibilität in der Fertigung erreicht.

- Die Produktqualität steigt durch hohes Qualitätsniveau der zuzuliefernden Teile neben einem hohen Prozeßqualitätsniveau des Herstellers[3] und einer Verlagerung der Qualitätsprüfung an die Quelle. So können Qualitätsmängel gar nicht entstehen bzw. werden am Ort der Entstehung abgestellt.

- Mit der Qualitätssicherung durch Selbstkontrolle steigt die Motivation der Mitarbeiter zur Erhöhung der Qualitätsstandards.

- Durch eine Bestandssenkung innerhalb des Produktionsprozesses werden Fehler und Schwachstellen entlang der Wertschöpfungskette schneller offengelegt.

Schwächen

- Wegen der hohen Lieferfrequenz sowie den hohen Qualitätsanforderungen an Lieferteile besteht eine große Abhängigkeit der Produktion von der Zuverlässigkeit und absoluten Liefersicherheit der Beschaffungsquellen. Dazu kommt eine Abhängigkeit der Versorgung von der gesamten Infrastruktur (Schienenverkehr, Straßennetz).

---

[1] Nach Wildemann, H. (1990), S. 321, ist die geographische Nähe des Zulieferers kein wichtiges Kriterium für seine Auswahl.
[2] Vgl. Oess, A. (1991), S. 242; Kamiske, G.F; Brauer, J.P. (1995), S. 84.
[3] Vgl. Wonigeit, J. (1994), S. 163; Wildemann, H. (1990), S. 323.

- Der Verzicht auf große Zwischenlager bedingt die Einhaltung hoher Qualitätsstandards in der gesamten Wertschöpfungskette. So kann die Produktion von Ausschuß unmittelbar zu einem Versorgungsengpaß in allen nachgelagerten Bereichen führen.

Typische Fehler

Häufig werden Beschaffungsquellen im Rahmen der JIT-Belieferung in unzureichendem Maße bewertet. Gründe hierfür sind die mangelnde Berücksichtigung von Kriterien wie Mengen- und Liefertreue, Qualität der Lieferungen und Preise.[1]

Literatur

Kamiske, G. F.; Brauer, J.-P. (1995): Qualitätsmanagement von A bis Z. 2. Aufl., München-Wien.

Oakland, John S. (1995): Total Quality Management – text with cases. Oxford.

Oess, Attila (1991): Total Quality Management – Die ganzheitliche Qualitätsstrategie. 2. Aufl., Wiesbaden.

Remiger, F. (1991): QS-Anforderungen eines JIT-System-Lieferanten. In: Bläsing, J. (Hrsg.): 9. Qualitätsleiterforum, Total Quality Management – Aufgabe des Führungskreises, Bd. 2, München.

Wildemann, Horst. (1988): Das Just-In-Time Konzept – Produktion und Zulieferung auf Abruf. Frankfurt.

Wildemann, Horst. (1990): Kundennahe Produktion und Zulieferung: Eine empirische Bestandsaufnahme. Die Betriebswirtschaft, 50. Jg., Nr. 3, S. 309 – 331.

Wonigeit, J. (1994): Total Quality Management: Grundzüge und Effizienzanalyse. Wiesbaden.

---

[1] Vgl. Wildemann, H. (1990), S. 321 f.

5.3 Methoden und Techniken: Statistische Prozeßregelung

5.3.2.3 Statistische Prozeßregelung (SPR / SPC)

Ein wichtiges Hilfsmittel, um die mit JIT-Prinzipien in Verbindung stehenden hohen Qualitätsanforderungen zu erfüllen, ist die statistische Prozeßregelung.

Definition

Mit Hilfe von statistischen Methoden (insbesondere der Stichprobentechnik und der Normalverteilung) werden qualitätsrelevante Produkt- oder Prozeßparameter gemessen, ausgewertet und auf Fehler analysiert. Die regelmäßige Überwachung und der Vergleich entscheiden dann, ob und in welchem Umfang die Parameter eines Fertigungsprozesses angepaßt werden müssen.[1] Diese Analyse, Steuerung und Verbesserung des Prozesses wird als statistische Prozeßregelung (SPR) bzw. als SPC[2] (engl. Statistical Process Control) bezeichnet.

Beschreibung und Durchführung

Beim SPC unterscheidet man grundsätzlich zwischen systematischen und zufälligen Einflüssen. Beide wirken auf die Prozesse in der Produktion und verursachen somit eine Veränderung bezüglich des betrachteten Merkmalwerts (Meßgröße).

Manche Einflüsse treten zufallsbedingt aufgrund der natürlichen Streuung innerhalb der Prozesse auf und sind in der Regel nur wenig beeinflußbar. Solchen zufälligen bzw. normalen Einflüssen unterliegt beispielsweise die Herstellungsgenauigkeit einer Maschine, eines Werkzeugs oder eines Werkstoffs.[3] Ihr Auftreten ist aber weitgehend über die Zeit stabil und somit vorhersagbar.

Interessanter für SPC sind die systematischen Einflüsse, wie z. B. die Qualifikation des Bedienungspersonals oder eine Änderung am Werkzeug, die unregelmäßig auftreten und auf beeinflußbaren Ursachen beruhen. Treten über längere Zeit keine systematischen Einflüsse auf, so gilt der beobachtete Prozeß als beherrscht.[4]

---

[1] Vgl. Oess, A. (1991), S. 235.
[2] Ab hier wird SPC als Abkürzung für diese Methode (statistische Prozeßregelung) verwendet.
[3] Vgl. Oess, A. (1991), S. 236.
[4] Vgl. Oess, A. (1991), S. 236; Gogoll, A.; Theden, P.H. (1994), S. 358.

Die SPC-Methode besteht aus den zwei Komponenten Maschinen-/Prozeßfähigkeitsuntersuchung und Qualitätsregelkartentechnik.

Bei der **Maschinen- bzw. Prozeßfähigkeitsuntersuchung** werden die Mittelwerte und die Streuung der Meßgrößen (Merkmalswerte) von Produkten statistisch ermittelt. Aus der Lage der Verteilungskurve innerhalb eines zugelassenen Toleranzbereichs werden sogenannte Maschinen- (c_m^1) bzw. Prozeßindizes (c_p) ermittelt. Die relative Lage des Mittelwertes wird durch die sogenannte Maschinenfähigkeits- (c_{mk}) bzw. Prozeßfähigkeitsindizes (c_{pk}) ausgedrückt. Diese Indizes bzw. Kennzahlen bilden ein wichtiges Maß für die Güte eines Produktionsprozesses.[2] Dadurch werden klare Aussagen ermöglicht, ob die gewählte Prozeßgestaltung sicher genug ist. Während die Maschinenfähigkeit die Fertigungs- und Wiederholgenauigkeit einer Maschine bezeichnet, ist die Prozeßfähigkeit ein Maß für die Güte des gesamten Fertigungsprozesses.

Die Relation m_{pk}/c_{pk}[3] stellt einen weiteren Ausdruck der Fähigkeit der Maschine bzw. des Prozesses. Je höher der m_{pk}/c_{pk} Wert ist, desto mehr sind die Maschinen bzw. Prozesse in der Lage, festgelegte Toleranzen sicher einzuhalten.

Die **Qualitätsregelkarte** ermittelt die Mittelwerte und die Streuung einer oder mehrerer qualitätsrelevanter Meßgrößen (Merkmalswerte) und stellt sie über die Zeitachse in einem Diagramm graphisch dar. Dafür werden Meßwerte aus dem laufenden Produktionsprozeß entnommen und in die Karte eingetragen. Das Erfassen und Registrieren der Meßwerte kann auch mit Hilfe von EDV-Systemen mit der entsprechenden Meßtechnik abgewickelt werden.

Dazu stellt ein Rechenverfahren die oberen und unteren Eingriffsgrenzen fest, die enger sind als die Toleranzgrenzen. Stellt der Maschinenführer eine Überschreitung der Eingriffsgrenzen fest, so soll er – falls möglich – Maßnahmen zur Korrektur der schlechter werdenden Meßgrößen ergreifen. Damit wird verhindert, daß fehlerhafte Produkte überhaupt produziert werden.

Ziele

- Mit der SPC wird eine Verbesserung der Produktqualität im engeren Sinne durch Eliminierung von systematischen und eine Reduzierung von zufälligen Einflüssen angestrebt.

---

[1] Für die Berechnung vom c_m, c_p, c_{mk}, c_{pk} siehe z.B. Gogoll, A.; Theden, P.H. (1994), S. 359; Kamiske, G.F; Brauer, J.P. (1995), S. 226 ff.

[2] Für c_{mk} wird z.B. ein Mindestwert von 1,33 und für c_{pk} ein Wert von 1,67 in der Praxis angefordert; vgl. dazu Kamiske, G.F; Brauer, J.P. (1995), S. 228.

[3] Vgl. Frehr, H.-U. (1994), S. 231.

5.3 Methoden und Techniken: Statistische Prozeßregelung

- SPC hat neben der Kontrollfunktion primär die Vermeidung von Fehlern zum Ziel, die durch systematische Einflüsse hervorgerufen werden.

Einsatzrelevante Merkmale

- SPC ist vor allem zur Regelung der Einzelteilfertigung mit großen Stückzahlen angezeigt (ca. 50 und mehr Teile/Std.).[1] Bei Einzel- und Kleinserienfertigung ist sie nur bedingt anwendbar, da bei kleinen Stichproben die Aussagesicherheit dieser Methode stark abnimmt.
- Grundsätzlich ist die SPC bei allen Fertigungsprozessen mit quantitativen Merkmalen bzw. Parametern und kontinuierlichem Charakter (stetige Merkmale) anwendbar. In der Montage dagegen handelt es sich um diskrete (attributive) Merkmale wie "Montiert" oder "Nicht montiert". Dafür ist SPC nur unter Anwendung von diskreten statistischen Verteilungen geeignet.[2]
- Für Prozesse mit kurzen Laufzeiten, d.h. Prozesse bei denen nach 3-4 Stunden das Produktionslos hergestellt ist und die Maschine auf ein anderes Produkt umgestellt werden muß, ist SPC ungeeignet.[3]
- SPC wird vorwiegend als ein Instrument der Produktionsphase angesehen. Ihr Einsatz bei Test- und Vorserien trägt allerdings zur früheren Optimierung der Produkte und ihrer Prozesse bei.
- Wenn ein Produkt von vornherein nicht fertigungs- und montagegerecht konstruiert wurde, so kann sein Qualitätsniveau auch nicht durch die SPC angehoben werden. SPC kann in erster Linie nur Hinweise zur Verbesserung des Produktionsprozesses und indirekt auch zur Verbesserung des Produktes geben.[4]

Nötige Maßnahmen

- Schulungsmaßnahmen sollten weiter von "On the job Training" unterstützt werden, damit die Kenntnisse der geschulten Mitarbeiter an den Maschinen bzw. im Fertigungsprozeß verwendet werden und nicht praxisfern bleiben.
- Die gewonnenen Daten müssen sorgfältig ausgewertet werden. Dazu gehören vor allem eine Ursachenanalyse und die Einleitung von Korrekturmaßnahmen zur Steigerung des Nutzungspotentials von Prozeßfähigkeitskennzahlen.

---

[1] Vgl. Büchel, R. (1991), S. 586; demnach ist SPC für Prozesse mit kleinen Stückzahlen (1-2 Teile/Std.) ungeeignet.
[2] Vgl. Gogoll, A.; Theden, P.H. (1994), S. 365.
[3] Vgl. Büchel, R. (1991), S. 586.
[4] Vgl. Pfeifer, T.; Prefi, Th. (1994), S. 59.

- Bei der Durchführung der Stichproben müssen die Mindestanforderungen an die statistische Relevanz (5-10 Teile für die einzelnen Stichproben, 50 Teile insgesamt) eingehalten werden. Ebenso sind die Intervalle zwischen zwei Stichproben gering zu halten (ca. eine Stunde). Allerdings ist auf die fortlaufende Überprüfung der Merkmale zu achten.[1]

Beispiele

Hier sei auf die verschiedenen Ausführungen in der Literatur verwiesen. Insbesondere das Anwendungsbeispiel für die statistische Prozeßregelung bei der Firma SFS-Stadler AG erscheint interessant. Dabei handelt es sich um einen Zulieferer für die Automobilindustrie mit einem Maschinenpark von ca. 150 Maschinen, der etwa 500 verschiedene Artikel produziert.[2]

Stärken

- Mit sehr einfachen Berechnungsmethoden lassen sich relativ genaue und aussagefähige Zahlen über die Fehler im vorgesehenen Produktionsprozeß ermitteln.[3]
- SPC läßt systematische Einflüsse rechtzeitig erkennen.[4] Dadurch ist es möglich, den Prozeß noch zu korrigieren, bevor fehlerhafte Produkte bzw. Teile gefertigt werden.[5]
- Die Qualitätsregelkarten stellen ein ausgezeichnetes Frühwarnsystem für Abweichungen bei der Herstellung dar.[6]
- Mit dem Prinzip der Selbstprüfungen durch den Maschinenführer erzielt man ein positives Mitdenken der Mitarbeiter und eine erhöhte Motivation.

Schwächen

- Mit SPC werden lediglich kleinere Abweichungen verbessert und Ansatzpunkte für Verbesserungen aufgezeigt, jedoch keine unmittelbaren Prozeßverbesserungen ermöglicht.[7]
- Der Einsatz der SPC ist nicht für jeden Produktionsprozeß sinnvoll; für Prozesse mit kleinen Stückzahlen ist sie weniger geeignet.[1]

---

[1] Vgl. Oess, A. (1989), S. 166.
[2] Vgl. Büchel, R. (1991), S. 587 ff.
[3] Vgl. Frehr, H.-U. (1994), S. 231.
[4] Vgl. Wonigeit, J. (1994), S. 150.
[5] Vgl. Wonigeit, J. (1994), S. 150; Frehr, H.-U. (1994), S. 231.
[6] Vgl. Frehr, H.-U. (1994), S. 231.
[7] Vgl. Kamiske, G.F; Brauer, J.P. (1995), S. 229.

5.3 Methoden und Techniken: Statistische Prozeßregelung

Typische Fehler

Viele Unternehmen verfolgen nur scheinbar wichtige Parameter statt sich auf die wirklich qualitätsrelevanten zu konzentrieren. Grund hierfür ist meistens eine zu kurze Analyse der erkannten Schwachstellen sowie zu schnell entwickelte Maßnahmen.

Literatur

Büchel, R. (1991): SPC-Statistische Prozeßregelung – ein Instrument der Fertigung. In: Bläsing, J. (Hrsg.): 9. Qualitätsleiterforum, Total Quality Management – Aufgabe des Führungskreises, Bd. 2, München.

Frehr, Hans-Ulrich (1994): Total Quality Management – Unternehmensweite Qualitätsverbesserung. 2. Aufl., München-Wien.

Gogoll, A.; Theden, P.H. (1994): Techniken des Quality Engineering. In: Kamiske, G.F. (Hrsg.): Die hohe Schule des Total Quality Management. Berlin, Heidelberg.

Kamiske, G. F.; Brauer, J.-P. (1995): Qualitätsmanagement von A bis Z. 2. Aufl., München-Wien.

Oess, Attila (1991): Total Quality Management – Die ganzheitliche Qualitätsstrategie. 2. Aufl. Wiesbaden.

Pfeifer, T.; Prefi, Th. (1994): Qualitätstechniken im Verbund – Methodische Unterstützung für das Qualitätsmanagement. In: Wege zum erfolgreichen Qualitätsmanagement in der Produktentwicklung, VDI Berichte Nr. 1106, Berlin.

Wonigeit, J. (1994): Total Quality Management: Grundzüge und Effizienzanalyse. Wiesbaden.

Vgl. auch die einsatzrelevanten Merkmale zur SPC.

5.3.2.4 Poka Yoke-Methoden

Im Sinne von TQM ist das mit der SPC einhergehende Messen, Auswerten und Fehleranalysieren und möglichst auch das Verbessern Aufgabe der Mitarbeiter „vor Ort". Um die Leistungsfähigkeit der SPC zu erhöhen, bietet sich eine geeignete Rechnerunterstützung[1] an.[2]

Da die SPC neben der Kontrollfunktion primär die Vermeidung von Fehlern – hervorgerufen durch systematische Einflüsse – zum Ziel hat, bedarf es darüber hinaus auch bestimmter Methoden, welche speziell auf die Verhinderung der Fehler ausgerichtet sind, die den Menschen bei ihrer Mitwirkung innerhalb der Prozesse unterlaufen können. Dies können Poka Yoke-Methoden leisten.

Definition

Der Begriff Poka Yoke kommt aus dem Japanischen und bedeutet soviel wie „Fehlervermeidung". Poka Yoke ist ein aus mehreren Elementen bestehendes Prinzip, das technische Vorkehrungen und Einrichtungen zur Verhütung bzw. sofortigen Aufdeckung von Fehlern umfaßt. Dabei sollen durch entsprechende Gestaltung des Arbeitsplatzes und -ablaufs (oder auch des Produktes selbst) meist einfache, aber wirkungsvolle Systeme dafür sorgen, daß Fehlhandlungen wie Unaufmerksamkeit, Auslassen, Verwechseln, Vergessen, Falschablesen etc. nicht zu Fehlern am Produkt führen bzw. nicht unentdeckt bleiben.

Beschreibung und Durchführung

Grundsätzlich besteht ein Poka Yoke–System aus zwei Grundelementen, nämlich aus einem Initialisierungs- bzw. Auslösemechanismus und einem Regulierungsmechanismus.[3]

Ein **Auslöse- bzw. Initialisierungsmechanismus** hat die Aufgabe, Fehler im Fertigungsprozeß zu erkennen. Dabei sind drei Methoden zu unterscheiden:

- **Kontaktmethode**
  Man kann mittels Sensoren unzulässige Abweichungen von der Arbeitsfolge herausfinden. Die Sensoren werden dabei so eingesetzt, daß sie

---

[1] Vgl. Teil A, 5.2.3.
[2] Vgl. Büchel, R. (1991), S.588 und S.591; eingehendere Ausführungen zur SPC finden sich z.B. bei Gogoll, A.; Theden, P.H. (1994), S.358 ff.
[3] Vgl. auch nachfolgend Kamiske, G.F; Brauer, J.P. (1995), S. 78 ff.

5.3 Methoden und Techniken: Poka Yoke-Methoden

über geometrische Kenngrößen feststellen, ob ein Fehler im Produktionsprozeß vorliegt.

- **Fixwert-Methode**
  Durch den Einsatz von technischen Mitteln, wie z. B. mechanische Zähleinrichtungen, wird die Zahl von Teilarbeitsschritten kontrolliert. Dabei soll das Erreichen einer bestimmten Anzahl solcher Teilarbeitsschritte erkannt werden, wodurch Abweichungen bzw. Unregelmäßigkeiten im Verlauf des Fertigungsprozesses entdeckt werden sollen.

- **Schrittfolgenmethode**
  Anhand einfacher Hilfsmittel wird hier die Standardbewegungsabfolge eines Arbeitsprozesses erkannt und überprüft.

Regulierungsmechanismen sind Maßnahmen, die dann ergriffen werden, wenn Abweichungen oder Fehlhandlungen im Produktionsprozeß festgestellt werden. Hierzu gehören die folgenden zwei Methoden:

- **Eingriffsmethode (Abschaltmethode)**
  Hier wird beim Auftreten von Abweichungen bzw. Unregelmäßigkeiten im Prozeß, die zu Fehlern führen können, die Maschine sofort abgeschaltet. Dadurch entsteht die Möglichkeit, Korrekturmaßnahmen einzuleiten bzw. Wiederholungsfehler zu vermeiden. Mit dem Fertigungsprozeß verbundene Vorgänge (wie z. B. Transportieren) werden folglich auch sofort unterbrochen.

- **Alarmmethode**
  Durch optische und/oder akustische Signale, werden die Mitarbeiter alarmiert bzw. auf bestimmte Fehler hingewiesen. Dabei können die Fehlhandlungen bereits entstanden sein oder gerade entstehen.

Ziel

Fehlhandlungen im Produktionsprozeß, insbesondere von Menschen als Teil von Arbeitssystemen verursacht, sollen nicht zu Fehlern am Produkt führen bzw. nicht unentdeckt bleiben.

Einsatzrelevante Merkmale

- Grundsätzlich ist der Einsatz von Poka Yoke vor allem bei sich wiederholenden bzw. monotonen Arbeitsgängen zu empfehlen. Hier werden aufgrund nachlassender Konzentration oft unvorhergesehene Fehler gemacht.

- Idealerweise sollten Poka Yoke-Methoden bereits bei der Produkt- und Prozeßentwicklung berücksichtigt werden.

- Eine konsequente Inspektion der Fehlerquellen mit Poka Yoke-Methoden[1] ersetzt in vielen Fällen weitere Inspektionen in der Fertigung sowie den Einsatz von SPC.[2]
- Im weitesten Sinne kann man Poka Yoke-Systeme auch zur Vermeidung von Bedienungsfehlern bei der Benutzung von Produkten einsetzen.

Nötige Maßnahmen

- Entwickler sollen den Produktionsprozeß gut verstehen, um zu wissen, wo Verwechslungen oder Mißverständnisse auftreten können und um diese beim Produktdesign zu berücksichtigen.
- Poka Yoke–Lösungen sind am besten im Team zu bearbeiten, wo alle Beteiligten (Produkt- und Prozeßingenieure, Werkzeug- und Vorrichtungsbauer, Arbeitsvorbereiter und die betroffenen Arbeiter) ihren Beitrag dazu leisten können.

Beispiele

Aus den zahlreichen Möglichkeiten für die praktische Interpretation der Poka Yoke-Prinzipien sind hier folgende Beispiele ausgewählt:

- Eine farbige Kennzeichnung von Teilen, z. B. Bremsbeläge für unterschiedliche Bremsvarianten, um eine Verwechslung in der Montage zu vermeiden,
- Verwendung von Sensoren, die z. B. gewisse in der Montage vergessene Bauteile anzeigen,
- die Konstruktion eines Produktes bzw. einer Baugruppe derart, daß sie nur eine bestimmte Reihenfolge in der Montage erlaubt sowie
- Haltevorrichtungen, die den Einbau bestimmter Teile nur in einer einzigen Weise zulassen (z. B. bei der Montage von Lenksäulen).

Stärken

- Durch meist einfache Mittel wie z. B. die farbliche Kennzeichnung werden Fehler vermieden und damit viele Nacharbeiten erspart.
- Das Poka Yoke-Prinzip kann auch im Sinne von Benutzerfreundlichkeit und Bedienungserleichterung für ein besseres Produkt eingesetzt werden.

---

[1] Kamiske, G.F; Brauer, J.P. (1995), spricht auch von einer Kombination von Poka Yoke und Fehlerquelleninspektion zur Fehlervermeidung im Produktionsprozeß, vgl. S. 79.

[2] Vgl. Sondermann, J. (1991), S. 476.

5.3 Methoden und Techniken: Poka Yoke-Methoden

- Poka Yoke zeigt, welche Fehler und Fehlerquoten akzeptiert und als unvermeidbar angesehen werden sollen.

Schwächen

- Einen Produktionsprozeß vollständig mit Poka Yoke zu gestalten, ist allerdings eine extreme technische Herausforderung, die nur durch die Beteiligung aller betroffenen Funktionsbereiche und der betroffenen Werker gemeinsam bewältigt werden kann.

Typische Fehler

- Poka Yoke wird oft erst eingesetzt, wenn bereits Fehler aufgetreten sind. Die präventiven Möglichkeiten dieser Methode werden zu wenig genutzt.

Literatur

Kamiske, G. F.; Brauer, J.-P. (1995): Qualitätsmanagement von A bis Z. 2. Aufl., München-Wien.

Sondermann, J. (1991): Qualitätsmethodengestützte Produkt- und Prozeßentwicklung. In: Bläsing, J. (Hrsg.): 9. Qualitätsleiterforum, Total Quality Management – Aufgabe des Führungskreises, Bd. 2, München.

5.3.2.5 Total Productive Maintenance (TPM)

Eine weitere Voraussetzung für stabile Prozesse und zur Fehlervermeidung in der Produktion sowie auch für eine JIT-Fertigung, ist in der Zuverlässigkeit der Produktionsmittel zu sehen. Diese Überlegung führt zur Total Productive Maintenance.

Definition

TPM ist ein Konzept zur optimalen Nutzung der Produktionsanlagen durch ganzheitliche Betrachtungsweise und Einbeziehung aller Mitarbeiter.[1] Es basiert auf vorbeugender Ausfallvermeidung und ständiger Verbesserung hinsichtlich der Anlagenverfügbarkeit.

In der Literatur findet sich für die Abkürzung TPM auch die Formulierung Total Preventive Maintenance. Diese Bezeichnung ist ein Synonym für Total Productive Maintenance, welche die Bedeutung der verhütenden Maßnahmen zur Instandhaltung von Produktionsanlagen betont.[2]

Beschreibung

Das TPM-Konzept umfaßt eine vorbeugende Instandhaltung der Produktionsanlagen während ihrer gesamten Lebensdauer. Es beinhaltet im wesentlichen fünf Elemente bzw. Säulen:[3]

1. Beseitigung von Schwerpunktproblemen

Hier werden bereichsübergreifende Verbesserungsteams aus Mitarbeitern der Produktion, Instandhaltung und Qualität gebildet, die die Aufgabe haben, die völlige Ausschaltung von Maschinenstörungen zu gewährleisten. Dazu sind folgende Schwerpunktprobleme (oder großen Verluste)[4] zu beseitigen: Anlagenausfall, Rüst- und Einrichtverluste, Leerlauf und Kurzstillstände, verringerte Taktgeschwindigkeit der Anlagen, Qualitätsverluste durch Ausschuß/Nacharbeit, Anlaufschwierigkeiten.

---

[1] Vgl. Al-Radhi, M.; Heuer, J. (1995), S. 11.
[2] Vgl. Kamiske, G.F; Brauer, J.P. (1995), S. 240.
[3] Vgl. Al-Radhi, M.; Heuer, J. (1995), S. 36 ff.; Oess, A. (1991), S. 260; Kamiske, G.F; Brauer, J.P. (1995), S. 239.
[4] Für eine ausführliche Beschreibung der Schwerpunktprobleme siehe Al-Radhi, M.; Heuer, J. (1995), S. 17 ff.

5.3 Methoden und Techniken: Total Productive Maintenance

2. Autonome Instandhaltung

Die Maschinenbediener sollen hierbei bestimmte Instandhaltungsmaßnahmen selbständig durchführen. Dazu gehören Wartung (richtige Bedienung, Erhaltung der Grundbedingungen durch Reinigung und Schmierung, d.h. Erhaltung des Sollzustandes), regelmäßige Inspektion sowie Instandsetzung der Anlagen (kleinere Reparaturen mit Berichterstattung, Unterstützung bei großen Reparaturen).

3. Geplantes Instandhaltungsprogramm

Die Instandhaltungsabteilung hat die Aufgabe, ein Programm zur prozeßbezogenen generellen Instandhaltung zu erstellen.[1] Es sind periodische Inspektionen und planmäßige Aktivitäten zur Wiederherstellung der Ausgangssituationen von Anlagen – unter Berücksichtigung der Ergebnisse der Inspektion – durchzuführen. Auf diese Weise werden Fehler schnell entdeckt (z. B. Verschleiß von Lagern oder Zahnrädern) und Abweichungen effizient behoben.

4. Schulung und Training

Für erfolgreiche Instandhaltung sind für die Maschinenbediener Schulungs- und Trainingsmaßnahmen erforderlich. Dadurch werden sie die nötigen Fertigkeiten für eigenständige Instandhaltung ihrer Maschinen erlernen.

5. Instandhaltungsprävention

Das bedeutet eine ständige Verbesserung der Produktionsanlagen hinsichtlich ihrer Bedienbarkeit und Instandhaltung sowie ihrer Prozeßsicherheit. Dies beginnt bereits mit dem Entwicklungsprozeß der herzustellenden Produkte. Dadurch werden zum einen die Produktivität und die Zuverlässigkeit der Anlagen gesteigert und zum anderen Fertigungs- und Instandhaltungskosten und Verschleißverluste von Produktionsanlagen reduziert.

Durchführung

Für die Durchführung der einzelnen Elemente des TPM sind jeweils folgende Schritte zu vollziehen:

---

[1] Empfehlenswert ist auch die Erstellung eines Wartungsplans für ein ganzes Jahr. vgl. dazu Oess, A. (1991), S. 264; Al-Radhi, M.; Heuer, J. (1995), S. 82.

Total Quality Management

Zu 1. Beseitigung von Schwerpunktproblemen

Die Verlustquellen (vgl. Beschreibung und Durchführung) müssen identifiziert, ihre Schwerpunkte bestimmt sowie eine Ursachenanalyse und Gegenmaßnahmen durchgeführt werden.

Zu 2. Autonome Instandhaltung

Die autonome Instandhaltung beinhaltet im wesentlichen eine Grundreinigung mit erster Überprüfung, Maßnahmen zur Beseitigung von Verschmutzungsquellen, Festlegung von vorläufigen Standards, Inspektion und Wartung der gesamten Fertigungsanlage, Organisation und Optimierung des Arbeitsplatzes und autonome Instandhaltung.

Zu 3. Geplantes Instandhaltungsprogramm

Hierfür werden zuerst Instandhaltungsprioritäten gesetzt. Dann ist zur Erhöhung der Instandhaltungseffizienz eine prozeßbezogene Instandhaltung einzuführen. Anschließend soll das Einführen der verbessernden Instandhaltung und ein Plan für ein Instandhaltungsprogramm folgen.

Zu 4. Schulung und Training

Die Mitarbeiter werden in folgenden Punkten geschult: Grundlagen von TPM, Werkzeuge von TPM, autonome Instandhaltung, geplante Instandhaltung, Fertigungskenntnisse und Kommunikationskenntnisse.

Zu 5. Instandhaltungsprävention

Instandhaltungspräventation umfaßt die Felder Produktentwicklung, Anlagenentwurf, Anlagenkonstruktion, Herstellung, Installation, Anlauf und Betrieb.

Ziele

- Mit dem TPM-Konzept soll die Zahl der maschinenbedingten Störungen und Ausfälle sowie die damit verbundenen Fehler auf Null ("Zero Defect" oder „Null-Fehler" genannt) gebracht werden.
- Das Verantwortungsbewußtsein gegenüber den Produktionsanlagen wird auf die Maschinenbediener verlagert bzw. übertragen.
- Effektive und prozeßbezogene Instandhaltung sowie schnelles Handlungsvermögen sollen durch ein geplantes Instandhaltungsprogram erreicht werden.

5.3 Methoden und Techniken: Total Productive Maintenance

- Zum einen soll die Instandhalt- und Bedienbarkeit der Maschinen verbessert werden, zum anderen wird eine hohe Prozeßsicherheit durch Instandhaltungsprävention angestrebt.

Einsatzrelevante Merkmale

- Hauptansatzbereich für TPM sind Produktionsanlagen und -arbeitsplätze auf der Werkstattebene, die als Ort, an dem die wertschöpfenden Prozesse im Unternehmen stattfinden, anzusehen sind.[1]
- TPM ist vor allem in Betrieben mit anlagen- bzw. maschinenintensiver Produktion einzusetzen, wo Produktionsanlagen und deren Investitionsentscheidungen erfolgsentscheidende Wettbewerbsgrößen darstellen.

Nötige Maßnahmen

- Damit die Maschinenbediener Instandhaltungsmaßnahmen eigenständig durchführen können, sind Schulungen, Training und gründliche Einarbeitung notwendig.
- Bereichsübergreifende Zusammenarbeit von Entwicklung und Konstruktion, Technik und Instandhaltung ist notwendig, weil damit vorbeugend die meisten Probleme an der Quelle verhindert werden können.
- Die Erfahrungen der Maschinenbediener und -führer sowie Mitarbeiter aus der Instandhaltung sollen über vorbeugende Instandhaltung hinaus ausgenutzt werden. So ist ihre Einbeziehung in der Investitionsphase für Maschinen, in der Konstruktions- und Herstellungsphase, in der Installations- und Anlaufphase besonders sinnvoll.[2]

Beispiel

Bei dem japanischen Unternehmen für Pumpenherstellung Aishin Seiki wurde das TPM-Konzept praktiziert. Wenn man diese Fabrik betritt, muß man die Straßenschuhe ausziehen. Der Besucher findet eine Sauberkeit vor, daß er kaum glaubt, in einer Fabrik zu sein, die Metallteile herstellt – es gibt keine Ölflecken oder Staub. In einer derartigen Umgebung ist es viel leichter, Problemteile zu entdecken, wie z. B. herausgefallene Schrauben, Kratzer oder Verformungen.

Dieses Unternehmen hat mit der Implementierung des TPM-Konzeptes eine erhebliche Reduzierung der Anlagenstörungen, eine Reduzierung der Rüstzeiten, die starke Reduzierung von Ausschuß/Nacharbeit, eine Abnahme der Instandhaltungskosten, eine deutliche Erhöhung der

---

[1] Vgl. Kamiske, G.F; Brauer, J.P. (1995), S. 238.
[2] Vgl. auch nachfolgend Oess, A. (1991), S. 266, 259.

Total Quality Management

Durchlaufgeschwindigkeit sowie eine wesentliche Erhöhung der Anzahl an Verbesserungsvorschlägen der Mitarbeiter als Erfolge zu verzeichnen.[1]

Stärken

- Durch verbesserte Verfügbarkeit der Anlagen sinken die Herstellkosten, Bestände werden minimiert und die Arbeitsproduktivität steigt.[2]
- Mit einem sauberen Arbeitsplatz erhöht sich die Disziplin, die Moral und die Motivation der Mitarbeiter.
- Der Aufgabenbereich des einzelnen Mitarbeiters wird durch TPM erweitert, und er erhält mehr Verantwortung.

Schwächen

- TPM ist normalerweise ein langwieriger Prozeß, der im Durchschnitt 3 Jahre braucht, um nach seiner Einführung die erhofften Ergebnisse zu zeigen.

Literatur

Al-Radhi, M.; Heuer, J. (1995): Total Productive Maintenance-Konzepte, Umsetzung, Erfahrung. München-Wien.

Kamiske, G. F.; Brauer, J.-P. (1995): Qualitätsmanagement von A bis Z. 2. Aufl., München-Wien.

Oess, Attila (1991): Total Quality Management – Die ganzheitliche Qualitätsstrategie. 2. Aufl., Wiesbaden.

5.3.3 Methoden und Techniken des Qualitätscontrollings

Wenngleich durch einschlägige Methoden und Techniken deutliche Qualitätsverbesserungen zu erreichen sind, so genügen jedoch als Maßstab keineswegs etwa Fehlerstatistiken, um den Anspruch von Qualitätsmanagement als unternehmensweite Aufgabe und als Führungskonzept zu rechtfertigen. Vielmehr muß das Qualitätsgeschehen auch in Kosten ausgedrückt werden, um somit auch einen unmittelbaren Eingang in betriebswirtschaftliche Überlegungen zu finden.[3]

---

[1] Zu den Ergebnissen siehe auch Al-Radhi, M.; Heuer, J. (1995), S. 156.
[2] Vgl. auch nachfolgend Oess, A. (1989), S. 260.
[3] Vgl. Kamiske, G.F. (1994a), S.191.

5.3 Methoden und Techniken: Total Productive Maintenance

Die Aspekte des kostenorientierten Qualitätsmanagements lassen sich unter dem Begriff „Qualitätscontrolling" subsumieren. Obwohl diese Elemente in der TQM-Literatur gerne vernachlässigt werden, sollen hier zur Sensibilisierung für diese Aspekte einige davon skizziert werden.

Qualitätscontrolling ist sowohl Bestandteil des Qualitätsmanagements als auch des Controllingsystems des Unternehmens.

Zu den wichtigsten Aufgaben des Qualitätscontrollings gehört das Bereitstellen von Kennzahlen, die das Qualitätsgeschehen mit der Kostenseite in Verbindung bringen, sowie das Messen des Fortschritts auf dem Weg zum TQM. Damit ist die Überwachung von Wirksamkeit und Wirtschaftlichkeit der Maßnahmen des Qualitätsmanagements verbunden.

Es gilt, unternehmensweit Prozesse dahingehend zu bewerten, inwieweit hohe Qualität bei gleichzeitig wettbewerbsfähigen Kosten realisiert wird. Dazu werden mit Hilfe von Qualitätskennzahlen die Prozesse bzw. Wertschöpfungsketten transparent gemacht und die nicht werterhöhenden Bestandteile identifiziert.[1] Als Beispiel einer Qualitätskennzahl kann der **Prozeßwirkungsgrad** genannt werden. Dieser wird wie folgt definiert:

Wirkungsgrad der Prozesse =
werterhöhende Leistung / gesamte aufgewendete Leistung für Prozesse[2]

Die gesamte aufgewendete Leistung ergibt sich dabei aus werterhöhenden („value-adding"), nicht werterhöhenden („non value-adding") und wertmindernden („value-reducing") Leistungen.[3]

Durch das wiederholte Ermitteln des Prozeßwirkungsgrades läßt sich dann beispielsweise die Wirksamkeit von ergriffenen Verbesserungsmaßnahmen überprüfen.[4]

Dem Qualitätscontrolling lassen sich aber auch spezielle Verfahren zur kostenorientierten Prozeßanalyse, -steuerung und -verbesserung zuordnen. Im folgenden seien drei dieser Verfahren stellvertretend angedeutet.

---

[1] Vgl. Kamiske, G.F; Brauer, J.P. (1995), S.140 ff.
[2] Tomys, A.K. (1994), S.229.
[3] Es muß dabei davon ausgegangen werden, daß die werterhöhenden Leistungen bereits um die Konsequenzen der wertmindernden Leistungen berichtigt sind.
[4] Vgl. Tomys, A.K. (1994), S.221 ff.

5.3.3.1 Prozeßkostenrechnung

Definition

Die Prozeßkostenrechnung (PKR) ist ein Verrechnungssystem, welches eine verursachungsgerechte Zurechnung von Kosten auf Leistungen anstrebt. Primär fokussiert die PKR dabei auf die Verrechnung von Gemeinkosten in den indirekten Bereichen (z. B. F&E, Verwaltung, Vertrieb), indem leistungswirtschaftliche Beziehungen zwischen eingesetzten Ressourcen und erstellten Produkten aufzudecken sind. Somit kann die PKR als neuer Ansatz verstanden werden, die Kostentransparenz in den indirekten Leistungsbereichen zu erhöhen, einen effizienten Ressourcenverbrauch sicherzustellen sowie die Kapazitätsauslastung aufzuzeigen.[1]

Beschreibung und Durchführung

Die Prozeßkostenrechnung baut auf der Kostenstellen- und insbesondere der Kostenträgerrechnung auf. Sie ist ihrem Wesen nach eine Vollkostenrechnung[2]. Mindestens genau so wichtig ist aber auch eine differenzierte Kostenartenrechnung. Von der Kostenträgerrechnung ist nämlich nur der Gedanke der Verrechnung auf **ein** Bezugsobjekt übernommen. Denn inhaltlich wird bei der PKR auf Prozesse und nicht auf Produkte verrechnet. Die PKR läuft dazu in der Regel in folgenden Vorgehensschritten ab:[3]

- Bilden eines Projektteams,
- Auswahl des Untersuchungsbereichs,
- Analysieren der Tätigkeiten bzw. Prozesse,
- Identifizieren von Kostentreibern,
- Ermitteln von Prozeßmengen,
- Kalkulieren der Prozeßkosten sowie
- Planen und Kontrollieren der Kosten.

Am Anfang soll aus der Vertretern der Controlling- und der Fachabteilung und evtl. externen Beratern ein Projektteam gebildet werden, welches einen Untersuchungsbereich als Pilotprojekt auswählt. Der gewählte Bereich sollte mögliche Einsparungspotentiale vorweisen, und in einem vertretbaren Arbeitsaufwand analysiert werden können. So empfiehlt sich

---

[1] Vgl. Horváth, P. (1990), S. 182.
[2] Vgl. Horváth, P.; Mayer, R. (1989), S. 216.
[3] Vgl. Horváth, P.; Renner, A. (1990), S. 101 ff.

5.3 Methoden und Techniken: Prozeßkostenrechnung

bei der Zielsetzung "Schnelle Ergebnisse mit geringem Aufwand erreichen" die Untersuchung der eng am Produktionsprozeß orientierten Bereiche (z. B. Arbeitsvorbereitung, Qualitätssicherung), da hier in kurzer Zeit und daher mit geringem Aufwand ein Produktbezug zur erbrachten Leistung gefunden werden kann.

Als nächster Schritt sind Einzelprozesse in den verschiedenen Kostenstellen zu Teilprozessen zusammenzufassen, dann wird jeder Teilprozeß einem kostenstellenübergreifenden Hauptprozeß[1] (z. B. Abwicklung eines Fertigungsauftrags) zugeordnet. Der prozentuale Zeitbedarf wird anhand persönlicher Befragung der Mitarbeiter festgestellt. Danach werden die Kostentreiber (cost driver) ermittelt. Kostentreiber sind die Haupteinflußfaktoren der Kosten eines Prozesses.[2] Ein Prozeß kann dabei die Herstellung eines Produktes oder auch die Erbringung einer Dienstleistung zum Ziel haben.

Danach werden innerhalb der Kostenstellen die Teilprozesse daraufhin untersucht, ob sie von der Menge abhängig sind (mengenvariabel), oder unabhängig davon anfallen (wie z. B. Abteilung leiten oder Qualitätsschulung durchführen). Dies nennt man die Tätigkeitsanalyse der Kostenstellen von Teilprozessen und Maßgrößen. Danach werden die Teilprozesse als leistungsmengeninduziert (l_{mi}) bzw. leistungsmengenneutral (l_{mn}) bezeichnet.[3]

Leistungsmengeninduzierte Prozesse müssen dann mit geeigneten Meßgrößen quantifiziert werden. Diese sollen so gewählt werden, daß die zugehörige Prozeßmenge schnell, wirtschaftlich und genau erfaßt werden kann, und daß sie sich proportional zu den eingesetzten Ressourcen verhält. So kann z. B. für den Prozeß "Prüfplan erstellen" die "Anzahl neuer/geänderter Produkte" als Maßgröße dienen.

Anzumerken ist, daß bei dieser Vorgehensweise die Durchführung der Tätigkeitsanalyse der zeitaufwendigste Schritt der PKR ist, da er sämtliche Einzelprozesse erfaßt,[4] die zu einem Produktionsprozeß gehören.

Aus der Tätigkeitsanalyse wird für jeden leistungsmengeninduzierten Prozeß eine Prozeßleistung (gemessen mit der festgelegten Prozeßmenge) und die daraus entstehenden Prozeßkosten ermittelt. Durch die Division der Prozeßkosten durch die Prozeßmenge ergibt sich der Prozeßkostensatz für die einmalige Ausführung des Prozesses. Da für die leistungsmengenneutralen

---

[1] Es sollen beim Zusammenbinden von Teilprozessen nur wenige abteilungsübergreifende Hauptprozesse gebildet werden. vgl. dazu Mayer, R.; Glaser, H. (1991), S. 297.
[2] Nach Mayer, R.; Glaser, H. (1991), S. 297, werden durch 7 bis 10 Kostentreiber 80% des Gemeinkostenvolumens beeinflußt.
[3] Vgl. Horváth, P.; Mayer, R. (1989), S. 217; Mayer, R.; Glaser, H. (1991), S. 297.
[4] Vgl. Tomys, A.-K. (1994), S. 92.

Prozesse in der Regel keine Prozeßgrößen angegeben werden können, müssen die entstandenen Kosten auf die l_{mi}-Prozesse umgelegt werden. Dies geschieht mit Hilfe eines Umlagensatzes, der durch die Division der Prozeßkosten von l_{mi}- und l_{mn}-Prozessen entsteht.

Der letzte Schritt beinhaltet die laufende Kostenplanung und -kontrolle in den indirekten Leistungsbereichen. Dies kann auf zwei Wegen geschehen. Einerseits können die Einzelprozeßkosten über verschiedene Kostenstellen hinweg zu Hauptprozessen zusammengefaßt werden (z. B. Gesamtkosten einer Auftragsabwicklung), andererseits können in den Kostenstellen Soll-Ist-Vergleiche durchgeführt werden.

Ziele

Die Zielsetzung der Prozeßkostenrechnung umfaßt folgende Punkte:[1]

- Eine Erhöhung der Transparenz der Kosten in den indirekten Leistungsbereichen soll erreicht werden.

- Eine verbesserte Gemeinkostenplanung und -kontrolle zum rationellen Ressourceneinsatz wird verfolgt.

- Im Rahmen der Produktkalkulation[2] soll eine verursachungsgerechte Verrechnung von Leistungen erfolgen.

- Die einzelnen Prozeßschritte sollen bewertet werden.

Einsatzrelevante Merkmale

- Die an Prozessen orientierte Betrachtungsweise des Unternehmensgeschehens stellt ein wesentliches Merkmal der Prozeßkostenrechnung dar, deshalb ist ihr Einsatz generell für jedes Unternehmen denkbar. Der Einsatz der PKR bleibt dennoch eine Frage der Wirtschaftlichkeit in Hinblick auf den damit verbundenen Aufwand.

- PKR eignet sich vor allem für die Produktion mit einer relativ hohen Variantenvielfalt wie beispielsweise in der Automobilindustrie. Mit der Ermittlung der Kostenanteile der einzelnen Produktvarianten (Kosten pro Variante) läßt sich auch eine Entscheidungsunterstützung bezüglich der Produktion von bestimmten Produktvarianten besser herleiten.

---

[1] Vgl. Horváth, P.; Renner, A. (1990), S. 101; Olshagen, Ch. (1991), S. 10 ff.; Kamiske, G.F; Brauer, J.P. (1995), S.143; Kamiske, G.F. (1996), S. 119.

[2] Zur prozeßorientierten Gemeinkostensenkung empfiehlt sich eine kombinierte Anwendung der Prozeßkostenrechnung mit dem sogenannten (internen) Target Costing, auf das hier nicht näher eingegangen werden kann; vgl. dazu Servatius, H. G. (1994), S. 30 ff.

5.3 Methoden und Techniken: Prozeßkostenrechnung

- Besonders geeignet für die Anwendung der PKR erscheinen Bereiche mit einem hohen Anteil repetitiver Tätigkeiten (z. B. Einkauf), da hier auch mit Sicherheit das größte Rationalisierungspotential gegeben ist.[1]
- Die PKR kann auch als ein Instrument für die strategische Produktkalkulation eingesetzt werden. Durch das verursachungsgerechte Einbeziehen der relevanten Gemeinkosten in die Kalkulation, kann festgestellt werden, ob man an einer Variante verdient, ein Marktsegment Überschuß erbringt, kleine Aufträge sich lohnen oder Fremdbezug der Eigenfertigung vorzuziehen ist.[2]

Nötige Maßnahmen

- Im Rahmen der Tätigkeitsanalyse ist es sinnvoll, eine ABC-Analyse durchzuführen, um nur die bedeutenden Kostenstellen in die PKR einzubeziehen und den Rest wie bisher pauschal zu verrechnen.[3] Die wichtigen Kostenblöcke (wie z. B. der Personalkostenanteil) sollten aber sehr sorgfältig analysiert werden.
- Für die genaue Darstellung der Tätigkeiten in den Gemeinkostenbereichen und ihre Zerlegung in Hauptprozesse, um sie wiederum in Teilprozesse und einzelne Aktivitäten aufzuschlüsseln, können möglicherweise vorliegende Ergebnisse einer Gemeinkostenwertanalyse oder eines Zero-Base-Budgeting (vgl. Teil A, 5.3.3.3) wertvolle Unterstützung bieten.[4]

Beispiele

Folgendes Beispiel von Horváth/Mayer[5] (s. Abb. 30) zeigt anhand der Kostenstelle "Einkauf" die Funktionsweise der Prozeßkostenstellenrechnung.

Für einen l_{mn}-Prozeß wie "Abteilung leiten" können die Kosten des Prozesses nicht über eine Bezugsgröße und damit auch nicht über eine Planprozeßmenge dem Kostenträger zugerechnet werden. Eine Kostenumlage der leistungsmengenneutralen Prozesse wird sinnvollerweise proportional zum Verhältnis der Prozeßkosten leistungsmengeninduzierter Prozesse erfolgen. Für jeden l_{mi}-Prozeß einer Kostenstelle erhält man folglich einen Prozeßkostensatz (l_{mi}), einen Umlagesatz (l_{mn}) und einen Gesamtprozeßkostensatz.

---

[1] Vgl. Horváth, P. (1990), S. 185; Kamiske, G.F. (1996), S. 120.
[2] Vgl. Mayer, R.; Galser, H. (1991), S. 297; Horváth, P.; Mayer, R. (1989), S. 218 f. (zur Variantenkalkulation).
[3] Vgl. Horváth, P.; Mayer, R. (1989), S. 219.
[4] Vgl. Kamiske, G.F; Brauer, J.P. (1995), S.144.
[5] Vgl. Horváth, P.; Mayer, R. (1989), S. 217.

Total Quality Management

Formel: $\dfrac{\text{Umlagensatz}(l_{mn})}{\text{Prozeß}} = \dfrac{l_{mn} - \text{Plankosten}}{l_{mi} - \text{Plankosten}} \bullet \text{Prozeßkostensatz}$

Beispiel: $21{,}27 = \dfrac{40.000}{470.000} \bullet 250$

Formel: Gesamtprozeßkostensatz = Prozeßkostensatz + Umlagesatz

Beispiel: $271{,}27 = 250{,}- + 21{,}27$

Prozesse	Maßgrößen		Planprozeß-mengen	Plankosten	Prozeß-kostensatz (l_{mi})	Umlagesatz (l_{mn})	Gesamtprozeß-kostensatz
Angebote einholen	l_{mi}	Anzahl der Angebote	1.200	300.000,-	250,-	21,27	271,27
Bestellungen aufgeben	l_{mi}	Anzahl der Bestellungen	3.500	70.000,-	20,-	1,70	21,70
Reklamationen bearbeiten	l_{mi}	Anzahl der Reklamationen	100	100.000,-	1.000,-	85,10	1.085,10
Abteilung leiten	l_{mn}	–	–	40.000,-	–	–	–

Abb. 30: *Prozeßkosten(stellen)rechnung*[1]

In Anknüpfung an dieses Beispiel werden von Horváth/Mayer die Varianten in Abhängigkeit von der Kostenstelle "Einkauf" kalkuliert.[2]

---

[1] Vgl. Horváth, P.; Mayer, R. (1989), S. 217.
[2] Siehe dazu die Variantenkalkulation mit der PKR in Horváth, P.; Mayer, R. (1989), S. 218 f.

5.3 Methoden und Techniken: Prozeßkostenrechnung

Stärken

- Mit Hilfe der PKR läßt sich die Beziehung zwischen dem Ressourceneinsatz und der damit verbundenen Wertschöpfung ermitteln.

- Gemeinkosten werden – im Gegensatz zu anderen Kostenrechnungssystemen – nicht pauschal miteingerechnet Zuschlagkalkulation), sondern über detaillierte Prozeßkostensätze verbrauchs- bzw. verursachungsgerecht auf die Produkte verrechnet.[1] Somit stellt die PKR im Rahmen des Qualitätscontrollings ein wichtiges Instrument zur Analyse und Steuerung der Gemeinkosten dar.

- Die PKR dient als Hilfsmittel, um neben dem werterhöhenden Anteil der Nutzleistung den Anteil von Stütz-, Blind- und Fehlleistungen zu erkennen.[2]

Schwächen

- In Bereichen, in denen prozeßunabhängige Teilprozesse dominieren, ist eine verursachungsgerechte Zuordnung von Gemeinkosten nicht gewährleistet.

- Es ist nicht klar welche Methoden bzw. Daten oder Beziehungszusammenhänge den Schätzungen der volumenabhängigen und variantenabhängigen Anteile zugrunde liegen, obwohl die entsprechenden Anteile wesentliche Parameter darstellen.[3]

- Die in der PKR zu erfassenden Vorgänge und Tätigkeiten müssen weitgehend quantifizierbar sein.[4]

Typische Fehler

Ein typischer Fehler wird bei der Einschätzung der Methode gemacht. Die Meinung, die Prozeßkostenrechnung würde nichts anders liefern als Zero-Base-Budgeting oder Gemeinkostenwertanalyse,[5] vernachlässigt den Unterschied, daß die PKR regelmäßig Ergebnisse und ist somit ein permanentes Steuerungsinstrument[6] liefert.

---

[1] Vgl. Tomys, A.-K. (1994), S. 93; Kamiske, G.F. (1996), S. 118.
[2] Vgl. Tomys, A.-K. (1994), S. 93.
[3] Vgl. Olshagen, Ch. (1991), S. 85.
[4] Vgl. Kamiske, G.F. (1996), S. 120.
[5] Zu Gemeinkostenwertanalyse siehe z.B. Tomys, A.-K. (1994), S. 94 ff.; Kamiske, G.F; Brauer, J.P. (1995), S. 145 f.
[6] Vgl. Mayer, R.; Glaser, H. (1991), S. 301.

Literatur

Horváth, P.; Urban, G. (1990): Qualitätscontrolling. Stuttgart.

Horváth, P.; Mayer, R. (1989): Prozeßkostenrechnung – Der neue Weg zu mehr Kostentransparenz und wirkungsvolleren Unternehmensstrategien. Controlling, 1. Jg., 4/1989, S. 214-219.

Horváth, P.; Renner, A. (1990): Prozeßkostenrechnung – Konzepte, Realisierungsschritte und erste Erfahrung. Fortschrittliche Betriebsführung und Industrial Engineering (FB/IE), 39. Jg., 3/1990, S. 100-107.

Kamiske, G. F.; Brauer, J.-P. (1995): Qualitätsmanagement von A bis Z. 2. Aufl., München-Wien.

Kamiske, G.F. (Hrsg.) (1996): Rentabel durch Total Quality Management.

Mayer, R.; Glaser, H. (1991): Die Prozeßkostenrechnung als Controllinginstrument – Pro und Contra. Controlling, 3. Jg., 6/1991, S. 296-303.

Olshagen, Ch. (1991): Prozeßkostenrechnung – Aufbau und Einsatz. In: Männel, W. (Hrsg.): Wiesbaden.

Tomys, A.-K. (1994): Kostenorientiertes Qualitätsmanagement. In: Spur, G. (Hrsg.): Qualitätsmanagement von A bis Z. 2. Aufl., München-Wien.

5.3.2 Wertanalyse (Value Engineering)

Definition

Die Wertanalyse ist eine organisierte Anstrengung, die Funktion eines Produktes zu den niedrigsten Kosten zu erstellen, ohne daß die (erforderliche) Qualität, Zuverlässigkeit und Marktfähigkeit des Produktes negativ beeinflußt werden.[1]

Beschreibung

Die Methode der Wertanalyse ist eine Methode, die entweder auf die systematische Verringerung nicht notwendiger Kosten, eine Werterhöhung oder auf eine Funktionsverbesserung abzielt. Außerdem soll eine konsequent genutzte Wertanalyse die Grundlage für eine qualitätsoptimierte Produktion sowie schlanke Abläufe darstellen.

Ziel einer Wertanalyse ist es, den vom Kunden bzw. Anwender eines Produktes oder einer Dienstleistung erwarteten Nutzen mit den geringstmöglichen Kosten zu realisieren. Die Aufgaben werden durch funktionsorientierte Gruppenarbeit gelöst.[2]

Durchführung

1. Vorbereitende Maßnahmen (meist durch die Unternehmensleitung):
   - Auswahl des Wertanalyse (WA)-Objektes
   - Aufgabendefinition, Zielfestlegung
   - Teambildung, Planen des Ablaufes
2. Ermitteln des Ist-Zustandes (Team):
   - Beschreibung des WA-Objektes
   - Funktionsbeschreibung
   - Ermittlung der Funktionskosten
3. Prüfen des Ist-Zustandes (Team):
   - Prüfung der Funktionserfüllung
   - Prüfung der Kosten

---

[1] Vgl. Hoffmann, H. (1983), vgl. zum Qualitätsbegriff auch Teil A, 2.2.1.
[2] Vgl. Hansen, W.; Jansen, H.H.; Kamiske, G.F. (1993).

4. Ermitteln von Lösungen (Team):
   - Suche nach allen denkbaren Lösungen
5. Prüfen von Lösungen (Team):
   - Prüfen der sachlichen Durchführbarkeit
   - Prüfen der Wirtschaftlichkeit
6. Vorschlag u. Verwirklichung einer Lösung (Team):
   - Auswählen der Lösungen
   - Empfehlen einer Lösung
   - Verwirklichen der Lösung

Ziele

- Funktionstrukturen sollen zur Wertsteigerung durchdrungen werden.
- Die Entscheidungsvorbereitung soll verbessert werden.
- Ideenfindung soll angeregt werden.
- Die WA kann als Rationalisierungsinstrument eingesetzt werden.
- Abläufe sollen optimiert werden.
- Die Gemein- und Dienstleistungskosten sollen reduziert werden.
- Eine Qualitätsverbesserung[1] soll erreicht werden.

Einsatzrelevante Merkmale

Für die Wertanalyse ergeben sich typische Einsatzszenarien, wenn Rationalisierungsmaßnahmen erforderlich sind oder wenn Entwicklungsergebnisse überprüft werden sollen.

Nötige Maßnahmen

Basis einer Wertanalyse ist die Zusammenarbeit in einem zu diesem Zweck zusammengestellten Team aus Mitarbeitern mit unterschiedlicher Ausbildung und Erfahrung. Der Erfolg einer Wertanalyse liegt in der Systematik und der Konsequenz des schrittweisen Vorgehens und der ganzheitlichen Betrachtung der Aufgabenstellung durch das interdisziplinär zusammengesetzte Team.

Folgende Verhaltensweisen sind – wie auch bei den meisten anderen Methoden – erforderlich, um den Erfolg einer Wertanalyse zu sichern:

- Bereitschaft, nichts als unveränderbar hinzunehmen,

---

[1] Vgl. zum Qualitätsbegriff Teil A, 2.2.1.

5.3 Methoden und Techniken: Wertanalyse

- gedankliche Beweglichkeit,
- positive Einstellung gegenüber der Durchführung neuer Lösungswege,
- Anerkennung der Vorschläge anderer Personen und
- keine Kritik während der Ideensuche.

Außerdem ist zur Durchführung ein Wertanalysekoordinator erforderlich, der möglichst dem Management zugeordnet sein sollte.

Stärken

- Eine Systematisierung des Vorgehens wird erreicht.
- Der Trend zum „Abteilungsdenken" wird reduziert und eine qualitätsorientierte Denkweise unterstützt.
- Die Motivation wird gesteigert.
- Änderungs- bzw. Gemeinkosten werden reduziert.
- Bei verschiedenen möglichen Konzepten existiert eine Entscheidungshilfe.

Schwäche

Die Schwäche der Methode liegt im großen personellen und zeitlichen Aufwand.

Typische Fehler

Die haupsächlichen Probleme mit der Wertanayse liegen in einer mangelnden Unterstützung durch das Management sowie in der mangelnden Bereitschaft der Beteiligten neue Vorgehensweisen und Problemlösungsmethoden zu lernen und einzusetzen.

Literatur

Hansen, W.; Jansen, H.H.; Kamiske, G.F. (1993): Qualitätsmanagement im Unternehmen. Berlin.

Bronner, A. (1985): Wertanalyse (REFA-Unterlagen). REFA-Institut, Darmstadt.

Hoffmann, Heinz (1987): Wertanalyse. Berlin.

5.3.3.3 Zero-Base-Budgeting

Definition

Zero Base Budgeting ist ein spezielles Analyse- und Planungsverfahren im Rahmen des Gemeinkostenmanagements, das von der Firma Texas Instruments in den 60er Jahren entwickelt wurde. Es beinhaltet eine strategiegerichtete Neuverteilung der finanziellen Mittel, indem jeder Manager seine Budget vollständig und detailliert von Grund auf ("Zero Base") zu begründen hat.

Beschreibung und Durchführung

Der Ablauf des ZBB läßt sich durch die folgenden neun Stufen beschreiben:[1]

1. Zunächst sind die strategischen und operativen Unternehmensziele sowie die einzubeziehenden Unternehmensbereiche festzulegen (z. B. Senkung des Gemeinkostenvolumens im Bereich Beschaffung um 30% als operatives Ziel) und ein Projektteam auszuwählen und zu schulen.
2. Dann werden "Entscheidungseinheiten" gebildet und deren Teilziele festgelegt. Eine Entscheidungseinheit ist eine Menge abgrenzbarer Aktivitäten mit gemeinsamen Merkmalen. Dabei müssen Leiter der Entscheidungseinheiten ihre Ziele bezüglich ihrer Aktivitäten beschreiben, ihre Personal- und Sachkosten den Aktivitäten zuordnen und die Leistungsempfänger angeben.
3. In Stufe drei werden die sogenannten "Leistungsniveaus" bestimmt. Ein Leistungsniveau ist dabei die Menge und Qualität der Arbeitsergebnisse einer Entscheidungseinheit. In der Regel werden für jede Entscheidungseinheit drei Leistungsniveaus festgelegt (von wünschenswertes bis minimales Niveau).
4. Anschließend wird für jedes Leistungsniveau das wirtschaftlichste Verfahren ausgewählt (mit DV oder manuell, zentral oder dezentral, Eigenleistung oder Fremdbezug etc.).
5. In der fünften Stufe sind pro Entscheidungseinheit Entscheidungspakete zu bilden. Ein Entscheidungspaket beinhaltet den jeweiligen Leistungsumfang, das ausgewählte, kostengünstigste Verfahren und die dabei anfallenden Kosten.

---

[1] Vgl. auch nachfolgend Horváth, P. (1994), S. 279 ff.

5.3 Methoden und Techniken: Zero Base Budgeting

6. Die Entscheidungspakete sollen dann nach einer bestimmten Rangfolge geordnet werden. Dafür ist das Kosten/Nutzen-Verhältnis eines Entscheidungspaketes gegenüber den anderen sowie seine Bewertung in bezug auf die Unternehmensziele abzuwägen.
7. Im siebten Schritt legt die Unternehmensleitung das Budget fest. Also wieviel Ressourcen für die untersuchten Bereiche zur Verfügung gestellt werden. So können Entscheidungspakete mit geringer Priorität bei Einsparungen nicht mehr berücksichtigt werden.
8. In der achten Stufe werden zur Realisierung der beschlossenen Entscheidungspakete konkrete Maßnahmen festgelegt. Für die Durchführung dieser Maßnahmen werden noch verantwortliche Mitarbeiter bestimmt und ein entsprechender Zeitplan aufgestellt.
9. In der neunten und letzten Stufe werden die daraus folgenden neuen Abteilungsbudgets errechnet und anschließend die Realisierung der getroffenen Maßnahmen überwacht.

Ziele

- Das Hauptziel dieses Instruments ist der rationelle Einsatz verfügbarer Mittel im Hinblick auf die Unternehmensziele. Dazu ist eine Umverteilung der finanziellen Ressourcen von weniger wichtigen auf wichtigere Aufgaben notwendig.
- Das Wirtschaftlichkeitsziel liegt weniger in der absoluten Kostensenkung in den Gemeinkostenbereichen sondern in der besseren Erfüllung strategischer Ziele.

Einsatzrelevante Merkmale

- Das ZBB erfordert einen hohen Zeitaufwand und ist deshalb für mittel- bis langfristige Kosteneinsparungen anzuwenden.[1]
- Das Verfahren kann in allen Gemeinkostenbereichen sowohl für repetitive als auch für innovative Aufgaben eingesetzt werden.
- ZBB ist in akuten Krisensituationen nicht einsetzbar. In solchen Situationen soll die weniger komplexe Gemeinkostenwertanalyse eingesetzt werden.

Nötige Maßnahmen

- ZBB erfordert eine für die Umverteilung notwendige Neugestaltung sämtlicher Aktivitäten bzw. Prozesse in einem Unternehmen, als ob das Unternehmen selbst neu entsteht bzw. neu gestaltet wird.[1]

---

[1] Vgl. Kamiske, G.F; Brauer, J.P. (1995), S. 147.

Total Quality Management

- Die Entscheidungskompetenz über die Prioritätssetzung und somit die Rangfolgenbildung soll auf die Kostenstellenebene delegiert werden. Dies erhöht die Akzeptanz des ZBB und verringert die Anzahl der Rangfolgenentscheidungen.[2]

- Für die Prioritätssetzung der einzelnen Entscheidungspakete soll überprüft werden, ob sie jeweils mit den wirtschaftlichsten Arbeitsverfahren bzw. -techniken erstellt werden. Ohne diese Erkenntnis ist die Prioritätssetzung willkürlich und führt dazu, daß die entsprechende Managemententscheidung nur Kostenaspekte berücksichtigt, nicht aber den damit verbundenen Leistungsabbau. Das gleiche gilt in umgekehrter Form auch für den Leistungsaufbau bestimmter Einheiten, der erst durch zusätzlichen Ressourceneinsatz möglich wird. Um Entscheidungspakete dennoch besser bewerten zu können, soll dafür die Gemeinkostenwertanalyse herangezogen werden.[3]

- Um mittel- und langfristige Wirksamkeit der beschlossenen Maßnahmen des ZBB effektiv zu bewerten, benötigt das Konzept den Aufbau eines umfassenden Gemeinkostencontrollings.[4]

Beispiele

Hier sei auf das Beispiel vom Meyer-Piening verwiesen; es zeigt die Einführung eines im Rahmen eines US-Regierungsprogramms konzipierten ZBB zur Zeit der Carter-Regierung.[5]

Stärken

- ZBB ist gut strukturierbar und transparent und es erfaßt alle Gemeinkostenbereiche.

- Das Verfahren bietet eine klare Zielorientierung der Budgetierungsrichtlinien unter dem Gesichtspunkt der begrenzten Mittel. Diese verstärkt das Kostenbewußtsein der Mitarbeiter durch die Bewertung der Leistungen, insbesondere in den "nicht gewinnorientierten" Unternehmensbereichen.[6]

---

[1] Vgl. Kamiske, G.F; Brauer, J.P. (1995), S. 147; Hitschler, W. (1990), S. 291.
[2] Vgl. Estroff, R. (1985), S. 207.
[3] Vgl. Meyer-Piening, A. (1994), S. 178 f.
[4] Vgl. Hitschler, W. (1990), S. 291.
[5] Vgl. Meyer-Piening, A. (1994), S. 178.
[6] Vgl. Volz, J. (1987), S. 879.

5.3 Methoden und Techniken: Zero Base Budgeting

- Das Kostenvolumen kann durch ZBB gesenkt werden, da mit seinem Einsatz betriebliche Aktivitäten abgebaut werden, die nicht auf Unternehmensziele ausgerichtet sind.

Schwächen

- ZBB ist ein eher komplexes Verfahren, das mit einem hohen Zeitaufwand verbunden ist. Dies wird vor allem durch die Budgetvorbereitung, d.h. in den Stufen 1 bis 6, verursacht.[1]
- Das Verfahren kann keine Wirkungszusammenhänge innerhalb der Organisation aufzeigen. Damit ist es nicht möglich Fehlentwicklungen zu erkennen, um sie in Zukunft zu beseitigen.[2]
- Es besteht die Gefahr von Aufgabenüberwälzung von einem Bereich in die anderen Bereiche, wobei die Effizienz der Leistungserstellung aus Sicht des Unternehmens nicht geprüft wird.
- Da das ZBB-Konzept eine große Umstellung der Ablauf- und Aufbauorganisation im gesamten Unternehmen bedeutet, können bei seiner Implementierung Akzeptanzprobleme der betroffenen Mitarbeiter auftreten.[3]

Typische Fehler

- Der Budgetierungsprozeß wird in der Praxis durch taktisches Verhalten der Unternehmensleitung beeinflußt. Wenn man z. B. vorgibt, wie hoch die Kosten steigen dürfen, dann wird ein Anreiz geschaffen, entsprechend höhere Anforderungen an das Budget zu stellen.
- Möglicherweise wird die Bewertung einzelner Aktivitäten manipuliert, damit den höheren Entscheidungsebenen nur wichtige Programme vorgelegt werden, von denen kaum Abstriche möglich sind.[4]

Literatur

Estroff, R. (1985): Zero-Base-Budgeting. Kostenrechnungs-Praxis (krp), Heft 5, 1985, S. 206 f.

Hitschler, W. (1990): Verwaltungsgemeinkostenplanung mit Zero-Base Budgeting (ZBB). Kostenrechnungs-Praxis (krp), Heft 5, 1990, S. 287-292.

---

[1] Vgl. Kamiske, G.F; Brauer, J.P. (1995), S. 147; Hitschler, W. (1990), S. 291.
[2] Vgl. auch nachfolgend Meyer-Piening, A. (1994), S. 177.
[3] Vgl. Hitschler, W. (1990), S. 291.
[4] Vgl. Estroff, R. (1985), S. 207.

Horváth, P. (1994): Controlling, 5. Aufl., München.

Kamiske, G. F.; Brauer, J.-P. (1995): Qualitätsmanagement von A bis Z. 2. Aufl., München-Wien.

Meyer-Piening, A. (1994): Zero Base Planning als analytische Personalplanungsmethode im Gemeinkostenbereich. Stuttgart.

Volz, J. (1987): Praktische Probleme des Zero-Base-Budgeting (Gemeinkostenwertanalyse). Zeitschrift für Betriebswirtschaft (ZfB), Heft 9, 1987, S. 871-880.

5.3.4 Bereichsunabhängige Methoden und Techniken

Schließlich ist noch festzuhalten, daß die Verfahren des Qualitätscontrollings sich eng an Wertschöpfungsketten orientieren und somit eine prozeßorientierte, abteilungsübergreifende Sichtweise erfordern, gleichzeitig diese aber auch unterstützen.[1]

Im Anschluß an die Betrachtung der Methoden und Techniken, die zu den drei genannten „Clustern" gehören, sollen noch weitere Bausteine dieser Ebene des TQM-Komplexes skizziert werden, die ein sehr breites Einsatzspektrum besitzen und in sämtlichen Unternehmensbereichen anzuwenden sind.

An dieser Stelle läßt sich eine Vielzahl von Elementen integrieren, die unterschiedlich eng mit dem TQM-Komplex verbunden sind. Zunächst seien einige Methoden und Techniken erläutert, die besonders wichtige Bestandteile von TQM sind.

---

[1] Allgemein zum Thema Qualitätscontrolling sei auf Horvath, P.; Urban, G. (Hrsg.), (1990) verwiesen.

5.3 Methoden und Techniken: Qualitätsaudits

5.3.4.1 Qualitätsaudits

Definition

Als fester Bestandteil der Qualitätspolitik eines Unternehmens ist das Qualitätsaudit als nützliches Managementinstrument zur permanenten Qualitätsverbesserung und Kostensenkung anzusehen. Qualitätsaudits sind systematische und unabhängige Untersuchungen von qualitätsbezogenen Tätigkeiten und der damit zusammenhängenden Ergebnisse. Sie versuchen festzustellen, ob diese untersuchten Tätigkeiten und Ergebnisse den formulierten Anordnungen entsprechen und ob diese Anordnungen geeignet sind, die gesetzten Ziele zu erreichen.

Beschreibung

Audits können in zweifacher Hinsicht klassifiziert werden. So wird einmal nach dem Untersuchungsgegenstand unterschieden in:

- **Produktaudit**

  Damit wird eine bestimmte Anzahl von Endprodukten, Zwischenprodukten oder Teilen auf Spezifikations- bzw. Anforderungserfüllung untersucht. So können Rückschlüsse auf die Leistungsfähigkeit bzw. auf Schwachstellen des Qualitätsmanagementsystems gezogen und auch Verbesserungsmaßnahmen ermittelt werden. Die Bewertung der untersuchten Produkte soll dabei in erster Linie aus Kundensicht unternommen werden.

- **Prozeß- oder Verfahrensaudit**

  Diese Auditart befaßt sich mit der Qualitätsfähigkeit von einzelnen Prozessen bzw. Arbeitsverfahren. Es untersucht bestimmte Prozesse und Tätigkeiten auf ihre grundsätzliche Zweckmäßigkeit und stellt weiter sicher, daß die dafür geplanten Prozeßgestaltungsmaßnahmen eingehalten werden. Außerdem ermittelt es Verbesserungsmaßnahmen.

- **Systemaudit**

  Hiermit wird festgestellt, ob das Qualitätsmanagementsystem die notwendigen Bestandteile umfaßt.[1] Das Systemaudit überprüft hierzu die

---

[1] Dafür sind z.B. die Vorschriften gemäß DIN EN ISO 9000 ff. heranzuziehen.

Fähigkeiten und Kenntnisse des Prüf-, Instandhaltungs- und Produktionspersonals sowie den Zustand der einzelnen Elemente des Systems, wie z. B. wichtiger Prüf- und Meßsysteme, der Dokumentation, des Qualitätsinformationssystems und des Qualitätsberichtswesens.

Eine weitere Differenzierung der Auditarten bezieht sich auf die ausführenden Auditoren. So können Audits von Mitarbeitern des eigenen Unternehmens oder von unternehmensfremden Personen (wie z. B. Vertragspartnern bzw. Kunden) durchgeführt werden; entsprechend spricht man von internem und externem Audit.

Externe Audits sind in der Regel Produkt- oder Systemaudits, die von Kunden oder Zertifizierern durchgeführt werden.

Durchführung

Ein Qualitätsaudit wird von einem entsprechenden Team durchgeführt, in dem der jeweilige Qualitätsmanager mitwirken soll. In den Untersuchungen und Bewertungen des Ist-Zustandes werden Schwachstellen aufgezeigt. Dazu dienen detaillierte Fragebögen, die speziell auf das zu auditierende Objekt zugeschnitten sind. Den Auditierten sollten aber die Fragegruppen, die während des Audits behandelt werden, vorher bekanntgegeben werden.[1] Das ermöglicht zum einen die Offenheit der Auditierten, zum anderen kann das Audit zielgerichtet wirken und zügig ablaufen.

Die Ergebnisse des Audits können mit Hilfe von Punktbewertungen (z. B. 1-5) oder von Zeichen (z. B. ++ bis --) zu einer Qualitätskennzahl verdichtet werden.[2] Diese Bewertung wird am Ende vom Auditteam vorgenommen und mit den Auditierten besprochen. Damit können Qualitätsmanagementsysteme verschiedener Unternehmen verglichen werden oder Entwicklungstendenzen des Qualitätsmanagementsystems eines Unternehmens innerhalb einer bestimmten Beobachtungszeit aufgezeigt werden.

Anschließend werden Verbesserungsmaßnahmen veranlaßt und deren Wirksamkeit verfolgt (spätestens beim nächsten Audit), um sowohl die angestrebte Qualität als auch die Wirtschaftlichkeit aller Maßnahmen sicherzustellen.

An dieser Stelle ist anzumerken, daß Qualitätsaudits nicht länger als zwei Tage dauern sollten und regelmäßig (etwa einmal jährlich) durchzuführen sind, um als Führungs- und Steuerungsinstrument wirksam zu sein.

---

[1] Das Audit soll nicht durch einen vorgefertigten Fragebogen abgewickelt werden; lediglich die Fragenkomplexe sollen bekannt sein. vgl. dazu Frehr, H.-U. (1994), S. 41.

[2] Vgl. auch nachfolgend Frehr, H.-U. (1994), S. 42 f.

5.3 Methoden und Techniken: Qualitätsaudits

Ziele

- Mit Audits sollen Schwachstellen aufgezeigt und Verbesserungsmaßnahmen angeregt und deren Wirkung überwacht werden.
- Audits zielen auf Verbesserungen hinsichtlich der Qualität des Produkts, der Arbeitsverfahren und -methoden sowie der QS-Systeme hin.

Einsatzrelevante Merkmale

- Audits sind für alle Elemente und Aktivitäten des Qualitätsmanagements sowie in allen Funktionsbereichen und für alle Prozesse einsetzbar. Insbesondere in der Produkt- und Prozeßentwicklung kann ein leistungsfähiges qualitätssicherndes Qualitätsmanagementsystem von vornherein für hohe Qualität sorgen.
- Audits können entweder in regelmäßigen Abständen (etwa einmal pro Jahr) oder aus besonderen Anlässen (z. B. Reklamationen, Anstieg der Qualitätskosten) durchgeführt werden.
- Ein Audit ist auch ein Führungsinstrument, das nach der Vorgabe von Zielen (etwa anhand eines früheren Audits) zur Information des Managements über die Zielerreichung eingesetzt werden kann.[1]

Nötige Maßnahmen

- Audits sollen sorgfältig geplant und vorbereitet sein. Dazu gehört vor allem die Ausarbeitung geeigneter Checklisten vor Beginn der eigentlichen Durchführung.
- Richtiges Auditieren setzt die Kenntnis der Auditiertechnik voraus. Die ausführenden Mitarbeiter (Auditoren) müssen die entsprechende Qualifikation durch Schulungsmaßnahmen erlangen.[2] Sie müssen durch rechtzeitiges Informieren deutlich machen können, daß es sich beim Audit nicht um eine Kontrolle der Auditierten handelt.
- Das Management soll seine wirksame Unterstützung für die erarbeiteten Maßnahmen bereitstellen.
- Abschlußergebnisse eines Qualitätsaudits müssen in einem Auditbericht dokumentiert und dem Management vorgelegt werden.

Stärken

- Das Audit vermeidet eine betriebsblinde Betrachtungsweise und nutzt die ganze Erfahrung der Auditoren im Betriebsgeschehen. Dadurch ist

---

[1] Vgl. Kamiske, G.F; Brauer, J.P. (1995), S. 5.
[2] Das gleiche gilt auch für Top-Manager.

Total Quality Management

die Umsetzung wirksamer Maßnahmen in den untersuchten Bereichen sichergestellt.[1]

- Regelmäßige Audits lenken die Aufmerksamkeit der auditierten Bereiche immer wieder auf TQM und verhindern wirksam das "Einschlafen" der Aktivitäten, welches sich normalerweise nach 1-2 Jahren bemerkbar macht.

Schwächen

- Nur nachweisbare Fakten (z. B. anhand von Unterlagen) können im Zusammenhang mit Audits herangezogen werden; Abweichungen, die nicht nachweisbar sind, können hiermit nicht berücksichtigt werden.
- Mit Audits können lediglich kontinuierliche Verbesserungen erzielt werden, große Umbrüche können damit nicht erreicht werden.

Typische Fehler

- Qualitätsaudits sind in Europa wenig bekannt, und werden nur in ganz wenigen Unternehmen praktiziert. Oft werden deshalb die (unbekannten) Audits und der dafür benötigte Zeitaufwand (in der Regel 2 Tage pro Bereich) gescheut.
- Auditor und Auditierte stehen in der Regel (interne Audits) in einem Vorgesetzten/Mitarbeiterverhältnis. Bei einem autoritären Führungsstil im normalen Arbeitsumfeld, überträgt sich dieser auch auf das Audit, und die Auditierten fühlen dabei eine Kontrolle ihrer Arbeit. Dies kann mehr schaden als nutzen.

Literatur

Ehrhart, K.J. (1994): Das Qualitätsmanagementsystem, ein Schritt auf dem Wege zu TQM. In: Kamiske, G.F. (Hrsg.): Die Hohe Schule des Total Quality Management. Berlin, Heidelberg.

Frehr, Hans-Ulrich (1994): Total Quality Management – Unternehmensweite Qualitätsverbesserung. 2. Aufl., München-Wien.

Kamiske, G. F.; Brauer, J.-P. (1995): Qualitätsmanagement von A bis Z. 2. Aufl., München-Wien.

---

[1] Vgl. auch nachfolgend Frehr, H.-U. (1994), S. 42 ff.

5.3.4.2 Kontinuierlicher Verbesserungsprozeß (KVP / CIP / KVP^2)

Definition

KVP = kontinuierlicher Verbesserungsprozeß

CIP = Continous Improvement Process

KVP^2 = kontinuierlicher Verbesserungsprozeß im Quadrat

Beschreibung

KVP und CIP können – vereinfacht gesehen – mit dem Prinzip der ständigen Verbesserung („Kaizen") gleichgesetzt werden. Dieses Prinzip hat wegen seiner übergeordneten und strategischen Ausrichtung auch eine eher operative Dimension, die hier im Vordergrund steht.

KVP dient der Stärkung der Wettbewerbssituation durch eine verbesserte Qualität.[1] Der KVP will dabei ohne kostenintensive Veränderungen und durch kleine Fortschritte verbessern. Arbeitsstandards werden durch kleine, schrittweise Verbesserungen erhalten und verbessert, dabei soll es zu einer fortschreitenden Verbesserung kommen, die alle Hierarchieebenen mit einbezieht. In diesem Zusammenhang bedeutet der KVP einen kontinuierlichen, schrittweisen Wandel, um sich den veränderten Rahmenbedingungen ständig anzupassen.

Der KVP hat dabei einige Ähnlichkeiten zum bekannten betrieblichen Vorschlagswesen. Im Gegensatz zum betrieblichen Vorschlagswesen kennt der KVP jedoch kein Prämiensystem. Außerdem steht beim KVP die Teamarbeit stärker im Mittelpunkt als beim betrieblichen Vorschlagswesen.

Deming empfiehlt ein Vorgehen nach dem Plan-Do-Check-Act-Zyklus.[2] Abb. 31 verdeutlicht durch die Kreisform, daß es sich dabei um ein kontinuierliches Vorgehen ohne Anfang und Ende handelt. Gegenstand der kontinuierlichen Verbesserung sollen sämtliche Prozesse sein.

Betrachtet man den Abschnitt „plan", so müssen dabei zunächst mögliche Maßnahmen zur Prozeßverbesserung (etwa anhand von Qualitätsdaten, internen Audits oder internen und externen Kundenumfragen) ermittelt werden. Daraufhin wird ein konkretes Projekt geplant. Danach folgt die Implementierung der Verbesserungsmaßnahmen („do"). Anschließend gilt es, etwa durch interne Audits, die Auswirkungen der Änderungen zu beob-

---

[1] Vgl. zum Qualitätsbegriff auch Kap. Merkmale der Produktqualität.
[2] Vgl. Teil A, 4.1.1 und Teil A, 4.1.2.

achten und die Ergebnisse festzuhalten („check"). Schließlich werden die Ergebnisse bewertet („act"),[1] woraus sich in der Regel ein weiteres Verbesserungspotential ergibt. In diesem Sinne schließt sich mit einer neuen Phase „plan" unmittelbar der nächste Durchlauf des Zyklusses an.[2]

Abb. 31: Der Plan-Do-Check-Act-Zyklus nach Deming[3]

Um den Prozeß der kontinuierlichen Verbesserung zu intensivieren, hat die Volkswagen AG ein spezielles Vorgehen entwickelt, das auch KVP^2 genannt wird. Dabei werden spezielle Workshops initiiert, die in der Regel eine Woche dauern und möglichst neben der Generierung auch die Umsetzung von Verbesserungsmaßnahmen einschließen. Da KVP^2 primär auf übergeordnete Prozesse ausgerichtet ist, sollen Mitarbeiter aller betroffenen Bereiche sowie Betriebsräte in die Workshops einbezogen werden.

Der Name KVP^2 wird damit erklärt, daß hierdurch die Produktivität über der Zeit quadratisch ansteigen soll, während bei einem Vorgehen ohne spezielle Workshops nur ein linearer Verlauf angenommen wird.[4]

Durchführung

1. Bereiche, in denen ein KVP-Team gebildet werden soll, müssen festgelegt werden (nach Möglichkeit aus allen Hierarchieebenen).

---

[1] Insbesondere hinsichtlich des Abschnitts „act" sind in der Literatur sehr verschiedenartige Interpretationen auszumachen, deren Zusammenhang mit der originären Intention Demings bezweifelt werden muß.

[2] Vgl. Waldner, G. (1994), S.279 ff.; Kamiske, G.F; Brauer, J.P. (1995), S.216 ff.; Walton, M. (1986), S.86 ff.; hier finden sich auch weitere Erläuterungen zum Plan-Do-Check-Act-Zyklus.

[3] Vgl. Waldner, G. (1994), S.279.

[4] Vgl. Kamiske, G.F; Brauer, J.P. (1995), S.216 ff.

5.3 Methoden und Techniken: KVP

2. Die Teammitglieder werden ausgewählt.
3. Die betroffenen Mitarbeiter werden über den Ablauf informiert.
4. Die Mitarbeiter beobachten während des täglichen Ablaufs die gegenwärtige Situation und suchen nach Verbesserungsmöglichkeiten.
5. In den Teams werden die Verbesserungsmöglichkeiten besprochen. Dabei wird besonderes Augenmerk auf Ideen gelegt, die kein oder nur wenig Geld kosten. Hier wird außerdem geklärt wer, was, wann und wie tut.
6. Die Ideen werden so schnell wie möglich umgesetzt.
7. Verbesserungen sind in den betroffenen Bereichen zu visualisieren (vorher/nachher). Mit diesen Informationen sollen alle Mitarbeiter bei der Ausführung ihrer Tätigkeiten unterstützt werden sowie ihre Kreativität bei der Suche nach Verbesserungen geweckt werden.
8. Die neue Situation wird standardisiert.

Ziele

- Jegliche Verschwendung soll identifiziert und eliminiert werden.
- Die bestehenden Prozesse und Methoden in der Produktion sollen verbessert werden.
- Eine prozessorientierte Denkweise soll sich durchsetzen.
- Eine Verbesserung der Kosten und des Services (Lieferzeit und Lieferservice) wird angestrebt.
- Es soll ein System erstellt werden, das Qualität im Arbeitsprozeß von Anfang an sicherstellt (interne Lieferanten-Kundenbeziehung).
- Die (interne und externe) Kundenzufriedenheit soll erhöht werden.
- Die Organisation der Arbeitsplätze soll sich verbessern.
- Probleme sollen leichter gelöst werden.
- Vorgänge sollen standardisiert werden.

Einsatzrelevante Merkmale

Der KVP sollte eingesetzt werden, wenn eine Verbesserung von bestehenden Abläufen bzw. die Reduzierung von Verschwendung erreicht werden soll.

Nötige Maßnahmen

- Die Unternehmensführung muß ihren Willen zur Einführung des KVP verdeutlichen.

- Alle Beteiligten sollten über die Ziele und den Ablauf des kontinuierlichen Verbesserungsprozesses informiert sein.
- Zusätzliche Kapazität zur Organisation des KVP muß zur Verfügung gestellt werden.
- Die KVP-Teams sollten während einer KVP-Sitzung von äußeren Störeinflüssen abgeschirmt werden (geeignete Räumlichkeiten).

Stärken

- Kundenorientiertes und bereichsübergreifendes Denken werden gefördert.
- Verschwendung jeder Art wird reduziert.
- Die Einbeziehung von Mitarbeitern aus allen Hierarchieebenen ermöglicht einen großen Wissens-Pool
- Die Motivation aller Mitarbeiter (z. B. durch die Visualisierung von Verbesserungen) wird gestärkt.

Schwächen

- Es liegt kein analytisches und auch kein systematisches Vorgehen (Formulare) vor.
- Es gibt keine methodische Anleitung zur Zielerreichung.
- KVP ist schwer umsetzbar, da es keine genauen Handlungsanweisungen gibt, sondern nur Zielformulierungen (es müssen alle Mitarbeiter vom KVP überzeugt sein)

Typische Fehler

Die Einstellung der Mitarbeiter zum KVP ist von entscheidender Bedeutung. Aus diesem Grund sollten Fehler, die sich ungünstig auf die Einstellung bezüglich des KVP auswirken, unbedingt vermieden werden. Beispiele hierfür könnten sein:

- Vorschläge, die positiv beurteilt wurden, werden zu langsam umgesetzt.
- Bei der Einführung von Anreizsystemen bzw. Prämien wird nicht unbürokratisch vorgegangen.
- Verbesserungen werden nicht schnell genug visualisiert.

Literatur

Seiling, Harald (1994): Der neue Führungsstil. München-Wien.

Brinkmann, E. P. (1987): Unternehmenssicherung durch Ideenmanagement. Band 1: Mehr Innovationen durch Verbesserungsvorschläge

5.3.4.3 Problemlösungstechniken: Die sieben Managementwerkzeuge der Qualitätssicherung (M7)

Definition

Die sieben Managementwerkzeuge – oder auch "New Seven Tools for Quality Control" genannt – sind Problemlösungstechniken, die zur Analyse von verbalen Informationen verwendet werden. Es handelt sich um Techniken bzw. Hilfsmittel, die insbesondere im Rahmen von Gruppenarbeit zur Visualisierung eines Entwicklungs- und Planungsprozesses eingesetzt werden.

Beschreibung

Die sieben Managementwerkzeuge sind:
- Affinitätsdiagramm,
- Relationendiagramm,
- Baumdiagramm,
- Matrixdiagramm,
- Matrix-Daten-Analyse (Portfolio),
- Problem-Entscheidungsplan sowie der
- Netzplan.

Eine detaillierte Beschreibung der einzelnen Methoden/Werkzeuge würde den Rahmen dieses Abschnitts sprengen. Hier sei auf die einschlägigen Literatur verwiesen.[1]

Obgleich diese Werkzeuge im einzelnen unabhängig voneinander wirkungsvoll eingesetzt werden können, bieten sie jedoch in der Kombination einen höheren Nutzeneffekt. Durch ihre Kombination ergeben sich Synergieeffekte, da sie logisch aufeinander in allen Phasen eines Problemlösungsprozesses aufbauen und sich dabei ergänzen.

Durchführung

Für die Durchführung eines Problemlösungsvorgangs werden die genannten Managementwerkzeuge in einem Drei-Phasen-Plan (s. Abb. 32) wie folgt eingesetzt:

---

[1] Ausführliche Beschreibungen der einzelnen Managementwerkzeuge finden sich in Kamiske, G.F; Brauer, J.P. (1995), S. 102 ff. oder in Gogoll, A. (1994), S. 371 ff.

Total Quality Management

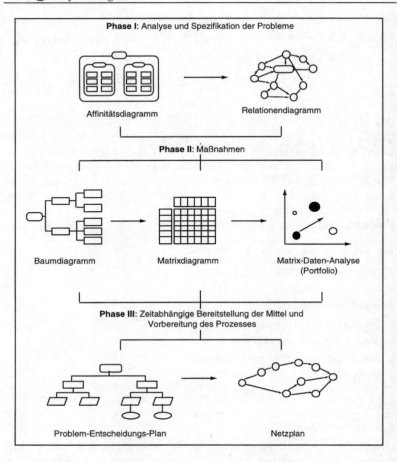

Abb. 32: Die Sieben Managementwerkzeuge im Überblick[1]

Der Ausgangspunkt der Problemlösung soll das Abgrenzen, das Analysieren und die Bildung von Schwerpunkten für das zu untersuchende Problem sein (Phase I). Dafür wird das Affinitäts- und das Relationendiagramm verwendet. Dann müssen für dieses Problem Lösungsmöglichkeiten herausgefunden, strukturiert und bewertet werden (Phase II). Dazu sollen das Baum- und Matrixdiagramm sowie die Matrix-Daten-Analyse eingesetzt werden. Zum Schluß (Phase III) soll mit Hilfe der Netzplantechnik

---

[1] Kamiske, G.F; Brauer, J.P. (1995), S. 101.

5.3 Methoden und Techniken: M7

eine übersichtliche Umsetzung der gefundenen Lösung(en) in einer sinnvollen Reihenfolge geplant werden. Außerdem hilft der Problem-Entscheidungs-Plan in diesem Zusammenhang, möglichen Problemen bei der Umsetzung der Lösungen vorzubeugen.[1]

Ziele

Die Ziele für die Anwendung der Managementwerkzeuge liegen hauptsächlich in der Strukturierung und der Visualisierung von Problemen sowie der Unterstützung eines Problemlösungsprozesses.

Einsatzrelevante Merkmale

- M7 sind in Entwicklungs- und Planungsphasen einzusetzen, in denen kaum numerische Daten vorhanden sind.
- M7 einigen sich vor allem für die Produktentwicklung und ihre Konzeption sowie für die Vorbereitung von Vorserien.
- Die Managementwerkzeuge werden sinnvollerweise in der Phase der Qualitätsplanung eingesetzt.

Nötige Maßnahmen

- Für die Durchführung dieser Technik muß ein guter Moderator vorhanden sein, der mit dem Einsatz der Managementwerkzeuge vertraut ist.[2]
- Alle Ergebnisse der Phase I (Analyse und Spezifikation der Probleme) müssen sorgfältig dokumentiert werden.

Stärken

- M7 unterstützen durch eine systematische und strukturierte Vorgehensweise eine effiziente und schnelle Lösung komplexer Probleme.
- Für die Planung und Vorbereitung der Serienproduktion bieten die M7 eine sehr gute Ergänzung zu anderen im Bereich der Fertigung angewendeten Qualitätstechniken wie z. B. Q7[3] oder SPC.[4]
- M7 brauchen für ihre Durchführung keine Hilfsmittel; dafür genügen einfache Büromaterialien wie Papier, Tafel, Flipchart, Pinnwand, farbige Stifte, Kärtchen oder Haftnotiz-Zettel etc.

---

[1] Vgl. Gogoll, A. (1994), S. 370; Kamiske, G.F; Brauer, J.P. (1995), S. 100.
[2] Vgl. auch nachfolgend Gogoll, A. (1994), S. 370 f.
[3] Zu Q7 vgl. Kapitel 5.3.4.4.
[4] Vgl. Kap. 5.3.2.3.

Schwäche

- Die gesammelten verbalen Daten beruhen meistens auf Schätzungen, Prognosen, Meinungen und Intuitionen der Gruppenmitglieder. Das Ergebnis der Analysephase (Phase I) hängt deshalb stark von der Zusammensetzung der Gruppe, der Kompetenz der einzelnen Mitglieder und den von ihnen verfolgten Ziele ab.

Typischer Fehler

Oft wird bei allen Visualisierungstechniken die Dokumentation der erzielten Ergebnisse vernachlässigt.

Literatur

Kamiske, G. F.; Brauer, J.-P. (1995): Qualitätsmanagement von A bis Z. 2. Aufl., München-Wien.

Gogoll, A. (1994): Managementwerkzeuge der Qualität. In: Kamiske, G.F. (Hrsg.): Die hohe Schule des Total Quality Management. Berlin, Heidelberg.

5.3.4.4 Problemlösungstechniken: Die sieben elementaren Werkzeuge der Qualitätssicherung (Q7)

Definition

Die Qualitätswerkzeuge (Tools of Quality) werden auch oft als "Elementare Werkzeuge der Qualitätssicherung", oder als "Sieben Qualitätswerkzeuge", kurz "Q7", bezeichnet. Die Qualitätswerkzeuge sind Hilfsmittel, die auf grafischer Darstellung aufbauen, um Probleme zu erkennen, zu verstehen und zu lösen. Sie sind im Gegensatz zu den M7 primär zur Bearbeitung zahlenmäßiger Daten ausgelegt.

Beschreibung

Zu Q7 zählen folgende Werkzeuge:

- Fehlersammelliste,
- Häufigkeitsdiagramm (Histogramm),
- Korrelationsdiagramm,
- ABC-Analyse (Pareto-Diagramm),
- Qualitätsregelkarte,[1]
- Brainstorming,
- Ursache-Wirkungs-Diagramm (Fischgräten-Diagramm, Ishikawa-Diagramm).

Durchführung

Zum erfolgreichen Einsatz der einzelnen Werkzeuge ist ein geplantes Vorgehen unumgänglich. Dazu soll das folgende Ablaufschema (vgl. Abb. 33) als allgemeingültig für alle Werkzeuge beachtet werden, um bei der Problemlösung zielgerichtete Ergebnisse erzielen zu können.

Ziel

Das Ziel der Q7 liegt in der systematischen und strukturierten Vorgehensweise bei der Lösung von Problemen, zu denen zahlenmäßige Daten vorliegen, sowie in der Unterstützung des Problemlösungsprozesses. Insgesamt können mit diesen Qualitätswerkzeugen folgende Ziele erreicht werden:[2]

---

[1] Vgl. hierzu Kapitel 5.3.2.3.
[2] Vgl. Kamiske, G.F; Brauer, J.P. (1995), S. 165.

Total Quality Management

- Feststellen von Problemen und Eingrenzen von Problembereichen,
- Bewerten von Faktoren, die als wahrscheinliche Ursache eines Problems anzusehen sind,
- Feststellen, ob die angenommenen Fehlerursachen auch zutreffen oder nicht,
- Verhindern von Fehlern, die durch Unachtsamkeit, Eile oder Versäumnis entstehen,
- Bestätigen der Wirkung von ausgeführten Verbesserungsmaßnahmen und
- Feststellen von Ausreißern.

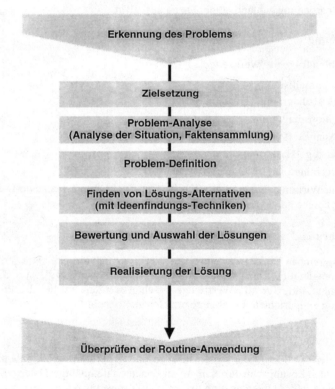

Abb. 33: Allgemeiner Ablauf einer Problemlösung[1]

---

[1] Kamiske, G.F; Brauer, J.P. (1995), S. 166.

5.3 Methoden und Techniken: Q7

Einsatzrelevante Merkmale

Die meisten der Q7 basieren auf statistischen Grundlagen, die speziell für den Werkstattbereich aufbereitet wurden.

Nötige Maßnahmen

- Eine effektive Anwendung der Qualitätswerkzeuge ist erst durch eine sorgfältig geplante Vorgehensweise möglich.
- Jeder Mitarbeiter – auch außerhalb des Werkstattbereiches – soll die Q7 beherrschen und anwenden können.[1]

Stärken

Q7 sind sehr effizient; sie lösen viele im Zieluntersuchungsbereich auftretende Probleme (beispielsweise im Werkstattbereich) besonders wirkungsvoll mit einfachen Mitteln.

Typische Fehler

- Qualitätswerkzeuge stoßen häufig bei Fachleuten und Vorgesetzten auf Ablehnung, da diese eine systematische Problemlösung als zu aufwendig ansehen.
- Oft wird der Analysephase wenig Zeit geschenkt, um sofort mit Erarbeiten von Lösungen beginnen zu können.
- Das Fachwissen der Mitarbeiter an der Basis wird wenig beachtet und häufig unterschätzt.

Literatur

Ebeling, J. (1994): Die sieben elementaren Werkzeuge der Qualität. In: Kamiske, G.F. (Hrsg.): Die hohe Schule des Total Quality Management. Berlin, Heidelberg.

Kamiske, G. F.; Brauer, J.-P. (1995): Qualitätsmanagement von A bis Z. 2. Aufl., München-Wien.

---

[1] Vgl. auch nachfolgend Ebeling, J. (1994), S. 297 ff.

5.3.4.5 Randgebiete des TQM

Neben den bisher genannten Methoden und Techniken gibt es noch einige, die von manchen Autoren durchaus noch im Zusammenhang mit TQM gesehen werden.[1] Zu nennen sind in diesem Kontext:

- Kreativitätstechniken,
- Moderationstechniken,
- Präsentationstechniken,
- Portfoliotechniken,
- Methoden des Projektmanagements,
- erweiterte Dokumentationssysteme (z. B. Sozialbilanzen, gesellschaftsbezogene Rechnungslegung),
- Personalbeurteilungs- und Entlohnungssysteme,
- statistische Methoden (z. B. statistische Basismethoden, Regressions- und Varianzanalyse, Zuverlässigkeitsanalyse)[2] sowie
- Methoden und Instrumente der Organisationsentwicklung (z. B. gruppendynamische Verfahren, Survey and Feedback).

Die Verschiedenartigkeit dieser Methoden und Techniken unterstreicht noch einmal die Reichweite und Vielfalt der Bestandteile des TQM-Komplexes. Gleichzeitig wird auch deutlich, daß insbesondere der Bereich Methoden und Techniken noch Entwicklungspotential bietet und somit für die Zukunft weitere Elemente erwarten läßt.

---

[1] Vgl. dazu auch Gogoll, A.; Theden, P.H. (1994), S.329; Schildknecht, R. (1992), S.165 f.

[2] Vgl. Sörensson, P.-A. (1994), S.98.

5.3.5 Vergleich der Methoden und Techniken

Wenngleich TQM nicht vorrangig einen instrumentalen Ansatz darstellt, so erfordert seine Umsetzung und seine unternehmensweite bzw. unternehmensübergreifende konsequente Verfolgung den Einsatz geeigneter Methoden und Techniken. Im Teil A, 5.3 wurden mehrere Methoden und Techniken ausführlich skizziert sowie Hinweise auf ihre Einsatzmöglichkeiten und ihre entsprechenden Implementierungen erörtert.

Bevor mit dem eigentlichen Vergleich begonnen wird, ist es zweckmäßig zuerst die dafür ausgewählten Vergleichskriterien zu erläutern. Eine Darstellung der einzelnen Kriterien wird im folgenden vorgenommen.

5.3.5.1 Kriterien für einen Vergleich der Methoden und Techniken

Für den Vergleich einer Vielzahl von Instrumenten, die ein sehr breites Spektrum abdecken, ist es wichtig, Kriterien zu finden, die möglichst für alle Instrumente relevant sind. Dafür sind Kriterien auszuwählen, die bezüglich der meisten Methoden und Techniken eine Aussage zulassen. Aus dieser erweiterten Sichtweise heraus wird es möglich, einen gesamten Überblick über die verschiedenen Methoden und Techniken des TQM zu gewinnen. An dieser Stelle sei jedoch darauf hinzuweisen, daß die getroffene Auswahl keinen Anspruch auf Vollständigkeit erhebt und anderen Betrachtungsweisen Raum läßt.

Ferner ist zu diesem Vergleich folgendes zu sagen. Die in den vorangegangenen Kapiteln dargestellten Methoden und Techniken wurden nach einer bestimmten Systematik in die Gruppen

- Methoden und Techniken mit Schwerpunkt in der Entwicklung und Planung von Produkten und Prozessen,
- Methoden und Techniken mit Schwerpunkt im Bereich Beschaffung und Produktion,
- Methoden und Techniken des Qualitätscontrollings und
- Bereichsunabhängige Methoden und Techniken

eingeteilt. Diese Einteilung ermöglichte nach Auffassung der Autoren die Zuordnung der Methoden und Techniken zu einer Gruppe mit der höchsten Trennschärfe. Deshalb wurde diese Systematisierung der Gliederung des Buches zugrundegelegt. Daneben sind aber noch andere Systematisierungen denkbar, die zu anderen Gruppierungen der Methoden und Techniken führen. Diese anderen Systematisierungsmöglichkeiten bilden die Kriterien für den folgenden Vergleich.

Total Quality Management

Im Rahmen des Qualitätsmanagements sind die verschiedenen Instrumente des TQM grundsätzlich in vier verschiedenen Einsatzbereichen anzutreffen, nämlich in der Qualitätsplanung, -lenkung, -prüfung und -förderung. Dabei können TQM-Methoden bzw. -Techniken schwerpunktmäßig einen oder mehrere dieser Einsatzbereiche abdecken.

Qualitätsplanung wird definiert als das „Auswählen, Klassifizieren und Gewichten der Qualitätsmerkmale sowie schrittweises Konkretisieren aller Einzelforderungen an die Beschaffenheit zur Realisierung der Spezifikationen und zwar im Hinblick auf die durch den Zweck der Einheit gegebenen Erfordernisse, auf die Anspruchsklasse und unter Berücksichtigung der Realisierungsmöglichkeiten".[1] Mit anderen Worten stellt die Qualitätsplanung eine Fehlerprävention durch Analyse und Planung dar.

Von der Qualitätsplanung werden zunächst die einzelnen Tätigkeiten vorausschauend festgelegt. Die entsprechende Detaillierung und Umsetzung der Anforderungen sowie die notwendigen Arbeitstechniken werden dabei von der Qualitätslenkung bereitgestellt.[2] Somit leitet sie Maßnahmen des Qualitätsmanagements und umfaßt die vorbeugenden, überwachenden und korrigierenden Tätigkeiten mit dem Ziel, die Qualitätsforderung zu erfüllen.

Die Qualitätsprüfung umfaßt im wesentlichen folgende Tätigkeiten:[3] Prüfplanung, Prüfbeauftragung, Prüfdurchführung und Prüfdatenauswertung der qualitätsrelevanten Tätigkeiten.

Mit dem Begriff Qualitätsförderung werden alle qualitätsverbessernden Aktivitäten verbunden. Darunter sind alle Maßnahmen zur Steigerung der Qualitätsfähigkeit für Produkte, Verfahren, Einrichtungen und Personal zu verstehen.[4]

In bezug auf den Produktlebenszyklus weist der Einsatz verschiedener Methoden und Techniken unterschiedliche Eignung auf. Hinsichtlich der Phase im Produktlebenszyklus sind unterschiedliche Anforderungen an die entsprechende Methode bzw. Technik zu stellen. Dabei sind folgende Phasen des Produktlebenszyklus zu unterscheiden: Produktplanung, Produktentwicklung und Konstruktion, Produktion und Kundendienst/Service. Nach dieser Einteilung werden der Produktplanung außer der Produktidee und -definition alle Marketingaktivitäten zugeordnet. Die Phase des Kundendienstes umfaßt hierbei die der Produktion nachgelagerten Arbeiten, wie Lagerung, Versand und auch alle Vertriebstätigkeiten.

---

[1] Vgl. DGQ-Schrift 11-04 (1993), S. 85.
[2] Vgl. Kamiske, G.F; Brauer, J.P. (1995), S. 61.
[3] Vgl. Pfeifer, T. (1996), S. 311 f.
[4] Vgl. DGQ-Schrift 11-04 (1993), S. 47 f.

5.3 Methoden und Techniken: Vergleich

Die Vielfalt der TQM-Instrumente und deren Anwendung in der industriellen Praxis stellt für die Unternehmen einen gewissen Aufwand dar. So führt die Implementierung, die Durchführung und die Auswertung der Ergebnisse dieser Instrumente zu einer Investitionsentscheidung, deren Erfolg von einer detaillierten Betrachtung und Analyse des damit verbundenen Gesamtaufwands abhängt. Dabei ist der Gesamtaufwand nicht nur eine rein finanzielle Größe, sondern berücksichtigt darüber hinaus zeitliche und personelle Aspekte. Er setzt sich in diesem Kontext aus materiellem, zeitlichem und personellem Aufwand zusammen. Der Zeitaufwand impliziert zum einen die Dauer der Einführung und der Durchführung des jeweiligen Instruments und zum anderen die Zeit bis zur Einwirkung der dafür notwendigen Maßnahmen. Der personelle Aufwand beinhaltet in erster Linie die Elemente Qualifikationsprofil und Schulungsbedarf bei den betroffenen Mitarbeitern. Der mit dem Einsatz der TQM-Instrumente verbundene Aufwand im Sinne von Bindung personeller Ressourcen, vor allem bei den Führungskräften und den hochqualifizierten Mitarbeitern (z. B. bei den Ingenieuren), ist als ein wichtiger Aspekt anzusehen, deshalb ist er sinngemäß beim personellen Aufwand zu berücksichtigen. Außerdem bedarf der personelle Aufwand einer Unterscheidung hinsichtlich der zugehörigen Unternehmensebene, da sowohl Manager, Abteilungsleiter und qualifizierte Fachkräfte, als auch angelernte Facharbeiter und angelernte Mitarbeiter mit dem Einsatz von TQM-Methoden konfrontiert sind.

5.3.5.2 Vergleich der Methoden und Techniken

Zu jedem der ausgewählten Kriterien wird im folgenden ein Vergleich im Sinne einer Gegenüberstellung der Instrumente von TQM aufgeführt. Ein Großteil der Instrumente läßt sich einem sinnvollen Vergleich zu einem bestimmten Kriterium nur dann unterziehen, wenn man ihr Haupteinsatzfeld betrachtet, in dem sie am häufigsten angewendet werden.

Es werden in erster Linie für den Vergleich relevante Erkenntnisse herausgestellt, welche für eine große Bandbreite der aufgeführten Instrumente zutreffend sind. Somit können allgemeingültige Merkmale hervorgehoben werden und letztendlich ein Beitrag für eine sinnvolle Entscheidung hinsichtlich des Einsatzes einzelner Methoden und Techniken geleistet werden.

Vergleich bzgl. funktionalem Einsatzbereich

Eine Einteilung der Methoden und Techniken nach den hauptsächlichen Unternehmensfunktionen, für die sie eingesetzt werden können liegt der Gliederung ab Kap. 5.3 zugrunde. Sie wird dort ausführlich diskutiert. An dieser Stelle sei aber eine tabellarische Zuordnung ergänzt (vgl. Tab 5-1).

Total Quality Management

	Entwicklung und Planung von Produkten und Prozessen	Beschaffung und Produktion	Qualitätscontrolling	Bereichsunabhängiger Einsatz
Marktforschung	●			
Benchmarking	●	○	○	
Quality Function Deployment	●	○		
Design Review	●			
Fehler-Möglichkeits- und Einflußanalyse	●			
Design of Experiments (n. Tagushi)	●			
Gestaltung der Lieferantenbeziehungen		●		
Just-in-Time-Produktion		●		
Statistische Prozeßregelung		●		
Poka-Yoke	○	●		
Total Productive Maintenance		●		
Prozeßkostenrechnung			●	
Wertanalyse	○	○	●	
Zero-Base-Budgeting			●	
Qualitätsaudits				●
KVP/CIP/KVP²				●
M7				●
Q7				●

(● = primäre Einsatzfelder; ○ = sekundäre Einsatzfelder)

Tab. 5-1: Funktionale Einsatzbereiche der TQM-Instrumente

Einsatzbereich im Rahmen des Qualitätsmanagements

Ein Qualtätsmanagement erstreckt sich auf die Einsatzfelder Qualitätsplanung, -lenkung, -prüfung und -förderung. Der Versuch Methoden und Techniken des TQM diesen Einsatzfeldern zuzuordnen liefert zunächst keine klare Abgrenzung. Trotzdem können sich im Rahmen einer Gegenüberstellung der aufgeführten Instrumente Gruppen bilden, in denen jeweils ein Haupteinsatzfeld festzustellen ist (vgl. dazu Tab. 5-2).

5.3 Methoden und Techniken: Vergleich

Für die Qualitätsplanung lassen sich folgende Instrumente, als ihr primäres Einsatzfeld bezeichnen: Marktforschung, Benchmarking, QFD, Design Review, FMEA, DoE, ZBB, KVP/CIP/KVP^2, M7 und QM-System. Eine zweite große Gruppe beinhaltet Instrumente der Qualitätslenkung. Darunter lassen sich Gestaltung der Lieferantenbeziehungen, JIT-Produktion, SPC, Poka-Yoke, TPM, PKR, ZBB, Qualitätsaudits, KVP/CIP/KVP^2, Q7, Qualitätszirkel, QM-System subsumieren. Qualitätsprüfung wird hauptsächlich von folgenden Methoden und Techniken berücksichtigt: JIT-Produktion, Poka-Yoke, PKR, Wertanalyse, KVP/CIP/KVP^2 und QM-System. Zu der letzten Gruppe auf dieser Ebene gehören Instrumente, die im Bereich der Qualitätsförderung anzutreffen sind. Dazu eignen sich vor allem KVP/CIP/KVP^2, M7, Q7 und Qualitätszirkel.

	Qualitäts-planung	Qualitäts-lenkung	Qualitäts-prüfung	Qualitäts-förderung
Marktforschung	●			
Benchmarking	●			○
Quality Function Deployment	●			
Design Review	●	○		
Fehler-Möglichkeits- und Einflußanalyse	●			
Design of Experiments (nach Tagushi)	●	○		
Gestaltung der Lieferantenbeziehungen		●	○	○
Just-in-Time-Produktion		●	●	
Statistische Prozeßregelung		●	○	
Poka-Yoke		●	●	
Total Productive Maintenance		●		
Prozeßkostenrechnung	○	●	●	
Wertanalyse		○	●	
Zero-Base-Budgeting	●	●		○
Qualitätsaudits		●	○	
KVP/CIP/KVP^2	●	●	●	●
M7	●	○		●
Q7		●	○	●

(● = primäre Einsatzfelder; ○ = sekundäre Einsatzfelder)

Tab. 5-2: *Einsatzfelder der TQM-Instrumente hinsichtlich des Qualitätsmanagements.*

Vergleich bzgl. Produktlebenszyklus

Ob in der Produktionsphase, oder in ihr vor- bzw. nachgelagerten Phasen, ist die Durchführung der jeweiligen Methode bzw. Technik von ihrem Beitrag zum effizienten Qualitätsmanagement abhängig. Die Einordnung eines Instruments zu einer bzw. mehreren Phasen im Produktlebenszyklus ist demnach durch seine Relevanz für TQM-Prinzipien bestimmt. Aus der tabellarischen Gegenüberstellung der verschiedenen Methoden und Techniken (s. Tab. 5-3) lassen sich folgende Erkenntnisse gewinnen:

	Produktplanung	Produktentwicklung	Produktion	Kundendienst
Marktforschung	●			●
Benchmarking	●	○		○
Quality Function Deployment	●		○	○
Design Review		●		
Fehler-Möglichkeits- und Einflußanalyse		●	○	○
Design of Experiments (nach Tagushi)		●		
Gestaltung der Lieferantenbeziehungen	●	●	●	○
Just-in-Time -Produktion			●	
Statistische Prozeßregelung		○	●	
Poka-Yoke		●	●	
Total Productive Maintenance			●	
Prozeßkostenrechnung	○	●	●	●
Wertanalyse	●	●		
Zero-Base-Budgeting	●			
Qualitätsaudits		●	●	●
KVP/CIP/KVP²	●	●	●	●
M7		●		
Q7			●	○

(● = primäre Einsatzfelder; ○ = sekundäre Einsatzfelder)

Tab. 5-3: Einsatzbereich der TQM-Instrumente in bezug auf den Produktlebenszyklus.

5.3 Methoden und Techniken: Vergleich

Während der Phase der Produktplanung ist eine zielorientierte Festlegung und klare Definition der Produkteigenschaft im Einklang mit den Anforderungen des Marktes essentiell. Für die Verwirklichung dieses wesentlichen Ziels bieten sich insbesondere folgende Instrumente: die Marktforschung, das Benchmarking und das QFD. Genauso wichtig auf der Ebene der Produktplanung ist eine Gestaltung der Lieferantenbeziehungen im Sinne von TQM sowie eine Berücksichtigung der kostenorientierten Entscheidungsaspekte durch die Wertanalyse und das ZBB.

Die Berücksichtigung der qualitätsrelevanten Aspekte in der Produkt- und der Prozeßentwicklungsphase ist ein wesentliches Merkmal des präventiv orientierten TQM-Ansatzes. Während dieser Phase wird den qualitätsrelevanten Aufgaben sowie der Früherkennung von Fehlern im wesentlichen durch folgende Methoden und Techniken Rechnung getragen: Design Review, FMEA, DoE, Gestaltung von Lieferantenbeziehungen, Poka-Yoke, PKR, Audits und M7.[1]

In der Produktionsphase können in erster Linie Instrumente eingesetzt werden, mit denen die Aktivitäten und die Abläufe des Fertigungsprozesses auf Qualitätsverbesserung ausgerichtet werden. Darunter sind JIT-Produktion, SPC, Poka-Yoke, TPM, PKR und Qualitätsaudits (insbesondere das Produkt- bzw. das Prozeßaudit[2]) als geeignete Hilfsmittel und instrumentelle Ansätze zu verstehen. Für qualitätsgerechte Produktion liefert auch die entsprechende Gestaltung der Lieferantenbeziehungen ihren Beitrag. Dafür soll die Qualitätsverantwortung der Lieferteile auf den Lieferanten verlagert werden, und situationsbezogen eine produktionssynchrone Beschaffung eingeführt werden.

Nach der Produktionsphase sollen weiterhin Aktivitäten des Vertriebs und des Kundendienstes/Services qualitätsbezogene Aspekte durch passende Instrumente aus dem TQM-Komplex unterstützen. Dazu eignen sich die Marktforschung, die Qualitätsaudits und die Prozeßkostenrechnung. Qualitätszirkel und die Gestaltung der Lieferantenbeziehungen bieten in diesem Zusammenhang eine weitere, wertvolle Unterstützung für den Vertrieb und den Kundendienst.

An dieser Stelle ist noch darauf hinzuweisen, daß bestimmte Methoden in allen Phasen des Produktlebenszyklus einzusetzen sind. Bei diesen Methoden werden Verbesserungen aller Leistungen und Tätigkeiten im Unternehmen angestrebt. Dazu zählen KVP/CIP/KVP[2] und die Elemente des QM-Systems. Beide richten sich darauf aus, qualitätsbezogene Aktivitäten

---

[1] QFD und FMEA sind die meist genannten und bekanntesten Techniken in der Produkt- und Prozeßentwicklungsphase, vgl. dazu Pfeifer, T.; Prefi, Th. (1994), S. 55; Frehr, H.-U. (1994), S. 234, 246; Müller, H.W. (1994), S. 294 f.

[2] Siehe dazu Teil A, 5.3.4.1.

Total Quality Management

über alle Phasen des Produkterstellungsprozesses hinweg effizienter zu gestalten. Ein QM-System erstreckt sich hierbei über alle Phasen von der ersten Identifizierung bis hin zur Erfüllung von Kundenanforderungen.[1]

Vergleich bzgl. Aufwand beim Einsatz

Für eine – im Sinne des TQM – sinnvolle Entscheidung für oder gegen die Einführung eines der Instrumente, ist eine umfassende Betrachtung aller ihm zuzurechnenden Aufwendungen erforderlich. So bildet der Gesamtaufwand für die Entscheidungsfindung eine wichtige Größe, da er gegenüber dem erwarteten Nutzen in die Kalkulation als Gegengewicht eingeht. Hierfür ist der materielle, der zeitliche sowie der personelle Aufwand des jeweiligen Instruments in Betracht zu ziehen. Der nachfolgende Vergleich der TQM-Instrumente dient einer qualitativen Bewertung der einzelnen Methoden hinsichtlich des Aufwands, mit dem ihr Einsatz verbunden ist.

Aus dem Vergleich läßt sich feststellen, daß die Methoden Marktforschung, die Gestaltung der Lieferantenbeziehungen, JIT-Produktion, PKR, ZBB sowie die Elemente eines QM-Systems als relativ kostenintensiv zu bewerten sind. Ihre Implementierung bringt ein vergleichsweise hohes finanzielles Investitionsvolumen mit sich. Eine Reihe von Methoden erfordern dagegen nur geringe Ausgaben und haben somit den Vorteil, in der Regel unabhängig von der finanziellen Lage des Unternehmens einführbar zu sein. Dazu zählen insbesondere M7, Q7 und der Qualitätszirkel als relativ günstige Instrumente, deren Einsatz aus dem Blickwinkel des Kosten/Nutzen-Verhältnisses sehr wirtschaftlich zu bewerten ist.

Eine Betrachtung des zeitlichen Aufwands bringt folgende Feststellung: Die Methoden, die hauptsächlich der Produkt- und Prozeßplanungsphase zuzuordnen sind, weisen einen relativ hohen Zeitaufwand auf. Dieser Aufwand wird meistens durch eine relativ lange und detaillierte Vorbereitungs- und Planungsphase verursacht. Das gilt auch für Methoden des Qualitätscontrollings wie beispielsweise die Wertanalyse und das ZBB. Sie beanspruchen eine relativ lange Zeitdauer für ihre Planung, Durchführung und Auswertung.

Der personelle Aufwand ist in den meisten Fällen mit dem zeitlichen Aufwand gekoppelt (vgl. Tab. 5-4). So sind Methoden der Produkt- und Prozeßplanung auch in diesem Zusammenhang relativ aufwendig. Ihr Einsatz erfordert in der Regel eine Bindung großer personeller Ressourcen und einen hohen Qualifikationsbedarf bei den betroffenen Mitarbeitern.

---

[1] Vgl. Glaap, W. (1993), S. 34.

5.3 Methoden und Techniken: Vergleich

Eine genauere Untersuchung der Methoden bezüglich des benötigten personellen Aufwands erlaubt eine detailliertere Aussage über den Qualifikationsaufwand und den Schulungsbedarf bei den einzelnen Methoden. Dafür ist jedoch eine Differenzierung des personellen Aufwands nach den betroffenen Unternehmensebenen notwendig. Danach lassen sich differenziertere Aussagen treffen, bei welchen TQM-Methoden bzw. -Techniken welcher Schulungsbedarf in den jeweiligen Unternehmensebenen zu erwarten ist (s. Tab. 5-5). Diese Betrachtungsweise beleuchtet auch die Akzeptanzproblematik. Je genauer die Feststellung des Qualifikations- und Schulungsbedarf in den einzelnen Ebenen des Unternehmens erfolgt, um so effektiver sind damit verbundene Anstrengungen für den Abbau und die Vermeidung der zu erwartenden Akzeptanzprobleme.

	materieller Aufwand	zeitlicher Aufwand	personeller Aufwand
Marktforschung	◐	◐	●
Benchmarking	◐	●	●
Quality Function Deployment	○	●●	●●
Design Review	○	●●	●●
Fehler-Möglichkeits- und Einflußanalyse	○	●●	●●
Design of Experiments (nach Tagushi)	●●	●●	●
Gestaltung der Lieferantenbeziehungen	●●	●	◐
Just-in-Time-Produktion	●●	○	○
Statistische Prozeßregelung	○	●	●
Poka-Yoke	●	○	○
Total Productive Maintenance	○	●●	●
Prozeßkostenrechnung	◐	●	○
Wertanalyse	●	●●	○
Zero-Base-Budgeting	◐	●●	●
Qualitätsaudits	○	●	◐
KVP/CIP/KVP²	○	◐	○
M7	○	○	○
Q7	○	○	●

(○ = gering, ● = mittel, ◐ = mittel bis hoch, ●● = hoch)

Tab. 5-4: Materieller, zeitlicher und personeller Aufwand der TQM-Instrumente.

Total Quality Management

Das Qualitätsmanagement ist nicht nur eine Sache der Unternehmensführung und der Ingenieure, sondern erstreckt sich – wenn auch in unterschiedlichem Maße – über alle Ebenen des Unternehmens.

Zusätzlich soll deshalb eine Unterscheidung des personellen Aufwands bezüglich der ausführenden Personen, differenziert in drei Ebenen, vorgenommen werden. Die Unternehmensführung bzw. -leitung einschließlich Ingenieuren und Kaufleuten bildet hier die Ebene 1. Auf der Ebene 2 sind Meister und Techniker (Technisches Personal) einzustufen. Schließlich sind Mitarbeiter der Produktion und ihre direkten Vorgesetzten (z. B. Facharbeiter und angelernte Mitarbeiter) der Ebene 3 zuzuordnen.

Zu den Qualifikationsanforderungen, die den Personalaufwand betreffen, zählen beispielsweise,[1] in der:

Ebene 1:
- Kenntnis von Bewertungskriterien
- Verständnis des QM-Systems
- Anwendung von Methoden/Strategien

Ebene 2:
- Kenntnis und Anwendung präventiver TQM-Methoden
- Anwendung statistischer Verfahren

Ebene 3:
- Anwendung von Prüfmitteln
- Qualitätsverständnis
- Anwendung (Durchführung) statistischer Verfahren.

Der Einsatz der meisten Methoden und Techniken erfordert im Sinne des TQM eine bestimmte Qualifikation auch seitens der Unternehmensführung/Managementebene und seitens der Ingenieure bzw. der führenden Mitarbeiter im Unternehmen (Ebene 1).

Dem in der Tabelle 5-5 aufgeführten Vergleich ist zu entnehmen, daß eine Vielzahl von Instrumenten hauptsächlich von Kräften der Ebene 2 und 3 zu tragen und zu verfolgen sind. So sind Methoden im Produktionsbereich wie JIT-Produktion, SPC und TPM vornehmlich von Meistern, Technikern und angelernten Mitarbeitern zu übernehmen. Ihre Aufgabe ist es außerdem, bereichsübergreifende Instrumente wie beispielsweise KVP/CIP/KVP^2, Q7, QZ und Elemente des QM-Systems durchzuführen, wobei KVP/CIP/KVP^2 und QZ überwiegend von Mitarbeitern der Ebene 3 des Unternehmens zu tragen sind.

---

[1] Vgl. Pfeifer, T. (1996), S. 517.

5.3 Methoden und Techniken: Vergleich

Von Meistern und Technikern im Unternehmen wird – schon bei der Einführung – die Beherrschung des Umgangs mit einer Großzahl von Instrumenten des TQM verlangt. Dazu zählen vor allem folgende: QFD, Design Review, DoE als Werkzeuge in der Produkt- und Prozeßplanung, JIT-Produktion, SPC und TPM in der Produktion, ZBB[1] im Bereich Qualitätscontrolling sowie Qualitätsaudits, Q7 und Elemente des QM-Systems als bereichsunabhängige Methoden (vgl. Tab. 5-5). Demzufolge ist bereits während der Planungsphase dieser Instrumente die Einleitung und Durchführung von Schulungsmaßnahmen für Mitarbeiter der 2. personellen Unternehmensebene (Meister und Techniker) unerläßlich.

	Ebene 1	Ebene 2	Ebene 3
Marktforschung	○●		
Benchmarking	○●		
Quality Function Deployment	●	●	
Design Review	●	●	
Fehler-Möglichkeits- und Einflußanalyse	●●		
Design of Experiments (nach Tagushi)	○	●	
Gestaltung der Lieferantenbeziehungen	●●		
Just-in-Time-Produktion		●	●
Statistische Prozeßregelung		●	●
Poka-Yoke	●	○	
Total Productive Maintenance		●	●
Prozeßkostenrechnung	●		
Wertanalyse	●		
Zero-Base-Budgeting	●	●	
Qualitätsaudits	●●	●	
KVP/CIP/KVP²	○	○	●
M7	○		
Q7	●	○	○

(○ = gering, ● = mittel, ○● = mittel bis hoch, ●● = hoch)

Tab. 5-5: *Personeller Aufwand der TQM-Instrumente in den verschiedenen Unternehmensebenen.*

---

[1] Bei der Durchführung eines ZBB sind Vertreter der Ebene 2 mit eingebunden, auch wenn sie diesen Vorgang nicht ohne Vertreter der Ebene 1 durchführen können.

Total Quality Management

Zusammenfassend muß noch einmal betont werden, daß die Vielzahl der TQM-Instrumente nicht davon abschrecken darf, sich mit ihnen zu befassen und sie einzuführen. Zum einen sind sie nach einer entsprechenden Planungs- und Einführungsphase überwiegend leicht zu verstehen und anzuwenden, zum anderen lassen sie sich aufgabenbezogen zuordnen.[1]

Problematisch ist für viele Unternehmen nicht das Einführen der Methoden und Techniken, sei es durch externe oder interne Fachleute, sondern vielmehr ihre Durchsetzung bei den Mitarbeitern. Die notwendige Sorgfalt bei der Vorbereitung, das Zusammenstellen von Teams, die Organisation von Treffen und die fachliche Auseinandersetzung mit den Kollegen stellen kurzfristige Belastungen für die zuständigen Mitarbeiter dar.

Obgleich die TQM-Instrumente keine klare Abgrenzung hinsichtlich ihres Einsatzes in den vier Einsatzfeldern des Qualitätsmanagements liefern, werden sie in der Regel primär einem bzw. mehreren dieser Einsatzfelder, nämlich Qualitätsplanung, -lenkung, -prüfung und -förderung, zugeordnet.

Die Palette der TQM-Instrumente reicht vom Markt über alle Phasen des Produkterstellungsprozesses zurück zum Markt. Alle Ingenieure, Konstrukteure, Planungsingenieure und Betriebsingenieure sind dabei angesprochen, ihre klassischen Tätigkeitsbereiche durch qualitätsverbessernde Methoden und Techniken zu unterstützen und aufzuwerten. Aus dem Vergleich im Teil A, 5.3.5.2 ist zu entnehmen, daß bestimmte Methoden und Techniken den Produkterstellungsprozeß in seinen einzelnen Phasen nur streckenweise begleiten. So werden beispielsweise gewisse Methoden nur in der Produkt- und Prozeßplanungsphase angewendet, während andere erst in der Produktionsphase zum Einsatz kommen können. Lediglich die KVP/CIP/KVP[2] begleiten alle Phasen des Produktlebenszyklus (vgl. Tab. 5-3).

Weiterhin wurde eine starke Variation der betrachteten Instrumente im Hinblick auf den Kostenaspekt festgestellt. Danach sind kostenintensive und kostengünstige Methoden festzustellen, die auch demselben Funktionsbereich zugeordnet sein können. Bezüglich des dafür vorgesehenen Zeitaufwands weisen die Methoden der Produkt- und Prozeßplanung einen vergleichsweise hohen Bedarf auf. Der personelle Aufwand bzw. die Bindung der Human-Ressourcen korreliert im Grunde weitgehend mit dem zeitlichen Aufwand, den die einzelnen Methoden beanspruchen, und umgekehrt.[2]

---

[1] Vgl. Kamiske, G.F. (1994), S.293.

[2] Methoden bzw. Techniken, die besonders hohen Zeitaufwand benötigen, wie z.B. QFD, Design Review, FMEA und Elemente eines QM-Systems, stellen gleichzeitig hohe Anforderungen an Schulungs- und Qualifikationsbedarf (vgl. Tab. 5-4).

5.3 Methoden und Techniken: Vergleich

Nach einer Differenzierung des personellen Aufwands hinsichtlich der in erster Linie davon betroffenen Unternehmensebene (vgl. Tab. 5-5) wurde festgestellt, daß für den Umgang mit den meisten Methoden und Techniken hohe Anforderungen an die Qualifikation des Unternehmensmanagement bzw. die Unternehmensführung sowie an die Ingenieure zu stellen sind.

An dieser Stelle soll noch darauf hingewiesen werden, daß ein isolierter Einsatz einzelner Instrumente des TQM-Komplexes, ohne die entsprechenden Rahmenbedingungen und ohne eine geeignete "Geisteshaltung" von Führungskräften und Mitarbeitern als Überbau in der Regel wenig erfolgreich ist. Dafür müssen vor allem Führungskräfte die Methoden und auch ihre Funktion kennen und von ihrer Wirkung überzeugt sein.[1] Nur so kann gewährleistet werden, daß auch die Mitarbeiter mit der entsprechenden Motivation damit arbeiten können.

Es gilt schließlich, die Instrumente gezielt auszuwählen und in das individuelle TQM-Konzept zu integrieren. Einige dieser Methoden sind durchaus untereinander substituierbar, so daß schon unter diesem Gesichtspunkt letztlich eine Auswahl erfolgen muß. Für die Wahl der einzelnen Instrumente soll vor allem aber die vorherrschende spezifische Situation im Unternehmen sorgfältig untersucht werden. Des weiteren ist eine gründliche Analyse der betroffenen Funktionsbereiche und der weiteren Konsequenzen bei den vor- und nachgelagerten Funktionsbereichen bei der Auswahl von Methoden und Techniken notwendig.

Schließlich ist die Wahl und die Zusammenstellung der Instrumente im Sinne einer umfassenden TQM-Strategie ohne Überprüfung hinsichtlich der Konformität mit den weiteren Unternehmenszielen und der gesamten Unternehmensstrategie nicht sinnvoll.

Der Implementierungsprozeß des Total Quality Management ist ein mühevoller und dornenreicher Weg. Demgegenüber fällt das Business Process Reengineering inhaltlich durch seine Einfachheit und seine eingängigen Erfolgsformeln auf. Außerdem verspricht es nicht inkrementale, sondern sprunghafte Verbesserungen. Insofern scheint es besonders interessant zu prüfen, ob damit ein effizienter und einfacherer Weg zur verbesserten Wettbewerbsfähigkeit offen steht als der des komplexen und recht unübersichtlich gewordenen TQM und inwieweit BPR eine Alternative zu TQM darstellt. Dabei ist auch die Frage zu stellen, inwieweit die Entscheidung zwischen TQM und BPR tatsächlich im Sinne einer Entweder-Oder-Entscheidung zu interpretieren ist. Doch vor diesem Vergleich soll zuerst mit der Darstellung des BPR begonnen werden.

---

[1] Vgl. Kamiske, G.F. (1994), S.294 f.

Teil B: Business Process Reengineering (BPR)

1 Grundlagen des BPR

Als Kernproblem im Umgang mit BPR kann das Verständnis dieses Begriffes und die Abgrenzung seiner Inhalte gesehen werden.

Da unter den Schlagworten Business Process Reengineering (BPR) bzw. Business Reengineering oder nur Reengineering eine Vielzahl von Ansätzen propagiert wird, ist für die weitere Diskussion dieses Themas eine Festlegung des zugrundeliegenden Begriffsverständnisses von besonderer Bedeutung.

Mitunter werden in diesem Zusammenhang auch Begriffe, wie „Core Process Redesign"[1] oder „Process Innovation"[2] verwendet, wenngleich sich die Terminologie „Reengineering" durchgesetzt hat.

Ein Grund für die Vielfalt von BPR-Konzepten ist darin zu sehen, daß jeder Berater auf die Einzigartigkeit seines Programmes besonderen Wert legt. Reengineering-Konzepte sind also weder wissenschaftlich-theoretisch fundiert, noch wurden sie von Strategieabteilungen von Unternehmen entwickelt.[3]

Zusätzlich ist zu beobachten, daß insbesondere in jüngerer Sekundärliteratur unter Beibehaltung des Schlagwortes „Reengineering" erweiterte Konzepte angeboten werden, deren Kongruenz mit der BPR-Konzeption im klassischen Sinne nur noch bedingt auszumachen ist.[4]

Um das Gedankengut des BPR jedoch vor dem Hintergrund des TQM beleuchten zu können, ist eine möglichst klare Eingrenzung von BPR von

---

[1] Vgl. z.B. Kaplan, R.B:, Murdock, L. (1991).
[2] Vgl. z.B. Davenport, T.H. (1993).
[3] Vgl. Nippa, M. (1995b), S.66 f.
[4] So werden beispielsweise die Gedanken der kontinuierlichen Verbesserung zunehmend in Reengineering-Ansätze integriert.

besonderer Bedeutung. So soll in dieser Arbeit Reengineering in seiner originären Gestaltung betrachtet werden.

Als Erfinder des Reengineering-Begriffs – nicht jedoch der Inhalte – ist der Amerikaner Michael Hammer auszumachen. Er ist Präsident der Beratungsfirma Hammer and Company, Inc. und veröffentlichte gemeinsam mit James Champy, Chairman der Consulting-Firma CSC Index, Inc. das Standardwerk „Business Reengineering".[1] Hammers „Background" als früherer Professor für Computerwissenschaften am Massachusetts Institute of Technologie (MIT) erklärt die starke Betonung von neuen Informationstechnologien in seinem Reengineering-Ansatz. Die Grundlage für Hammers Konzept ist in einer 1984 am MIT in Auftrag gegebenen Industrieforschungsstudie zu sehen, aus der resultierte, daß die Informationstechnologie ihr Potential nur in Verbindung mit radikal neu organisierten Geschäftsprozessen[2] im Unternehmen entfalten kann.[3]

Eine genauere Untersuchung des 1990 von Hammer vorgestellten Produktivitätssteigerungsprogrammes zeigt jedoch, daß die meisten Inhalte für sich genommen keineswegs neu sind.[4] Hammer definiert BPR als „fundamentales Überdenken und radikales Redesign von Unternehmen oder wesentlichen Unternehmensprozessen. Das Resultat sind Verbesserungen um Größenordnungen in entscheidenden, heute wichtigen und meßbaren Leistungsgrößen in den Bereichen Kosten, Qualität, Service und Zeit."[5]

Nippa/Klemmer sehen im BPR einen Denk- und Methodenansatz zur umfassenden Reorganisation von Unternehmen unter besonderer Berücksichtigung einer grundlegenden Prozeß- und Kundenorientierung.[6]

Beim Reengineering werden bisherige Aufbaustrukturen gezielt in Frage gestellt und aufgebrochen. Danach werden die Tätigkeiten durch eine grundlegende Neugestaltung prozeß- und wertschöpfungsorientiert organisiert. Dabei wird überlegt, warum die bisherigen Abläufe nötig waren und wie im Idealzustand die Geschäftsprozesse gestaltet sein sollten. Die neukonzipierten Geschäftsprozesse sollen dann zu einem radikal verbesserten Unternehmensgeschehen und zu einer Wiederbelebung (Revitalisierung) der Wettbewerbsstärke führen.[7]

---

[1] Vgl. Hammer, M.; Champy, J. (1994).
[2] Vgl. Teil A, 2.2.2 dieser Arbeit.
[3] Vgl. Metzen, H. (1994), S.280.
[4] Vgl. Nippa, M. (1995b), S.62 f.
[5] Hammer, M.; Champy, J. (1994), S.48.
[6] Vgl. Nippa, M.; Klemmer, J. (1995), S.165.
[7] Vgl. Gaitanides, M.; Scholz, R.; Vrohlings, A. (1994), S.4; Kamiske, G.F; Brauer, J.P. (1995), S.198 f.

BPR ist entsprechend kein geschlossenes Konzept, sondern eher eine skizzierte Vorgehensweise, die unternehmensspezifisch zu interpretieren und anzuwenden ist.[1]

Besonders wichtig scheint die Abgrenzung von BPR gegenüber der *Geschäftsprozeßoptimierung*. Im Rahmen der Geschäftsprozeßoptimierung wird die Wirtschaftlichkeit von Prozessen durch elektronische Vorgangsbearbeitung – nach Vorbild der automatischen Prozeßsteuerung in der Fertigung – erhöht. Dabei sollen typische Geschäftsvorfälle automatisch erkannt und soweit möglich durch standardisierte Prozeßelemente elektronisch bearbeitet werden, um dann als Komponenten für die Bearbeitung verschiedener übergeordneter Geschäftsvorfälle zur Verfügung zu stehen. Prozesse werden dabei mit Hilfe von Datenmodellen beschrieben.

Hinsichtlich notwendiger manueller Arbeiten läßt sich die Geschäftsprozeßoptimierung durch eine automatisierte Verteilung der zu bearbeitenden Vorgänge an die zuständigen Sachbearbeiter erreichen („Workflow-Management").

So werden bei der Geschäftsprozeßoptimierung – im deutlichen Gegensatz zum Reengineering – die funktionalen Strukturen im Unternehmen weitgehend unverändert beibehalten, was einer von Hammer kritisierten[2] „Elektrifizierung" bestehender (und mitunter auch ineffizienter) Prozesse entspricht.[3]

---

[1] Vgl. Kamiske, G.F; Brauer, J.P. (1995), S.198.
[2] Vgl. Hammer, M. (1995), S.95 ff.
[3] Vgl. Gaitanides, M.; Scholz, R.; Vrohlings, A. (1994), S.4.

2 Indikationen und Zielsetzung

Ausgangslage des BPR sind veränderte Anforderungen an die Unternehmen. Während in der Vergangenheit entscheidende Wettbewerbsvorteile durch hohe Produktivität erreichbar waren und die Erfahrungskurve das globale Leitbild für Innovationsstrategien darstellte („Verkäufermärkte"), so gewinnen insbesondere durch immer kürzer werdende Produktzyklen und wachsende Kundenanforderungen („Käufermärkte") andere Wettbewerbsfaktoren zunehmend an Bedeutung.[1] Hierzu gehören Flexibilität und Innovationskraft, Schnelligkeit und Qualität.[2]

Andererseits arbeiten noch viele Unternehmen mit einer starren Pyramidenorganisation und tayloristischen Prinzipien – und somit einer extrem funktionalen Arbeitsteilung und Spezialisierung. Damit verbindet sich im Extremfall auch eine „monolithische" Zentralisation von Entscheidungsmacht und eine Kommunikation über Abteilungsgrenzen „per Mauerwurf".[3]

Derartige Organisationsformen sind meist zu bürokratisch, kompliziert und schwerfällig um dem dynamischen Umfeld und den veränderten Anforderungen gerecht zu werden.

Durch das Auflösen der Aufbaustrukturen (und Hierarchien) und die prozeßorientierte Neugestaltung ergeben sich schließlich flachere und einfachere Organisationsstrukturen, die nicht nur weniger Schnittstellen aufweisen und flexibler sind, sondern auch eine Prozeßsteuerung erst ermöglichen.[4]

Insofern ist es vielfach angezeigt, die Abläufe neu entlang der Wertschöpfungskette zu organisieren und die Prozesse durchgängiger und fließend zu gestalten und auf konsequenten Kundennutzen auszurichten.

---

[1] Vgl. dazu auch die in Teil A, 3.2.1 erläuterten veränderten Rahmenbedingungen; vgl. Reichwald, R. (1995), S.12.

[2] Qualität wird in Kapitel 3 lediglich als Qualität von Produkten und Dienstleistungen verstanden. Der mehrdimensionale Qualitätsbegriff soll auf das TQM beschränkt bleiben. Vgl. dazu auch Hammer, M. (1995), S.95.

[3] Vgl. Servatius, H.G. (1994), S.75 f.

[4] Vgl. dazu auch Servatius, H.G. (1994), S.26; Nippa, M. (1995a), S.44.

2 Indikationen und Zielsetzung

In diesem Sinne sind es nicht nur speziell extrem funktionale Arbeitsteilungen, die vielfach einer Reorganisation bedürfen, sondern ganz allgemein ineffizient gewordene und oft jahrzehntelang festgefahrene, „elektrifizierte" Abläufe,[1] die sich durch eine prozeß- und kundenorientierte Neugestaltung erheblich verbessern lassen. Wurden (Geschäfts-)prozesse bisher nur durch isolierte, nicht aufeinander abgestimmte Korrekturen auf organisatorischer, personeller oder technischer Ebene verbessert, sollen sie nun durch Reengineering ganzheitlich, systematisch und radikal modernisiert werden.[2]

Vor allem sind in den neuen, ständig wachsenden Möglichkeiten der Informationstechnologie veränderte Rahmenbedingungen zu sehen, welche das Potential für gänzlich neue Optionen der organisatorischen Gestaltung liefern.[3]

Entsprechend den radikalen Veränderungen bzw. Innovationsschüben verspricht das BPR auch Verbesserungen in erheblichen Größenordnungen in den Bereichen Kosten, Qualität und Zeit.[4] In diesem Zusammenhang werden Erfolge wie beispielsweise „Halbierung der Durchlaufzeiten", „Kosteneinsparungen um 75%" und „Personalabbau um 75%" propagiert.[5]

Signifikante Zeitgewinne ergeben sich besonders durch eine Verkürzung der Transport- und Liegezeiten (zwischen den Abteilungen und Einheiten). Diese erreichen bei einer stark funktionalen Arbeitsteilung und Spezialisierung im Vergleich zu den Bearbeitungszeiten ein oft besorgniserregendes Ausmaß und sind für den Fertigungs- und auch den administrativen Bereich relevant.

Zusätzlich lassen sich auch verringerte Entwicklungszeiten durch eine funktions- und abteilungsübergreifende Zusammenarbeit realisieren.[6]

Kostensenkungen ergeben sich unter anderem durch Zeitgewinne und besonders durch eine schlankere und einfachere Organisationsstruktur. So werden primär die indirekten Kosten reduziert.

Die Qualitätsverbesserungen resultieren einerseits aus der forcierten Kundenorientierung, andererseits soll auch durch die Neugestaltung der prozessualen Abläufe eine verringerte Fehlerhaftigkeit erreicht werden.[1]

---

[1] Vgl. Gaitanides, M.; Scholz, R.; Vrohlings, A. (1994), S.4.
[2] Vgl. dazu auch Dixon, J.R. et al. (1995), S.109.
[3] Vgl. Picot, A.; Franck, E. (1995), S.22.
[4] Vgl. Hammer, M.; Champy, J. (1994), S.48.
[5] Vgl. Dixon, J.R. et al. (1995), S.119.
[6] Beispielsweise in Verbindung mit Simultaneous Engineering (vgl. Teil A, 5.3.1), wenngleich diese Methode typischerweise nur bei einigen Reengineering-Konzepten aufgeführt wird.

In Anbetracht der hoch gesteckten Ziele erscheint es nur konsequent, daß BPR nicht als Notlösung zur Überwindung einer „lebensbedrohlichen Krise" gedacht ist – wenngleich vom Topmanagement „konstruierte" Krisen, etwa durch die Betonung von Kompetenzlücken und Schwächen, dabei helfen, ein proaktives Verhalten bei den Mitarbeitern bezüglich der massiven strukturellen Änderungen zu erreichen.

So sehen sich auch durchaus Marktführer veranlaßt, ihre Produkte kostengünstiger, schneller und möglichst fehlerfrei zu entwickeln und herzustellen, indem sie das Potential ihrer Mitarbeiter und das mögliche Technikpotential organisatorisch besser nützen. Insofern kann BPR auch als proaktiver Schritt in die Zukunft – um auf neuen Bahnen konkurrenzfähig zu bleiben – gesehen werden.[2]

Hammer sieht die Relevanz von Reengineeringprojekten für fast jedes Unternehmen, indem er als Kandidaten die drei folgenden Unternehmenstypen nennt:[3]

1. Unternehmen, die sich in akuten Schwierigkeiten befinden,
2. Unternehmen, welche aufkommende Schwierigkeiten abwenden wollen und
3. Unternehmen, die erkennen, daß bisher noch ungenutzte Möglichkeiten vorhanden sind, die freigesetzt werden sollen.

Der erste und der zweite Fall lassen sich zum „kriseninduzierten" Reengineering zusammenfassen, wobei sich das Unternehmen dabei in einer durch die Wettbewerbslage und den Kostendruck ausgelösten akuten oder vorhersehbaren Krisensituation befindet. Im dritten Fall – dem „chanceninduzierten" Reengineering – gilt es, die Wettbewerbsposition durch eine radikale Neuorganisation weiter zu verbessern.

Während bei dem zweiten und dritten Unternehmenstyp (dabei sind auch Kombinationen denkbar) ein Reengineeringprogramm unter sorgfältigem Abwägen von Kosten und Nutzen durchaus angezeigt sein kann, so muß bei Unternehmen in akuten Schwierigkeiten vor einem entsprechenden Vorhaben gewarnt werden.

Reengineering ist kein kurzfristiges Kostensenkungsprogramm, sondern erfordert zunächst erhebliche Ressourcen als Vorleistung – für den grundsätzlich „dornenreichen" und mit vielen Widerständen verbundenen und oft langwierigen Reorganisationsprozeß.

---

[1] Vgl. dazu auch Servatius, H.G. (1994), S.27f; Nippa, M. (1995a), S.45.
[2] Vgl. Dixon, J.R. et al. (1995), S.108 f.
[3] Vgl. Hammer, M.; Champy, J. (1994), S.50 ff.

So verfügen Unternehmen in akuten Schwierigkeiten in der Regel nicht mehr über die zeitlichen und finanziellen Ressourcen für eine tiefgreifende Neugestaltung ihres organisatorischen Ablaufs und Aufbaus und für die weiteren damit implizierten Änderungen.

Als bezeichnendes und warnendes Beispiel sei an dieser Stelle das Reengineering-Projekt des Versicherungsunternehmens *Mutual Benefit Life* angeführt. Dabei führte das – unter der höchstpersönlichen Leitung von Michael Hammer implementierte – Reengineering der Versicherungsantragsbearbeitung schließlich zur Insolvenz des Unternehmens.[1]

Vor dem Hintergrund der angesprochenen Zielsetzungen und Indikationen von BPR-Konzepten sollen nun die wesentlichen Bestandteile, in denen die klassischen Reengineering-Ansätze übereinstimmen, zusammenfassend dargelegt werden.

---

[1] Vgl. Vitiello, J. (1993), S.45.

3 Kernelemente klassischer BPR-Konzepte

Die Kernelemente klassischer BPR-Ansätze lassen sich in einem ersten Schritt in konzeptionelle und methodische Merkmale und flankierende Maßnahmen untergliedern. In Abb. 34 sind die wichtigsten zu dieser Untergliederung gehörenden Teilelemente zusammengefaßt.

Abb. 34: Zusammenfassung charakteristischer Kernelemente des BPR[1]

---

[1] Diese Gliederungssystematik lehnt sich in einigen Aspekten an die von Nippa, M. (1995b) an.

3.1 Konzeptionelle Bestandteile

Als konzeptionelle Bestandteile klassischer BPR-Konzepte lassen sich primär die bereits von Total Quality-Ansätzen bekannten Elemente der Prozeß- und Kundenorientierung ausmachen.

Prozeßorientierung

Da der Prozeßbegriff sowie wesentliche Aspekte der Prozeßorientierung bereits aus Teil A, 2.2.2 und 5.2 bekannt sind, soll dieser Bereich hier nur kurz zusammengefaßt werden.

Auch bei Reengineeringprojekten gilt es, wie im Rahmen von TQM, die durch funktionale Ausrichtung und Abteilungs- und Bereichsgrenzen fragmentierten Prozesse durchgängiger zu gestalten und die Organisation auf die Prozesse auszurichten und dabei flachere, an der Wertschöpfung orientierte Hierarchien zu implementieren. Die prozeßorientierte, horizontale Neuorganisation verspricht durch die Reduzierung der zwischen funktionalen Einheiten auftretenden Schnittstellen einen verringerten Koordinationsaufwand und ein dynamischeres und flexibleres Prozeßverhalten im Hinblick auf den Prozeßoutput.

Im wesentlichen sind beim Reengineering – wie der Name „Business Process Reengineering" bereits impliziert – Geschäftsprozesse das Verbesserungsobjekt, während beim TQM Prozesse im Allgemeinen, also auch kleinere Subprozesse, behandelt werden. Reengineering bedeutet also immer ein ganzheitliches, umfassendes und mehrere Bereiche bzw. Abteilungen integrierendes Projekt.

Die neu zu gestaltenden Geschäftsprozesse gehen dabei teilweise auch über die Unternehmensgrenzen hinaus.

Weiterhin beinhalten auch Reenginering-Konzepte den eng mit der Prozeßorientierung verknüpften Aspekt der Kundenorientierung.

Kundenorientierung

Kunden sind auch hier sowohl extern als auch intern zu verstehen – auf jeden Fall gilt es, die Wünsche, Anforderungen und Erwartungen der Empfänger der Prozeßoutputs (also Produkte/Komponenten, aber auch Dienstleistungen) durch eine entsprechende Prozeßgestaltung optimal zufriedenzustellen.

Die Kundenorientierung ist in Verbindung mit dem sehr allgemein gehaltenen Prozeßverständnis umfassend zu interpretieren, so daß grundsätzlich im Hinblick auf die Operationalisierung von Kundenorientierung sämtliche

Komponenten der aus Teil A, 2.2.1 bekannten Produktqualität im engeren und weiteren Sinne zu subsumieren sind.

Die immer wieder empfohlene Teilnahme der jeweiligen Kunden an den Reengineering-Projekten durch die Integration in das betreffende Reengineering-Team[1] zur Verbesserung der Erfolgsaussichten des Projekts und der späteren Kundenzufriedenheit verdeutlicht die Bedeutung der Kundenorientierung für die Neugestaltung von Prozessen.[2]

Während Prozeß- und Kundenorientierung Bestandteil diverser Managementkonzepte – wie auch des TQM – sind, so bestehen insbesondere in der Art der methodischen Umsetzung dieser Prinzipien die charakteristischen Besonderheiten des Reengineering-Ansatzes.

3.2 Methodische Bestandteile

Als wichtigster – und zugleich strittigster – methodischer Bestandteil von BPR ist die radikale Neugestaltung von Geschäftsprozessen auszumachen. Im engen Zusammenhang damit ist ferner ein konsequentes Top-Down-Vorgehen zu sehen.

Radikale Neugestaltung

Beim Reengineering gilt es, die gängige Praxis der betrieblichen – funktional ausgerichteten – Aufgabenerfüllung grundsätzlich in Frage zu stellen. Das bedeutet für das Unternehmen, sich quasi selbst – oder zumindest in wesentlichen Geschäftsprozessen – neu zu definieren. Beim BPR wird ignoriert, was *ist,* man konzentriert sich durch die vollständige Loslösung von existierenden Organisationsstrukturen bzw. Prozessen auf das was sein *sollte* („grüne Wiese"-Planung bzw. „clean paper"-Prinzip). Im Anschluß daran gilt es festzulegen, wie die vollkommen neue Lösung – als Idealkonzept – unter Berücksichtigung neuer Möglichkeiten (insbesondere der modernen Informationstechnik)[3] auszugestalten ist.[4]

Radikales Redesign bedeutet also die Entwicklung völlig neuer Wege, die Unternehmensaufgaben zu erledigen, während etwa die Verbesserung, Erweiterung und Modifizierung der Geschäftsabläufe nicht zum BPR gehört.[5]

---

[1] Vgl. Teil B, 4.1.
[2] Vgl. Davenport, T. (1993), S.16.
[3] Vgl. Teil B, 3.4.
[4] Vgl. Hammer, M.; Champy, J. (1994), S.49; Nippa, M. (1995b), S.71.
[5] Vgl. Hammer, M.; Champy, J. (1994), S.49.

3 Kernelemente klassischer BPR-Konzepte

Für das radikale Redesign ist auch die Art des Denkens im Sinne der Herangehensweise an den zu gestaltenden Geschäftsprozeß von Bedeutung. So lassen sich grundlegende Veränderungen nur durch induktives Denken realisieren. Dabei sind zunächst Lösungen zu generieren, durch deren Hilfe dann Probleme aufgespürt werden und damit aus der Welt geschafft werden können – Probleme, von denen die Unternehmen teilweise gar nicht wissen, daß sie bei ihnen existieren.

Im Gegensatz zu diesem Denken von der Lösung zum Prozeß hin, steht das deduktive und eher konventionelle Denken, bei dem der bestehende Prozeß als Deduktionsbasis zugrunde gelegt wird und daraus das Potential für Verbesserungen und der Bedarf an Technologien abgeleitet wird.

Das induktive Denken verhindert schließlich die Gefahr, daß suboptimale Prozesse festgeschrieben und Verbesserungen nur in kleinen Schritten erzielt werden.[1]

Im Sinne der radikalen Neugestaltung werden inkrementelle Verbesserungen strikt abgelehnt. Das „Tabula rasa"-Vorgehen ermöglicht schließlich erst die propagierten Quantensprünge, die dramatischen und radikalen Verbesserungen aller im jeweiligen Fall als bedeutend angesehenen Kriterien der Unternehmenseffizienz.[2]

Dieses fundamentale und radikale Vorgehen beim Reengineering erfordert unbedingt die Anwendung des Top-Down-Ansatzes.

Top-Down-Ansatz

Die idealisierten, in der Theorie neu konzipierten Geschäftsprozesse sind von ihrer Realisierung durch zahlreiche Hindernisse getrennt. Zu den wichtigsten Beschränkungen gehören:

- *Knappheit finanzieller Ressourcen:*
  Reengineering-Projekte implizieren hohe finanzielle Belastungen. Hierzu gehören auch Beraterhonorare und die Investition in neue informationstechnische Anlagen.

- *Knappheit personeller Ressourcen:*
  Reengineering-Projekte erfordern auch hohe personelle Ressourcen. So sollten die in ein Projekt involvierten Mitarbeiter mindestens 50% ihrer Arbeitszeit dem Reengineering-Vorhaben widmen.[3]

---

[1] Vgl. Kamiske, G.F; Brauer, J.P. (1995), S.199; Hammer, M.; Champy, J. (1994), S.113 ff.
[2] Vgl. Nippa, M. (1995b), S.70.
[3] Vgl. Manganelli, R. (1993), S.45.

- *Restriktionen durch vorhandene Strukturen:*
  Schließlich berührt insbesondere ein konsequentes Vorgehen nach dem „clean paper"-Prinzip alle Gestaltungs- und Managementaspekte eines Unternehmens, von der Bestimmung der Unternehmensstrategie über Anreiz-, Planungs- und Kontrollsysteme, die Arbeitsorganisation bis hin zum Managementverständnis, zum Mitarbeiterverhalten und zur Unternehmenskultur. Dabei müssen Machtstrukturen aufgebrochen werden und gewohnte Denk- und Handlungsmuster grundlegend geändert werden.[1]

Insofern wird deutlich, daß ein derartig tiefgreifendes Reorganisations-Vorhaben einen enormen Kraftakt erfordert, der von der Unternehmensleitung getragen und durchgesetzt werden muß. Außerdem ist – von der Unternehmensleitung ausgehend – eine Top-Down orientierte Projektorganisation für das Reengineering unverzichtbar.[2]

Die angesprochenen Hindernisse lassen deutlich werden, daß bei der Umsetzung auch Kompromisse und Abweichungen von der Ideallösung für Geschäftsprozesse unumgänglich sind.

Neben den methodischen Aspekten gehören aber auch noch flankierende Maßnahmen zu den wesentlichen Kernelementen klassischer BPR-Konzepte.

3.3 Flankierende Maßnahmen

Im Rahmen der Neugestaltung von Geschäftsprozessen sollen moderne Anreiz- und Kontrollsysteme[3] sowie die vielfältigen Möglichkeiten der Informations- und Kommunikationstechnik berücksichtigt werden.

Empowerment statt Kontrolle

Die Grundlage der prozeßorientierten Organisationsgestaltung eröffnet neue Spielräume, Mitarbeiter in eigentümerähnliche Positionen zu übernehmen und somit hierarchische Weisungs- und Kontrollsysteme – also Managementebenen – abzubauen.[4]

---

[1] Vgl. Nippa, M. (1995b), S.74 f. und S.69.

[2] Vgl. hierzu Teil B, 4.1 dieser Arbeit.

[3] Hinsichtlich geeigneter Anreiz- und Kontrollsysteme liefert auf wissenschaftlich-theoretischer Ebene die Agency-Theorie einen wichtigen Beitrag (vgl. z.B. Pratt, J.; Zeckhauser, R. (1985)).

[4] Vgl. Picot, A.; Franck, E. (1995), S.35.

3 Kernelemente klassischer BPR-Konzepte

Wie bereits vom TQM bekannt, sollen Entscheidungen sowie Kontrolle und Gestaltung der Arbeit nicht mehr von der eigentlichen Arbeit getrennt, sondern ein Bestandteil dieser Arbeit werden. Hierzu wird Verantwortung in die operative Ebene delegiert. Die Mitarbeiter treffen selbst Entscheidungen, die bisher Managern vorbehalten waren. So sind die jeweiligen Prozeßmitglieder – möglichst als Team – selbst dafür verantwortlich, daß ihr Arbeitsergebnis fehlerfrei und qualitativ hochwertig ist und es die jeweiligen Kundenwünsche optimal erfüllt.[1]

An dieser Stelle lassen sich auch grundsätzlich die in Teil A, 5.2.2 diskutierten personellen Gestaltungsansätze – einschließlich geeigneter Qualifizierungsmaßnahmen für Mitarbeiter – integrieren.

Die Übergabe von Entscheidungsbefugnissen impliziert jedoch auch einen Wandel von Managementaufgaben. Das Management verliert einen Großteil der gewohnten Koordinations- und Kontrollaufgaben. Die Managementaufgabe mutiert vom Aufseher zum Coach, der – etwa in Form des Prozeßverantwortlichen – wie ein Trainer bei Problemen Unterstützung leistet und den Mitarbeitern das geeignete Umfeld schafft, wertschöpfungsorientiert die Prozeßaufgaben zu erfüllen. Damit verringert sich schließlich auch der Bedarf an Managern.

Damit bietet die Prozeßorganisation auch die Möglichkeit der Vergütung auf Basis der Prozeßleistung.[2] Um in diesem Sinne ein geeignetes Anreiz- und Belohnungssystem zu schaffen, empfiehlt Hammer, die Mitarbeiter nach dem Wert ihrer Arbeit zu bezahlen. Voraussetzung hierfür ist jedoch eine ausreichende Quantifizierbarkeit der Arbeitsleistung. Gleichzeitig sollen sich die Beförderungskriterien nach den Fähigkeiten richten. Damit soll die häufig vorherrschende Praxis durchbrochen werden, leistungsorientiert in vertikaler Richtung Mitarbeiter zu befördern, so daß beispielsweise ein hervorragender Chemiker oder Ingenieur zu einem unbegabten Manager (mit fehlenden Führungsqualitäten) befördert werden kann.

Als weiterer Bereich der flankierenden Maßnahmen und in sinnvoller Ergänzung zu den bisher genannten Maßnahmen ist der Einsatz der modernen Informations- und Kommunikationstechnik zu sehen.

Informations- und Kommunikationstechnik

Die Informations- und Kommunikationstechnik liefert in ihrer hochentwikkelten Form das Potential für neue Organisationsformen.

Während sich früher die Organisation nach der Verteilung und Verfügbarkeit von Informationen richtete, so lassen sich inzwischen die Informations-

---

[1] Vgl. auch nachfolgend Hammer, M.; Champy, J. (1994), S.96 ff.
[2] Vgl. Davenport, T. (1993b), S.110.

und Kommunikationsmöglichkeiten entsprechend der optimalen Organisationsstruktur ausgestalten.

Die Möglichkeiten der Informations- und Kommunikationstechnik unterstützen die prozeßorientierte Organisationsgestaltung in vielfältiger Hinsicht. Informationen werden überall verfügbar, Wissensmonopole werden abgebaut, sequentielle Abläufe lassen sich parallelisieren und diskrete Tätigkeitsfolgen in einen stetigen Fluß überführen.[1]

Ein wichtiges Einsatzfeld der modernen Informationstechnik beim Reengineering ist im Reorganisationsprozeß selbst zu sehen. So werden verschiedene – DV-gestützte – Möglichkeiten angeboten, Prozesse zu modellieren und auch Prozeßabläufe am Rechner zu simulieren. Dabei handelt es sich um Gestaltungswerkzeuge, die Alternativen mit ihren Konsequenzen aufzeigen, die die Projektarbeit versachlichen und wichtige Moderationshilfen bieten und schließlich auch Transparenz in die komplexe Aufgabenstellung der Organisationsgestaltung bringen.[2]

Die Bedeutung derartiger Tools darf jedoch nicht überschätzt werden, da sie sich auch als Innovationsbarrieren auswirken können, indem die modellierten Abläufe den ausführenden Mitarbeitern neue Beschränkungen in der Organisation der Arbeitsteilung, Koordination und Abstimmung auferlegen würden.

Für beide Einsatzbereiche der Informations- und Kommunikationstechnik – also den Reorganisationsvorgang und die Integration der Technik in den neuen Geschäftsprozeß – ist jedoch auch Vorsicht geboten, weil sich die Kommunikations- und Computerindustrie durch BPR neue Absatzwege sucht,[3] obwohl nicht für jedes Reengineering-Projekt der Einsatz dieser Techniken sinnvoll ist.

3.4 Exkurs: Marktgängige Informations- und Kommunikations-Systeme

Trotz der eben genannten Einschränkungen ist ein mit Bedacht gewählter Einsatz von Informations- und Kommunikations (IuK)-Systemen sicher in vielen BPR-Projekten angebracht und nutzenstiftend. Aus diesem Grund sollen hier zur Entscheidungsunterstützung, welches Tool sinnvoll eingesetzt werden könnte, ein Marktüberblick über gängige Werkzeuge gegeben werden. Die Systeme werden in Kategorien eingeordnet, die nicht überschneidungsfrei definiert sind, so daß man in Einzelfällen durchaus auch

---

[1] Vgl. Nippa, M. (1995b), S.65.
[2] Vgl. auch nachfolgend Reichwald, R. (1995), S.13.
[3] Vgl. Nippa, M. (1995b), S.65.

3 Kernelemente klassischer BPR-Konzepte

andere Zuordnungen vertreten könnte. Dieses wird sich in Zukunft noch deutlich verstärken und zeigt den neuen Trend, daß fast jedes der genannten Produkte mit jeder weiteren Version, die am Markt erscheint, mit neuen Funktionalitäten in die anderen Kategorien eindringt. Der Leser möge also die folgenden Darstellungen als geeigneten Einstieg und ersten Wegweiser nutzen, in welchem Bereich sich durch den Einsatz der Werkzeuge für ihn eine Unterstützung abzeichnet.

Madauss[1] faßt den Softwarenutzen generell folgendermaßen zusammen:

- Software ermöglicht die Bewältigung großer Datenmengen.
- Mit Software können komplexe und komplizierte Rechenvorgänge exakt und fehlerfrei durchgeführt werden.
- Software bietet eine Vielzahl von Darstellungsmöglichkeiten der eingegebenen Daten (Graphiken, Textdarstellungen, Berichte, Formulare).
- Software kann nach gegebenen Kriterien Daten analysieren und bewerten.
- Durch Ändern der eingegebenen Daten lassen sich einfach und verhältnismäßig schnell "what if"-Betrachtungen durchführen.

Für einen entsprechenden Einsatz existiert eine Vielzahl an Softwaresystemen auf dem Markt. Vor allem die technische Auftragsabwicklung ist durch konsequente Arbeitsteilung und wiederholte Grunddatengenerierung gekennzeichnet.[2] Möglichkeiten, diesem Umstand zu begegnen, ergeben sich durch einen verstärkten Einsatz rechnergestützter Hilfsmittel, beispielsweise bei der Abwicklung immer wiederkehrender Planungs- und Kontrolltätigkeiten oder bei der gezielten Kommunikation innerhalb des Projektteams, aber auch nach außen zum Kunden.

Ziel muß es sein, Daten/Informationen nur einmal zu erzeugen und überall dort so aufbereitet zur Verfügung zu stellen, wie sie jeweils gebraucht werden, d.h. Datenintegration durch dezentralen und vernetzten Einsatz rechnergestützter Hilfsmittel. Es soll insgesamt der Projektverwaltungsaufwand (Planung, Steuerung, Kontrolle) reduziert werden, welcher bei den großen Datenmengen und entsprechend hohen Informationskomplexitäten existiert. Dennoch soll eine ausreichende Transparenz des Projektablaufs bewahrt bleiben, um zum einen eine ausreichende Projektkontrolle und zum anderen ein evtl. notwendiges Eingreifen (Steuerung) in den Ablauf zu ermöglichen. Letztendlich muß durch den Rechnereinsatz auch eine zuverlässige Dokumentation des Projektablaufs erzielt werden, die jederzeit Rückgriffsmöglichkeiten auf Projektinformationen und vorhandene Daten besitzt. Die Verbindung einzelner Funktionseinheiten in einem Gesamt-

---

[1] Vgl. Madauss, B. J. (1994), S. 7.
[2] Vgl. auch nachfolgend VDI (1990).

system zur Unterstützung des Projektmanagements wird als Projektmanagementsystem (PMS) bezeichnet. In ihm werden die Informationen bearbeitet und verwaltet, die sich auf die Aktivitäten eines einzelnen oder mehrerer Projekte beziehen. Ein solches System läßt sich im Rahmen des Projektmanagements also hauptsächlich für die folgenden Anwendungsbereiche einsetzen:

- Terminplanung und -kontrolle,
- Ressourcenplanung und -kontrolle,
- Kostenplanung und -kontrolle,
- Verknüpfung zwischen Terminen, Tätigkeiten, Kosten und Ressourcen,
- Berichterstattung,
- Prognosen und
- Dokumentation.

Ein PMS erleichtert zudem das selten praktizierte Erstellen eines Erfahrungsberichtes, in dem über den Projektverlauf, die daraus gewonnenen Erkenntnissen und über die Beschreibung von Fehlern und deren mögliche Vermeidung berichtet werden. Das verwendete PMS kann für die Erstellung dieses Berichtes sehr wertvoll sein, da Ursprungsdaten sowie Termin- und Kostenüberschreitungen gespeichert sind. Durch die Verwendung historischer Projektdaten ist außerdem eine Verbesserung zukünftiger Projekte möglich.

Die Möglichkeiten eines PMS werden bei allen Vorzügen dennoch oft falsch eingeschätzt. So können PMSe zwar zur Unterstützung der Projektarbeit herangezogen werden, jedoch nicht die eigentliche Durchführung der Projektarbeit ohne aktive Einbeziehung des Menschen übernehmen. Das richtige PMS ist kein Garant für erfolgreiches Projektmanagement; es kann allenfalls die Qualität des Projektmanagements verbessern, nicht jedoch die Aufgaben der Projektleitung wie Problemerkennung, Problemanalyse und Problemlösung eingenständig durchführen.

Stand der Technik

Rechnergestützte Systeme im Projektmanagementbereich haben in den letzten Jahren eine ähnliche Entwicklung durchgemacht, wie zuvor der Einsatz eines systematischen und methodischen Projektmanagements. Sie gewinnen zunehmend an Bedeutung.

Die Entwicklung der PMSe ist eng mit der Netzplantechniken (NPT) verknüpft. In der ersten Phase, Anfang der sechziger Jahre, wurde Projektmanagementsoftware gleichgesetzt mit Programmen, die nur über eine Menge von Algorithmen zur Netzplanung verfügten. Die zugrundeliegenden Netzpläne waren die genannten Vorgangsknoten- und/oder Vorgangspfeilnetz-

3 Kernelemente klassischer BPR-Konzepte

pläne bzw. die aus diesen abgeleiteten Verfahren wie PERT oder CPM. Hierbei galt das Interesse einer effizienten Umsetzung der Algorithmen in leistungsfähige Module, in denen vor allem mathematische Verfahren der Optimierung eine wichtige Rolle spielten. Schon bald erkannte man, daß die bisherigen NPT-Entwicklungen nicht besonders geeignet waren, eine Verbindung zwischen Technik, Termin- und Kostenplanung sowie deren Kontrolle herzustellen. Der nächste Schritt diente vor allem der stärkeren Einbeziehung des Überwachungsprozesses. Vor allem die Werte (Informationen), die nach Ablauf bestimmter Projektabschnitte geschaffen wurden, waren und sind bei manchen NPT und den darauf basierenden PMSen nicht implementiert.

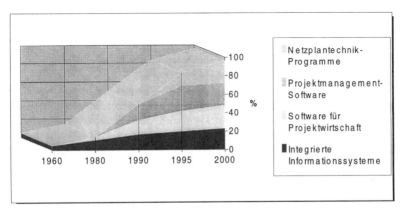

Abb. 35: *Entwicklungstendenzen im rechnergestützten Projektmanagement*[1]

Aus diesem Defizit heraus wurden Darstellungstechniken wie die Structured Analysis and Design Techniques (SADT) entwickelt (von der US Air Force). Die dabei zugrundeliegende Sichtweise erlaubt eine lösungsneutrale Beschreibung von Prozessen, indem eindeutig zwischen der Funktion (als gewünschtem Vorgang) und den diese Funktion erfüllenden Funktionsträgern (Personal, Technik) unterschieden wird. Das Aktivitätenmodell von SADT besteht im wesentlichen aus den graphischen Grundelementen Kasten und Pfeil. Die Kästchen stellen dabei die Aktivitäten (Tätigkeiten, Funktionen) dar. Die Pfeile beschreiben die Beziehungen in Form von Informationen bzw. Daten oder Objekten zwischen den Kästen.

Die SADT-Darstellungstechniken wurden auch bei der Definition von weiteren Darstellungstechniken im Rahmen des ICAM-Projektes

---

[1] Vgl. Bullinger, H. J. (1992).

Business Process Reengineering

(Integrated Computer Aided Manufacturing) der Air Force herangezogen. ICAM-Darstellungstechniken sind also keine expliziten SADT-Methoden, jedoch teilweise stark an jene angelehnt, bzw. ausgehend von diesen definiert. So entspricht zum Beispiel die im ICAM-Projekt verwendete Darstellungstechnik IDEF-0 der Aktivitätenbeschreibung von SADT.

	Darstellungstechniken	
Aktivitätenbeschreibung	SADT	IDEF-0
Beschreibung von Informationsbeziehungen		IDEF-1
Beschreibung des dynamischen Aspektes von Aktivitäten		IDEF-2

Abb. 36: Darstellungstechniken

Die heute ablaufende zweite Phase der Entwicklung von PMSen zeichnet sich durch erhöhte Anwenderqualität und erweiterte Funktionalität aus. Benutzeroberflächen wurden verbessert und dem Wunsch des Managements nach gezielter Berichterstattung begegnete man mit komfortablen Graphikreports.

3.4.1 IuK-Systeme im Überblick

Aus den auf dem Markt befindlichen PMSe werden einige exemplarisch beschrieben, die für eine bestimmte Kategorie von PMS stehen:

- Eigenständige Projektmanagementsoftware,
- Projektmanagementsoftware innerhalb von Toolfamilien und
- Projektmanagementsoftware unter WINDOWS.

Die Einordnung in verschiedene Kategorien erfolgte, weil bei der Vielzahl der auf dem Markt verfügbaren Programme ein direkter Vergleich aller Systeme nicht möglich erschien.

Die beschriebenen PMSe, wie auch die anschließend im Vergleich genannten Vertreter anderer Konzepte wurden deshalb ausgewählt, weil sie den einzelnen Kategorien/Konzepten eindeutig, d.h. ohne Überschneidung mit anderen, zuzuordnen sind. Grundlage der Beschreibungen sind die aus Firmenschriften, Zeitschriftenartikeln und Demonstrationsprogrammen gewonnenen Informationen über das jeweilige Produkt; eine Möglichkeit, die Software selbst anhand von Projekten zu überprüfen, bestand nicht.

3 Kernelemente klassischer BPR-Konzepte

Bevor auf die einzelnen Gruppen näher eingegangen wird, soll zuerst eine tabellarische Übersicht gegeben werden:

Name	ACOS PLUS EINS	ARIS Projectmanager	ARTEMIS PRESTIGE
Hersteller	ACOS GmbH Johanneskirchenerstr. 162 81929 München Tel: 089 / 951041	IDS GmbH Halbergstr. 3 66121 Saarbrücken Tel: 0681 / 665090	Lucas Management Systems GmbH Hammfelddamm 6 41460 Neuss Tel: 02131 / 1280
Plattform	PC, UNIX, VAX	PC, MS-DOS, Windows	PC, MS-DOS/Windows, Server: LAN, DEC VAX, u. a.
Benutzeroberfläche	grafische Benutzeroberfläche	Standardoberfläche von Windows	Standardoberfläche von Windows: tabellarisch, grafisch, interaktiv, frei definierbar
Ansichten	Netzpläne, Balkenpläne, Auslastungsdiagramme und kumulierte Summenkurven, Projektstrukturplan	Organigramm, Funktionsbäume, Datenflußdiagramm	Vorgangsknotendarstellung, Balkenplan
Darstellung des Beziehungsinhalts	ja, aber nur bzgl. Kosten, Ressourcen und Terminen	nein	nein
Multiprojektplanung	Multi- und Einzelprojektplanung, Einzelvorgänge	nein	ja
Klasse	Eigenständige PMSe	BPR-Tool	PMS in Toolfamilien
Installationen (94)	1.200	600	insgesamt ca. 1500
Erstinstallation	1981	keine Angaben	1988

251

Business Process Reengineering

Name	ARTEMIS 7000/9000	BONAPART	CA-ForComment
Hersteller	Lucas Management Systems GmbH Hammfelddamm 6 41460 Neuss Tel: 02131 / 1280	UBIS GmbH Berliner Str.40 10715 Berlin Tel: 030 / 864800	Computer Associates GmbH Marienburgerstr. 35 64297 Darmstadt Tel: 06151 / 9490
Plattform	PC, MS- DOS/ Windows, LAN's, DEC VAX, SUN, IBM RS6000, HP9000	PC, MS-DOS	DEC VAX, MS-DOS, LAN's
Benutzeroberfläche	Standardoberfläche von Windows: tabellarisch, grafisch, interaktiv, frei definierbar	Standardoberfläche von Windows, über Pop Up-Menüs, bzw. interaktiv	grafische Benutzeroberfläche
Ansichten	Vorgangspfeil- und Vorgangsknotendarstellung, Organigramm, Balkendiagramm, Histogramm	Organigramm	kein Projektmanagement
Darstellung des Beziehungsinhalts	nein	nein	kein Projektmanagement
Multiprojektplanung	ja	nein	kein Projektmanagement
Klasse	PMS inToolfamilien	BPR-Tool	Groupware
Installationen (94)	insgesamt ca. 1500	keine Angaben	keine Angaben
Erstinstallation	1977	keine Angaben	keine Angaben

Name	CA SuperProject	ComfoDesk	COSA
Hersteller	CA Computer Assoc. GmbH Marienburgerstr. 35 64297 Darmstadt Tel: 06151 / 9490	Siemens Nixdorf Informationssysteme AG Tel: 089 / 63601	Software Ley GmbH Warngauerstr. 58 81539 München Tel: 089 / 620516-0
Plattform	Novell, IBM Token Ring, Banyan, MS- LAN, UNIX (10/94)	PC, MS-DOS, Windows	PC, UNIX, DYNIX, AIXOS/2, SINIX,...
Benutzeroberfläche	grafische Oberfläche, Pulldown-Menüs, Pop- Up-Dialog	grafische Benutzeroberfläche unter Windows	grafische Benutzeroberfläche
Ansichten	Gantt, Histogramm, PERT-Netzplan, Projektstrukturplan	kein Projektmanagement	kein Projektmanagement
Darstellung des Beziehungsinhalts	nein	kein Projektmanagement	kein Projektmanagement
Multiprojektplanung	ja	kein Projektmanagement	kein Projektmanagement
Klasse	PMS unter Windows	Workflow	Engineering Data Management System
Installationen (94)	keine Angaben	keine Angaben	keine Angaben
Erstinstallation	keine Angaben	1988	keine Angaben

3 Kernelemente klassischer BPR-Konzepte

Name	DMCS	FOCMAN	IMPOS
Hersteller	SDRC Im Vogelsang 1a 60488 Frankfurt Tel: 069/768010	Information Builders GmbH Leopoldstr.236 80807 München Tel: 089 / 3561220	ACTIS Waldburgstr. 17-19 70563 Stuttgart Tel: 0711 / 737702
Plattform	VAX, HP- Apollo, IBM RS/6000, ...	PC, MS-DOS	PC, UNIX
Benutzeroberfläche	Formulare Masken	grafische Benutzeroberfläche	OSF/Motif
Ansichten	kein Projektmanagement	keine Angaben	kein Projektmanagement
Darstellung des Beziehungsinhalts	kein Projektmanagement	nein	kein Projektmanagement
Multiprojektplanung	kein Projektmanagement	keine Angaben	kein Projektmanagement
Klasse	Engineering Data Management System	Eigenständige PMSe	BPR-Tool
Installationen (94)	100	keine Angaben	500
Erstinstallation	1982	keine Angaben	1979

Name	MIK	MOSAIK	Office 400 for Windows
Hersteller	Gesellschaft für Management und Informatik mbH Seestr. 1 Tel: 07531 / 51026	Sietec Consulting GmbH & Co. St.- Martin-Str. 53 81541 München Tel: 089 / 41333100	OCP Software GmbH Steelerstr. 41 45127 Essen 0201/245440
Plattform	OS/2, Windows	PC, MS-DOS, Windows	PC, MS-DOS, Windows
Benutzeroberfläche	grafische Benutzeroberfläche unter Windows	grafische Benutzeroberfläche unter Windows	grafische Benutzeroberfläche unter Windows
Ansichten	kein Projektmanagement	kein Projektmanagement	kein Projektmanagement
Darstellung des Beziehungsinhalts	kein Projektmanagement	kein Projektmanagement	kein Projektmanagement
Multiprojektplanung	kein Projektmanagement	kein Projektmanagement	kein Projektmanagement
Klasse	Exekutive Information System	BPR-Tool	Groupware
Installationen (94)	2500	keine Angaben	1992
Erstinstallation	keine Angaben	keine Angaben	keine Angaben

Business Process Reengineering

Name	PLANTA PPMS	PMW	R/2 PMS: RK- P, RM- PPS
Hersteller	PLANTA GmbH Eisenlohrstr. 24 76013 Karlsruhe Tel: 0721 / 812011	Hoskyns Group GmbH Lademannbogen 21 22339 Hamburg Tel: 040 / 53951690	SAP AG Neurottstr. 16 69190 Walldorf Tel: 06227/34-0
Plattform	HP- UX, AIX, SINIX, UNIX, ...	LAN, Windows	MVS, VSE, CICS, ADABAS, SESAM
Benutzeroberfläche	grafische Benutzeroberfläche unter Windows	grafische Benutzeroberfläche unter Windows	Eingabemasken
Ansichten	Projektstrukturplan, Balkenplan, Netzplan	Gantt, Netzplan, Projektstrukturplan	Eingabemasken
Darstellung des Beziehungsinhalts	nein	nein	nein
Multiprojektplanung	ja	ja	ja
Klasse	Eigenständige PMSe	PMSe unter Windows	PMS in Toolfamilien
Installationen (94)	70	125.000	420
Erstinstallation	1980	1983	1982

Name	R/3 PMS: RK- P, RM- PPS	TIMELINE	Workparty
Hersteller	SAP AG Neurottstr. 16 69190 Walldorf Tel: 06227/34-0	Logibyte Software & Bücher Hauptstr. 101 10827 Berlin 030/39600010	Siemens Nixdorf Informationssysteme AG Tel: 089 / 63601
Plattform	SINIX, AIX, HP- UX, ...	MS-DOS, Windows	MS-DOS, Windows
Benutzeroberfläche	grafische Benutzeroberfläche unter Windows	grafische Benutzeroberfläche	grafische Benutzeroberfläche unter Windows
Ansichten	Projektstrukturplan, Balkenplan, Netzplan, Masken	Projektstrukturplan, Balkenplan, Netzplan	kein Projektmanagement
Darstellung des Beziehungsinhalts	nein	nein	kein Projektmanagement
Multiprojektplanung	ja	kein Projektmanagement	kein Projektmanagement
Klasse	PMS inn. v. Toolfamilien	Groupware	Workflow
Installationen (94)	keine Angaben	keine Angaben	keine Angaben
Erstinstallation	keine Angaben	keine Angaben	keine Angaben

3.4.2 Projektmanagementsoftware

Eigenständige Projektmanagementsoftware

Zur Gruppe der eigenständigen PMSe zählen alle diejenigen Programme, die ohne die feste Einbindung in entweder eine umfassende Tool-Familie oder in Windows funktionieren.

ACOS-PLUS.EINS

ACOS-PLUS.EINS ist ein modulares Programmpaket auf der Grundlage der Netzplantechnik. Mit Hilfe dieses Instruments können Projekte mit beliebig vielen Einzelaktivitäten termingerecht überwacht werden. Es werden alle relevanten Informationen wie Dauer, Termine, Zeitspielräume, Betriebseinsätze und -auslastungen sowie Kostenverläufe gezielt zur Verfügung gestellt. Die Handhabung erfolgt durch einfachen Systembenutzerdialog mittels Masken-, Stapel- oder graphischer Eingabe. Es werden insbesondere bei der Multiprojektplanung Anordnungsbeziehungen zwischen den Projekten hergestellt; verschiedene Projektnetze können addiert werden und es können Neuprojekte aus Standardnetzplänen generiert werden. Beliebige Planungszustände können gegeneinander verglichen werden. Soll-Ist- Differenzen lassen sich grafisch und numerisch miteinander vergleichen. ACOS PLUS.EINS stellt den unterschiedlichen Benutzergruppen zielgerichtet alle relevanten Informationen wie Termine, Zeitspielräume, beteiligte Mitarbeiter/Einsatzmittel einschließlich deren Auslastung, Kapitalbedarf etc. zur Verfügung. Durch detaillierte Updates zu beliebigen Zeitpunkten behält der Planer den Projektablauf gut im Griff. Soll-Ist-Vergleiche mit beliebigen Projektständen sind ebenfalls möglich.

Fazit: Die heute geforderten Funktionalitäten sind zwar zum Teil vorhanden (Flexibilität, Aktualität, Kontrolle usw.), beziehen sich aber ausschließlich auf Einsatzmittel, Kosten und Termine und nicht auf Produktinformationen selbst.

Weitere Systeme aus dieser Gruppe sind:

- PPMS-PLANTA,
- FOCMAN,
- Terminator/400,
- Visplan,
- Wings und
- Proman

Projektmanagementsoftware innerhalb von Toolfamilien

Als Projektmanagementsoftware innerhalb von Toolfamilien sollen alle Programme gelten, die nur in einer bestimmten, eigens entwickelten Umgebung, der Toolfamilie, existieren und funktionieren. Informationen dazu finden sich in der Literatur[1].

SAP-System-R/2:RK-P-Projekte

Das System RK-P ist ein umfassendes Dialogsystem für die Planung und Kontrolle von Investitions-, Instandhaltungs-, Kosten- und Kundenprojekten. Strukturierung erfolgt mit beliebigen Projekthierarchien, Textverarbeitung ist vorhanden.

Auch der R/2-RK-P Projektmanagementsoftware liegt als interne Struktur ein Projektstruktur- und Netzplan zugrunde; die Ein-/Ausgabe und die Prozeßvisualisierung erfolgt aber ausschließlich über Masken.

Im Projektstrukturplan erfolgt eine Hierarchisierung des Projektes. Der Netzplan steuert den Projektablauf bezüglich Zeit, Materialeinsatz und Kapazitätsbedarf. Die Eingabe geschieht in beiden Plänen mittels Eingabemasken, d.h. es gibt zwar die Möglichkeit die eingegebenen Daten in Plänen und Diagrammen darzustellen, aber es gibt keine graphische Benutzeroberfläche. Das Tool P – Projekte gehört eindeutig in die Familie der PMS, ist aber in seinen Funktionen sehr stark an der SAP-Systemfamilie orientiert und bietet ähnlich wie bei sämtlichen anderen Modulen der Walldorfer Firma eine durch die ausschließliche Verwendung von Masken stark eingeschränkte Benutzerfreundlichkeit. (Über die Anwendung SAP-RM-PPS läßt sich bis auf die Zuordnung zu den PPS-Systemen ähnliches formulieren.) Die Produktpalette von SAP insgesamt kann hingegen als ein Engineering Data Management (EDM) System gelten, da in ihr ein integriertes Datenmanagement realisiert wurde. Dennoch liegt die Betonung auf betriebswirtschaftlichen Belangen und nicht auf technischen.[2]

Fazit: Es handelt sich zwar um ein Projektmanagementsystem, dessen Funktion sich aber, wie bei vielen anderen Systemen, auf Betriebswirtschaft mit dem Schwerpunkt Controlling beschränkt.

---

[1] Vgl. Bauernfeind U. (1992), Brockhausen, D. (1993), Haecker, R.; Moeckesch, G. (1991), Haller H. (1992), Kagermann, H. (1990), Mey G.; Dejan, D. (1993), Pfister, G. (1992), Prey, K. (1993).

[2] Vgl. ISIS PC Report (1994), Bauernfeind, U. (1992).

3 Kernelemente klassischer BPR-Konzepte

SAP-System-R/3:RK-P-Projekte

Das RK-P-Projekte Tool von SAP unterstützt den Projektleiter bei der Planung und Steuerung von Terminen und Ressourcen. Es verwaltet und überwacht z. B. Kosten, Erlöse, Zahlungsflüsse, erfüllt also die Erfordernisse des Projektcontrollings, bezieht dabei aber nur betriebswirtschaftliche Größen ein. Projektstrukturplan und Netzplan bilden die Basis des Systems. Die Hinterlegung von Kosten und Eckterminen auf den einzelnen Projektstrukturplanelementen schafft die Voraussetzung für ein projektbegleitendes Controlling. Rückmeldungen und Buchungen führen im Projektstrukturplan zu entsprechenden Aktualisierungen. Im Netzplan werden Vorgänge bei Bedarf basierend auf Standardnetzen terminlich, kosten- und ressourcenbezogen festgelegt. Termine selbst können in Gantt-Diagrammen visualisiert werden. Es bestehen dabei integrierende Verknüpfungen zwischen den verschiedenen Projektdarstellungen. Analysen zu Kosten, Terminen, Budgets, Kapazitäten und Materialien vermitteln dem Anwender einen Überblick über den Projektstand.

Durch die Verbindung des Projektsystems mit anderen SAP-Komponenten aus Rechnungswesen, Materialwirtschaft oder Produktionsplanung und Steuerung (RM-PPS) läßt sich die SAP-Tool-Familie durchaus als eines der führenden Unternehmensweiten-Daten-Modell (UDM)-Systeme mit gemeinsamer Datenbank charakterisieren. Die Funktionalität beschränkt sich aber bezüglich Projektmanagement auf die eines Bindegliedes zwischen den betrieblichen Komponenten Vertrieb, Materialwirtschaft, Produktionsplanung, Instandhaltung und Qualitätsmanagement zum einen und Finanzwesen, Controlling und Anlagenbuchhaltung zum anderen. Konkret äußert sich die unternehmensweite Datenintegration beispielsweise darin, daß sich Bestellungen und Lagerentnahmen für ein Projekt zeitgleich in der Materialwirtschaft auswirken, IST-Daten aus Wareneingang oder Rechnungsprüfung aktuell im Projektsystem verfügbar sind. Prozeßautomation ist lediglich auf der Ebene Ressourcen und Termine realisiert.[1]

Fazit: Auch das R/3-Toolpaket stellt ein zwar eher betriebswirtschaftlich orientiertes, integriertes Produkt dar, ist aber im Vergleich zur R2-Familie weitaus benutzerfreundlicher, da es mit einer individuell gestaltbaren grafischen Benutzeroberfläche ausgerüstet ist.

Zu dieser Gruppe gehört beispielsweise noch:

- CONTROL-Manufacturing/Finacial: CPCS und
- ARTEMIS 7000 / 9000.

---

[1] Vgl. Endl, R.; Fritz, B. (1992).

Projektmanagementsoftware unter WINDOWS

Die PMSe unter Windows werden getrennt von PMSen innerhalb von eigenen Toolfamilien betrachtet, da Windows selbst einen Standard darstellt. Die Verwendung von Windows impliziert dabei die Benutzung einer grafischen Benutzeroberfläche genauso, wie die Möglichkeit zur Projektdokumentation mittels Textverarbeitung, Tabellenkalkulation usw. anhand anderer Windows-Applikationen. Informationen dazu liefert die Literatur.[1]

PMW

Der "Project Manager Workbench" (PMW) ist mit weltweit über 125.000 Installationen und mehr als zehnjähriger Marktpräsenz eines der führenden Projektmanagementsysteme unter WINDOWS. Das Programm bietet die für große Planungsaufgaben nötigen Gliederungshilfen und Kontrollfunktionen. Der PMW bietet die Möglichkeit, das Layout und die Projektdaten verschiedener Projektansichten individuell zu gestalten und beliebig abrufbar in Bibliotheken zu speichern, so daß jedem Mitarbeiter eine eigene Benutzeroberfläche mit den benötigten Informationen im gewünschten Format bereitgestellt werden kann. Die vorgangsbezogene Planung kann im Netzplan, Gantt-Diagramm oder anderen Projektansichten erfolgen. Durch eine hierarchische Zusammenfassung der Vorgänge in Aufgaben und Phasen, verbunden mit der Unterprojekt- und Masterprojekttechnik, können beliebige Strukturtiefen erreicht werden. Eine Projektsteuerung/-kontrolle erfolgt bei entsprechender Rückmeldung der einzelnen Mitarbeiter. Der Projektleiter entscheidet allerdings zuvor, ob die eingebrachten Daten zu übernehmen oder zu verwerfen sind. Mit den rückgemeldeten Aufwänden und Neueinschätzungen führt PMW einen zweiten Projektdatensatz zu den ursprünglichen Plandaten. Sollte sich dieser zweite Datensatz als der realistischere herausstellen, kann dieser als neue Projektgrundlage verwendet werden.[2]

Fazit: PMW ist ein Repräsentant der PMSe und stellt wohl eines der leistungsfähigsten dieser Kategorie dar.

ONTARGET/TIMELINE

OnTarget und Timeline sind Windows-Programme desselben Herstellers und haben annähernd die gleichen Grundfunktionen. Charakteristisch ist, daß beide Programme mit miteinander verknüpften Formularen arbeiten. Dabei ist eine grafische Projektanzeige im Gantt- oder PERT- Modus (Netzplan) möglich. Eine mehrschichtige Projektverwaltung unterstützen

---

[1] Vgl. anonym (1992a), Heimbold, E. (1993).

[2] Vgl. anonym (1992b), anonym (1993a), anonym (1993b).

die Programme nicht. Bei OnTarget ist auch das Anlegen von Unterprojekten nicht möglich. Es kann auch nicht mit geplanten oder wahrscheinlichen Daten – zum Durchrechnen von Alternativen und deren Auswirkungen – kalkuliert werden, es ist nur der Vergleich von ursprünglichem Plan und tatsächlichen Daten möglich.[1]

Fazit: PMS mit nur grundlegenden Funktionen

MS-PROJECT

Es wird ebenfalls mit den Ansichten Gantt und PERT gearbeitet. Im Gantt-Diagramm kann der Benutzer direkt mit der Maus Vorgänge verschieben, strecken und Meilensteine setzen. Filter dienen dazu, bei großen Projektplänen den Überblick zu behalten. Außerdem kann man über die Werkzeugleiste, die mit speziellen durch Symbole gekennzeichnete Buttons versehen ist, grundlegende "Outline"-Befehle, wie *expand* oder *collaps* direkt aufrufen, was zusätzlich der Übersichtlichkeit dient. Ein weiteres wichtiges Hilfsmittel sind die sogenannten Combo-Views. Eine solche speicherbare, kombinierte Ansicht erhält man beispielsweise durch die Verknüpfung der Vorgangs- mit der Ressourcenansicht. Auch ist es möglich, sich zwei verschiedene Ansichten auf Ressourcen gleichzeitig anzeigen zu lassen. Um im Netzplan neue Vorgänge zu deklarieren, wird die Vorgangsmaske durch Mausklick auf einen Knoten aufgerufen. Die Verknüpfung erfolgt mausgesteuert. Bei den Reportfunktionen unterstützt das Programm u. a. Flächen-, Säulen- und Verbunddiagramme. Microsoft-Project importiert und exportiert Dateien beispielsweise in den Formaten dBase, Excel und MPX, das gemeinsame Format mehrerer anderer Projektmanager. Mit den Windows-Funktionen Dynamic Data Exchange DDE und Object Linking and Embedding OLE kann man Informationen zwischen zwei Projekten oder zwischen einem Projekt und einer anderen (Windows-) Anwendung austauschen, bzw. Objekte wie einen Netzplan in eine andere Anwendung, etwa eine Textverarbeitung einbetten.

Fazit: MS-Project glänzt vor allem mit seiner Übersichtlichkeit (Combo-Views) und der optimalen Ausnutzung des Windows-Verbunds.

Weitere Beispiele aus dieser Kategorie sind:

- ARTEMIS-Prestige,
- CA-SuperProject/CA-Tellaplan-Expert,
- Graneda Professional/Personal und
- VISUAL PLANNER

---

[1] Vgl. ISIS PC Report (1994).

Neben der ausgewiesenen Projektmanagementsoftware gibt es andere Softwareansätze mit ähnlichen Zielsetzungen, wie Integrations- und Kommunikationsverbesserung zwischen Gruppen-, Büro- oder Projektbeteiligten, deren Funktionalitäten sich zum Teil von denen der Projektmanagementsoftware nur unwesentlich unterscheiden. Diese Konzepte reichen von Bürokommunikations- und Automatisierungsprogrammen bis hin zu „Unternehmensweiten Datenmodellen". Die Zuordnung der einzelnen Systeme zu den verschiedenen Konzepten gestaltet sich dabei nicht ganz einfach, da oftmals sehr starke Überschneidungen der Funktionen existieren.

3.4.3 Groupware

Groupware ist ein Werkzeug zur Computerunterstützung der Teamarbeit mit dem Ziel, die Produktivität der Gruppenmitglieder durch einheitlichen Informationsstand in bezug auf eine Aufgabe zu verbessern. Sie dient im wesentlichen der Koordination von Arbeitsgruppen bei der Erstellung gemeinsamer Dokumente. Durch Groupwareprodukte soll eine gleichzeitige Bearbeitung von Objekten durch mehrere Benutzer ermöglicht werden. Dies ist auch eine Form von Arbeitsteilung, jedoch bezogen auf Objekte (z. B. ein Dokument) anstatt auf einen Vorgang mit mehreren Einzelschritten und einer Fülle von Objekten. Der Schwerpunkt liegt hier in der Verteilung der Arbeitslast auf mehrere Bearbeiter und nicht auf einer Automatisierung der Schritte. Groupware beinhaltet technische Konzepte wie Tools und Mails. Tools stellen dabei Unterstützungen der Gruppenmitglieder bei einzelnen Tätigkeiten dar. Hierzu gehören Büroanwendungen (Textverarbeitung, Tabellenkalkulation etc.) genauso wie Branchenanwendungen, wie sie die Produktfamilie SAP R/3 beispielsweise bietet (Instand-, Buchhaltung) oder der Zugriff auf ein elektronisches Archiv. Die Versendung von Informationen und die Reaktion auf diese ist die Aufgabe von Mailsystemen. Ihre Basis ist ein existierender Electronic-Mail-Verbund mit koordinierter Kommunikation zwischen über den Projektinhalt definierten Mitarbeitern (der Workgroup). Der Schwerpunkt liegt insgesamt auf der Reduzierung von Transport- und Liegezeiten von Information, weniger auf Automatisierung. Weitere Informationen dazu liefert die Literatur.[1] Als Beispiel wird im folgenden das Produkt Ca-ForComment kurz vorgestellt.

---

[1] Vgl. anonym (1993c), anonym (1992c), anonym (1993d), Guton, T. (1991), Karcher, H. (1993), Schmidt, I. (1993), Wagner, M. (1992).

3 Kernelemente klassischer BPR-Konzepte

CA-ForComment

Mit Ca-ForComment können Arbeitsgruppen Dokumente online lesen, überarbeiten und mit dem Originaldokument vergleichen. Jedes Mitglied einer Arbeitsgruppe setzt online Kommentare ab und sieht die Fragen und Kommentaren der anderen Rezensenten. CA-ForComment stellt die zu rezensierenden Dokumente jedem Bearbeiter sofort zur Verfügung und unterstützt dabei Funktionen wie z. B. automatische Dokumentenverteilung, gleichzeitige Bearbeitung durch beliebig viele Bearbeiter, online Besprechung unter Bearbeitern, automatische Verwaltung aller Kommentare zu einem Dokument.[1]

Weitere Beispiele aus dieser Gruppe sind:
- Office-400-for-Windows,
- Cooperation (NCR),
- Objektworks (DEC),
- OFFICE Standard für Windows (Microsoft) und
- Lotus Notes.

3.4.4 Workflow

Workflow Managementsysteme sind Systeme zur Definition und zum Ablauf von Vorgängen. Sie enthalten nur allgemeine Funktionalitäten für den Transport, die Verwaltung und Kontrolle von Vorgängen. Ihr Vorteil liegt darin, daß man mit ihnen existierende Organisationen abbilden kann. Nachteilig ist, daß diese Individualität mit Entwicklungsaufwand verbunden ist.

Workflow Management oder Workflow-Bürokommunikation unterscheidet sich von den Methoden des Groupware Computing allein durch deren Dimension und nicht durch deren Inhalte. Das heißt, Workflow beschreibt ebenfalls die Implementierung von Textverarbeitung, E-mail, Terminkalendern und Dokumentenablage auf Basis gemeinsamer Datenbanken, vollzieht sich aber nicht nur auf der Ebene weniger, räumlich eng beieinander befindlicher Mitglieder eines Projektteams, sondern beschreibt Bürokommunikation auf Bereichs- bzw. Unternehmensebene. Demzufolge ist Workflow, weil unternehmensweit, eher als prozeßorientiertes Hilfsmittel

---

[1] Vgl. ISIS PC Report (1994).

der Bürokommunikation zu erachten. Weitere Informationen zu dieser Gruppe sind in der Literatur zu finden.[1]

Ein Repräsentant der Workflow Management Systeme ist z. B. WorkParty von Siemens Nixdorf.

WorkParty

WorkParty ist ein Werkzeug zur Entwicklung und Unterstützung einer individuellen Vorgangsbearbeitung, im Sinne einer Lean Office- oder Business Process Reengineering-Philosophie. Dabei werden vorhandene Ressourcen (Software) in eine individuelle Lösung integriert. Mit Workparty ist es möglich, Vorgänge formal zu beschreiben und deren Durchführung zu unterstützen. Dies geschieht sowohl durch Bearbeitung definierter Regeln/Mechanismen, als auch durch Übermittlungen zu den beteiligten Bearbeitern eines Projektes und das Starten von Programmen für einzelne Arbeitsschritte. Der Benutzer oder ein Organisator legt die Vorgangsbearbeitung fest, ohne sich um den weiteren Werdegang der Daten zu kümmern. Ein im Programmpaket implementierter Vorgangseditor erleichtert die Darstellung und Zuordnung dieser Abläufe. Die bis zum Abschluß der Tätigkeit durchgeführten Schritte werden fortlaufend mitprotokolliert und können archiviert werden, so daß ein Geschäftsvorgang jederzeit rekonstruiert werden kann. Lösungen auf Basis von WorkParty integrieren die Funktionalitäten der Tools, Mail- und Groupwarekomponenten bei der Bearbeitung eines Vorgangs. Die Vorgangsbearbeitung basiert dabei auf zwei Organisationsaspekten, der Aufbauorganisation (basierend auf dem Organisations- und Ressourcenmanagement) und der Ablauforganisation (unterstützt durch die WorkParty Entwicklungsumgebung).

Das Organisations- und Ressourcenmanagement stellt eine Basis für die einheitliche Einbeziehung der Aufbauorganisation bei der Gestaltung von Anwendungssystemen dar. Es ist als Plattform für die Implementierung von Anwendungssystemen konzipiert, die kooperative Arbeitsprozesse auf Grundlage organisatorischer Regelungen unterstützen.

Die Ablaufbeschreibung eines Vorgangs kann in einem grafischen Editor komfortabel auf Basis der Aufbauorganisation und einer Tätigkeitenbibliothek ohne Programmierkenntnisse modelliert werden.

WorkParty basiert auf der Client/Server-Architektur des OfficeWorld-Konzepts, d.h. die Intelligenz des Arbeitsplatzes wird für die individuelle Bearbeitung der Vorgänge genutzt, während zentrale Dienste von einem Server bereitgestellt werden. Die Bedienung von WorkParty ist in den grafischen

---

[1] Vgl. Finke, W. F. (1991), Jones, J. (1991), Otten, K. W. (1992), Simon, M. (1993), Weiss, P.; Krempel, T. (1992).

Schreibtisch "ComfoDesk", einem weiteren SNI-Produkt integriert. ComfoDesk simuliert die gewohnte Büroumgebung in Form von Symbolen (icons) für den Bediener. Alle Anwendungen werden von dem grafischen Schreibtisch aus aufgerufen.

Zu dieser Gruppe gehören auch:

- BM FlowMark for OS/2,
- TEX-ASS-WINDOW-NET 4.2 und
- MOR OFFICE.

3.4.5 Engineering Data Management Systeme (EDMS)

Ebenfalls verwendete Begriffe sind Product Information Management (PIM), Product Data Management (PDM), Technical Information System (TIS), Engineering Data Base (EDB), Unternehmensweites Datenmodell (UDM).

Prinzipiell sind EDMS technische Datenbank- und Kommunikationssysteme zur Speicherung, Verwaltung und Bereitstellung aller produktbeschreibenden Daten während des gesamten Produktentstehungsprozesses. In einem EDMS werden zum Zwecke eines optimierten Produktdaten- und Prozeßdatenmanagements gleichzeitig technische Dokumentenverwaltung, Produktdatenmanagement und Workflow-Management in einem unternehmensweiten Konzept integriert. Mit einem solchen System sollen alle anfallenden Prozesse (Prozeßmanagement) und Daten / Dokumente (Produktdatenmanagement) bei der Herstellung von Produkten verwaltet werden können. Im einzelnen werden Funktionen wie Zeichnungsverwaltung, Stücklistenmanagement, Normteilverwaltung, Werkzeug- und Betriebsmittelmanagement sowie Projektplanung und Projektkontrolle bereitgestellt. Des weiteren werden in einem EDMS auch systemübergreifende Funktionen wie Benutzerverwaltung, Datenschutz, Archivierung und auch Workflowmanagement erfüllt, was als Kernstück einer betrieblichen Ablaufsteuerung für jede EDM-Anwendung gelten darf. Weitere Informationen zu EDMS finden sich in der Literatur.[1] Beispielhaft sind im folgenden die Produkte DMCS und COSA beschrieben.

DMCS

DMCS (Data Management and Control System) von SDRC ist ein integriertes Werkzeug für die Kontrolle und Verwaltung von Firmendaten auf

---

[1] Vgl. Abramovici, M.; Bickelmann, S. (1993), anonym (1993e), Becker, J. (1991), Endl, R.; Fritz, B. (1992), Friedmann, T. Jungfermann, W. (1992), Luenendonk, T. (1993).

Abteilungs- und Unternehmensebene. DMCS ermöglicht es, alle mit einem Produkt zusammenhängenden Daten zu speichern, zu verfolgen und wiederaufzufinden, unabhängig davon, ob die Daten elektronisch oder auf konventionellen Datenträgern vorliegen. Von DMCS selbst werden keine Produktdaten erzeugt oder modifiziert. Es dient der Überwachung und kontrolliert das Erzeugen und Ändern von Daten sowie dem Datenfluß selbst. Die Benutzeroberfläche ist durch interaktive, formularbasierende Masken realisiert, welche selbst konfigurierbar sind. DMCS verwaltet und kontrolliert Produktdaten wie CAD-Dateien, Zeichnungen, Änderungsmitteilungen, Spezifikationen, Werkzeuge, Arbeitspläne usw. vom Konzept über Konstruktion und Fertigung bis hin zum Recycling auch in heterogener Hard- und Softwareumgebungen. DMCS kann auf Abteilungs-, Projekt- und Unternehmensebene eingesetzt werden. Alle Daten werden logisch in einer relationalen Datenbank integriert und können in Netzwerken abgespeichert werden. Es werden dabei alle gängigen Hardwareplattformen unterstützt, angefangen vom PC bis hin zu Mainframe-Lösungen. DMCS besitzt dabei eine Client-/ Server-Architektur, die ein verteiltes Computing erlaubt. Das DMCS-Kernsystem und die zugehörige Datenbank stellen den Server dar, die Benutzeroberfläche ist als Client konfigurierbar. Durch eine vordefinierte Wissensbasis wird dem Anwender der schnelle Einstieg in das DMCS-System ermöglicht.[1]

COSA

COSA (Computerunterstützte Sachbearbeitung) fügt die derzeit auf dem Markt verfügbaren DV-Technologien, wie beispielsweise Client-Server, vollgraphische Oberfläche, objektorientierte Programmierung und Hypertext-Dokumentation zu einem stimmigen Gesamtkonzept zusammen. Es kann als integrierendes Medium für die vorgenannten Konzepte verstanden werden, indem es sowohl organisations-(Workgroup) als auch aufgabenorientierte (Workflow, Taskflow) Methoden verbindet.

Integration wird durch die konsequente Umsetzung in ein 3-Schichtenmodell umgesetzt, bestehend aus

1. Datenbanksystem mit SQL-Abfragemöglichkeit (Structured Query Language),
2. Applikationsschicht, in welcher die für die individuelle Lösung erforderlichen Anwendungsprogramme abgehandelt werden und
3. die Präsentationsschicht mit standardisierten Bedienungsoberflächen (Desktop Computing), wie Windows, ComfoDesk oder Motif inklusive Buttons, Icons usw.

---

[1] Vgl. anonym (1993f), anonym (1993g).

Das Gesamtkonzept umfaßt die Abwicklung der Vertriebsorganisation ebenso wie Materialwirtschaft, Einkauf, Lagerwirtschaft und Inventur bis zur Kalkulation sowie ein komplettes PPS-System. Neben Betriebsdaten und Personaldatenerfassung steht auch die gesamte Palette der Rechnungswesensoftware zur Verfügung. Darüber hinaus wird eine Reihe von Kommunikationsschnittstellen für das Zusammenspiel mit CAD/CAM-Systemen, Bürokommunikationssystemen sowie eine SAP-Anbindung aufgebaut.

Es handelt sich also um ein integrierendes Unternehmensdatenmodell (UDM) oder eine Integrationsplattform für alle technischen und kaufmännischen Unternehmensbereiche.[1]

Als weitere EDMSe gelten die Produkte:

- PRIAMOS (VW-GEDAS) (als universelles Auswahl und Modellierungssystem) und
- Cora II (HoSoft) (in der Hauptsache ein Zeichnungsverwaltungssystem).

3.4.6 Executive Information System (EIS) / Management Information System (MIS) / Führungsinformationssysteme (FIS)

Die Anwendungsgebiete von FIS, MIS und EIS liegen im wesentlichen bei der Unterstützung von Entscheidungsträgern, durch die Bereitstellung überwiegend vorstrukturierter Informationen. Vorstrukturierte Informationen sind dabei z. B. Analysen, Berichte, Diagramme, die aus Daten der Basis der operativen Systeme (Anwendungen/Tools) der einzelnen Unternehmensbereiche selektiert, verdichtet und schließlich graphisch aufbereitet werden. Besondere Berücksichtigung finden dabei auch unternehmensfremde, aber dennoch entscheidungsrelevante Informationen, wie beispielsweise Marktprognosen, Wachstumszahlen. Es kann natürlich in keiner Weise Information sichtbar gemacht werden, für die die Basisdaten der Aktionsebenen (operativen Systeme) nicht vorhanden oder für die verwendeten Systeme nicht zugänglich sind. Weitere Informationen zu dieser Gruppe liefert die Literatur.[2]

---

[1] Vgl. anonym (1993e), Luenendonk, T. (1993).
[2] Vgl. anonym (1993h), anonym (1992d), anonym (1993i), Daum, J. H. (1993), Schraeer, R. (1993), TÜV Rheinland (1991), Wagner, H. P. (1993).

MIK

Die MIK Produktfamilie besteht aus MIK-Info (Management Informationssystem und Controllingwerkzeug), MIK-Report (Berichtssystem), MIK-Interface (Variables Schnittstellenkonzept) und dem MIK-EIS (Exekutive-Informationsystem). Das letztgenannte MIK-EIS stellt als Informationssystem für Führungskräfte wohl am ehesten die Funktionen eines Projektmanagementsystems zur Verfügung, darf aber dennoch nur als Informationssystem verstanden werden. MIK-EIS basiert auf der integrierten Datenbank sämtlicher MIK-Tools. Qualitative Informationen aus den Fachabteilungen z. B. zu Markteinschätzungen oder Wettbewerberverhalten können als Texte abgebildet werden und auf dem jeweils neuesten Stand dargestellt werden. Der Benutzer wird an die Informationen herangeführt. Informationen können per Mausklick-Reporting abgefragt werden. MIK darf in die Kategorie der MIS oder EIS eingestuft werden.[1]

Weitere Systeme aus dieser Gruppe sind z. B.

- FIS und
- Portfolio-3D.

3.4.7 BPR-Tools

Hier sind Werkzeuge genannt, die genau unter dem Begriff BPR-Tools vermarktet werden, wie das ARIS-Toolset, BONAPART oder MOSAIK. In diesem Softwaresegment geht die Gartner Group für die kommenden Jahre von einem Wachstum des Marktvolumens von derzeit 150 Mio. DM (1995) um jährlich 40% aus.[2] Diesen Markt teilen sich derzeit etwa 60 Anbieter, die eine umfangreiche Palette an Tools anbieten, von einfachen Produkten für wenige hundert DM (z. B. ABS-Flowcharter) bis hin zu High-end-Tools mit Anfangsinvestitionen von mindestens 4.000 DM (z. B. Aris Toolset) und zusätzlich angebotenem, umfangreichem Dienstleistungsangebot. Dieser Markt ist derzeit durch relativ häufige Markteintritte und Marktaustritte von Herstellern gekennzeichnet. Es werden derzeit viele strategische Partnerschaften geschlossen und es finden viele Produktaufkäufe statt. Es haben sich auch noch keine Standards gebildet und kein Marktführer etabliert.

Für weitergehende Recherchen seien nachfolgend mehrere Hersteller entsprechender Tools namentlich genannt: Popkin, Oracle, Seer, Texas Instruments, ICL, Antares, AT&T, GIS/Istel, MicrografX, Bull, Holosofx,

---

[1] Vgl. anonym (1992e), anonym (1992f).
[2] Vgl. Rentschler (1996), S. 23.

Software AG, View Star, Intelicorp, LBMS, IBM, Action Technologies, Ptech, Arcland, Sterling Software, Logic Works, ProModell, KBSI, Scitor, Kestrel, CACI Software, Systems Modelling, Interfacing Technologies, UBIS, Wizdom Systems, Advant Edge, Meta Software, IDS Prof. Scheer, SES, Gensym, HPS, Imagine Taht.

Da sich weitere Informationen zu dieser Gruppe in der Literatur nachlesen[1] lassen, werden hier nur drei Vertreter exemplarisch etwas ausführlicher vorgestellt.

ARIS

ARIS steht für Architektur integrierter Informationssysteme für die Analyse, Navigation und Optimierung von Geschäftsprozessen. Das ARIS Toolset stellt eine integrierte Umgebung zur Erstellung, Analyse und Auswertung von Unternehmensmodellen dar. Die Schwerpunkte liegen hierbei auf der Ebene der betriebswirtschaftlichen Fachinhalte. Theoretische Grundlage für das ARIS-Toolset ist die von Prof. August Wilhelm Scheer entwickelte Architektur integrierter Informationssysteme, die als Orientierungsrahmen bei der Entwicklung komplexer Informationssysteme dient. ARIS ist die durchgängige Methode zur Beschreibung aller Arbeitsabläufe eines Unternehmens. Mit diesem Toolset können Anwender, Softwarehersteller und Berater Ist-Analysen erstellen, Sollkonzepte entwickeln und Standardsoftware einführen. Die Konzeption der Architektur integrierter Informationssysteme (ARIS) basiert auf einem Integrationskonzept, das aus einer ganzheitlichen Betrachtung von Unternehmensprozessen abgeleitet wird. Der im Rahmen dieses Toolsets angebotene ARIS-Projektmanager dient der Planung, Steuerung und Überwachung des gesamten Projektablaufs von der Konzeption bis zur Einführung integrierter Informationssysteme. Im ARIS-Projektmanager wird die Vorgehensweise für die Projektdurchführung definiert.

Fazit: Es handelt sich also um eine Beratungssoftware ausschließlich für die Gestaltung von Geschäftsprozessen und bei der Installation von Standardsoftware.[2]

---

[1] Vgl. anonym (1993j), Meerkamm, A.; Weber, A. (1991), Nuettgens, M.; Scheer, A. W. (1993), Nüttgens, M. Keller, G.; Scheer, A. W. (1992), Pocsay, A.; Eichacker, S. (1993), Scheer, A. W.; Hoffmann, W.; Wein, R. (1993), Schneider, R. (1994).

[2] Vgl. anonym (1992g), anonym (1993k), anonym (1994a), Nuettgens, M.; Scheer, A. W. (1993), Nüttgens, M. Keller, G.; Scheer, A. W. (1992), Pocsay, A.; Eichacker, S. (1993), Scheer, A. W.; Hoffmann, W.; Wein, R. (1993).

BONAPART

BONAPART ist ein Softwaresystem, mit dem die Aufbauorganisation, die Informationsflüsse, Kommunikationswege und Geschäftsprozesse eines Unternehmens dargestellt und ausgewertet werden können. Aufträge, Funktionsträger, Informationen und Techniken werden grafisch miteinander verknüpft zur Darstellung der gesamten Unternehmensorganisation. Dadurch können Potentiale für die Optimierung von Arbeitsprozessen, Informationsflüssen und Aufgabenzusammenhängen aufgedeckt werden. Das System hat also ähnlich wie das ARIS-Toolset nur statischen Charakter, d.h. es handelt sich nicht um ein Projektmanagementsystem im eigentlichen Sinne. Es dient nur der einmaligen Darstellung meist organisatorischer oder prozeßorientierter Zusammenhänge und nicht der Planung, Kontrolle und Steuerung von beliebigen auch parallel verlaufenden Projekten. Es läßt sich dementsprechend ähnlich wie das ARIS-Toolset in die Sparte der Beratungssoftware einordnen.

Fazit: Das Programm eignet sich zur Erstellung von Organigrammen zur grafischen Visualisierung aufbauorganisatorischer Strukturen und ist kein PMS im eigentlichen Sinn.

MOSAIK

MOSAIK ist ein Methoden-/ Toolpaket zur Unterstützung der Organisationsentwicklung. Mit MOSAIK können Prozeß-, Kommunikations- und Wirtschaftlichkeitsanalysen durchgeführt werden, indem z. B. Arbeitsabläufe oder Kommunikationsbeziehungen mittels Graphiken transparent gemacht werden. Die Entwicklung effektiver und effizienter Organisationsformen wird dabei durch die Erarbeitung von Lösungsvarianten inklusive einer jeweiligen Kosten- Nutzen- Analyse unterstützt. Es kommen dabei u. a. standardisierte grafische Darstellungen von Prozessen, Simulation und Auswertung von alternativen Kriterien bzgl. Zeiten und Kosten und eine Abbildung der Kommunikationsbeziehungen zum Einsatz. Das System dient nur der Darstellung des wirtschaftlichen und zeitorientierten Aspektes von Prozessen/Projekten und nicht der Planung, Steuerung oder gar Kontrolle technischer Produktentstehungsprozesse – deshalb ist dieses Produkt ebenfalls der Gruppe BPR-Tool zuzuordnen.

4 Realisierung von BPR-Programmen

Im Anschluß an die Analyse der Kernelemente klassischer BPR-Ansätze sollen nun die Aspekte der Umsetzung von BPR-Projekten im Vordergrund stehen.

Da sich – wie die Erfahrung zeigt – allein anhand von BPR-Konzepten noch keine erfolgreiche Reorganisation eines Unternehmens erreichen läßt, bedarf es darüber hinaus einmal einer strukturierten Vorgehensweise zur Umsetzung derartiger Konzepte. Hierzu soll beispielhaft ein Neun-Stufen-Vorgehen skizziert werden.

Andererseits geben die BPR-Konzepte in der Regel nur unzureichend bzw. lückenhaft Auskunft über die mit einer radikalen und tiefgreifenden Neugestaltung einhergehenden Aufgaben und Probleme.

Da die Konzepte viel Spielraum für die Bewältigung dieser umfassenden Aufgaben lassen und wegen der nicht zuletzt deswegen hohen „Floprate",[1] bietet die Sekundärliteratur eine Fülle von Geboten und Regeln an, die eine erfolgreiche Realisierung eines BPR sicherstellen sollen. Hieraus werden wichtige Erfolgsfaktoren extrahiert und im Anschluß an die exemplarische Vorgehensmethodik dargestellt.

4.1 Exemplarische Vorgehensmethodik zum BPR

Für die Transformation von alten Organisationsstrukturen empfiehlt sich ein systematisches Vorgehen. Vor dem Hintergrund der bei Reorganisationsprozessen oft ausgeprägten personellen Widerstände erlangt das konsequente Einhalten einer erprobten Realisierungssystematik eine besondere Bedeutung.[2]

Hierzu werden von Unternehmensberatern zahlreiche Projektablaufmodelle angeboten. Im folgenden sind wichtige Bestandteile einer möglichen Vorgehenssystematik skizziert, die Elemente verschiedener Ablaufmodelle

---

[1] Vgl. Teil B, 4.2.
[2] Vgl. dazu auch Scharfenberg, H. (1995b), S.3.

enthält und sich dennoch eng an den Vorstellungen ursprünglicher Reengineering-Ansätze orientiert (vgl. Abb. 37).

Diesem Schema liegt die Situation zugrunde, daß (externe oder interne) Berater das Reengineering-Projekt unterstützen.

1. Kommunikation des Handlungsbedarfs und Schaffen von Vertrauen durch die Unternehmensleitung
⇩
2. Identifikation der Geschäftsprozesse des Unternehmens
⇩
3. Auswahl der Geschäftsprozesse mit dem höchsten Veränderungsbedarf
⇩
4. Untersuchung der vorhandenen Abläufe
⇩
5. Setzen von Zielen und Sammeln von Redesign-Ideen
⇩
6. Konzeptentwicklung, möglichst unter Nutzung des Potentials der Informationstechnik
⇩
7. Erstellen eines Maßnahmenplanes und Bestimmung der Verantwortlichkeiten
⇩
8. Coaching der Prozeßverantwortlichen und Prozeßmitglieder
⇩
9. Umsetzung der neu konzipierten Prozesse

Abb. 37: Zusammenfassung eines Vorgehensschemas zum BPR[1]

Bereits zu Beginn des Reengineering-Projekts muß das Top Management den Handlungsbedarf zu grundlegenden organisatorischen Veränderungen den Mitarbeitern verdeutlichen und seine Unterstützung und aktive Teilnahme an dem Vorhaben demonstrieren. Eine weitere Führungsaufgabe

---

[1] Vgl. auch nachfolgend Servatius, H.G. (1994), S.52 ff.; Crux, A.; Schwilling, A. (1995), S.209, 213, 215.

besteht darin, insbesondere beim Betriebsrat und dem Mittleren Management von Anfang an Vertrauen zu schaffen, da personelle Veränderungen bzw. Macht- und Kompetenzverlust und die erforderliche Aufgabe alter Gewohnheiten hier besondere Barrieren erwarten lassen.

Weiterhin ist von der Unternehmensleitung ein geeigneter organisatorischer Rahmen für das Reengineering-Vorhaben zu initialisieren. Dazu gehört einmal ein übergeordnetes Gremium, das die Gesamtprojektleitung übernimmt und in dem auch die Unternehmensleitung vertreten ist. Darüber hinaus soll dann für jeden neu zu gestaltenden Prozeß ein eigenes Arbeitsteam (Reengineering-Team) angesetzt werden.[1] Als zwischengeschaltete Instanz bietet sich ein Lenkungsausschuß an, der unter der Führung der Gesamtprojektleitung steht und sich aus den Leitern der Reengineering-Teams (in der Regel die Prozeßverantwortlichen) zusammensetzt. Hierin sollen Projektzielvorgaben festgelegt und die sämtliche Projekte bzw. Prozesse betreffenden Aufgaben geklärt werden.

In sämtliche Gremien sind zur Unterstützung Berater eingebunden.

Die Identifikation der wesentlichen Geschäftsprozesse erfordert zunächst eine tätigkeitsorientierte Sichtweise. Dabei steht die Beantwortung folgender Frage im Vordergrund: Welche bereichsübergreifenden Arbeiten sind für den Unternehmenserfolg entscheidend, und wie werden diese Arbeiten realisiert?

Danach gilt es, diejenigen Geschäftsprozesse auszuwählen, bei denen der höchste Veränderungsbedarf besteht. Als wichtige Entscheidungskriterien für die Auswahl gelten dabei:

- Die Problemhöhe (insbesondere der Schnittstellenprobleme) und die Verbesserungsnotwendigkeit bei den vorhandenen Abläufen,
- die Bedeutung einer Neugestaltung aus dem Blickwinkel des Kunden (Bereiche, die effektiv und schnell Kundenmehrwert schaffen, erhalten Priorität)[2] und
- die Erfolgschancen bei der Durchführung der prozeßorientierten Neugestaltung.

Die Anzahl der zu behandelnden Prozesse sollte jedoch begrenzt sein.

Für jeden ausgewählten Prozeß werden im folgenden die prozeßspezifischen Aufgaben von einem speziellen Arbeitsteam realisiert. In den Arbeitsteams werden auch Prozeßmitglieder – also Betroffene – rekrutiert, wodurch sich der Akzeptanzgrad von Veränderungen bei den Betroffenen erheblich verbessern läßt.

---

[1] Vgl. dazu auch Zeller, R. (1995), S.120.
[2] Vgl. Maier, F., BCG (1993).

Daraufhin gilt es, den jeweiligen Geschäftsprozeß genau auf Schwachstellen und Probleme zu untersuchen und zu verstehen. Hierbei spielen die in die Arbeitsteams eingebundenen Berater eine entscheidende Rolle. Durch deren objektiveren Blickwinkel sollen gerade „Betriebsblindheit" und der klassische Rechtfertigungsgrund („...wurde schon immer so gemacht") eliminiert werden.

Für die untersuchten Prozesse gilt es, anspruchsvolle Zeit-, Kosten- und Qualitätsziele festzulegen. Diese können beispielsweise aus Benchmarking-Analysen gewonnen werden.

Ausgehend von diesen Zielsetzungen und den Schwächen der alten Strukturen werden dann im kreativen Teil des Vorgehens – etwa in einem Brainstorming – Redesign-Ideen gesammelt. Anhand von zunächst eher visionären Ideen gilt es nun, für den jeweiligen Geschäftsprozeß ein Konzept auszugestalten. Dabei soll – im Sinne der Kernelemente des BPR – das Potential der modernen Informationstechnologie genutzt werden.

Entsprechend den in Teil B, 3.4 beschriebenen Möglichkeiten müssen einerseits Prozeßmodellierungstools als Reorganisationshilfsmittel und andererseits Informationstechnologien als integraler Bestandteil des reorganisierten Prozesses berücksichtigt werden.

Weiterhin läßt sich durch die Integration adäquater „prozeßorientierter" Anreiz- und Kontrollsysteme der neu zu gestaltende Geschäftsprozeß verbessern und auch nachhaltig stabilisieren.

Legt man dem Reengineering-Vorhaben eine Differenzierung in Konzeptions- und Implementierungsphase zugrunde, so läßt sich das bisher beschriebene Vorgehen im Wesentlichen als Konzeptionsphase einordnen, während die folgenden Schritte der Implementierungsphase zugeordnet werden können.

Orientiert man sich an den Erfahrungen von Beratern, so ist der entscheidende Faktor für den Erfolg und das eigentliche Problem beim Reengineering jedoch nicht die Konzeptions- sondern die Implementierungsphase. In diesem Zusammenhang wird als Größenordnung bezüglich der Aufwandsverteilung 20 Prozent für die Konzeption und 80 Prozent für die Implementierung angegeben.[1]

So muß im Vorfeld der Implementierung im engeren Sinne – also der eigentlichen Umsetzung des neu konzipierten Prozesses – ein detaillierter Maßnahmenplan entwickelt werden. Die gesamte Reorganisation wird dabei in einzelne Stufen unterteilt, für die wiederum Arbeitsschritte, Prioritäten, Termine sowie die Verantwortlichen bestimmt werden.

---

[1] Vgl. Scharfenberg, H. (1995a), S.3.

Als entscheidender weiterer Schritt kann die Schulung und Vorbereitung aller Beteiligten auf ihre neuen Aufgaben gesehen werden. Dabei geht es beispielsweise darum, zukünftigen Prozeßverantwortlichen den Führungsstil einer „horizontalen" Organisation und Schnittstellenkompetenz zu vermitteln und mit den Prozeßmitgliedern die neuen Abläufe zu trainieren.

Schließlich erfolgt die Implementierung im engeren Sinne, die den größten Zeitbedarf der einzelnen Schritte für sich beansprucht. Die Einführung und Verankerung der geplanten Maßnahmen stellt in der Regel auch die größte Herausforderung innerhalb eines Reengineering-Projekts dar. Hierbei ist es vorrangig notwendig, gezielt personelle Widerstände abzubauen, die während der gesamten Umsetzung und darüber hinaus zu erwarten sind. Um die Metamorphose von revoltierenden „Bereichsfürsten" zu engagierten, den Wandel aktiv mitgestaltenden Prozeßverantwortlichen zu unterstützen,[1] wird neben den Qualifizierungs- und Aufklärungsmaßnahmen und einem gewissermaßen autoritären Verhalten der Unternehmensleitung zunächst die Implementierung eines Pilotprojekts empfohlen.

So kann ein erfolgreiches Pilotprojekt, das in einem kleineren, abgegrenzten Organisationsbereich durchgeführt wird, neben der Testfunktion für neugestaltete Prozesse auch eine proaktive Signalwirkung aussenden.

Als Alternative bzw. als Ergänzung zu Pilotprojekten bietet sich auch eine schrittweise Umsetzung der geplanten Reorganisation an. Die sukzessive Umsetzung von Teilprozessen verhindert, daß das Tagesgeschäft während der Implementierungsphase (i.e.S.) quasi zum Erliegen kommt – jedoch zu dem Preis einer längeren Umsetzungsphase mit deren inhärenten Instabilität und Unsicherheiten unter den betroffenen Mitarbeitern.

4.2 Erfolgskritische Einflußfaktoren

Empirische Untersuchungen verdeutlichen, daß Reengineering-Inhalte nicht nur Thema in Fachdiskussionen und Beraterveröffentlichungen sind, sondern daß die „Botschaft" auch die betriebliche Praxis erreicht hat. Eine Vielzahl von Unternehmen hat bereits konkrete Projekte begonnen oder schon abgeschlossen – Tendenz steigend. Die propagierten, drastischen Verbesserungen der Wettbewerbsfaktoren konnten jedoch nur in etwa 30% der Projekte realisiert werden. Eine Erfolgsquote dieser Größenordnung wird auch vom „Reengineering-Guru" Hammer für seine eigenen Projekte bestätigt.[2]

---

[1] Vgl. Servatius, H.G. (1994), S.56.
[2] Vgl. Hammer, M.; Champy, J. (1994), S.260.

Dabei wird deutlich, daß so verschieden wie die Programme, die Reengineering genannt werden, auch die Ergebnisse von BPR-Projekten sind. Die unterschiedlichen Ergebnisse sind jedoch nicht verwunderlich, wenn man berücksichtigt, daß BPR-Konzepte keine Standard- und Detaillösungen beinhalten und beinhalten können. Es wird nur die Richtung zu neuen, verbesserten Prozessen vorgegeben.

Vor dem Hintergrund der immensen Tragweite einer fundamentalen Reorganisation wird deutlich, daß ein erfolgreiches BPR an eine Vielzahl von Voraussetzungen gebunden ist, die weit über die Inhalte klassischer Reengineering-Konzepte hinausgehen.

Zu den wichtigsten Voraussetzungen hinsichtlich des konzeptionellen Vorgehens gehört, nicht nur unternehmensspezifisch, sondern auch prozeßspezifisch geeignete, bessere Organisationsstrukturen zu generieren. Es gilt also, zur Lösung der vielfältigen Aspekte bei der Neugestaltung jeweils ein individuelles Konzept zu generieren. Dabei müssen auch die jeweiligen personellen und finanziellen Möglichkeiten und individuellen Anforderungen und Rahmenbedingungen berücksichtigt werden. So läßt sich beispielsweise für das Ausmaß der Priorisierung der Prozesse gegenüber den Funktionen bei der Neugestaltung keine allgemeingültige Regel konstatieren.

Ein erfolgreiches BPR bedarf einer sehr sorgfältigen, differenzierten und auf die spezifische Situation abgestimmten Planung und Umsetzung der Reorganisationsmaßnahmen. Der Erfolg hängt ganz entscheidend von der individuellen Gestaltung ab.

Untersucht man nun die Rahmenbedingungen, die ein erfolgreiches Reengineering ausmachen, so lieferte eine Befragung von US-amerikanischen Beraterfirmen ein gleichermaßen bezeichnendes wie ernüchterndes Resultat:

Die größten Erfolgsaussichten für ein Reengineering-Vorhaben besitzen diejenigen Unternehmen, die auch ohne Reengineering erfolgreich sein würden.[1]

Da ein BPR in seiner originären Form zweifellos Projektcharakter besitzt, läßt sich als ein grundlegender Erfolgsfaktor zunächst die Beherrschung der Methoden des Projektmanagements – wie beispielsweise die Verwendung eines detaillierten, evolutionären Umsetzungsplanes – nennen.

In Ergänzung zu bereits angesprochenen Aspekten sollen im folgenden noch zentrale und besonders erfolgskritische Faktoren aufgeführt werden, durch die auch ein anhaltend positives Resultat erzielt werden soll – die

---

[1] Vgl. Bashein, B. et al. (1994), S.9.

jedoch nicht unbedingt dem klassischen Reengineering im engeren Sinne subsumierbar sind:[1]

- Vermeidung einer pessimistischen Grundhaltung und einer Atmosphäre der Angst;
- Sicherstellen eines ausreichenden Budgets, das auch einen langatmigen Reorganisationsprozeß ohne Existenzgefährdung gewährleisten kann, bei gleichzeitiger Abschätzung der Kosten/Nutzen–Aspekte;
- Auswahl der besten Mitarbeiter mit echten Perspektiven für die Zeit danach – als funktions- und hierarchieübergreifende Reengineering-Teammitglieder („Play to win");
- Sicherstellen der strategischen Komponente bei der Reengineering-Konzeption (keine Reorganisation lediglich zum Personalabbau und zum Kostensparen); Berücksichtigung und Aufbau von Kernkompetenzen, Verbesserung der Wettbewerbsperformance;
- Einbindung nicht nur der betroffenen Mitarbeiter, sondern auch der Leistungsabnehmer bzw. Kunden;
- Permanente Sensibilisierung der betroffenen Mitarbeiter hinsichtlich der Notwendigkeit zu organisatorischen Veränderungen;
- Analyse und Beseitigung organisatorischer Barrieren bei der Neugestaltung von Prozessen; hierzu gehört die Adaption der Verfahren der Planung, des Controllings, der Investitionsbeurteilung und der Anreizsysteme an die prozeßorientierte Neuorganisation;
- Verwendung prozeßspezifischer Meßgrößen zur Kontrolle der Verbesserung der Prozeßperformance;
- Institutionalisierung einer kontinuierlichen Prozeßverbesserung im Anschluß an das Reengineering.

---

[1] Vgl. Maier, F., BCG (1993); Reichwald, R. (1995), S.13; Nippa, M. (1995b), S.73.

Teil C: Gegenüberstellung von TQM und BPR

In den vorangegangenen Kapiteln wurden bereits konzeptionelle Überschneidungen von TQM und BPR deutlich. Als der jüngere und von seinen inhaltlichen Elementen offensichtlich weniger umfassende Ansatz soll nun BPR im Lichte von TQM betrachtet werden. Daraufhin werden die Reichweite und Anwendungspotentiale beider Ansätze diskutiert.

Abschließend sollen aus einer eher übergeordneten Sichtweise prozeßorientierte Managementkonzepte bzw. Organisationsformen kritisch gewürdigt werden.

Als Voraussetzung für die Gegenüberstellung gilt es jedoch zunächst, auf die Konsequenzen verschiedenartiger Interpretationen und Abgrenzungen der mit Managementschlagworten und Etiketten verbundenen Inhalte hinzuweisen.

1 Konsequenzen verschiedenartiger Begriffsverständnisse

Mit TQM und BPR werden zwei prozeßorientierte Managementkonzepte verglichen, die zu den derzeit meistdiskutierten anwendungsnahen Organisations- und Führungskonzepten gehören. Eine 1995 am IAO durchgeführte Studie ergab, daß jeweils mehr als 30% der untersuchten deutschen Unternehmen momentan Qualitätsmanagement bzw. Reengineering einsetzen. Damit gehören sie zu den Spitzenreitern unter den derzeit implementierten Managementkonzepten.[1]

Dieselbe Studie verdeutlicht jedoch auch die fundamentale Schwierigkeit beim Vergleich verschiedener „buzz words"-Managementkonzepte.

So werden hierin beispielsweise Qualitätsmanagement, Lean Management, Kontinuierliche Verbesserung und Geschäftsprozeßmanagement – im Ge-

---

[1] Vgl. Bullinger, H.J.; Wiedmann, G. (1995), S.59.

gensatz zu dem TQM-Verständnis in dieser Arbeit – als eigene Konzepte interpretiert.

An anderer Stelle wird TQM mit der DIN EN ISO 9000 ff. bzw. mit dem Einsatz bestimmter Tools, wie etwa der FMEA, oder mit der Implementierung von Qualitätszirkeln gleichgesetzt.[1]

Darüber hinaus ist zu beobachten, wie – insbesondere von Vertretern des Reengineering-Gedankens – TQM auf das Prinzip kontinuierlicher, lediglich inkrementeller Verbesserungen reduziert wird. So erklärt Hammer, daß das Ziel von TQM darin bestehe, die gleiche Arbeit wie bisher zu erledigen, nur eben besser, während er die grundlegende Neugestaltung von Prozessen als Novum des Reengineering-Ansatzes anpreist.[2] Dabei wird zur Aufwertung des BPR dem TQM jegliches Innovationselement abgesprochen, das über eine inkrementelle Verbesserung hinausgeht.

Die bereits in den Einzeldarstellungen von TQM und BPR angesprochene und hier nun weiter konkretisierte Problematik völlig unterschiedlicher Interpretationen derselben Begriffe bzw. Managementschlagworte gipfelt in der ebenfalls in der Literatur[3] anzutreffenden Sichtweise, die BPR unter den Überbegriff TQM subsumiert.

Im Lichte dieser „babylonischen" Definitionsvielfalt wird ein Vergleich von TQM mit BPR zur Unmöglichkeit. Unterschiedliche Verständnisse und Definitionen der Managementkonzepte als Bezugsbasis würden zu geradezu komplementären Gegenüberstellungsergebnissen führen.

Insofern ist für einen derartigen Vergleich eine möglichst exakte und umfassende Definition bzw. Beschreibung des jeweils behandelten Managementkonzepts unumgängliche Notwendigkeit.

So bezieht sich das in der folgenden Gegenüberstellung zugrundegelegte Verständnis von TQM ausschließlich auf die im Teil A dieser Arbeit dargelegte Interpretation, die TQM in einem integrativen und umfassenden Sinn versteht. Dabei sind insbesondere die Inhalte des Prozeßmanagements mit berücksichtigt, während jedoch keineswegs der komplette Reengineering-Ansatz mit einbezogen ist.

Analog dazu darf auch BPR im folgenden nur im Lichte der, in den vorausgegangenen Kapiteln geleisteten Konzeptdefinition und -beschreibung – also in seiner originären Gestaltung – gesehen werden.

Auch unter Zugrundelegung dieser Prämissen verbleibt jedoch bei der Abgrenzung und Zuordnung einzelner Inhalte zu den jeweiligen Konzepten

---

[1] Vgl. dazu auch von Eiff, W. (1995), S.15.
[2] Vgl. Hammer, M.; Champy, J. (1994), S.69.
[3] Vgl. z.B. O.M.Magazin (1995), S.10.

1 Konsequenzen verschiedenartiger Begriffsverständnisse

im Rahmen des Vergleiches ein unvermeidlicher Anteil an Subjektivität. Eine noch größere Objektivierung hätte jedoch eine noch umfangreichere Konzeptdefinition und -beschreibung erforderlich gemacht.

Schließlich läßt die angesprochene Verständnisvielfalt bei derartigen Managementkonzepten auch deutlich werden, wie sehr zwischen dem Managementschlagwort – als Etikett[1] – und den dahinter stehenden Inhalten unterschieden werden muß. Indem also keine allgemeingültigen Vergleichsaussagen bezüglich TQM und BPR unternommen werden sollen, rückt dann auch die Wettbewerbssituation zwischen beiden Schlagworten zugunsten der im Einzelfall betrachteten Inhalte zurück.

---

[1] Vgl. dazu auch von Eiff, W. (1995), S.14 ff.

2 BPR im Lichte von TQM

Betrachtet man nun die Inhalte des Reengineering vor dem Hintergrund des älteren und zweifellos umfassenderen TQM, so stellt sich unmittelbar die Frage, welche neuen und anders gestalteten Elemente mit diesem Ansatz in Verbindung stehen.

Eine Analyse der Zielsetzungen des BPR zeigt die Verbesserung der Wettbewerbsfähigkeit, die sich primär durch die Faktoren Kosten, Qualität und Zeit, und damit verbunden Flexibilität und Innovationskraft manifestiert.

Erinnert man sich in diesem Zusammenhang an das umfassende und mehrdimensionale Qualitätsverständnis beim TQM[1] und die, aus entsprechenden Qualitätsverbesserungen resultierenden strategischen Auswirkungen,[2] so wird deutlich, daß die beim BPR zu verbessernden Wettbewerbsfaktoren auch im Rahmen von TQM entscheidende Zielgrößen darstellen.

Signifikante Unterschiede bzw. Neuausrichtungen des BPR im Bereich der Zielsetzungen sind also, zumindest in inhaltlicher Sicht, nicht festzustellen. Betrachtet man hingegen den Umfang der einzelnen Zielvorgaben, so werden die propagierten, und zweifellos im Einzelfall auch erreichten, Verbesserungen um Größenordnungen durch ein Reengineering, im Falle eines Total Quality Managements zumindest nicht in einer vergleichbar kurzen Zeit realisiert. Als Grund für die, in der TQM-Literatur üblicherweise unterlassenen Versprechungen bezüglich höchst sagenhafter Ergebnisse, sollte jedoch auch gesehen werden, daß TQM nicht in vergleichbarem Ausmaß von Beratern als quasi eigenes „Produkt" angepriesen wird.

Im Anschluß an die Zielsetzungen sind die Kernelemente der Reengineering-Konzepte im klassischen Sinne gegenüber den Inhalten von TQM auf ihren Innovationsanteil zu überprüfen.

Hinsichtlich der konzeptionellen Bestandteile von BPR sind die wesentlichen Elemente zweifellos auch beim TQM enthalten. Die Inhalte der Prozeß- und der Kundenorientierung scheinen sogar unmittelbar dem TQM entnommen.

---

[1] Vgl. Teil A, 2.
[2] Vgl. Teil A, 3.2.2.

2 BPR im Lichte von TQM

Geradezu komplementär zu dieser Aussage ist der wichtigste methodische Bestandteil von BPR zu beurteilen: Die radikale Neugestaltung von Geschäftsprozessen.

Die vollständige Abkehr von existierenden Prozessen und Strukturen, verbunden mit dem Neuaufbau von induktiv generierten Idealkonzepten, ist das entscheidende Novum und zugleich Charakteristikum des Reengineering.

Ein derartig radikales Vorgehen entspricht zweifellos nicht einem TQM. Dieser Unterschied zwischen den beiden Managementkonzepten ist so dominant, daß in der Literatur eine geradezu substitutive Verwendung von radikaler Neugestaltung und BPR einerseits und kontinuierlicher Verbesserung bzw. KAIZEN und TQM andererseits, anzutreffen ist.[1]

Interessant erscheint, daß trotz dieses elementaren Gegensatzes sowohl BPR, als auch TQM eine Top-down-Ausrichtung als weiteres methodisches Element bedingen.

Dabei sind jedoch unterschiedliche Schwerpunkte bei den Ursachen für das Top-down-Erfordernis auszumachen. Die Notwendigkeit für die kompromißlose Verpflichtung der Unternehmensleitung ergibt sich beim Reengineering primär aus der „Tiefe" des „Reorganisationseingriffes", und der damit verbundenen Machterfordernis zur Implementierung.

Für ein TQM ist der Einsatz und die Initiative der Unternehmensleitung insbesondere aufgrund der „Breite" und der fehlenden zeitlichen Beschränkung dieses unternehmensumfassenden Konzeptes erforderlich. Schließlich gilt es dabei, nicht nur jeden Mitarbeiter miteinzubeziehen, sondern auch – im Gegensatz zu dem eher projektartig angelegten BPR[2] – das kontinuierliche Bestreben zur Verbesserung zu institutionalisieren. Dennoch beinhaltet ein kontinuierlicher Verbesserungsprozeß zweifellos auch eine Bottom-up-Ausrichtung,[3] die beim BPR nur bedingt – höchstens etwa durch die Beteiligung der betroffenen Mitarbeiter bei der Neugestaltung von Prozessen – vorhanden ist.

Hinsichtlich der, als flankierende Maßnahme typisierten Empowerment-Maxime des BPR ergibt sich lediglich ein geringer Innovationsanteil gegenüber TQM. Die „neuen" Möglichkeiten der Reintegration von Verantwortung in die Linie ergeben sich bei beiden Konzepten primär aus der Prozeßorientierung.

---

[1] Vgl. hierzu Dixon, J.; Arnold, P.; Heineke, J. et al. (1995), S.106 ff. aber auch die möglicherweise übertrieben einseitig ausgelegte Darstellung von M. Hammer sowie Teil B, 2.1.

[2] Vgl. hierzu Teil B, 2.3.

[3] Vgl. dazu Gerberich, C. (1996), S.11.

Gegenüberstellung von TQM und BPR

Während im Rahmen von TQM insbesondere die intrinsischen Anreize[1] betont werden, spielt beim BPR eine Vergütung auf Basis der Prozeßleistung eine dominierende Rolle. Die in Verbindung mit Reengineering-Vorhaben empfohlene Neugestaltung der Beförderungskriterien ist jedoch bei TQM-Ansätzen in der Regel höchstens indirekt enthalten.

Als weitere flankierende Maßnahme des BPR ist der Einsatz der modernen Informations- und Kommunikationstechnik zwar grundsätzlich im Lichte von TQM nicht neu. Dennoch erhält die Integration der IuK-Technik in die neu zu gestaltenden Prozesse beim BPR ein größeres Gewicht, als sie es bei TQM-Ansätzen besitzt.

Die Verwendung der Informationstechnik zur Prozeßmodellierung und -simulation kann insoweit als Novum von BPR-Konzepten gewertet werden, als derartige Tools beim TQM in der Regel nicht explizit behandelt werden. Die große Bedeutung der IuK-Technik beim BPR sollte jedoch insbesondere vor dem Hintergrund der Entstehungsgeschichte dieses Managementkonzepts gesehen werden.

Faßt man nun das wirklich Neue von BPR gegenüber TQM zusammen, so verbleibt, unter der Berücksichtigung des Spielraumes bei der Abgrenzung und der damit verbundenen Subjektivität, als wesentlicher Punkt die Methode des „Wegwerfens" des Vorhandenen und des radikalen Neudesigns. Die dem BPR eigenen, propagierten Verbesserungen von Wettbewerbsfaktoren um Größenordnungen sind lediglich eine (mögliche) Folge des radikalen Vorgehens.

Das Ergebnis, daß ein Großteil der Inhalte von BPR schon bei TQM-Ansätzen vorhanden war, legt die Vermutung nahe, daß zur „Entwicklung" des BPR lediglich wesentliche Elemente vorhandener Managementkonzepte – insbesondere von TQM-Konzepten – genommen wurden, und diese auf eingängige Erfolgsformeln verkürzt und mit dem Prinzip der radikalen Neugestaltung vermischt wurden.[2]

Eine entsprechende Einschätzung ist auch in der Literatur immer wieder zu finden: „..., reengineering gurus, consultants, and authors have borrowed liberally from existing methodologies like total quality, for example, to create their spins on reengineering, yet they don´t acknowledge their debt."[3]

Um jedoch das BPR im Hinblick auf den Neuheitsgrad seiner Inhalte gegenüber TQM nicht zu einseitig darzustellen, seien am Ende dieses Abschnittes noch einige Beispiele genannt, die zeigen, daß bestimmte Inhalte des TQM auch schon vor bzw. unabhängig von Deming, Juran und

---

[1] Vgl. z.B. die Formen der Qualitätsmotivation nach Juran, Abb. 23.
[2] Vgl. dazu auch Nippa, M (1995b), S.66 und Picot, A.; Franck, E. (1995), S.35.
[3] Greene, R. (1993), S.46.

2 BPR im Lichte von TQM

Ishikawa existierten: So veröffentlichte Henry Ford bereits 1922 die folgenden Gedanken: „Wir kaufen daher nur so viel, wie wir für unseren Produktionsplan unter Berücksichtigung der momentanen Transportverhältnisse brauchen. Wäre das Transportwesen vollständig durchorganisiert, so daß eine gleichmäßige Materialzufuhr gesichert erschiene, dann wäre es überhaupt unnötig, sich mit einem Lager zu belasten."[1] Darüber hinaus ist bei Ford zu lesen: „Besitzen wir überhaupt eine Tradition, dann nur die eine: Alles läßt sich noch besser machen als es bisher gemacht worden ist. Das Streben, alles besser und rascher zu erledigen als bisher, birgt für fast sämtliche Fabrikationsprobleme die Lösung gleich in sich." Hierin sind unschwer Elemente des Just-in-time-Prinzips und Kerngedanken von KAIZEN/kontinuierlicher Verbesserung zu erkennen.

Ein anderes Beispiel ist in den Veröffentlichungen von Nordsieck von 1934[2] und insbesondere von 1968[3] zu sehen. Nordsieck, auf den die analytische Trennung zwischen Ablauf- und Aufbauorganisation zurückgeht, gewichtet die dynamischen bzw. prozessualen Elemente als mindestens ebenso bedeutend wie die Bestandselemente. Er fordert die Aufgabengliederung entsprechend dem Prozeß und Ablauf der Leistung.[4] Schließlich sieht er die Annahme und Planung besonderer Gliedaufgaben nur dort gerechtfertigt, „... wo die wenigsten Prozeß- und Ablaufbeziehungen zerschnitten werden. Denn es versteht sich von selbst, daß alle diese abgeleiteten Gliedaufgaben, die späterhin relativ selbständigen Dienststellen übertragen werden, den Prozeß selbst auseinandertrennen, wodurch das Bedürfnis nachträglicher Wiederherstellung der wechselseitigen Beziehungen durch Koordination entsteht. Dabei gilt der Satz, daß die organisatorische Koordination im Betriebe um so schwieriger wird, je weniger das Prinzip der Prozeßgliederung beachtet worden ist."[5]

Im Anschluß an die Überlegungen zum Neuheitsgrad der Inhalte der behandelten Managementkonzepte, sollen nun BPR und TQM als Ganzes hinsichtlich ihrer Reichweite und Anwendungpotentiale verglichen werden.

---

[1] Ford, H.: Mein Leben und Werk (1923).
[2] Vgl. Nordsieck, F. (1934).
[3] Vgl. Nordsieck, F.(1968).
[4] Vgl. Picot, A.; Franck, E. (1995), S.16 f.
[5] Vgl. Nordsieck, F. (1968), S.13; vgl. dazu auch Teil B, 2.4.

3 Reichweite und Anwendungspotentiale von BPR und TQM

Stellt man BPR und TQM – wie sie in den vorangegangen Kapiteln beschrieben wurden – gegenüber, so fällt zunächst der weitaus größere Umfang und die größere Reichweite beim TQM auf. Die bei der Systematisierung der Bausteine des TQM-Komplexes dargelegte Vielzahl von Inhalten auf den Ebenen Qualitätsphilosophie, Qualitätsstrategien und Methoden und Techniken, übersteigt schon allein quantitativ bei weitem die vergleichbaren Inhalte von BPR.

Sowohl den übergeordneten Elementen der Qualitätsphilosophie, die eine Integration in die Unternehmenskultur erfordern, als auch der Vielzahl von Methoden und Techniken mit den Schwerpunkten Entwicklung und Planung von Produkten und Prozessen und Beschaffung/Produktion hat der BPR-Ansatz auch inhaltlich vergleichsweise wenig entgegenzusetzen.

BPR zielt zwar auch auf die Verbesserung der Produkt- und Prozeßqualität ab, das Prinzip der Prävention spielt jedoch keine so bedeutende Rolle wie beim TQM. Die Verbesserung der Qualität der Arbeitsbedingungen wird beim BPR eher indirekt durch organisatorische Änderungen berücksichtigt. Noch weniger spielt die Verbesserung der Qualität der Umfeldbeziehungen explizit eine Rolle.

So scheinen insgesamt die Verbesserungen in schwer meß- und quantifizierbaren Bereichen – die Verbesserungen von „soft facts" – beim TQM von größerer Bedeutung zu sein.

Weiterhin ist festzustellen, daß viele, der als Erfolgsfaktoren[1] beim BPR behandelten Inhalte, beim TQM „regulär" enthalten sind. So beinhaltet das BPR beispielsweise keine Controllinginstrumente zur Überwachung und Bestimmung der Veränderung der Prozeßperformance.

Damit im direkten Zusammenhang steht auch die offensichtlich größte Schwäche des Reengineering-Ansatzes:

Durch die Ablehnung des Prinzips der kontinuierlichen (Prozeß)-verbesserung wird der, durch die radikale Reorganisation erreichte Zustand

---

[1] Vgl. Teil B, 4.2.

3 Reichweite und Anwendungspotentiale von BPR und TQM

nicht stabilisiert; BPR beinhaltet keine konzeptionelle Fortführung der Neuerung.[1] Das Unternehmen wird nach der Neugestaltung nicht an veränderte Umweltbedingungen antizipativ angepaßt, eine weitere, aus organisatorischen, wettbewerbsinduzierten, rechtlichen oder anderen Gründen notwendig werdende Neuausrichtung ist dabei nicht vorgesehen. Dadurch können mittel- und langfristig die realisierten Rationalisierungswirkungen und die relativen Kostenvorteile wieder zurückgehen.[2]

Durch das Prinzip der kontinuierlichen Verbesserung wird TQM also zu einem endlosen Prozeß, der – im Gegensatz zum projektartig angelegten BPR – ein adäquates Verhalten im Hinblick auf die sich auch kontinuierlich ändernde Unternehmensumwelt sicherstellt.

Beim TQM scheinen die wichtigsten, für die Realisierung von umfassenden und mehrdimensionalen Qualitätsverbesserungen erforderlichen Maßnahmen berücksichtigt. Insofern stellt TQM im Vergleich zum BPR ein eigenständiges, in sich geschlossenes und ausgereiftes Konzept dar.

Diese Überlegenheit von TQM läßt sich in gewisser Hinsicht mit der Entwicklungsgeschichte dieses Ansatzes erklären, die – im Gegensatz zum BPR – eine langfristig-evolutionäre Entstehung mit kontinuierlicher Praxiserprobung und Weiterentwicklung zeigt.

TQM beinhaltet jedoch nicht nur mehr Elemente und Elemente in Bereichen, die vom BPR nicht abgedeckt werden, sondern bezieht sich auch in der Konsequenz seiner Inhalte auf das gesamte Unternehmen. Während die aufeinander abgestimmten Elemente des TQM jeden einzelnen Mitarbeiter und seine tägliche Arbeit betreffen, erstreckt sich dagegen ein Reengineering nur auf die, an dem neu zu gestaltenden Geschäftsprozeß beteiligten Mitarbeiter.

Aus den unterschiedlichen Inhalten und der unterschiedlichen Reichweite der Elemente der beiden Managementkonzepte ergeben sich schließlich auch in gewisser Hinsicht recht ungleiche Anwendungspotentiale:

Obgleich der gemeinsamen Zielsetzung, durch Prozeß- und Kundenorientierung Verbesserungen in entscheidenden Wettbewerbsfaktoren zu erreichen, erscheint nur TQM als selbständiges Konzept anwendbar, das – auch langfristig gesehen – auf den verschiedenen (strategischen und operativen) Ebenen ohne zwingende Ergänzungen die jeweils notwendigen Inhalte und Instrumente zur Realisierung seiner Ziele liefert.[3]

---

[1] Vgl. Kamiske, G.F; Brauer, J.P. (1995), S.125.
[2] Vgl. Gaitanides, M.; Scholz, R.; Vrohlings, A. (1994), S.12.
[3] Bezüglich strategischer Ziele, die über den TQM-Ansatz hinausgehen, sind natürlich weitere Konzepte und Maßnahmen erforderlich.

BPR stellt dagegen nur einen ersten Baustein für eine tiefgreifende Reorganisation dar. Es berücksichtigt nur einen Ausschnitt des Ganzen – die Neugestaltung. BPR erfordert auch im Idealfall noch weitergehende Inhalte – entweder im Sinne der ansatzweise beschriebenen Erfolgsfaktoren, oder durch die Kombination mit anderen Konzepten.

Auch muß die Indikation eines BPR besonders kritisch gesehen und geprüft werden.

Die radikale Abkehr von vorhandenen organisatorischen, personellen und technischen Einrichtungen bedarf einerseits unvorhersehbarer finanzieller und personeller Ressourcen. Besonders bedenklich erscheint dabei, daß die Kernelemente des BPR hierfür keine ex-ante oder ex-post Wirtschaftlichkeitsbetrachtungen beinhalten.[1]

Andererseits läßt sich auch das vorhandene Personal, das bestimmte, als gegeben anzusehende Fähigkeiten besitzt, schon allein aus arbeitsrechtlichen Gründen nur schwer „radikal ändern".

Vor diesem Hintergrund erscheint Reengineering als ein äußerst riskantes Unterfangen, das lediglich unter relativ seltenen Umständen angezeigt ist.

BPR besitzt noch eine weitere Schwäche im Hinblick auf seine Anwendungsmöglichkeiten, die jedoch aus einem anderen Blickwinkel auch als Stärke interpretiert werden kann. BPR bezieht sich insbesondere auf die operativen Prozesse der Unternehmen und liefert dabei keine eigene Strategie, sondern setzt diese voraus. BPR benötigt einen strategischen Rahmen, um erfolgreich zu sein. Reengineering zeigt primär, wie Prozesse umgestaltet werden sollen, aber nicht was das Unternehmen überhaupt tun sollte.[2]

Reengineering sollte also in Verbindung mit einer neuen strategischen Stoßrichtung stehen, die beispielsweise die Sicherung von Kernkompetenzen, die Erschließung neuer Geschäftsfelder, oder die Nutzung der Möglichkeiten durch die Globalisierung der Beschaffungs-, Arbeits- und Absatzmärkte beinhaltet.[3]

Im Vergleich zu BPR beinhaltet TQM eine strategische Vorgabe. Die kontinuierliche (nie endende) Verbesserung der Qualität im mehrdimensionalen Sinne. Dadurch wird zwar einerseits bei TQM der Charakter eines ganzheitlichen und kompletten Konzepts unterstrichen, andererseits kann damit die Gefahr verbunden sein, weiterreichende strategische Neuaus-

---

[1] Vgl. dazu auch Nippa, M. (1995b), S.74. Beim TQM sind zu diesem Aspekt sicherlich auch noch Defizite zu verzeichnen, die sich jedoch schon allein wegen des weniger radikalen Vorgehens nicht so kritisch auswirken können wie beim BPR.

[2] Vgl. Gerberich, C. (1996), S.11.

[3] Vgl. dazu auch Bullinger, H.; Friedrich, R. (1995), S.25.

3 Reichweite und Anwendungspotentiale von BPR und TQM

richtungen – die unabhängig von TQM zweifellos auf langfristige Sicht nötig sind – zu vernachlässigen.

BPR beinhaltet also keine strategische Richtung(sänderung), erfordert diese aber. Darin läßt sich schließlich auch der Vorteil sehen, daß BPR sehr flexibel und mit verschiedenen strategischen Stoßrichtungen vereinbar ist, und diesen zur operativen Durchsetzung verhelfen kann.[1] TQM scheint in dieser Hinsicht entsprechend weniger flexibel und eher festgelegt.

Je weiter eine strategische Neuausrichtung von den Möglichkeiten der vorhandenen Strukturen entfernt ist, um so sinnvoller erscheint dann auch ein radikales Vorgehen im Sinne von Reengineering.

Zur folgenden Überlegung geht man davon aus, daß bei einem Unternehmen „verkrustete" und funktional festgefahrene Strukturen vorliegen, die Wettbewerbsfähigkeit jedoch nicht anhand von BPR, sondern mit Hilfe von TQM verbessert werden soll. Hierfür sieht TQM – neben einer Vielzahl weiterer Maßnahmen – die Einführung einer prozeßorientierten Organisation durch die drei Stufen Prozeßanalyse, Gestaltung „qualitätsfähiger" Prozesse und Prozeßregelung/-verbesserung vor.[2] Bei der Gestaltung von „qualitätsfähigen" Prozessen ist jedoch keine Festlegung oder Einschränkung auf eine bestimmte Methode festzustellen. Diese „Lücke" kann einerseits als Schwachstelle gewertet werden: Wie denn nun genau der Wandel durchzuführen ist, wird also verschwiegen. Andererseits läßt sich in diesem Zusammenhang aber folgern, daß auch ein radikaleres „Management of Change" nicht ausgeschlossen, oder sogar implizit eingeschlossen ist.

Auch ein radikaleres Vorgehen muß im Sinne des TQM sicherlich mit Rücksicht auf vorhandene Einrichtungen geschehen. Ein kompromißloses „Wegwerfen" alles Vorhandenen im Stil des Reengineering läßt sich schließlich mit dem zugrundeliegenden TQM-Verständnis nicht mehr vereinbaren.

Das im Rahmen von TQM bedeutende Element der kontinuierlichen Verbesserung sollte eben nicht derart verstanden werden, daß der Übergang von einer funktionalen zur prozeßorientierten Organisation nur durch inkrementelle Schritte erreicht werden soll – wie es gerne von „BPR-Verkäufern" zumindest implizit behauptet wird. Vielmehr geht es dabei darum, das Erreichte kontinuierlich weiterzuentwickeln. Damit verbunden sind zweifellos viele kleine Schritte, während jedoch auch größere Innovationsschübe nicht ausgeschlossen sind.

Auch die dem betrachteten TQM-Verständnis integrierten Elemente, wie Wertanalyse und Zero-Base-Budgeting, implizieren drastischere Verände-

---

[1] Vgl. dazu auch Dixon, J.; Arnold, P.; Heineke, J. et al. (1995), S.107.
[2] Vgl. Teil A, 5.2.1.1.

rungen und unterstützen somit die These, daß TQM mehr als lediglich inkrementelle Verbesserungen beinhaltet.

In diesem Zusammenhang wird deutlich, daß kontinuierlich inkrementelle Verbesserungen und die radikale Neugestaltung die beiden Endbereiche eines „Spannungsfeldes" darstellen, das jedoch auch einige Zwischenstufen enthält.

Im folgenden soll jedoch nicht weiter untersucht werden, wie weit das TQM-Verständnis in Richtung radikale Neugestaltung geht, sondern es sollen die Möglichkeiten betrachtet werden, die durch den Einsatz der gesamten „Bandbreite" entstehen.

Die Verwendung des gesamten „Spannungsfeldes" entspricht letztlich einer Kombination von TQM und BPR. Die beiden Konzepte sind zwar nicht gegenseitig substituierbar, aber dafür um so besser kombinierbar. Genau genommen ist damit die Erweiterung von TQM um den Kerngedanken des BPR – die radikale Innovation – gemeint. Damit erhält TQM eine unter Umständen hilfreiche und sinnvolle Ergänzung.

Demzufolge gilt es, einerseits den KAIZEN-Gedanken im Sinne einer Geisteshaltung bezüglich ständiger Verbesserung auf alle Mitarbeiter des Unternehmens zu übertragen und andererseits, die gesamte „Bandbreite" von Methoden zur konkreten Verbesserung und Erneuerung je nach Bedarf zu nützen. Dabei sind unternehmens- und situationsspezifische (Dynamik) Lösungen zu finden.

Das Streben nach ständiger Verbesserung kann dann aber auch die Triebfeder für fundamentale Änderungen sein. Die kontinuierliche Verbesserung in kleinen Schritten soll die Normalität, die umfassende/radikale Innovation hingegen die Ausnahme bilden.[1] Denn je radikaler die Änderungsgestaltung, um so riskanter, aber auch chancenreicher sind die Auswirkungen.

Einen möglichen Grund für eine entsprechende Ausnahme stellt dann beispielsweise die Notwendigkeit einer strategischen Richtungsänderung dar.

Für eine radikale Innovation in Verbindung mit TQM-Prinzipien ergibt sich ein deutlich größeres Anwendungspotential, als für ein isoliertes BPR.

Auch Gerberich sieht in dem Weg der kontinuierlichen Verbesserung (des Bestehenden) und dem Weg der radikalen Prozeßverbesserung im Unternehmen kein „Entweder-Oder", sondern ein sinnvolles „Miteinander". Durch die Kombination wird sowohl der Frage: „Tun wir die richtigen Dinge in unserem Unternehmen?", als auch der Frage: „Tun wir die Dinge richtig?" in geeigneter Weise Rechnung getragen.[2]

---

[1] Vgl. Gaitanides, M.; Scholz, R.; Vrohlings, A. (1994), S.11.
[2] Vgl. Gerberich, C. (1996), S.11.

Dixon et al. (1995) nennen in diesem Zusammenhang einige konkrete Beispiele, aus denen hervorgeht, daß auch prominente Theoretiker des Qualitätsmanagements ein Nebeneinander von (schrittweiser) kontinuierlicher Verbesserung und Reengineering verifizieren.[1]

Damit tritt die Ebene der Diskussion um Schlagworte zurück. Die Inhalte stehen wieder im Vordergrund. Insbesondere für die Praxis sollte dann die Frage höchstens sekundärer Art sein, ob es sich dabei nun noch um TQM oder BPR, oder um ein neues Etikett handelt.

Wichtig ist es, das gesamte Instrumentarium als Denkanstoß, und einzelne Konzepte nicht als Patentrezept zu interpretieren. Vielmehr gilt es, für die jeweilige Situation die geeignete Maßnahme anzuwenden.[2]

Hiermit scheint ein maximaler Nutzen von TQM und BPR erreichbar.

Dennoch darf bei aller Euphorie über die Vereinigung der scheinbar gegensätzlichen Ansätze zu einem synergieträchtigen „Miteinander" nicht vergessen werden, daß auch eine Kombination von TQM und BPR weitere Konzepte (wie z. B. das der Kernkompetenzen) benötigt, um eine weiterreichende strategische Ausrichtung des Unternehmens zu gewährleisten.

Um dem Eindruck in den bisherigen Kapiteln zu begegnen, daß prozeßorientierte Organisationsstrukturen, und darauf aufbauende Managementkonzepte, in ihren konzeptionellen Inhalten **grundsätzlich** eine geeignete Lösung seien, soll die Prozeßorientierung in einem abschließenden Kapitel kritisch gewürdigt werden.

---

[1] Vgl. Dixon, J.; Arnold, P.; Heineke, J. et al. (1995), S.106 f.
[2] Vgl. von Eiff, W. (1995), S.18.

4 Kritische Würdigung prozeßorientierter Konzepte

An dieser Stelle kann keine eingehende organisationstheoretische Analyse der Vor- und Nachteile und Einsatzpotentiale der prozeßorientierten Organisation vorgenommen werden. Es sollen vielmehr lediglich einige Gedanken zu dieser Problematik aus einer – im Vergleich zu den bisherigen Abschnitten – übergeordneten Sichtweise zusammengetragen werden.

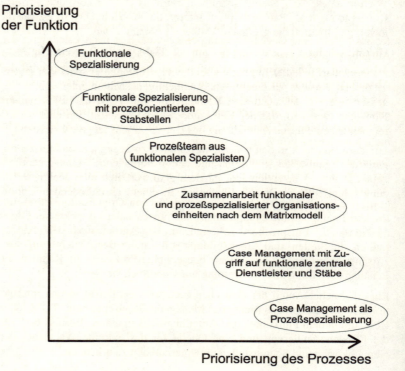

Abb. 38: *Formen der Spezialisierung von Organisationseinheiten im Spannungsfeld zwischen Funktion und Prozeß*[1]

---

[1] Vgl. Picot, A.; Franck, E. (1995), S.30.

4 Kritische Würdigung prozeßorientierter Konzepte

Vergleichbar mit den Gegensätzen bei der Veränderungsmethodik (kontinuierliche inkrementelle Verbesserung und radikales Neudesign) existiert ein „Spannungsfeld" bei den Organisationsformen, dessen Endbereiche die reine funktionale Spezialisierung und die Prozeßspezialisierung darstellen. Dazwischen liegen „Zwischenlösungen", so z. B. auch die Matrixorganisation. Abb. 38 zeigt Beispiele für die gesamte Bandbreite.

Auch im Rahmen der deutschen Organisationslehre sind bezüglich dieses Spannungsfeldes unterschiedliche Trends und Phasen der Priorisierung im Laufe der zeitlichen Entwicklung festzustellen. Nachdem Nordsieck (1934) dem organisatorischen Ablauf und den dynamischen/prozessualen Elementen eine relativ hohe Bedeutung beigemessen hatte,[1] wurde durch Kosiol (1962) eine Gegenbewegung eingeleitet: Erst nach Erledigung der Aufgabenanalyse und -synthese, gilt es, im Rahmen der Kosiolschen Arbeitsanalyse und -synthese Ablaufphänomene zu regeln. Dabei wird die Ablauforganisation zur nachrangigen Fortführung der Aufbauorganisation. Als Gegenstand der Ablauforganisation verbleiben damit nur die den einzelnen Stellen zugeordneten Arbeitselemente. Entsprechend sind stellenübergreifende Gesamtprozesse und deren inneres Prozeßgefüge nicht mehr ausreichend erfaß- und gestaltbar.[2]

Damit in Verbindung steht eine, auch heute noch in vielen Unternehmen anzutreffende Überbetonung der funktionalen gegenüber den prozessualen Aspekten. Früher als in der Industrie fand beispielsweise durch Küpper (1982)[3] oder Gaitanides (1983)[4] in der deutschen Organisationslehre eine Rückbesinnung auf die dynamischen (und prozessualen) Aspekte der Organisation statt.[5] Entsprechend soll sich nun der Aufbau nach dem Ablauf richten, die Stellen- und Arbeitsbildung soll – unter Berücksichtigung spezifischer Erfordernisse des Ablaufs betrieblicher Prozesse – im Rahmen der Leistungserstellung und -verwertung vorgenommen werden.[6]

Ein erheblicher Anteil der deutschen Industrie benötigt(e) jedoch international bekannte prozeßorientierte Managementkonzepte wie TQM oder BPR, um in dem Funktions- und Abteilungsdenken einen „Bremsklotz" für die Kundenorientierung und eine Quelle für das extreme Wachstum der Gemeinkosten und Schnittstellen im Unternehmen zu erkennen.[7]

---

[1] Vgl. Teil B, 2.2.
[2] Vgl. Gaitanides, M. (1983), S.3 ff. und S.61f; vgl. Picot, A.; Franck, E. (1995), S 16 ff.
[3] Küpper, H.-U. (1982).
[4] Gaitanides, M. (1983).
[5] Vgl. dazu Picot, A.; Franck, E. (1995), S.17.
[6] Vgl. Gaitanides, M. (1983), S.62.
[7] Vgl. Gerberich, C. (1996), S.11.

Der Übergang zu einer prozeßorientierten Organisationsstruktur ist jedoch oft mit erheblichen Problemen verbunden, von denen abschließend zwei etwas näher betrachtet werden sollen.

Bei einigen Unternehmen ergeben sich insbesondere dadurch besondere Schwierigkeiten, weil die funktionale Ausrichtung schon über eine lange Zeit etabliert ist. Sämtliche Strukturen, Einrichtungen, Planungs-, Kontroll- und Steuerungssysteme etc. unterliegen fest dem Funktions- und Abteilungsdenken. Auch eingeführte CIM-Systeme unterstützen eher die funktionale Ausrichtung und verfestigen häufig sogar noch komplexitätssteigernde Entscheidungsstrukturen.[1] Darüber hinaus sind auch die sogenannten „hidden rules" (Scott-Morgan) im Unternehmen mit dem Funktions- und Abteilungsdenken verwachsen.

In solchen Situationen scheitern TQM- und BPR-Bemühungen regelmäßig. Der Übergang zur Prozeßorientierung ist dabei ein extrem aufwendiges und riskantes Unterfangen. Kosten/Nutzen- und Risiko-Aspekte müssen besonders sorgfältig geprüft und die einzusetzenden Methoden und angestrebten organisatorischen Veränderungen besonders gut auf die gegebenen Rahmenbedingungen abgestimmt werden.

Eine weitere Problematik im Zusammenhang mit dem Wandel zur Prozeßorganisation stellt die Tatsache dar, daß Prozeßorientierung nicht automatisch reine Prozeßspezialisierung bedeutet. Es geht vielmehr darum, für das jeweilige Unternehmen bzw. für den jeweiligen Unternehmensbereich die spezifisch geeignete Organisationsform zu finden. Dafür ist grundsätzlich der gesamte „Spannungsbogen" von der rein funktionalen bis zur Prozeßspezialisierung in Betracht zu ziehen. Die „optimale" Lösung ist von Fall zu Fall verschieden. Es gilt keineswegs, daß, je eher die Organisationsform der Prozeßspezialisierung entspricht, die Organisationproblematik um so besser gelöst sei.

Es wurden bereits viele Argumente genannt, die gegen eine zu starke Funktionsorientierung sprechen. Andererseits kann sich aber auch eine zu extreme Prozeßspezialisierung negativ auswirken. So droht dabei die Gefahr, Synergiepotentiale (bei der Nutzung knapper Ressourcen) und Vorteile der „economies of scale" zu verlieren, die eine funktionale Arbeitsteilung bringen würde. Darüber hinaus können damit anstatt der von vielen Seiten attackierten „Funktionsbereichsfürsten" dann „Prozeßfürsten" geschaffen werden.[2] Ferner ist auch in der Regel mit der Einführung einer Prozeßspezialisierung die tiefgreifendste und aufwendigste Form der Umstrukturierung verbunden.[3]

---

[1] Vgl. von Eiff, W. (1995), S.17.
[2] Vgl. Nippa, M.; Klemmer, J. (1995), S.178.
[3] Vgl. Crux, A.; Schwilling, A. (1995), S.214.

4 Kritische Würdigung prozeßorientierter Konzepte

Der Grund für den bei vielen Unternehmen dennoch vorhandenen Bedarf zur stärkeren Prozeßorientierung ist schließlich primär darin zu sehen, daß ihre tatsächlichen Organisationsformen gegenüber den optimalen zu stark funktionsorientiert sind, ohne daß jedoch unbedingt eine Prozeßspezialisierung angezeigt wäre.

Die genaue Situation ist natürlich im Einzelfall zu prüfen.

Insofern ist es wünschenswert, daß – nicht zuletzt durch die Diskussion um bzw. die Anwendung von TQM und BPR – immer mehr Unternehmen sich ihrer optimalen Organisationsform annähern.

Teil D: Zusammenfassung

Dem Vergleich und der Ableitung von Anwendungspotentialen von TQM und BPR werden differenzierte Einzelanalysen und -darstellungen der beiden prozeßorientierten Managementkonzepte vorangestellt.

Dabei zeigt sich, daß das bei einer ganzheitlichen Interpretation sehr umfangreiche TQM kein einheitliches System darstellt, sondern vielmehr ein extrem heterogenes Gebilde, das nicht eindeutig eingegrenzt werden kann. So verdeutlicht der Blick auf die Entwicklungsgeschichte des TQM, daß darin eine Vielzahl von Ansätzen und Elementen integriert ist. Die primär in Japan unter der anfänglichen Federführung amerikanischer Qualitätsexperten verlaufene Entwicklung des Qualitätswesens zu weitreichenden TQM-Konzepten ist untrennbar mit einer Metamorphose des zugrundeliegenden Qualitätsverständnisses verbunden. So impliziert TQM einen sehr umfassenden und vielschichtigen Qualitätsbegriff.

Ausgehend von dem zunächst eher abstrakten Qualitätsverständnis beim TQM lassen sich operationalisierbare Qualitätsbestandteile herausarbeiten. Diese können in die Qualität der Produkte (im weitesten Sinne verstanden), der Prozesse, der Arbeitsbedingungen und der Umfeldbeziehungen eingeteilt werden. Entsprechend ist das zentrale Ziel von TQM in der Verbesserung jeder dieser vier „Qualitätsdimensionen" zu sehen.

Hinsichtlich der genannten Qualitätsdimensionen sind in den letzten Jahren deutlich gestiegene Anforderungen in der Gesellschaft und in der Wirtschaft auszumachen. Berücksichtigt man ferner Veränderungen struktureller und rechtlicher Rahmenbedingungen, so ergibt sich ein deutlicher Handlungsbedarf zu umfassenden Qualitätsverbesserungsmaßnahmen im Sinne von TQM. Damit sind auch Vorteile bezüglich der strategischen Wettbewerbsfaktoren Zeit, Kosten und Flexibilität verbunden.

Eine Strukturierung des inhaltlich-konzeptionellen Bereichs von TQM kann aus zwei verschiedenen Blickwinkeln unternommen werden:

Einerseits sind im Rahmen des TQM-Komplexes' maßgebende, in sich abgeschlossene Qualitätsmanagementkonzepte festzustellen. Hierzu gehören einmal die eher visionären Ansätze der „Qualitätsgurus" Deming, Juran, Ishikawa und Crosby. Zusätzlich lassen sich an dieser Stelle die in-

Zusammenfassung

haltlichen Kriterien der großen Qualitätsauszeichnungen (Quality Awards) einreihen. Auch die sehr technokratisch ausgerichteten Qualitätsmanagementsysteme gemäß DIN EN ISO 9000 ff, die aufgrund der Marktforderungen zunehmend Relevanz gewinnen, können hier integriert werden.

Andererseits läßt sich der TQM-Komplex auch dahingehend systematisieren, daß die Fülle seiner Ingredienzien unabhängig von ihrer Herkunft nach ihrer inhaltlichen Bedeutung neu gegliedert und aufeinander angepaßt wird. Dabei ergibt sich eine vom Strategischen und Übergeordneten zum Operativen und Konkreten verlaufende Einteilung in die Ebene der Qualitätsphilosophie, die Ebene der Qualitätsstrategien und den Bereich Methoden und Techniken.

In den Rahmen der Qualitätsphilosophie gehören insbesondere die zur Gestaltung einer einschlägigen Qualitätspolitik erforderlichen Grundprinzipien und der TQM-spezifische Ansatz eines Führungsmodells. Die der Ebene der Qualitätsstrategien zuzuordnenden Elemente können – in einer akzentuierten Betrachtung – wiederum in ablauf- und aufbauorganisatorische und personelle Maßnahmen sowie technische Rahmenbedingungen untergliedert werden. Der größte Teil von Bestandteilen des TQM-Komplexes ist jedoch dem Bereich Methoden und Techniken zu subsumieren. Dabei ergibt sich neben bereichsunabhängigen Methoden und Techniken ein Schwerpunkt bei Elementen, die der Entwicklung und Planung von Produkten und Prozessen dienen, ein anderer bei produktionsspezifischen Elementen. Schließlich lassen sich an dieser Stelle auch die Methoden und Techniken des sogenannten Qualitätscontrollings hinzufügen, um auch den kostenorientierten Aspekten des Qualitätsmanagements Rechnung zu tragen.

Setzt man sich mit dem Gedankengut von BPR-Ansätzen auseinander, so fällt zunächst auf, daß hauptsächlich Berater entsprechende Konzepte entwickelt haben und jeder auf die Einzigartigkeit seines BPR-Programmes besonderen Wert legt.

Grundlage für die Entwicklung des BPR war, daß die Informationstechnologie ihr Potential nur in Verbindung mit radikal neu organisierten Geschäftsprozessen im Unternehmen entfalten kann. Dadurch sollten dann Verbesserungen um Größenordnungen in entscheidenden Leistungsgrößen in den Bereichen Kosten, Zeit, Qualität und Flexibilität realisiert werden.

Bei Reorganisationen im Sinne von BPR werden vorhandene Aufbaustrukturen gezielt in Frage gestellt und durch eine grundlegende Neugestaltung die Tätigkeiten prozeß-, wertschöpfungs- und kundenorientiert organisiert.

BPR ist entsprechend kein geschlossenes Konzept, sondern eher eine skizzierte Vorgehensweise, die unternehmensspezifisch zu interpretieren und anzuwenden ist. Es handelt sich dabei auch keineswegs um ein kurzfristiges Kostensenkungsprogramm; vielmehr sind zunächst erhebliche Ressourcen aufzubringen – als Vorleistung für den grundsätzlich „dornenreichen" und mit vielen Widerständen verbundenen und oft langwierigen Reorganisationsprozeß.

Zu den Kernbestandteilen gehören:
- Prozeßorientierung und Kundenorientierung als konzeptionelle Merkmale,
- radikale Neugestaltung und Top-Down-Ansatz als methodische Merkmale und
- „Empowerment statt Kontrolle" und Informations- und Kommunikationstechnik als flankierende Maßnahmen.

Zur erfolgreichen Implementierung eines BPR bedarf es dann nicht nur der Berücksichtigung zahlreicher kritischer Erfolgsfaktoren, die sich insbesondere aus dem Vergleich erfolgreicher und erfolgloser Reengineering-Versuche ergeben. Zusätzlich ist die Anwendung einer erprobten Vorgehenssystematik erforderlich, wofür ein aus dem Projektmanagement abgeleites, konkretes Phasenmodell empfohlen wird.

Im direkten Vergleich von BPR mit TQM zeigt sich, daß die beim BPR zu verbessernden Wettbewerbsfaktoren auch im Rahmen von TQM entscheidende Zielgrößen darstellen, so daß diesbezüglich keine signifikanten Unterschiede bzw. Neuausrichtungen des BPR festzustellen sind. Allerdings muß dazu relativiert werden, daß der Wettbewerbsfaktor Qualität beim BPR nicht annähernd so umfassend interpretiert wird, wie bei einem ganzheitlichen Qualitätsmanagement.

Die inhaltlichen Bestandteile der beiden Managementkonzepte und deren Überschneidungen sind in Abb. 39 graphisch zusammengefaßt. Dabei sind den Elementen ihre jeweiligen Kapitelnummern hinzugefügt.

Neben der Relation des Umfangs beider Ansätze zeigt sich, daß die Bestandteile von BPR primär der Ebene der „Qualitätsstrategien" entsprechen und dabei signifikante Überschneidungen existieren. Die Inhalte der Prozeß- und der Kundenorientierung scheinen unmittelbar dem TQM entnommen. Geradezu komplementär zu dieser Aussage ist der wichtigste methodische Bestandteil von BPR zu beurteilen: Die radikale Neugestaltung von Geschäftsprozessen.

Obwohl BPR als auch TQM eine Top-down-Ausrichtung reklamieren, so beinhaltet beim TQM ein kontinuierlicher Verbesserungsprozeß zweifellos auch eine Bottom-up-Ausrichtung, die beim BPR nur bedingt vorhanden ist. Dafür erhält die Integration der IuK-Technik in die neu zu gestaltenden Prozesse beim BPR ein größeres Gewicht, als sie es bei TQM-Ansätzen besitzt. Die flankierende Maßnahme „Empowerment statt Kontrolle" ent-

Zusammenfassung

spricht jedoch nicht nur einem personellen und aufbauorganisatorischen Inhalt, sondern auch dem ganzen Wesen des TQM.

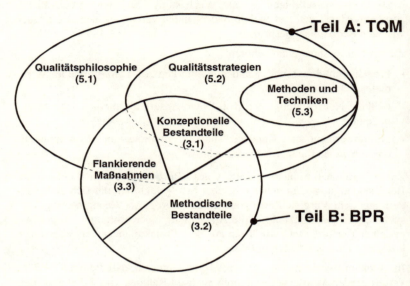

Abb. 39: Schematisch-vereinfachter Zusammenhang der Inhalte von TQM und BPR[1]

Hinsichtlich der Anwendungspotentiale zeigt sich, daß TQM ein eigenständig anwendbares, ganzheitliches Konzept mit strategischen Dimensionen ist, das alle Bereiche der Unternehmung mit einschließt und dessen Inhalte von der Geisteshaltung bis zur konkreten Methode und Technik reichen, während BPR lediglich zur Reorganisation von (Geschäfts)prozessen – aber weder sachlich noch zeitlich darüber hinaus – seinen Einsatz findet.

TQM beinhaltet – neben einer Vielzahl weiterer Maßnahmen – auch die Einführung „qualitätsfähiger" Prozesse. Dabei ist jedoch keine Festlegung oder Einschränkung auf eine bestimmte Methode festzustellen. Diese „Lücke" könnte einerseits als Schwachstelle gewertet werden: Wie denn nun genau der Wandel durchzuführen ist, wird also verschwiegen. Andererseits läßt sich in diesem Zusammenhang aber folgern, daß auch ein radikaleres „Management of Change" nicht ausgeschlossen, oder sogar implizit eingeschlossen ist. Der Einsatz des gesamten „Spannungsfeldes" – von der kontinuierlichen Verbesserung in kleinen Schritten bis zur umfassenden

---

[1] Für diese Darstellung steht bezüglich der Bestandteile des BPR die Beziehung zu TQM und weniger die Relation untereinander im Vordergrund; vgl. dazu Abb. 34.

Zusammenfassung

Neugestaltung ganzer Geschäftsprozesse – entspricht dann letztlich einer Kombination von TQM und BPR. Die beiden Konzepte sind zwar nicht gegenseitig substituierbar, aber dafür um so besser kombinierbar. Genau genommen ist damit die Erweiterung von TQM um den Kerngedanken des BPR – die radikale Innovation – gemeint. Damit erhält TQM eine unter Umständen hilfreiche und sinnvolle Ergänzung.

Allerdings sind beide Managementkonzepte noch dahingehend zu relativieren, als die Prozeßorientierung eine zwar in praxi häufig viel zu wenig beachtete und zu schwach ausgeprägte Organisationsrichtung darstellt, jedoch daraus nicht auf den Zusammenhang „je mehr Prozeßorientierung, umso besser" geschlossen werden darf. Es muß nach wie vor eine situativ optimale Organisationsform – die häufig einen unterschiedlich akzentuierten Kompromiß aus Prozeß- und Funktionsorientierung beinhaltet – gefunden werden.

Kommentiertes Literaturverzeichnis

Abramovici, M.; Bickelmann, S. (1993): Engineering Daten Management Systeme. CIM-Management, 5/1993.
Kommentar: Die Entwicklungsschwerpunkte und Hauptfunktionen werden skizziert, die Bewertungsergebnisse sind in einer Tabelle zusammengefaßt.

Akao, Y. (1992): QFD - Quality Function Deployment. Landsberg.
Kommentar: Ausführlich, aber schwer verständlich

Al-Radhi, M. (1994): Das Fünf-Säulen-Konzept von TPM. In: Hinsch, F. (Hrsg.): Der Instandhaltungs-Berater.
Kommentar: Spezialliteratur zu „Total Productive Maintenance"

Al-Radhi, M.; Heuer, J. (1995): Total Productive Maintenance-Konzepte, Umsetzung, Erfahrung. München Wien.
Kommentar: Spezialliteratur zu Total Productive Maintenance (TPM)

anonym 92a: Planvorgabe, Projektmanager unter Windows und DOS. c't, 10/1992.
Kommentar: Marktübersicht und Vergleich aktueller Projektmanagementsysteme

anonym 92b: Planvorgabe, Projektmanager unter Windows und DOS. c't, 10/92.
Kommentar: Marktübersicht und Vergleich aktueller Projektmanagementsysteme

anonym 92c: Alles über Groupware Online. Journal für Informationsverarbeitung mit OeVD, Heft 10/1992, S. 8.
Kommentar: Es wird auf die Einsatzgebiete, die zunehmende Verbreitung, die Innovation und die Computervoraussetzungen für Groupware eingegangen. Die Marktübersicht enthält 14 Groupwareprodukte. Aufgeführt sind in Tabellenform Produkt, Hersteller (Anbieter), Einsatzgebiet und Preisbeispiele.

anonym 92d: Marktübersicht: Management-Informationssysteme. Die Computer Zeitung, Band 24/1992 Heft 15.

anonym 92e: Zeitschriftenaufsatz in PC-Magazin 10/1992, S. 42.
Kommentar: Diskussion des Management-Informationssystems MIK

anonym 92f: Zeitschriftenaufsatz in PC-Magazin 9/1992, S. 36.
Kommentar: MIK Diskussion

anonym 92g: Zeitschriftenaufsatz in CIM-Management 4/1992.
Kommentar: Es wird ARIS, die Architektur integrierter Systeme, vorgestellt.

anonym 92h: Nutzenanalyse für MIS-Tools hilft bei der Systemwahl. Benefit analysis helps to find the right MIS tools. PC Magazin Heft 22/1993.
Kommentar: Der Beitrag befaßt sich mit der Auswahl des 'richtigen' Manage-

mentinformationssystems (MIS). Formulierung der Anforderungen an ein MIS-Tool

anonym 93a: Zeitschriftenaufsatz in Computer Persönlich 6/1993.
Kommentar: Beschreibung des Projektmanagementsystems PMW

anonym 93b: Zeitschriftenaufsatz in PC Magazin 10/1993.
Kommentar: Beschreibung des Projektmanagementsystems PMW

anonym 93c: Gruppentherapie. Überblick Groupware für PC-Netzwerke. Group therap. Groupware for PC networks, a general survey. PC Netze, Band 5 (1993) Heft 1, Seite 42-50.
Kommentar: Die ausführliche Arbeit gibt zunächst einen Überblick über die Bedeutung der Begriffe 'Groupware', 'Workgroup Computing' und 'Computer Supported Cooperative Work'. Die wichtigsten Kennzeichen und Einsatzfelder dieser Systeme werden besprochen. Ein Marktüberblick wird gegeben. Ein ausführliches Literaturverzeichnis führt zu weiteren detaillierten Informationen.

anonym 93d: Marktübersicht: Groupware. Computerwoche, Band 20 (1993) Heft 39, S. 32-33.
Kommentar: In tabellarischer Form werden 51 Softwareprodukte für die Gruppenarbeit vorgestellt. Neben dem Produktnamen/Release erfolgt eine Aufstellung der Angaben zum Hersteller, Anbieter (PLZ, Ort), Serverkonfiguration (Prozessor/Arbeitsspeicher), Betriebssystem, LAN-Umgebung und Preis (in Mark ohne Mehrwertsteuer).

anonym 93e: Software-Ley GmbH Vertrauensmanagement als Leitbild. Office Management 2/1993, S. 7-8.
Kommentar: Firmenbeschreibung der Software-Ley GmbH, mit kurzer Beschreibung des wichtigsten strategischen Produktes des Hauses: COSA

anonym 93f: Zeitschriftenaufsatz in CIM-Praxis, 6/1993.
Kommentar: Das EDMS-System DMCS wird beschrieben.

anonym 93g: Zeitschriftenaufsatz in CIM-Praxis, 5/1993.
Kommentar: Das EDMS-System DMCS wird beschrieben.

anonym 93i: Fundierte Entscheidungen sind die Basis des Erfolgs. Management-Software. Zeitschriftenkurzaufsatz: PC Magazin (1993) Heft 39.
Kommentar: Der Artikel gibt einen Überblick über die Unterstützungsmöglichkeiten für das Management.

anonym 93j: Model your busineß mit BONAPART. Office Management 7-8/1993.
Kommentar: Werbeanzeige mit Adresse der UBIS, Unternehmensberatung für integrierte Systeme GmbH

anonym 93k: Zeitschriftenaufsatz in impulse 11/1993.
Kommentar: ARIS-Beschreibung

anonym 94a: Zeitschriftenartikel in Markt & Technik 15/1994.
Kommentar: Beitrag über ARIS die Architektur integrierter Systeme

Bashein, B. et al. (1994): Preconditions for BPR Success. Informations Systems Management, Nr.: 1.

Bauernfeind, U. (1992): Entsorgungsfirma wechselt von AS/400 zu R/3-Pilotprojekt. Computerwoche, 1992, 44.
Kommentar: Es werden die Probleme beim Wechsel von R/2 nach R/3 aufgezeigt.

Becker, J. (1991): CIM-Integrationsmodell, Die EDV-gestützte Verbindung betrieblicher Bereiche.
Kommentar: Darstellung der Integrationsnotwendigkeit zwischen einzelnen CIM-Komponenten und Anbieten mehrerer prinzipieller Lösungen unter anderem das UDM

Berekoven; Eckert; Ellenrieder (1993): Marktforschung – Methodische Grundlagen und praktische Anwendung. 6. Auflage, Wiesbaden.
Kommentar: Lehrbuch zur Marktforschung.

Berens, Nikolaus (1989): Anwendung der FMEA in Entwicklung und Produktion. Landsberg/Lech.

Berghaus, H., Langner, D. (1994): Das CE-Zeichen, München.
Kommentar: Ausführliche Darstellung von Inhalt und Aufgabe des CE-Zeichens.

Beumers, Michael (1992): Qualitätsgerechte Produktgestaltung. Dissertation RWTH Aachen.

Bildstein, F.; Rhyner, T. (1995): Schlank dokumentieren – Lebendiges Qualitätsmanagementsystem durch "lean documentation". Qualität und Zuverlässigkeit (QZ), 40, 1995 Nr. 5, S. 590-591.
Kommentar: Erklärung der Dokumentationsaufgabe im Rahmen eines Qualitätsmanagementsystems.

Bläsing, J. (1991): Total Quality Management – von der Kontrolle zur Qualitätssicherung. In: Bläsing, J. (Hrsg.): 9. Qualitätsleiterforum, Total Quality Management – Aufgabe des Führungskreises, Band 1, München.
Kommentar: Inhalte der Elemente des QS-Systems nach ISO 9004, nicht ganz aktuell

Bluestone, I. (1983): Labor´s stake in Improving the Quality of Work. In: Kolodny, H., van Beinum, H. (Eds.): The Quality of working Life and the 1980´s. New York.
Kommentar: weiterführende Literatur zur „Qualität der Arbeitsbedingungen".

Brinkmann, E. P. (1987): Unternehmenssicherung durch Ideenmanagement. Band 1: Mehr Innovationen durch Verbesserungsvorschläge. Freiburg im Breisgau.
Kommentar: Ausführliche Beschreibung zum Betrieblichen Vorschlagswesen

Brockhausen, D. (1993): DV-Umstellung fordert personelle und strukturelle Konsequenzen. R/3-Projekt geplant und durchgeführt. Computerwoche, Band 20 (1993) Heft 39, Seite 13-15 (3 Seiten, 2 Bilder).
Kommentar: Beschrieben werden die bei der Umstellung der DV von unternehmensindividuellen Systemen auf die Standardsoftware erforderlichen Maßnahmen, am Beispiel des Projektes zur Einführung des SAP-Produktes R/3 in einem Handelsunternehmen

Bronner, A. (1985): Wertanalyse (REFA-Unterlagen). REFA-Institut, Darmstadt.
Kommentar: Sehr umfangreich (als Einstiegsliteratur ungeeignet)

Büchel, R. (1991): SPC – Statistische Prozeßregelung – ein Instrument der Fertigung. In: Bläsing, J. (Hrsg.): 9. Qualitätsleiterforum, Total Quality Management – Aufgabe des Führungskreises, Band 2, München.
Kommentar: Spezialliteratur zu „SPR/SPC". Ausführliche Darstellung der statistischen Prozeßregelung (SPC); Beispiel der Einführung bei der Firma SFS-Stadler AG.

Bullinger H.-J. (1992): Simultane Produktentwicklung. St. Gallen.
Kommentar: Das Buch beschäftigt sich insgesamt mit der Thematik Simultane Produktentwicklung im allgemeinen, bietet dabei aber einen guten Überblick mit ausgeprägtem Praxisbezug. Der Beitrag Bullingers ist dabei als einführende Schrift sehr wertvoll.

Bullinger, H.J.; Friedrich, R. (1995): Management of Change. Office Management, Nr. 11, 1995.

Bullinger, H.J.; Wiedmann, G. (1995): Der Wandel beginnt. Office Management, Nr. 7-8, 1995.

Camp, R. C. (1994): Benchmarking. München-Wien.
Kommentar: Spezialliteratur zu Benchmarking.

Crosby, P.B. (1979): Quality is free. The art of making quality certain. New York.

Crosby, P.B. (1986a): Qualität bringt Gewinn. Hamburg.

Crosby, P.B. (1986b): Qualität ist machbar. Hamburg.
Kommentar: gemeinsam mit Crosby, P.B. (1986a) die einschlägige Literatur zu Crosbys Ansatz.

Crosby, P.B. (1994): Qualität 2000 (Completeness). München.
Kommentar: Zusammenfassung seiner Werke.

Crux, A.; Schwilling, A. (1995): Business Reengineering. In: Nippa, M.; Picot A. (Hrsg.): Prozeßmanagement und Reengineering. Frankfurt/Main, New York.

Danzer, H.H. (1990): Quality-Denken.

Daum, J-H. (1993): Die Entwicklung von Führungsinformationssystemen (Executive Information Systems) zu einem integrierten Bestandteil eines modernen Unternehmenscontrollings. DV-Management, Band 3 (1993) Heft 3.

Kommentar: Gefordert wird eine Integration des MIS mit den operativen betriebswirtschaftlichen Anwendungen, flexible Konfigurationsmöglichkeiten, einfacher Aufbau und einfache Wartung.

Davenport, T.H. (1993): Process Innovation. Reengineering Work through Information Technology. Boston.
Kommentar: Darlegung von Reengineering im „klassischen" Sinn

Deming, W.E. (1986): Out of the crisis. 2nd ed., Cambridge.
Kommentar: Darlegung wesentlicher Inhalte von Demings Ansatz

Denzer, H. (1986a): Organisation der Werkstattkreise bei Pfaff. In: Zink, K.J. (Hrsg.): Quality Circles 2. München-Wien, S. 66-70.
Kommentar: Darstellung der organisatorischen Gestaltung von Qualitätszirkeln im Fertigungsbereich

Denzer, H. (1986b): Werkstattkreise bei Pfaff – beispielhafte Problemlösung. In: Zink, K.J. (Hrsg.): Quality Circles 2. München-Wien, S. 111-117.
Kommentar: Beschreibung der Einführung von Qualitätszirkeln im Werkstattbereich.

DGQ (Hrsg.) (1987): Begriffe im Bereich der Qualitätssicherung. 4. Aufl., Berlin.

DGQ-Schrift 11-04 (1993): Begriffe des Qualitätsmanagements. Deutsche Gesellschaft für Qualität e.V., 5. Aufl., Berlin.
Kommentar: Nachschlagwerk für Begriffe aus dem QM; Definitionen mit kurzen Erläuterungen

Dilg, P. (1995): Praktisches Qualitätsmanagement in der Informationstechnologie – von der ISO 9000 zum TQM. München-Wien.
Kommentar: Spezialliteratur zu Qualitätsmanagementsystemen; Schwerpunkt liegt im Bereich Informationstechnologie, sehr ausführlich

DIN ISO 8402 (1992): DIN – Deutsches Institut für Normung (Hrsg.): DIN ISO 8402, Ausgabe März 1992, Qualitätsmanagement und Qualitätssicherung – Begriffe. Berlin.

DIN ISO 9001 (1990): DIN – Deutsches Institut für Normung (Hrsg.): DIN ISO 9001, Ausgabe Mai 1990, Qualitätssicherungssysteme – Modell zur Darlegung der Qualitätssicherung in Design/Entwicklung, Produktion, Montage und Kundendienst. Berlin.

DIN EN ISO 9000-1 (1993): DIN – Deutsches Institut für Normung (Hrsg.): DIN EN ISO 9000-1, Entwurf Ausgabe 1993, Normen zu Qualitätsmanagement und zur Qualitätssicherung/QM-Darlegung. Teil1: Leitfaden zur Auswahl und Anwendung. Berlin.

DIN EN ISO 9000-1 (1994): DIN – Deutsches Institut für Normung (Hrsg.): DIN EN ISO 9000-1, Ausgabe August 1994, Normen zu Qualitätsmanagement und zur Qualitätssicherung/QM-Darlegung. Teil1: Leitfaden zur Auswahl und Anwendung. Berlin.

Kommentiertes Literaturverzeichnis

DIN EN ISO 9004-1 (1994): DIN – Deutsches Institut für Normung (Hrsg.): DIN EN ISO 9004-1, Ausgabe August 1994, Qualitätsmanagement und Elemente eines Qualitätsmanagementsystems. Teil1: Leitfaden. Berlin.

DIN EN ISO 9004-4 (1994): DIN – Deutsches Institut für Normung (Hrsg.): DIN EN ISO 9004-4, Ausgabe August 1994, Qualitätsmanagement und Elemente eines Qualitätsmanagementsystems. Teil 4: Leitfaden für Qualitätsverbesserung. Berlin.

Dixon, J.R.; Arnold, P.; Heineke, J.; Mulligan, P. (1995): Reengineering II: Mit Ausdauer ist es machbar. Havard Business manager, 17.Jahrg., Nr. 2, 1995.
Kommentar: weiterführende Erläuterungen zu dem Ansatz von Hammer, M.

Ebeling, J. (1994): Die sieben Elementaren Werkzeuge der Qualität. In: Kamiske, G.F. (Hrsg.): Die Hohe Schule des Total Quality Management. Berlin; Heidelberg.
Kommentar: Spezialliteratur zu den „Q7".

EFQM – European Foundation for Quality Management (Ed.) (1994): The European Quality Award 1994 Application Form. Eindhoven.

Ehrhart, K.J. (1994): Das Qualitätsmanagementsystem, ein Schritt auf dem Wege zu TQM. In: Kamiske, G.F. (Hrsg.): Die Hohe Schule des Total Quality Management. Berlin; Heidelberg.
Kommentar: Diskussion von QM-Systemen im Sinne der DIN EN ISO 9000 ff. sowie des Begriffs „Audit".

von Eiff, W. (1995): Etiketten und Gurus. Office Management, Nr. 11, 1995.

Ekings, J. D. (1988): A nine-step quality improvement program to increase customer satisfaction. In: Chase, Rory L. (Hrsg.): Total Quality Management – an IFS executive briefing. IFS Publications, Berlin, S. 73 -81.
Kommentar: Neun-Punkte Programm zur Erfassung der Kundenanforderungen, knappe Darstellung mit einem Beispiel bei Rank Xerox

Endl R.; Fritz B. (1992): Standardsoftware läßt sich sinnvoll in UDM integrieren. Computerwoche 10/1992, 44.
Kommentar: Die Architektur eines UDM (Unternehmensweites Datenmodell) wird am Beispiel der SAP Produktpallette aufgezeigt.

Estroff, R. (1985): Zero-Base-Budgeting. Kostenrechnungs-Praxis (krp), Heft 5, 1985, S. 206 f.
Kommentar: Basisliteratur zu ZBB; Erläuterung der Grundbegriffe

European Foundation for Quality Management (Hrsg.) (1992): Umfassendes Qualitätsmanagement (TQM) – Das europäische Modell für die Selbstbewertung 1993 – Richtlinien für die Identifizierung von Fragen der umfassenden Qualität. Eindhoven.
Kommentar: Beschreibung des Modells des EQA

Kommentiertes Literaturverzeichnis

Eversheim, W. et al. (1995): Vom Qualitätsmanagementsystem zu Total Quality Management. Qualität und Zuverlässigkeit (QZ), 40, 1995 Nr. 10, S. 1154-1159.
Kommentar: Erklärung der Einführung eines Qualitätsmanagementsystems im TQM-Kontext

Eversheim, W.; Eickholt, J.; Müller, M. (1995): Quality Function Deployment – Methode zur Qualitätsplanung. In: Preßmar, D. (Hrsg.): Total Quality Management I.
Kommentar: Erklärung des QFD im Rahmen der Qualitätsplanung, mit Darstellung der Vorgehensweise und einem Anwendungsbeispiel

Farrell, D.T. (1985): Total Quality Management. In: IAQC (Ed.): Annual conference transactions. Los Angeles.
Kommentar: Behandlung organisatorischer Aspekte von TQM

Feigenbaum, A.V. (1961): Total Quality Control. New York, Toronto, London.
Kommentar: Erläuterung des ursprünglichen Ansatzes von Feigenbaum, A.V.

Feigenbaum, A.V. (1983): Total Quality Control. 3rd ed., New York.
Kommentar: Zusammenfassung des weiterentwickelten Ansatzes von Feigenbaum, A.V.

Finke, W-F. (1991): Informationsmanagement mit Groupware-Systemen. Ein innovatives Workgroup-Computing-Projekt in der debis Systemhaus GmbH. Informationsmanagement with groupware-systems and innovative workgroup-computing-project in the debis Systemhaus GmbH. Office Management, Band 39 (1991) Heft 10, Seite 47-54.
Kommentar: Die debis Systemhaus GmbH hat ein umfassendes Pilotprojekt zum Thema Workgroup-Computing durchgeführt und sich für eine breite Einführung des Konzepts auf der Basis von 'Lotus Notes' entschieden. Es wird grundsätzlich auf Workgroup-Computing und Workflow-Automation mit Groupware eingegangen und das Konzept des debis Systemhauses vorgestellt.

Flamm, R. (1994): Statistische Versuchsmethodik zur Produkt- und Prozeßoptimierung. In: Wege zum erfolgreichen Qualitätsmanagement in der Produktentwicklung. VDI Berichte Nr. 1106, Berlin.
Kommentar: Spezialliteratur für Statistische Versuchsmethodik

Ford, H. (1923): Mein Leben und Werk.

Franke, Wolf D. (1989): FMEA. Landsberg/Lech.

Frehr, H.U. (1988): Unternehmensweite Qualitätsverbesserung. In: Masing, W. (Hrsg.): Handbuch der Qualitätssicherung. 2. Aufl., München.

Frehr, H.U. (1994a): Die Qualität des Unternehmens – eine neue Dimension der Qualität. In: Zink, K.J. (Hrsg.): Qualität als Managementaufgabe: Total Quality Management. Landsberg/Lech, 3. Auflage.
Kommentar: Diskussion verschiedener Aspekte des TQM-Komplexes.

Frehr, H.U. (1994b): Total Quality Management. In: Masing, W. (Hrsg.): Handbuch Qualitätsmanagement. 3. Aufl., München, Wien.
Kommentar: Basisliteratur zu einigen grundlegenden TQM-Inhalten.

Frehr, H.U.; Hoffmann, D. (1993): Produktentwicklung und Qualitätsmanagement. Berlin, Offenbach.
Kommentar: Behandlung von TQM-Aspekten aus dem Blickwinkel des Entwicklungs – und Planungsbereichs.

Friedmann, T; Jungfermann, W. (1992): EDM: Weichenstellung für die Zukunft. Teil 1. Engineering Data Management: Establishing directions for the future. Part 1. CAD-CAM Report, Band 11 (1992) Heft 7.
Kommentar: EDMS werden vorgestellt. Eine Marktübersicht nennt ca. 50 angebotene EDMS und die von ihnen unterstützte CAD-Software.

Gabor-Sebestyen, O. (1994): Management – „Geheimnis" KAIZEN: Der japanische Weg zur Innovation. Wien.
Kommentar: Behandlung von TQM-Inhalten unter der übergeordneten Bezeichnung „Kaizen".

Gaitanides, M. (1983): Prozeßorganisation. München.

Gaitanides, M.; Scholz, R.; Vrohlings, A. (1994): Prozeßmanagement – Grundlagen und Zielsetzungen. In: Gaitanides, M. (Hrsg.): Prozeßmanagement: Konzepte, Umsetzungen und Erfahrungen des Reengineering. München, Wien.
Kommentar: Gegenüberstellung von einem eigenen Ansatz mit verschiedenen bekannten, prozeßorientierten Konzepten

Garvin, D.A. (1988): Managing Quality – the strategic and competitive edge. New York.
Kommentar: eher wissenschaftlich gehaltene Basisliteratur zu TQM

Gerberich, C. (1996): Personal und Kostenabbau sind nicht die primären Ziele. Blick durch die Wirtschaft, Nr.: 124, 1. Juli 1996.

Gilmore, H.L. (1974): Product Conformance Cost. Quality Progress, Vol.7, June 1974.

Glaap, W. (1993): ISO 9000 leichtgemacht: praktische Hinweise und Hilfen zur Entwicklung und Einführung von QS-Systemen. München, Wien.

Gogoll, A. (1994): Managementwerkzeuge der Qualität. In: Kamiske, G.F. (Hrsg.): Die Hohe Schule des Total Quality Management. Berlin; Heidelberg.
Kommentar: Spezialliteratur zu den „M7"

Gogoll, A.; Theden, P. (1994): Techniken des Quality Engineering. In: Kamiske, G.F. (Hrsg.): Die Hohe Schule des Total Quality Management. Berlin; Heidelberg.
Kommentar: Spezialliteratur zu Methoden und Techniken des TQM für die Bereiche Entwicklung, Planung und Produktion.

Greene, R. (1993): Revenge of the Nerds. Journal of Business Strategy.

Groocock, J.M. (1988): Qualitätsverbesserung. Hamburg.

Guton T. (1991): Blickpunkt Endanwender.
Kommentar: Theoretische Diskussion der Anforderungen an ein Informationssystem auf der Bürokommunikationsebene

Haecker, R; Moeckesch, G. (1991): Die Unterstützung heterogener CIM-Komponenten in einer integrierten Anwendungslösung am Beispiel des SAP-Systems R3. Konferenz-Einzelbericht: CIM im Mittelstand. Fachtagung am Inst. für Wirtschaftsinformatik, Univ. des Saarlandes, Saarbrücken, D, 20.-21.2.1991, Band 4 (1991).
Kommentar: SAP-Beschreibung im weitesten Sinne

Hahner, A. (1981): Qualitätskostenrechnung als Informationssystem zur Qualitätslenkung. München, Wien.
Kommentar: Spezialliteratur zu dem Hilfsmittel Qualitätskostenrechnung

Haist, F.; Fromm, H. (1989): Qualität im Unternehmen, Prinzipien – Methoden – Techniken. München, Wien.
Kommentar: Basisliteratur zu TQM

Hall, G.; Rosenthal, J.; Wade, J. (1994): Reenigneering: Es braucht kein Flop zu werden. Harvard Business Manager, 16.Jahrg., Nr. 4, 1994.

Haller, H. (1992): Systemtechnische Basisaspekte der Migration von R/2 zu R/3. SAP-Welt Computerwoche, Band 19 (1992) Heft 44, Seite 37-38, 40, 42 (4 Seiten, 3 Bilder).
Kommentar: Es werden technische und organisatorische Aspekte der Migration vom SAP-Programm R/2 zu R/3 erläutert. Es werden Möglichkeiten der Datenumsetzung beschrieben. Außerdem werden Empfehlungen zur Planung eines Migrationsprojektes gegeben.

Hammer, M. (1995): Reenigneering I – Der Sprung in eine andere Dimension. Havard Business manager, 17. Jahrg., Nr. 2, 1995.
Kommentar: Grundlageninformation zum Thema Reenigneering

Hammer, M.; Champy, J. (1994): Business reengineering: die Radikalkur für das Unternehmen. Frankfurt/Main, New York.
Kommentar: Standardwerk über Reengineering im „klassischen" Sinn

Hansen, W.; Jansen, H.H.; Kamiske, G.F. (1993): Qualitätsmanagement im Unternehmen. Berlin.
Kommentar: Ideale Einstiegsliteratur

Heimbold E. (1993): Optionen für individuelle Gestaltung, Projektmanagement unter WINDOWS. Office Management 1993, 7-8.
Kommentar: Beschreibung des WINDOWS-Projektmanagers CA-SuperProject 3.0

Kommentiertes Literaturverzeichnis

Hemmi, D. (1986): Aktionskreise bei Audi. In: Zink, K.J. (Hrsg.): Quality Circles 2. München-Wien, S. 73-80.
Kommentar: Qualitätszirkel (hier Aktionskreise genannt) im Produktionsbereich; viele Beispiele aus der Praxis bei Audi

Hinterhuber, H.H. (1989a): Strategische Unternehmensführung. Bd.1: Strategisches Denken. 4. Auflage, Berlin, New York.
Kommentar: Standardwerk zur strategischen Unternehmensführung, gemeinsam mit Hinterhuber, H.H. (1989b).

Hinterhuber, H.H. (1989b): Strategische Unternehmensführung. Bd.2: Strategisches Handeln. 4. Auflage, Berlin, New York.

Hitschler, W. (1990): Verwaltungsgemeinkostenplanung mit Zero-Base Budgeting (ZBB). Kostenrechnungs-Praxis (krp), Heft 5, 1990, S. 287-292.
Kommentar: Überblick über ZBB durch Darstellung des Konzeptes, der Anwendungsbereiche und der Vorgehensweise in knapper Form

Hoff, J. (1986): Qualitätsgruppen im Verwaltungsbereich der Siemens AG – Geschäftsbereich Privat- und Sonderkommunikationsnetze. In: Zink, K.J. (Hrsg.): Quality Circles 2. München-Wien, S. 85-89.
Kommentar: Qualitätszirkel im Verwaltungsbereich; Beispiele aus dem Zentralvertrieb bei Siemens AG

Hoffmann, Heinz (1983): Wertanalyse. Berlin.
Kommentar: Sehr umfangreich (als Einstiegsliteratur ungeeignet)

Hoffmann, H.J. (1993): Wertanalyse, München.
Kommentar: Spezialliteratur zur Wertanalyse (Value Engineering)

Horváth, P. (1990): Qualitätscontrolling. In: Urban, G. (Hrsg.): Stuttgart.
Kommentar: Spezialliteratur zu Qualitätscontrolling

Horváth, P. (1994): Controlling. 5. Aufl., München.
Kommentar: Nachschlagwerk zum Thema Controlling; Controllingkonzepte, -systeme, Koordination von Controllingsystemen

Horváth, P.; Mayer, R. (1989): Prozeßkostenrechnung – Der neue Weg zu mehr Kostentransparenz und wirkungsvolleren Unternehmensstrategien. Controlling, 1. Jg., 4/1989, S. 214-219.
Kommentar: Spezialliteratur zu Prozeßkostenrechnung, ein Gesamtüberblick

Horvath, P.; Reichmann, T. (Hrsg.) (1993): Vahlens großes Controlling-Lexikon. München.
Kommentar: Lexikon, das weiterführende Abschnitte zu verschiedenen Verfahren des Qualitätscontrollings enthält

Horváth, P.; Renner, A. (1990): Prozeßkostenrechnung – Konzepte, Realisierungsschritte und erste Erfahrung. Fortschrittliche Betriebsführung und Industrial Engineering (FB/IE), 39. Jg., 3/1990, S. 100-107.

Kommentar: Spezialliteratur zu Prozeßkostenrechnung, aktualisierter Aufsatz zum vorherigen Werk.

Horvath, P.; Urban, G. (Hrsg.) (1990): Qualitätscontrolling. Stuttgart.

Imai, M. (1986): Kaizen: The Key to Japan´s competitive Success. New York.
Kommentar: Basisliteratur zum TQM mit besonderer Betonung des Aspekts der ständigen Verbesserung.

Imai, M. (1992): Der Schlüssel zum Erfolg der Japaner im Wettbewerb. München.
Kommentar: Deutschsprachige Version der Interpretation von Imai, M.

Ishikawa, K. (1985): What is total quality control? The japanese way. Tokyo, New York.
Kommentar: Standardwerk zu Ishikawas Ansatz

ISIS PC Report (1994): ISIS PC Report.
Kommentar: Dieser Marktspiegel bietet den Software-Nutzern und potentiellen Anwendern eine Übersicht und Auswahlhilfe.

Jones, J. (1991): Vorgangsbearbeitung mit Bürokommunikationssoftware: Erwartungen, Trends, Konzepte. Office Management, Band 39 (1991) Heft 10.
Kommentar: Workflow

Juran, J.M. (1974a): Basic concepts. In: Juran, J.M.; Gryna, F.M.; Bingham, R.S. (Eds.): Quality control handboook. 3rd ed., New York.
Kommentar: Grundlagen von Jurans Ansatz

Juran, J.M. (1974b): Motivation. In: Juran, J.M.; Gryna, F.M.; Bingham, R.S. (Eds.): Quality control handbook. 3rd ed., New York.
Kommentar: Spezialliteratur zu personellen Gestaltungselementen

Juran, J.M. (1988): Juran on planning for quality. New York.

Juran, J.M. (1990): Handbuch der Qualitätsplanung. 2. überarb. Aufl., Landsberg.
Kommentar: Umfassenderes Werk über die verschiedenartigen Inhalte in Jurans Konzept

Juran, J.M.; Gryna, F.M. (1980): Quality Planning and Analysis. 2nd ed., New York.

Jürgens, U. (1994): Arbeitsorganisation und Verbesserungsaktivitäten in japanischen Betrieben. In: Kamiske, G.F. (Hrsg.): Die Hohe Schule des Total Quality Management. Berlin; Heidelberg.
Kommentar: Erläuterungen zum Toyota Production System

JUSE – Japanese Union of Scientists and Engineers (Eds.) (1990): The Deming Prize Guide for Overseas Companies. Tokyo.
Kommentar: Erläuterungen zu dem Modell des Deming Prize

Kagermann, H. Institution SAP AG, Walldorf, D. (1990): DV-gestütztes Projektmanagement in der Einzelfertigung. Konferenz-Einzelbericht: 5. Deutscher

Controlling Congress, Gesellschaft für Controlling, Düsseldorf, D, 29.-30.3.1990.
Kommentar: Beschreibung von SAP mit lediglich allgemeinen Aussagen zur Notwendigkeit eines Programms wie SAP.

Kamiske, G.F. (1994a): Führen mit Qualität – der Weg zur schlanken Fabrik. In: Kamiske, G.F. (Hrsg.): Die Hohe Schule des Total Quality Management. Berlin; Heidelberg.
Kommentar: Diskussion von TQM als Führungsmodell

Kamiske, G.F. (1994b): Qualität entsteht aus Geisteshaltung und Technik. In: Kamiske, G.F. (Hrsg.): Die Hohe Schule des Total Quality Management. Berlin; Heidelberg.
Kommentar: Grundlagen zu Methoden und Techniken des TQM

Kamiske, G.F. (Hrsg.) (1994): Die Hohe Schule des Total Quality Management. Berlin; Heidelberg.

Kamiske, G.F. (Hrsg.) (1996): Rentabel durch Total Quality Management.
Kommentar: Sehr umfangreiches Werk zu TQM mit Betrachtung vieler Aspekte wie Kostenseite und Rentabilität, Prozeßkostenrechnung, Diskussion über Return on Quality, Qualitätscontrolling, Benchmarking und QM-Systeme

Kamiske, G.F.; Brauer, J.P. (1995): Qualitätsmanagement von A bis Z. Erläuterungen moderner Begriffe des Qualitätsmanagements. München; Wien.
Kommentar: Lexikon, das Begriffe des Qualitätsmanagements relativ knapp erklärt

Kamiske, G.F.; Malorny, C. (1994): TQM – ein bestechendes Führungsmodell mit hohen Anforderungen und großen Chancen. In: Kamiske, G.F. (Hrsg.): Die Hohe Schule des Total Quality Management. Berlin; Heidelberg.
Kommentar: Einführung in das Thema TQM

Karloef, B.; Oestblom, S. (1994): Das Benchmarking-Konzept – Wegweiser zur Spitzenleistung in Qualität und Produktivität. München.

Kaplan, R.B.; Murdock, L. (1991): Core Process Redesign. The McKinsey Quaterly, Nr.2, 1991.

Kaplan, R.S., Norton D.P. (1992): In Search of Excellence – der Maßstab muß neu definiert werden. Harvard Manager Jg. 14 (1992), Nr.4, S.37ff.

Karcher H. (1993): Workflow und Groupware als Gegenpole im Office-Kontinuum. Computerwoche 1993, 39.
Kommentar: Begriffsdefinition "Workflow und Groupware", Marktübersicht Groupware

Kayser, K. (1994): Zertifizierung/Mehr als nur ein Stück Papier an der Wand, Es muß sich auch tatsächlich etwas im Unternehmen ändern. Handelsblatt, Nr.178, 14.09.1994.
Kommentar: Bericht über die teilweise zweifelhafte Aussage von Zertifikaten in Verbindung mit DIN EN ISO 9000 ff.

Kirstein, H. (1994): Qualitätsmanagement im Unternehmen: Philosophie – Strategie – Methode. In: Kamiske, G.F. (Hrsg.): Die Hohe Schule des Total Quality Management. Berlin; Heidelberg.
Kommentar: Basisliteratur zu TQM

Klinkenberg, U. (1995): Organisatorische Implikationen des Total Quality Managements. DWB, Die Betriebswirtschaft, 55.Jahrg., Nr.5, 1995.
Kommentar: Fokussierung auf organisatorische Gestaltungsansätze

Kotler, P. (1989): Marketingmanagement: Analyse, Planung und Kontrolle (dt. Übersetzung: Reber, H.). 4. neu bearb. Aufl., Stuttgart.
Kommentar: Untersuchung von Teilqualitäten der Produktqualität im engeren und weiteren Sinne.

Krottmaier, J. (1991): Simultaneous Engineering – die technische Verwirklichung des Total Quality Konzepts. In: Bläsing, J. (Hrsg.): 9. Qualitätsleiterforum, Total Quality Management – Aufgabe des Führungskreises, Band 1, München.
Kommentar: Zusammenfassung einer möglichen Gestaltung des Simultaneous Engineering-Ansatzes

Küpper, H.-U. (1982): Ablauforganisation. Stuttgart.

Leffler, K.B. (1982): Ambigious Changes in Produkt Quality. American Economic Review, Dezember 1982.

Leibfried, K.; McNair, C. (1992): Benchmarking – von der Konkurrenz lernen, die Konkurrenz überholen. Freiburg.
Kommentar: Spezialliteratur zu Benchmarking, übersichtliche Gliederung

Luchs, R.H.; Neubauer, F.F. (1986): Qualitätsmanagement – Wettbewerbsvorsprung durch Differenzierung. Frankfurt.

Luczak, H.; Volpert, W.; Raeithel, A.; Schwier, W. (1987): Arbeitswissenschaft: Kerndefinition – Gegenstandskatalog – Forschungsgebiete. Eschborn.

Luenendonk, T. (1993): Komplettlösung. Client-Server-Konzept für mittelständische Fertigung. Der Maschinenmarkt, Band 99 (1993) Heft 35, Seite 36-38, 41.
Kommentar: Die offene Systemarchitektur COSA der integrierten DV-Lösung wird schematisch dargestellt. Eher praxisorientierter Bericht vom Einsatz dieses Programms

Mack, M. (1989): Total Quality Management (TQM) in USA. In: Zink, K.J. (Hrsg.): Qualität als Managementaufgabe: Total Quality Management. Landsberg/Lech.
Kommentar: Beispiele von TQM-Realisierungen in den USA

Madauss, B. J. (1994): Handbuch Projektmanagement. Stuttgart.
Kommentar: Umfangreiches Standardwerk mit großem Praxiswert, da zugeschnitten auf Anwender; die Betonung liegt auf den Methoden des Projektmanagements.

Kommentiertes Literaturverzeichnis

Maier, F.D. (1991): Qualitäts-Denken und Qualitäts-Systeme – Gegensätze oder Ergänzungen? In: Bläsing, J. (Hrsg.): 9. Qualitätsleiterforum, Total Quality Management – Aufgabe des Führungskreises, Band 1, München.
Kommentar: Grundsätzliche Überlegungen zu den Rahmenbedingungen von Qualitätsmanagementsystemen

Maier, F., BCG (1993): Revolution der Prozesse. Sonderdruck aus Top-Business, Dezember 1993.

Manganelli, R. (1993): It´s not a silver bullet. Journal of Business Strategy, 3/93, S. 12-17.

Marr, J. W. (1988): Letting the customer be the judge of quality. In: Chase, Rory L. (Hrsg.): Total Quality Management – an IFS executive briefing. IFS Publications, Berlin, S. 69 -72.
Kommentar: Spezialliteratur zur Marktforschung in TQM-Kontext

Masing, W. (1972): Qualitätslehre. Frankfurt, Berlin.

Masing, W. (1995): Kein Garantieschein für den Erfolg. Chemische Industrie, Nr. 1/2, 1995.
Kommentar: Interview mit Masing über DIN EN ISO 9000 ff.

Mayer, R.; Glaser, H. (1991): Die Prozeßkostenrechnung als Controllinginstrument – Pro und Contra. Controlling, 3. Jg., 6/1991, S. 296-303.
Kommentar: Spezialliteratur zu Prozeßkostenrechnung; Vor- und Nachteile; Zusammenhang zum Prozeßcontrolling

Meerkamm, H.; Weber, A. (1991): Konstruktionssystem mfk – Integration von Bauteilsynthese und -analyse. In: Erfolgreiche Anwendung wissensbasierter Systeme in Entwicklung und Konstruktion. Düsseldorf, VDI-Berichte 903.
Kommentar: Das Konstruktionssystem mfk soll eine optimale Unterstützung des Konstrukteurs ermöglichen. Sie erfolgt objektorientiert bei der Erzeugung von Bauteilen und wissensbasiert bei deren Analyse. Aufbau und Arbeitsweise des Systems werden erläutert, erste Realisierungsansätze vorgestellt.

Mengedoth, F.-W.; Bennewitz, J. (1996): Überraschende Antworten – Eine Untersuchung zu den Problemen von Maschinenbauzulieferern bei der Gestaltung von Qualitätsmanagementsystemen. Qualität und Zuverlässigkeit (QZ), 41, 1996 Nr. 5, S. 538-542.
Kommentar: Diskussion über Erfahrungen mit Qualitätsmanagementsystemen und über ihre Einführungsprobleme

Merk, H.J. (1995): Konsequenzen des Total Quality Management für die Personalentwicklung. In: Spörkel, H. (Hrsg.): Total-Quality-Management: Forderungen an Gesundheitseinrichtungen: Konzepte – Modelle – Analogien. Berlin, München.
Kommentar: Basisliteratur zu TQM

Metzen, H. (1994): Leidensweg. manager magazin, Nr. 11, 1994.

Mey, G.; Dejan, D. (1993): R/3 stellt hohe Ansprüche an Rechnerperformance und Speicher – Pilotanwender führt Finanzbuchhaltung ein. Computerwoche, Band 20 (1993) Heft 13, Seite 13-15.
Kommentar: SAP steht hier weniger im Vordergrund als vielmehr das Aufzeigen der Probleme bei der Einführung.

Meyer-Piening, A. (1994): Zero Base Planning als analytische Personalplanungsmethode im Gemeinkostenbereich. Stuttgart.
Kommentar: Spezialliteratur zu Zero Base Planning mit dem Schwerpunkt in Personalplanungsmethoden; sehr ausführlich

Mittmann, H.-U. (1994): Akkreditierung und Zertifizierung – ein europäisches System der Qualitätssicherung. In: Kamiske, G.F. (Hrsg.): Die Hohe Schule des Total Quality Management. Berlin, Heidelberg.
Kommentar: Spezialliteratur zu Akkreditierungen und Zertifizierungen incl. modularem Konzept

Müller, H.W. (1989): Quality Engineering – ein Überblick über neue Verfahren. In: Zink, K.J. (Hrsg.): Qualität als Managementaufgabe: Total Quality Management. Landsberg/Lech.
Kommentar: Behandlung von Quality Function Deployment und statist. Versuchsplanung

Müller, H.W. (1994): Quality Engineering – ein Überblick über neuere Verfahren. In: Zink, K.J. (Hrsg.): Qualität als Managementaufgabe: Total Quality Management. 3. Aufl., Landsberg/Lech.
Kommentar: Schwerpunkt ist hier ein integrierter Ansatz des TQM durch Kombination aus Fehlervermeidung (FMEA), QFD, DoE sowie Prozeßverbesserung und Teamarbeit. Detaillierte Beschreibung der QFD und der statistischen Versuchsmethodik

Nayatani, Y. (1989): Die sieben Managementwerkzeuge für TQC und ihre Anwendung. In: Kamiske, G.F. (Hrsg.): Tagungsband zu „Die Hohe Schule der Qualitätstechnik", Berlin.
Kommentar: Spezialliteratur zu den „M7"

Nippa, M. (1995a): Anforderungen an das Management prozeßorganisierter Unternehmen. In: Nippa, M.; Picot A. (Hrsg.): Prozeßmanagement und Reengineering. Frankfurt/Main; New York.

Nippa, M. (1995b): Bestandsaufnahme des Reengineering-Konzepts – Leitgedanken für das Management. In: Nippa, M.; Picot A. (Hrsg.): Prozeßmanagement und Reengineering. Frankfurt/Main; New York.

Nippa, M.; Klemmer, J. (1995): Zur Praxis prozeßorientierter Unternehmensgestaltung. In: Nippa, M.; Picot A. (Hrsg.): Prozeßmanagement und Reengineering. Frankfurt/Main; New York.

Nordsieck, F. (1934): Grundlagen der Organisationslehre. Stuttgart.

Nordsieck, F. (1968): Betriebsorganisation – Betriebsaufbau und Betriebsablauf. Stuttgart.

Nuettgens, M; Scheer, A-W. (1993): ARIS-Navigator – hypermediabasierte Dokumentation unternehmensweiter Informationsmodelle für Beratung und Einführungsunterstützung. Information Management, München, Band 8 (1993) Heft 1, Seite 20-26.
Kommentar: Die Aufgabe der hier vorgestellten Software liegt in der Dokumentation des für ein Unternehmen entwickelten Informationssystems, vor allem in der Implementierungsphase. Neben den fachlichen Aspekten werden auch Implementierungsgesichtspunkte berücksichtigt.

Nüttgens, M.; Keller, G.; Scheer, A-W. (1992): Informationsmodelle als Grundlage integrierter Fertigungsarchitekturen. CIM Management 8 (1992) 4, S 12-20.
Kommentar: Verbindende Ansätze, die sich sowohl mit der Modellbildung zum Zwecke der Optimierung als auch zur Steuerung von Abläufen beschäftigen

Oakland, J.S. (1989): Total Quality Management. Oxford.
Kommentar: Behandlung von Methoden und Techniken des TQM

Oakland, John S. (1995): Total Quality Management – text with cases. Oxford.
Kommentar: Ausführliche Darstellung der TQM-Strategie mit vielen Fallstudien

Oess, A. (1989): Total Quality Management – Die Praxis des Qualitätsmanagements, Wiesbaden.
Kommentar: Basisliteratur zu TQM

Oess, Attila (1991): Total Quality Management – Die ganzheitliche Qualitätsstrategie. 2. Aufl., Wiesbaden.
Kommentar: TQM Standardwerk, ausführliche Darstellung der Umsetzung von TQM-Strategien im Marketing über Entwicklung und Einkauf bis zur Fertigung und Auslieferung

Olshagen, C. (1991): Prozeßkostenrechnung: Aufbau und Einsatz. Wiesbaden.

O.M.Magazin (1995): Office Management, Nr.: 6, 1995.

Otten, K-W. (1992): Bürokommunikation in den USA: Industrien im Umbruch. Office communication systems in the USA: Industries in radical change. Office Management, Band 40 (1992) Heft 10, Seite 42, 44-46.
Kommentar: Es werden die verschiedenen Entwicklungstrends in den USA und ihre Auswirkungen diskutiert.

Pall, G.A. (1987): Quality process management. New York.
Kommentar: Fokusierung auf den Bereich Prozeßmanagement

Pärsch, J. (1994): Beitrag in: Masing, W. (Hrsg.): Handbuch Qualitätsmanagement. 3. Aufl., München, Wien.
Kommentar: Beschreibung von einem typischen Vorgehen bei der Zertifizierung von QM-Systemen

Kommentiertes Literaturverzeichnis

Petrick, K.; Reihlen, H. (1994): Qualitätsmanagement und Normung. In: Masing, W. (Hrsg.): Handbuch Qualitätsmanagement, 3. Aufl., München, Wien.
Kommentar: Erklärung und Diskussion der Bedeutung von normgerechten QM-Systemen

Pfeifer, Tilo (1993): Qualitätsmanagement: Strategien, Methoden, Techniken. München-Wien.
Kommentar: Sehr gute und präzise Einführung

Pfeifer, T. (1996): Qualitätsmanagement – Strategien, Methoden, Techniken. München-Wien.
Kommentar: Umfassendes Werk zu TQM; QM nach den betrieblichen Funktionsbereichen gegliedert, sehr detailliert, überwiegend technisch orientiert

Pfeifer, T.; Prefi, Th. (1994): Qualitätstechniken im Verbund – Methodische Unterstützung für das Qualitätsmanagement. In: Wege zum erfolgreichen Qualitätsmanagement in der Produktentwicklung. VDI Berichte Nr. 1106, Berlin.
Kommentar: Integrierter Ansatz für das Qualitätsmanagement mit Schwerpunkt in FMEA, QFD

Pfister, G. (1992): Projektmanagement ist bei SAP-Einführung entscheidend. Computerwoche, 1992, 44.
Kommentar: Die Strategien und Methoden der Einführung von Standardsoftware entscheiden über die Nutzungsmöglichkeiten der einzusetzenden Programme. Häufig fehlen in den Untenehmen geeignete Vorgehenmodelle. Der Autor stellt dar, wie sich mit softwaregestützten Mustern (SAP R/3) Einstiegshürden überwinden lassen.

Picot, A.; Böhme, M. (1995): Zum Stand der prozeßorientierten Unternehmensgestaltung in Deutschland. In: Nippa, M.; Picot A. (Hrsg.): Prozeßmanagement und Reengineering. Frankfurt/Main; New York.

Picot, A.; Franck, E. (1995): Prozeßorganisation – Eine Bewertung der neuen Ansätze aus Sicht der Organisationslehre. In: Nippa, M.; Picot A. (Hrsg.): Prozeßmanagement und Reengineering. Frankfurt/Main; New York.

Plus (1997): Wem Sie trauen können. Plus – Das aktuelle Verbrauchermagazin 6/1997, motorpresse Stuttgart.

Pocsay, A; Eichacker, S. (1993): Ein einheitliches Fundament für integrierte CAx-Systeme. Computerwoche, Band 20 (1993) Heft 1/2, Seite 31-32.
Kommentar: Es wird die Architektur integrierter Informationssysteme 'Aris' beschrieben. Aris wurde von der Firma Hewlett-Packard in seinem Produkt 'Open-CAM' realisiert, das beschrieben wird.

Pocsay, A; Eichacker, S. (1993): Schnelle Analyse. Integrierte Informationssysteme computergestützt planen. Der Maschinenmarkt, Band 99 (1993) Heft 30.
Kommentar: Das ARIS-Gesamtkonzept als Mittel zur Umsetzung des Lean Managements; Beschreibung der ARIS-Darstellungen eines Unternehmens

Kommentiertes Literaturverzeichnis

Pratt, J.; Zeckhauser, R. (1995): Principals and Agents: The Structure of Business. Boston.

Prey, K. (1993): Hält R/3, was es verspricht? Standardsoftware. Standard software R/3 from SAP. Diebold Management Report (1993) Heft 8/9, Seite 23-26.
Kommentar: Im Artikel wird das integrierte Anwendungspaket R/3 vorgestellt.

QLF Qualitätsleiterforum Berlin (1989a): Quality Management. Band 1, München.
Kommentar: Interessante Artikel über die Anwendung der FMEA

QLF Qualitätsleiterforum Berlin (1989b): Quality Management. Band 2, München.
Kommentar: Interessante Artikel über die Anwendung der FMEA

REFA (Hrsg.) (1985): Methodenlehre des Arbeitsstudiums. Teil 3, 4. Aufl., München.

Reichwald, R. (1995): Der Taylorismus in den Köpfen der Reengineerer. Office Management, Nr. 5, 1995.

Reinhart, G.; Lindemann, U.; Heinzl, J. (1996): Qualitätsmanagement — Ein Kurs für Studium und Praxis. Berlin.
Kommentar: Hervorragende Einstiegsliteratur mit sehr gutem Überblick über das gesamte Thema

Remiger, F. (1991): QS-Anforderungen eines JIT-System-Lieferanten. In: Bläsing, J. (Hrsg.): 9. Qualitätsleiterforum, Total Quality Management – Aufgabe des Führungskreises, Bd. 2, München.
Kommentar: QS-Maßnahmen im Rahmen des JIT-Belieferung aus Sicht der Firma BMW

Rentschler, P. (1995): ISO 9000 ff: Bedeutung für den Dienstleistungssektor. Office Management, Nr. 7-8, 1995.
Kommentar: Diskussion der DIN EN ISO 9000 ff. unter Verwendung der alten Begrifflichkeiten (teilweise fehlerhaft)

Rentschler, P. (1996): Welche BPR-Tools werden das Rennen machen? It-Management, Nr. 7/8, 1996.

Ritter, A.; Zink, K.J. (1986): Potentielle Problembereiche bei der praktischen Umsetzung einer Mitarbeiterbeteiligung an betrieblichen Problemlösungen. In: Zink, K.J. (Hrsg.): Quality Circles 2. München-Wien, S. 169-180.
Kommentar: Behandelt schwerpunktmäßig die Probleme bei der Einführung und dem Umgang mit Qualitätszirkeln

Ritter, A.; Zink, K.J. (1989): Differenzierte Kleingruppenkonzepte als wesentlicher Bestandteil eines umfassenden, integrierenden Qualitätsmanagements (im Sinne von TQM). In: Zink, K.J. (Hrsg.): Qualität als Managementaufgabe: Total Quality Management. Landsberg/Lech.

Kommentar: Spezialliteratur zu aufbauorganisatorischen Gestaltungselementen im Rahmen von TQM

Ritter, A.; Zink, K.J. (1994): Differenzierte Kleingruppenkonzepte als wesentlicher Bestandteil eines umfassenden, integrierten Qualitätsmanagements (Sinne von TQM). In: Zink, K.J. (Hrsg.): Qualität als Managementaufgabe: Total Quality Management. Landsberg/Lech, 3. Auflage.
Kommentar: Überarbeitete Version des oben genannten Aufsatzes

Roland Berger & Partner (Hrsg.) (1987): Stand und Entwicklungstendenzen im Qualitätswesen im Hinblick auf CAQ. München.
Kommentar: Spezialliteratur zu „CAQ"

Runge, J.H. (1995): Schlank durch TQM. In: Spörkel, H. (Hrsg.): Total-Quality-Management: Forderungen an Gesundheitseinrichtungen: Konzepte – Modelle – Analogien. Berlin, München.
Kommentar: Darstellung einiger TQM-Elemente, jedoch mit sehr oberflächlicher Verwendung von Begrifflichkeiten

Scharfenberg, H. (1995a): Implementieren ist schwieriger als konzeptualisieren. Office Management, Nr. 2.
Kommentar: Editorial mit Bezug auf Reengineering-Ansätze

Scharfenberg, H. (1995b): Für oder wider Reengineering. Office Management, Nr. 6, 1995.
Kommentar: Editorial zum Leitthema Reengineering

Scheer, August-Wilhelm (1992): Simultane Produktentwicklung. München.
Kommentar: Ausführliche Betrachtung der FMEA (zum Einstieg ungeeignet)

Scheer, A.-W.; Hoffmann, W.; Wein, R. (1993): HP OpenCAM-Offene Strukturen mit der ARIS-Architektur. CIM-Management 2/1993.
Kommentar: HP OpenCAM ist das Konzept von Hewlett Packard, den immer komplexeren Strukturen in Planung und Fertigung gegenüberzutreten. Die nach dem ARIS-Konzept modellierte Anwendungslandschaft wird hier beschrieben.

Schildknecht, R. (1992): Total Quality Management: Konzeption und state of the art. Frankfurt/Main; New York.
Kommentar: Umfassendere Literatur zu TQM, sehr wissenschaftlich ausgerichtet

Schmidt, I. (1993): Kommunikation als strategische Waffe im Unternehmen – Workflow mit Workgroup-Systemen. Office Management, Band 41 (1993) Heft 7-8.
Kommentar: Das Aufzeigen der Möglichkeiten computergestützter Gruppenarbeit, die durch die flexiblen und vernetzten, dezentralen PCs gegeben sind, ist das Ziel des vorliegenden Artikels. Insbesondere wird auf eine kostengünstige und den Erfordernissen gerecht werdende Lösung hingewiesen.

Schmidt-Salzer, J. (1994): Zivil- und strafrechtliche Produktverantwortung. In: Masing, W. (Hrsg.): Handbuch Qualitätsmanagement. 3. Aufl., München, Wien.

Kommentar: Erläuterung der gesetzlichen Situation hinsichtlich der Verantwortung für Qualitätsmängel und deren Folgen

Schneider, G. (1986): Organisation des TREFF-PUNKT-i bei der BASF. In: Zink, K.J. (Hrsg.): Quality Circles 2. München-Wien, S. 62-65.
Kommentar: Organisatorische Rahmenbedingungen eines Qualitätszirkels; kurze Darstellung

Schneider, R. (1994): Chancen in der Montageplanung. CIM-Management 2/1994.
Kommentar: Am Beispiel des IMPOS Systems, das die Integration in einem Höchstmaß unterstützt, werden die praktischen Möglichkeiten einer integrierten Fertigungs- und Montageplanung betrachtet.

Schraeer, R. (1993): Wettbewerbsdruck zwingt Anwender zum EIS-Einsatz – Executive Information Systems. Computerwoche, Band 20 (1993) Heft 12, Seite 101-103.
Kommentar: Es werden die Ergebnisse einer Umfrage bei 38 deutschen Großunternehmen (durchschnittlicher Jahresumsatz 2.3 Mrd. DM) zum Thema Management-Informationssysteme (MIS) erläutert.

Seghezzi, H.D.(1992): A structured approach to TQM. In: Seghezzi, H.D. (Hrsg.): Top Management and Quality. München.
Kommentar: Basisliteratur zu TQM

Seiling, Harald (1994): Der neue Führungsstil. München-Wien.
Kommentar: Ausführliche Beschreibung von QFD

Servatius, H.-G. (1994): Reengineering-Programme umsetzen: von erstarrten Strukturen zu fließenden Prozessen. Stuttgart.
Kommentar: Darstellung eines Reengineering-Ansatzes, der weit über die „üblichen" Inhalte hinausgeht

Simon, M. (1993): Optimale Geschäftsprozesse – Vorgangsmanagement. Marktübersicht. Online. Journal für Informationsverarbeitung mit OeVD, (1993) Heft 7, Seite 38.
Kommentar: Zwei Studien zum Thema betriebliches Vorgangsmanagement werden besprochen. In einer kurzen Produktübersicht sind 12 Firmen, die einschlägige Softwaresysteme anbieten, genannt, wobei neben dem Produktnamen nur die Betriebssystemplattform angegeben ist.

Sondermann, J. (1991): Qualitätsmethodengestützte Produkt- und Prozeßentwicklung. In: Bläsing, J. (Hrsg.): 9. Qualitätsleiterforum, Total Quality Management – Aufgabe des Führungskreises, Band 2, München.
Kommentar: Kurze Erklärung verschiedener Methoden und Techniken von TQM

Sörensson, P.A. (1994): TQM – Schulungsprogramm. In: Kamiske, G.F. (Hrsg.): Die Hohe Schule des Total Quality Management. Berlin; Heidelberg.
Kommentar: Diskussion des TQM-Begriffs und Aufzählung von verschiedenen Methoden und Techniken

Sousa, B. (1994): CIBA – GEIGY: Die Einführung von TQM – Erfahrungen aus unterschiedlichen europäischen Werken. In: Zink, K.J. (Hrsg.): Business excellence durch TQM: Erfahrungen europäischer Unternehmen. München, Wien.
Kommentar: Beispiel für ein in der betrieblichen Praxis implementiertes TQM-Konzept (mit Ergebnissen)

Spörkel, H. (Hrsg.) (1995): Total-Quality-Management: Forderungen an Gesundheitseinrichtungen: Konzepte – Modelle – Analogien. Berlin, München.
Kommentar: Literatur zur Anwendung von TQM-Prinzipien im Dienstleistungsbereich, insbesondere in Krankenhäusern

Staal, R. (1990): Qualitätsorientierte Unternehmensführung: Strategie und operative Umsetzung. Düsseldorf, Stuttgart.
Kommentar: Diskussion ausgewählter Elemente zur Qualitätsverbesserung

Steger, U. (1994): Umweltschutz als strategische Größe im Qualitätsmanagement. In: Kamiske, G.F. (Hrsg.): Die Hohe Schule des Total Quality Management. Berlin; Heidelberg.
Kommentar: Diskussion von Verbindungen von TQM und Umweltschutz (incl. „Öko-Audit")

Striening, H.-D. (1989): Qualität im indirekten Bereich durch Prozeßmanagement. In: Zink, K.J. (Hrsg.): Qualität als Managementaufgabe: Total Quality Management. Landsberg/Lech.
Kommentar: Fokussierung auf Prozeßqualität und -management

Thomas, J. (1994): Qualitätsforderung aus rechtlicher Sicht. In: Masing, W. (Hrsg.): Handbuch Qualitätsmanagement. 3. Aufl., München, Wien.
Kommentar: Darlegung rechtlicher Rahmenbedingungen, welche die Bedeutung von qualitätsverbessernden Maßnahmen unterstreichen

Thomson, K.M., (1990): The Empolyee Revolution – The Rise of corporate internal Marketing. London.

Tomys, A.-K. (1994): Wertschöpfung als Wirkungsgrad von Geschäftsprozessen. In: Kamiske, G.F. (Hrsg.): Die Hohe Schule des Total Quality Management. Berlin; Heidelberg.
Kommentar: Behandlung von Kennzahlen im Rahmen des Qualitätscontrollings

Töpfer, A.; Mehdorn, H. (1994): Total Quality Management: Anforderungen und Umsetzung im Unternehmen. Neuwied, Kriftel, Berlin.
Kommentar: Darlegung verschiedener Aspekte von TQM, insbesondere aus dem Blickwinkel des Marketing

Töpfer, A.; Mehdorn, H. (1995): Total Quality Management – Anforderungen und Umsetzung im Unternehmen. 4. Aufl. Neuwied, Kriftel, Berlin.
Kommentar: Ein Gesamtwerk für TQM mit Instrumenten, Problemfeldern und Beispielen aus der Praxis

Kommentiertes Literaturverzeichnis

Tomys, A.-K. (1994): Kostenorientiertes Qualitätsmanagement. In: Spur, G. (Hrsg.): Qualitätsmanagement von A bis Z. 2. Aufl., München-Wien.
Kommentar: Qualitätsmanagement mit dem Blickwinkel auf die Kostenseite und Prozeßbetrachtung in der Produktion; Beschreibung von Qualitätscontrolling, Qualitätskennzahlen und Kostenrechnungssysteme

TÜV Rheinland (1991): Der gut informierte Manager – Erfolgreiche europäische MIS-und EIS-Lösungen.
Kommentar: Zusammenhangslose Aneinanderreihung verschiedener Vorträge zum Thema MIS

United States Department of Commerce; NIST – National Institute of Standards and Technologie (Eds.) (1994): Malcolm Baldrige National Quality Award – 1994 Award Criteria. Gaithersburg.
Kommentar: Kriterienkatalog für den MBNQA

VDI (1990): CIM-Management – Leitfaden des VDI-Gemeinschaftsausschusses CIM.
Kommentar: Der Leitfaden gliedert sich in drei Abschnitte. Der erste Teil informiert über Chancen und Probleme von CIM. Im zweiten Teil wird eine generelle Methode für das Vorgehen bei einer CIM-Gesamtplanung dargestellt. Im dritten Teil wird die dargestellte Methodik in ihren unternehmensspezifischen Ausprägungen anhand von sechs Fallbeispielen dargestellt.

Vitiello J. (1993): It´s totaly radical. Journal of Business Strategy.

Volz, J. (1987): Praktische Probleme des Zero-Base-Budgeting (Gemeinkostenwertanalyse). Zeitschrift für Betriebswirtschaft (ZfB), Heft 9, 1987, S. 871-880.
Kommentar: Darstellung der Probleme bei der Implementierung von ZBB; aber nicht ganz aktuell

Wagner, H.-P. (1993): Platzhirsche müssen um ihre Pfründe fürchten – Boomender MIS-Markt lockt Softwaregrößen wie SAP an – Die wichtigsten MIS-Systeme im Überblick. Die Computer Zeitung, Band 25 (1993) Heft 7.
Kommentar: Eine Marktübersicht (Quelle: Roland Berger und Partner) enthält: 11 Hersteller mit 30 Produkten (die wichtigsten Produkte werden im Beitrag vorgestellt).

Wagner, M. (1992): Groupware entwickelt sich zu einer strategischen Waffe. Computerwoche, Band 19 (1992) Heft 47, Seite 37-39.
Kommentar: Es werden die Möglichkeiten von Groupware-Programmpaketen erläutert: elektronische Post, Zeitmanagement, Workflowmanagement, Konferenzsysteme, Diskussionsunterstützung, verteiltes Editieren, verteilte Datenbanken. Eine Tabelle zeigt, welches Produkt welche dieser Funktionen unterstützt und für welche Anwendungen die einzelnen Produkte besonders geeignet sind.

Waldner, G. (1994): ISO 9000 Zertifikat – und was dann? In: Kamiske, G.F. (Hrsg.): Die Hohe Schule des Total Quality Management. Berlin; Heidelberg.
Kommentar: Behandlung des Plan-Do-Check-Act Zyklusses

Kommentiertes Literaturverzeichnis

Walton, M. (1986): The Deming management method. New York.
Kommentar: Erläuterung des Ansatzes von Deming

Warnecke, H.J. (1984): Der Produktionsbetrieb. Berlin.

Weiss, P; Krempel, T. (1992): Vorgangsbearbeitung in verteilten Systemen. Event treatment in distributed systems. Konferenz-Einzelbericht: GUUG Jahrestagung 1992, Tagungsunterlagen, Vereinigung Dt. UNIX Benutzer in Dt., Wiesbaden, D, 22.-24. Sep, 1992, Band 7 (1992) Hagenburg: NETWORK, Seite 359-369.
Kommentar: In dem vorliegenden Papier wird auf das Thema automatische Vorgangsbearbeitung näher eingegangen. Definition und ganzheitlicher Ansatz der Vorgangsbearbeitung aus der Sicht von Softlab werden dargestellt. Anhand eines einfach nachzuvollziehenden Beispiels werden die Elemente, der Ablauf und die formale Beschreibung von Vorgängen aufgezeigt und die Unterschiede zwischen der eigentlichen Vorgangssteuerung und den darauf aufbauenden Anwendungen herausgearbeitet.

Wildemann, Horst (1988): Das Just-In-Time Konzept – Produktion und Zulieferung auf Abruf. Frankfurt.
Kommentar: Speziallliteratur zu JIT-Produktion

Wildemann, H. (1990): Kundennahe Produktion und Zulieferung: Eine empirische Bestandsaufnahme. Die Betriebswirtschaft, 50. Jg., Nr.3, 1990.
Kommentar: Behandlung von JIT-Prinzipien

Wildemann, Horst (1992): Kosten- und Leistungsbeurteilung von Qualitätssicherungssystemen. Zeitschrift für Betriebswirtschaft (ZfB), 62. Jg., 1992, Nr. 7, S. 761-782.
Kommentar: Beurteilung von QM-Systemen, Schwerpunkt Prozeßorientierung

Wildemann, H. (1994): Kosten – und Leistungsbeurteilung für präventive Qualitätssicherungssysteme. In: Kamiske, G.F. (Hrsg.): Die Hohe Schule des Total Quality Management. Berlin; Heidelberg.
Kommentar: Speziallliteratur zu Qualitätscontrolling und insbesondere zu Qualitätsbilanzen

Wildemann, H. (Hrsg.) (1987): Just-in-Time-Produktion. 2. Aufl., München.

Wöhe, G. (1990): Einführung in die Allgemeine Betriebswirtschaftslehre. 17. überarb. Aufl., München.

Woll, A. (Hrsg.) (1993): Wirtschaftslexikon. 7. überarb. Aufl., München, Wien.

Wolter, H.J. (1995): Der lange Weg zur ISO 9000. Chemische Industrie, Nr. 1/2, 1995.
Kommentar: Beurteilung der DIN EN ISO 9000 ff. aus dem Blickwinkel der Industrie

Womack, J.P.; Jones, D.T.; Roos, D. (1991): Die zweite Revolution in der Automobilindustrie: Konsequenzen aus der weltweiten Studie des Massachusetts Institute of Technology. (Dt. Übersetzung: Hof, W.; Hrsg.: Stotko, E.C.) 6. Auf-

lage, Frankfurt, New York.
Kommentar: Standardwerk zum Toyota Production System

Wonigeit, J. (1994): Total Quality Management: Grundzüge und Effizienzanalyse. Wiesbaden.
Kommentar: Kombination aus theoretischen und empirischen Inhalten zum TQM

Zeller, R. (1995): Maßgeschneidertes Reengineering. In: Nippa, M.; Picot A. (Hrsg.): Prozeßmanagement und Reengineering. Frankfurt/Main; New York.

Zink, K.J. (1989a): Ausgewählte Aspekte einer Verknüpfbarkeit von CIM und Total Quality Management (TQM). In: Wildemann, H. (Hrsg.): Gestaltung CIM-fähiger Unternehmen. München.

Zink, K.J. (1989b): Total Quality Management. In: Zink, K.J. (Hrsg.): Qualität als Managementaufgabe: Total Quality Management. Landsberg/Lech.
Kommentar: Basisliteratur zu TQM

Zink, K.J. (1994a): Total Quality Management. In: Zink, K.J. (Hrsg.): Qualität als Managementaufgabe: Total Quality Management. 3. Auflage, Landsberg/Lech.
Kommentar: Aktualisierte Version des oben genannten Aufsatzes

Zink, K.J. (1994b): Total Quality als europäische Herausforderung. In: Zink, K.J. (Hrsg.): Business excellence durch TQM: Erfahrungen europäischer Unternehmen. München; Wien.
Kommentar: Behandlung von Qualitätsauszeichnungen

Zink, K.J.; Hauer, R.; Schildknecht, R. (1990): Stand und Entwicklungstendenzen eines rechnergestützten Qualitätsmanagements in der Bundesrepublik Deutschland. In: Zahn, E. (Hrsg.): Organisationsstrategie und Produktion. München.
Kommentar: Spezialliteratur zu „CAQ"

Zink, K.J.; Ritter, A.; Schildknecht, R. (1989): Problemlösungsgruppen – ein Baustein umfassender Qualitätsförderungskonzepte im Sinne von Total Quality Management. In: Bläsing, J.P. (Hrsg.): Praxishandbuch Qualitätssicherung. Bd.5, München.
Kommentar: Spezialliteratur zu aufbauorganisatorischen Elementen von TQM

Zink, K.J.; Schildknecht, R. (1994): Total Quality Konzepte – Entwicklungslinien und Überblick. In: Zink, K.J. (Hrsg.): Qualität als Managementaufgabe: Total Quality Management. 3. Auflage, Landsberg/Lech.
Kommentar: Behandlung der Entwicklungsgeschichte von TQM sowie verschiedene TQM-Ansätze

Stichwortverzeichnis

Absatzgesteuerte Produktion 168
Akkreditierung 85ff
Anspruchsgrundlagen bei
  fehlerhaften Produkten 46
Anwendungspotentiale von BPR und
  TQM 284ff
ARIS 267
Aufwand 221; 227; 229
Ausstattung 24

Begriffsverständnisse 277ff
Benchmarking 130ff
Berater 233
BPR 233ff
  Erfolgskritische Einflußfaktoren
    273ff
  Indikationen und Zielsetzung
    236ff
  Kernelemente 240ff
  Realisierung 269ff
BPR-Tools 266ff
business process 35
Business Process Reengineering
  233ff
Business Reengineering 233

CIP 207
Company Wide Quality Control 14
Company Wide Quality
  Improvement 14
Continous Improvement Process
  207
Core Process Redesign 233
Crosby 65ff
CWQC 14
CWQI 14

Dauerqualität 24
Deming 56ff

Deming Prize 69f
Demings 14 Punkte 57
Demingsche Reaktionskette 53
Design 29
Design of Experiments 154ff
Design Review 142ff
DIN EN ISO 9000 84
DIN EN ISO 9000 ff 55; 76
DIN EN ISO 9001 80; 84
DIN EN ISO 9002 81; 84
DIN EN ISO 9003 81; 84
DIN EN ISO 9004 84; 89
Document Control 142
DoE 154ff

EDB 263
EDMS 263
Einsatzbereich der TQM-
  Instrumente 224
Einsatzfelder der TQM-Instrumente
  221; 222
EIS 265
Empowerment 244
Engineering Data Base 263
Engineering Data Management
  Systeme 263f
EQA 73f
Erfahrungsaustauschtreffen 116
European Quality Award 73f
European Quality Prize 74f
Executive Information System 265f
Executive Team 109

Failure Mode and Effects Analysis
  147
Fehlerkosten 49
Fehler-Möglichkeits-und
  Einflußanalyse 147ff
Fehlerverhütungskosten 51

Stichwortverzeichnis

FIS 265
FMEA 147ff
Führungsinformationssysteme 265f

Gegenüberstellung TQM und BPR 277ff
Geschäftsprozesse 35
Geschäftsprozeßoptimierung 235
gesetzliche Vorschriften 46
Gestaltung „qualitätsfähiger" Prozesse 104
Groupware 260f
Gütesiegel 25ff
Gütezeichen 25f

Hammer 234
Haupteffektanalyse 156
HOUSE OF QUALITY 138

Informations- und Kommunikationstechnik 245f
Innovationsqualität 32
Integrationsqualität 31
Ishikawa 63

JIT 168
Juran 59ff
Juran-Trilogie 59
Just-in-Time 168

KAIZEN 44
Kanban 168
Kontinuierlicher Verbesserungsprozeß 207ff
Kontroll- und Qualitätsregelkarten 8
Koordinatoren 109
Kostensenkungen 48
Kunden-Feedback-Systeme 126ff
Kundenkontaktqualität 30
Kunden-Lieferanten-Beziehungen 35ff
Kundenorientierung 99; 241
KVP 207ff
KVP² 207

Lerngruppen 112
Lernstattkonzepte 12
Lieferantenbeziehungen 162ff
linearen Graphen 156

M7 211ff
Machtpromotoren 109
Malcolm Baldrige National Quality Award 71f
Management Information System 265f
Marktforschung 126ff
Maschinen/Prozeßfähigkeitsuntersuchung 174
MBNQA 71f
MEOST 161f
Methoden und Techniken 96; 123ff
MIS 265f
Motivationsansätze 119
Multiple Environment Overstress Testing 161

Normgerechtigkeit 25
Null Fehler 66
Null-Fehler-Philosophie 11

Organisatorische Gestaltungsansätze 102
orthogonalen Feldern 156
Outsourcing 45

Parameter Design 155
Participative Quality Control"-Konzept 12
PDM 263
PIM 263
Poka Yoke 178ff
Prävention 100
Präventionsorientierung 9
Preisqualität 33
Problemlösungsgruppen 12
Problemlösungstechniken 211; 215
Process Innovation 233

325

ProdHaftG 47
Product Data Management 263
Product Information Management 263
Produkthaftungsgesetz 47
Produktivitätssteigerungen 48
Produktlebenszyklus 220
Produktqualität
  Merkmale der Produktqualität 22ff
Projektmanagementsoftware 255ff
Promotoren 109
Prozeß- oder Verfahrensaudit 203
Prozeßanalyse 103
Prozeßkostenrechnung 188ff
prozeßorientierte Konzepte
  Kritische Würdigung 290ff
Prozeßorientierung 99; 241f
Prozeßqualität 122
Prozeßregelung und Prozeßverbesserung 108

Q7 215ff
QFD 135ff
Qualifizierungsansätze 117
Qualität
  Definitionsansätze von Qualität 17ff
  Operationalisierbare Bestandteile von Qualität 22ff
  Technisch-funktionale Qualität 24f
  Weitere Dimensionen von Qualität 34ff
Qualität der Arbeitsbedingungen 37f
Qualität der Prozesse 34f
Qualität der Umfeldbeziehungen 38f
Qualitätsaudits 203
Qualitätsauszeichnungen 55; 68
Qualitätsbegriff
  Der moderne Qualitätsbegriff 16f
Qualitätscontrolling 187
Qualitätsförderung

Mitarbeiterorientierte Qualitätsförde-rung 11
Qualitätsförderung 220
Qualitätsförderungsteams 111
Qualitätsimage 30
Qualitätskosten 49f
Qualitätslenkung 220
Qualitätsmanagementkonzepte
  Prominente Qualitätsmanagementkonzepte 55ff
Qualitätsphilosophie 95ff
Qualitätsplanung 59ff
Qualitätsplanung 220
Qualitätspolitik 99
Qualitätsprüfung 220
Qualitätsregelkartentechnik 174
Qualitätsregelung 59; 61
Qualitätssicherung 43f
  Inspektionsorientierte Qualitätssicherung 7f
  Statistische Qualitätssicherung 8f
Qualitätsstrategien 95; 102
Qualitätrilogie 59f
Qualitätsverbesserung 59
Qualitätsverbesserungsphase 61
Qualitätswesen
  Geschichte des Qualitätswesens 7
Qualitätsziele 99
Qualitätszirkel 12; 112
Quality Awards 55; 68
Quality Circles 12; 112
Quality Control 59
Quality Control Circles 112
Quality Council 109
Quality Function Deployment 135ff
Quality Improvement 59
Quality Planning 59

Radikale Neugestaltung 242
Rahmenbedingungen
  Veränderte Rahmenbedingungen 45
  rechtliche Rahmenbedingungen 46

Stichwortverzeichnis

Reengineering 233
Reichweite von BPR und TQM 284ff
Robust Design 154

SAP-System-R/2 256
SAP-System-R/3 257
selbststeuernde Arbeitsgruppe 111
Self-Assessment 68
SPC 173
SPR 173
Statistical Process Control 173
Statistische Prozeßregelung 173
statistische Versuchsmethodik 154
Steuergruppe 109
struktureller Wandel 45
System Design 155
Systemaudit 203

Task-Force-Gruppen 111
Technical Information System 263
teilautonome Arbeitsgruppe 111
TIS 263
Toleranz Design 156
Top-Down-Ansatz 243
Total Productive Maintenance 182f
Total Quality Culture 96
Total Quality Konzepte 13f
Total Quality Management 43ff
Total Quality System 14
Toyota Production System 171

TPM 182ff
TQM
  Bausteine des TQM-Komplexes 95ff
  Definition des TQM-Begriffs 41ff
TQS 14

UDM 263
Umweltqualität 32
Unternehmensweites Datenmodell 263

Value Engineering 195
Verbesserung
  ständigen Verbesserung 100
  Vergleich der Methoden und Techniken 219ff
Vergleichskriterien 219ff
Verringerung der Fertigungstiefe 45
Vorbeugung 66

Walk Through 142
Wertanalyse 195ff
Wertewandel 45
Wirkungsmechanismen 54
Workflow Managementsysteme 261

Zero-Base-Budgeting 198ff
Zero-Defect-Programs 11
Zertifizierung 85ff

Für die erfolgreiche Unternehmenspraxis

Personalkosten-Management
Wege zur Produktivitätssteigerung
von Dr. Helmut Frey
**1997, Rund 320 Seiten. Gebunden DM 87,–
ISBN 3-406-41790-6**

Dieses Werk zeigt Unternehmern und Personalleitern aller Branchen auf, wie sie durch den besseren Einsatz des Faktors Personal Kosten sparen, die Produktivität anheben und ihr Unternehmen ertragreicher machen können.

Export als Chance – Der Aufbau erfolgreicher Vertriebsstrukturen im Ausland
von Klaus J. Holland
**1997, XI, 323 Seiten. Gebunden DM 74,–
ISBN 3-406-41932-1**

Dieses Werk zeigt auf, wie ein leistungsfähiger Auslandsvertrieb aufgebaut und erfolgreich geführt wird. Checklisten, Vertragsmuster und Fallschilderungen helfen dem Leser, die Praxis für sein Unternehmen vorzubereiten und strategisch zu gestalten.

Familienunternehmen auf dem Weg zur Börse
Ein Leitfaden für potentielle Börsenkandidaten mit Beispielen aus der Praxis
von Walter Schürmann und Dr. Kurt Körfgen
**3. Auflage 1997, XXVI, 438 Seiten. Gebunden DM 128,–
ISBN 3-406-41242-4**

Der Börsengang ist gerade auch für Familienunternehmen interessant, bietet er doch die Chance, neues Kapital für Investitionen zu erhalten, ohne den Familieneinfluß zu schmälern. Grundprobleme, Beispiele aus der Praxis und Vorschläge für das richtige Vorgehen sowie ein Rückblick auf die Emissionen seit 1986 machen dieses Werk zu einem Standardwerk für Unternehmer und ihre Berater.

Verlag C.H. Beck · 80791 München

Unternehmen Mittelstand - Chancen im globalen Strukturwandel
Hrsg. von Dr. Annette Icks, Dr. Friedrich Kaufmann und Andreas Menke
1997. XVIII, 276 Seiten. Gebunden DM 74,-
ISBN 3-406-41933-X

Mittelständische Unternehmen stehen in einer globalisierten Wirtschaft vor einer besonderen Herausforderung. Dieses Werk zeigt auf, wie globale Chancen wahrgenommen werden und die spezifischen Restriktionen kleinerer Unternehmen durch die gezielte Weiterentwicklung der Erfolgsfaktoren des Mittelstands überwunden werden.

Informationsmittel des Unternehmens - Wege und Formen effizienter Marktinformation
Von Franco P. Rota
1997. 244 Seiten. Gebunden DM 58,-
ISBN 3-406-41371-4

Informationsmittel sind integraler Bestandteil effizienter Marktkommunikation. Konzeption und organisatorische Voraussetzungen für die Erstellung guter Informationsmittel werden ebenso breit dargestellt wie die verschiedenen Informationsmittel, die vom einfachen Flyer bis zur Firmenbroschüre oder auch der Internet-Homepage reichen, wobei auch Grundlagen, Corporate Identity und Corporate Communications praxisgerecht dargestellt werden.

Export als Chance - Der Aufbau erfolgreicher Vertriebsstrukturen im Ausland
Von Klaus J. Holland
1997. XI, 323 Seiten. Gebunden DM 74,-
ISBN 3-406-41932-1

Dieses Werk zeigt auf, wie ein leistungsfähiger Auslandsvertrieb aufgebaut und erfolgreich geführt wird. Checklisten, Vertragsmuster und Fallschilderungen helfen dem Leser, die Praxis für sein Unternehmen vorzubereiten und strategisch umzusetzen.

Positives Denken - Schlüssel zur Mitarbeiter- und Verkäufermotivation
Von Dr. Hans Christian Altmann
1997. 239 Seiten. Gebunden DM 58,-
ISBN 3-406-41751-5

Nur positiv eingestellte und motivierte Verkäufer und Mitarbeiter tragen zum Unternehmenserfolg bei. Um so wichtiger ist es, daß Unternehmen und Führungsverantwortliche das Thema Motivation wieder zur Chefsache machen.

Verlag C.H.Beck · 80791 München